글로벌 무역학개론

정분도 저

도서출판 두남

PREFACE 머리말

범세계적으로 각 국의 무역 경쟁력을 평가할 때 가격 및 품질의 경쟁력과 무역프로세스의 경쟁력으로 대부분 구분 되어 진다. 가격이나 품질의 경쟁력은 기업자체의 연구노력과 기술개발로 제고될 수 있으나 무역프로세스의 경쟁력은 개인 기업이나 기관 차원에서 해결할 수 있는 과제가 아니다. 이러한 무역프로세스의 경쟁력을 제고시키기 위한 해결방안이 선진무역기법이다. 그러므로 국가적인 차원에서도 효율적이고 진취적인 무역 플랫폼 환경을 신속히 구축하여야 한다. 또한 무역처리과정에서 발생하는 막대한 정보를 획기적으로 전환할 수 있어야 한다. 새로운 인프라의 보급으로 새로운 무역환경에서 창출 가능한 다양한 차세대무역 모델을 꾸준히 개발하여야 한다.

현재도 무역에 대한 체계적인 연구들이 학계와 연구기관에서 활발하게 진행되고 있고 다양한 연구과제도 꾸준히 수행되고 있다. 이러한 까닭으로 저자는 미래의 동력원인 학생들이 무역을 체계적이고 알기 쉽게 이해할 수 있도록 한 전문서적의 필요성을 느끼게 되었다. 본 저서는 무역의 이해를 도모하기 위하여 무역 패턴을 단계별로 제시하고 활용 인프라와 향후 과제들을 중점적으로 기술하였다.

강의, 연구, 학회활동 가운데 글로벌무역과 관련하여 저자가 계속 중요하게 인식한 것은 차세대무역의 관련 시스템의 활용이었다. 본 저서는 무역의 이해와 전개방법을 이론과 실무적인 응용분야를 결합한 체계적인 교재가 될 수 있도록 노력하였다.

본 저서의 편찬에 있어서 학술적인 깊이나 완결성에 대해서 여러 학자 분들이나 실무에 계신 분들의 비평을 받아들일 많은 개선점이 존재한다는 것을 저자는 인정한다. 그렇지만 본 저서가 보다 많은 무역실무 종사자, 그리고 학생들에게 전반적인 무역 업무를 이해시켜서 전문 인력으로 육성시킬 수 있다면 저자의 기쁨은 더 없이 클 것이다.

본 저서는 필자가 대학에서 무역학의 여러 분야를 강의해 오면서 수집한 자료를 연구 검토하고 종합 분석하고, 또한 체계적으로 정리한 후 추후 강의에서 이론 및 실습 되어야 될 부분을 추가하여 이 책을 출간하게 됨을 밝힌다. 향후 무역을 체계적으로 학습하고자 하는 많은 관심 있는 분들에게 작은 도움이 되었으면 한다. 본 저서가 출판되기까지 많은 협조와 조언을 아끼지 않았던 국내외 자문 교수님들, 각종 학회의 연구자 여러분들, 특히 본 저서가 나오기까지 헌신적으로 도움을 준 홍미선 연구조교에게 심심한 감사를 표한다.

2015년 1월

(당신의 시작을 응원해요!)라는 예쁜 푸리지아 꽃말을 생각하면서

研究室에서 詩人 허야(虛野)

CONTENTS 차 례

제1장 무역학의 개념 정리

제2장 무역이론

제5장 해외시장조사

제6장 무역마케팅

제8장 해상보험

제9장 무역계약

제10장 무역의 수출입 및 승인

제11장 외환관리

제12장 무역금융

제13장 무역클레임과 상사중재

제14장 전자무역

부록 무역/무역업 신청 및 계약서류 ··· 370

제1장

무역학의 개념 정리

제1절 무역의 이해

1. 글로벌 무역

1) 무역의 효과

무역은 이국간에 행하여지는 경제거래로서 상품과 서비스의 교환이라 할 수 있다. 넓은 의미의 무역은 각 경제주체가 보다 효율적이고 합리적인 경제생활을 추구하기 위하여 자신들의 국가영역 내의 경제적 제약을 완화시킬 목적으로 국경을 넘어 다른 경제주체들과 상품 및 용역 그리고 자본과 같은 생산요소들을 교환하는 경제적 관계를 의미한다. 좁은 의미의 무역은 상품, 기술, 용역의 제공만을 말한다.

무역이란 개념은 어떠한 특정상품의 효용가치가 적은 곳으로부터 효용가치가 높은 곳으로 이전시킴으로써 그 재화의 효용 및 경제 가치를 증가시키는 것 뿐 만 아니라 모든 재화의 생산요소, 즉 원료, 노동 및 자본의 이동까지도 포함하고 있다.

국제무역(international trade), 외국무역(foreign trade), 세계무역(world trade)으로도 불리어지고 있다.

국제무역은 국제간의 상품 및 용역의 이동을 객관적인 입장에서, 한나라를 중심으로 보지 않고 일정지역 내에 있는 많은 다양한 국가간의 무역을 총칭하여 사용하는 용어이다.

외국무역은 자국과 타국과의 무역이 이루어질 때 자국의 입장을 중심으로 사용하는 표현으로 대외무역과 같은 의미를 지니고 있다.

세계무역은 다수의 일정지역, 즉 범세계적으로 무역관계가 포함될 때 사용된다.

2) 무역의 성격

무역은 일반적으로 토질 및 기후 등 자연적 조건과 언어, 제도, 관습 등의 사회적 조건이 상이한 국가와 국가 사이에 이루어지는 물품의 교류현상으로 볼 수 있다.

국민적 성격, 세계적 성격, 경영적 성격 등으로 구분해 보면, 국민적 성격은 한 나라와 다른 나라의 물품교류현상으로 외국무역이란 말에는 개인본위가 아니고 국가본위의 거래임을 나타내고 있다.

물품의 교류가 무역으로서 인식되려면 수출 및 수입이라는 상호 연관적인 국제현상을 수반하지 않으면 안 된다. 거래 상대방이 외국인이라 하더라도 양당사자간의 거래가 동일한 국가내에서 이루어질 경우에는 무역의 범주에 속하지 않는다.

거래당사자가 동일한 국가사람이거나 또는 본·지점과 같이 동일한 경제체제라 하여도 그 상대방이 다른 국가에 있을 경우에 양자 간에 취급되는 물품이 국경을 넘게 된다면 이는 무역으로 보아야 한다.

무역은 무역기업인과 무역기업인 사이에 물품의 교류를 통하여 결국에는 국가와 국가사이에 물품의 교류를 달성시키는 것이다. 무역기업인과 무역기업인 사이의 물품의 교류는 국가와 국가 사이의 직접적인 접촉현상에 불과하기 때문에 무역은 국민경제적 성격을 가지고 있다고 할 수 있다.

세계적 성격은 국제경제와 연관되어 있으므로 세계경제의 면에서는 치열한 무역경쟁이나 제한된 무역협정에 의해서 실시되고 있다. 국가도 정도의 차이는 있으나 모든 물품을 완전하게 자급자족하고 있는 나라는 존재하지 않으며 따라서 모든 국가는 다른 국민경제와 깊은 의존관계를 맺지 않으면 안되게 되어 있다.

이러한 의미에서 국가와 국가 사이의 통상협정과 이것을 실현하는 단독경제간의 접촉의 활동도 글로벌경제의 범위 안에서 이루어지고 있으므로 각국의 무역은 세계무역의 일부를 구성하고 있다고 할 것이다. 글로벌무역은 타국과의 거래로 이루어짐으로써 세계경제적인 성격을 내포하고 있으며, 특히 무역의 방식이나 서식이 국제적으로 통일되어 가고 있는 것도 무역의 세계적인 성격을 나타내 주고 있는 것이다.

경영적 성격은 개인과 개인 사이의 접촉이나 교섭에 의하여 이루어지는 사적물품매매활동이라 할 수 있다. 기업이 행하는 수출입은 그 무역 자체를 형성하기 때문에 무역은 기업의 단독적 성격을 지니고 있다.

2. 무역의 특징

무역은 한 나라의 영역 안에서 이루어지는 국내 거래와는 여러 가지 면에서 상이한 국제간의 거래, 즉 국가의 영역을 넘어서 이루어지는 거래이다. 따라서 다음과 같은 특징을 가지고 있다.

1) 해상의존성

무역은 일반적으로 원격지간의 거래로서 육로를 이용하는 것보다 해로를 이용하여 이루어지는 경우가 대부분으로 해상운송과 밀접한 관계가 있다. 대만, 영국, 호주, 뉴질랜드, 일본 등과 같은 섬나라의 경우에만 해당되는 것이 아니라 이탈리아, 룩셈브루크, 스웨덴 등과 같은 내륙 국가 등도 해상무역에 의존하고 있다.

무역은 바다를 중심으로 이루어져 왔기 때문에 해운의 발달과 함께 발전해 왔으며 그 후 경제가 발전됨에 따라 먼저 무역과 해운이 분화되고 다시 해운과 해상보험이 분리되어 각각 독립기업으로 발달하게 되었다.

2) 기업위험성

무역은 그 특성으로 인하여 많은 위험을 내포하고 있다. 무역의 위험성은 물류운송체재의 발달과 보험제도의 발전에 따라 그 위험성이 급격하게 줄어들고 있다. 그렇지만, 무역거래활동에는 다음과 같은 위험이 항상 내재하고 있다.

(1) 상품에 관한 위험

상품의 운송 및 보관 중 외부에서 발생되는 것으로 그 상품 자체에서 생기는 물리적 위험을 말한다. 이러한 위험은 해상보험과 이에 부수되는 각종의 손해보험에 의하여 보험업자에게 전가되고 있다.

(2) 물품대금의 결제 및 금융에 관한 위험

물품대금의 결제 및 금융에 관한 지급불능 및 지급거절에서 생기는 위험을 의미한다.

무역에서 빈번히 발생하는 경제적 리스크로 신용장제도 및 수출보험제도로 보호되고 있다.

(3) 상품가격 및 환율의 변동에 관한 위험

무역거래는 무역계약에서부터 대금결제까지 상당한 시차가 있으며, 이 기간 중에 상품가격의 변동이나 환율이 변동함에 따라 어느 한 당사자가 손해를 입는 위험이 발생할 수 있다.

3) 무역의 산업관계성

무역은 국제적 공급 및 수요를 충족시킬 뿐만 아니라 당사국의 국내 산업을 육성·발전시켜 국민경제의 수준을 향상시켜 준다.

(1) 무역과 국제분업

무역은 국제분업의 발달을 촉진시켜 값싸고 좋은 물품의 국제적 공급을 가능하게 해준다. 국가별 지질, 기후, 수리 등의 자연적인 생산조건이 상이하고 문화, 기술, 자본, 노동 등의 사회적 생산조건이 상이할 뿐만 아니라 문화발전, 생산성향상, 국제관계의 발전에 따라 사정이 상이하기 때문에 국제분업이 이루어지지 않으면 국제경제의 발전에 지장을 초래하게 된다.

생산조건에서 볼 때 자국에서 생산하는 것이 불리한 제품은 외국에서 수입하여 자국의 수요를 충족시키고, 자국에서 생산하는 것이 유리한 제품을 생산하여 수출함으로써 타국의 수요를 충족시키게 된다.

그러므로 국가의 자본과 노동 등의 생산요소를 비교적 그 국가에 적합한 생산에 집중시켜 생산력을 충분히 발휘하여 저렴하고 좋은 물품을 각국에 공급 할 수 있다.

(2) 무역과 국내산업

무역은 국내산업의 발전과 밀접한 관련이 있다. 특히 개발도상국에 있어서 국제무역은 경제발전을 촉진하는 기본적 전략이 되고 있다.

수입의 경우 그 자체는 국제수지를 악화시키는 요인이 되지만 선진자본재의 원자재 수입은 국내투자를 증대시켜 경제발전을 촉진시키는 요인이 된다. 국내재화와 대체관계에 있는 경쟁수입의 경우도 유치산업보호라는 관점에서 수입이 억제되기도 하지만 국내산업과의 건전한 경쟁을 조장하여 국내산업의 육성에 도움이 되기도 한다.

수출의 경우는 시장의 확대에 따른 생산규모의 확대를 도모함으로써 공업화를 추진하는 기본적 요소가 될 뿐만 아니라 수출산업 자체의 소득증대효과 및 소득유발효과는 수출의 국제수지효과에 못지 않게 그 의의가 크다고 하겠다. 수출산업의 육성이 다른 산업의 생산과정을 유발하는 파급효과는 산업정책면에서도 대단히 중요하다.

4) 무역의 국제관습성

무역은 물품매매업의 본질을 지니고 있다. 따라서 개개의 무역기업들은 개별적인 매매활동을 효율적으로 수행함으로써 수익을 얻게 되어 기업의 경영목적을 달성할 수 있다. 거액의 국제무역도 주로 무역기업 사이에 이루어진 개개의 매매활동의 결과를 종합한 것에 불과하다. 그러므로 사적 무역경영의 합리적인 발전은 전적으로 국제매매의 활동에 의해서 구현되고 있다.

국제매매의 기본이 되고 있는 인코텀즈2010과 그것을 내용으로 한 각종의 매매조건 및 중요한 국제상품의 무역거래에서 채택, 응용되고 있는 관례적인 거래조건에 관한 연구는 무역에 있어 매우 중요한 분야이다. 글로벌무역은 주로 소유권의 이전을 목적으로 한 물품매매계약의 형식으로 이루어지고 있다.

국제매매는 법률상의 권리와 의무를 발생시키는 법률행위로서 낙성, 쌍무 유상의 계약임에도 불구하고 공통적으로 사용하는 국제매매에 대한 규칙 또는 협약은 현재까지 통일화되지 못하고 있다. 국제매매에 관한 통일된 국제규칙 또는 협약이 없기 때문에 무역은 일반적으로 언어, 관습, 법률 등이 다른 국가 사이에 이루어지는 동안 여러 가지의 마찰과 시련을 거쳐 이루어진 정형화된 무역관습에 준거하여 계약을 체결하여 이행하고 있다. 이러한 국제관습은 국제상업회의소나 국제법협회와 같은 국제단체에 의하여 다년간 심사되어 국제규칙으로 발전함으로써 국제관습법이 되어 진다.

3. 무역의 필요성

국가간에 존재하는 사회적 및 자연적 조건의 차이에서 기인한다. 사회적 조건의 차이로는 법률, 제도, 습관, 기호, 종교 등과 자본, 노동, 생산기술 등을 열거할 수 있다.

자연적 조건으로는 기후, 풍토, 강우량, 천연자원의 부존현황 등을 들 수 있다.

국가간의 사회적 및 자연적 조건의 차이에 따라 물품생산비용과 효율이 달라진다.

생산비용 측면에서 비교적 유리한 위치에 놓여 있는 경우 비교우위라고 하며, 반대로 불리한 경우를 비교열위라고 한다. 특정한 국가가 비교우위에 속하는 재화를 여유 있게 생산하여 이것을 타국의 비교우위 재화와 상호 교환한다면 서로 이익이 된다. 세계의 자원과 생산력의 효율적인 이용을 도와주는 것이 무역이라고 볼 수 있다.

국가간의 사회적 및 자연적 조건의 차이에 따라 생산재와 소비재를 상호 교환해야 할 필요성에 따라 국제분업이 발생하게 되어 진다.

무역의 필요성은 첫째, 천연자원의 편재, 둘째, 각국간의 인구와 인구밀도의 차이, 셋째, 산업발달정도의 차이, 넷째, 구매력의 차이 등에 의해 존재되는데 다음과 같다.

첫째, 천연자원의 편재를 들 수 있다.

각 국가들은 천연자원에 있어서 심각한 편재현상을 나타내고 있다. 브라질, 미국, 멕시코, 케나다, 러시아 등의 풍부한 자원을 가지고 있는 국가와 이스라엘, 네델란드, 룩셈브루크 한국 등의 자원보유가 극히 빈약한 상태에 있는 국가도 있다.

자원을 풍부하게 보유하고 있는 국가라 할지라도 경제생활과 밀접한 모든 자원을 다 갖추고 있는 것은 아니므로, 각국은 상호의존의 공감대를 형성하여 경제적으로 서로 밀접한 관계를 가지지 않을 수 없다.

둘째, 국가간의 인구와 인구밀도의 차이를 들 수 있다.

각 국가들은 역사적, 문화적, 자연적 배경에 따라 인구 및 인구밀도에 차이가 있다.

인구의 구성과 인구밀도의 편재는 각국간에 있어서 식량을 포함한 1차산품 뿐만 아니라 공산품의 생산과 수요에 있어서 불균형을 초래하여 그 결과 각국간의 교역은 증대되지 않을 수 없게 되어 있다.

셋째, 산업수준의 차이를 들 수 있다.

국가간에 무역이 성립될 수 있는 가장 기본적인 이론이 국제분업론으로 자본과 기술이 풍부한 선진국은 기술집약적 제품에 특화하고 노동 및 자연자원이 풍족한 개발도상국은 노동집약적 제품의 생산에 전문화함으로써 양지역 간에 무역이 발생될 수 있다.

넷째, 구매력의 차이를 들 수 있다.

각 국가간의 재화의 수요량은 구매력의 차이에 있는 것과 미친기지로 어떠한 특정한 나라의 외국상품에 대한 수요량은 그 나라의 구매력이 크고 작음에 따라 영향을 받게된다. 대단위 구매력을 갖고 있는 국가는 그렇지 않는 국가에 비하여 수요가 매우 클 뿐만 아니라 국민소득이 월등한 나라가 비교적 열악한 나라보다 수입상품을 더욱 필요로 한다는 것은 사실이며 이는 결국 국가간의 무역증대를 야기시키게 된다.

제2절 무역의 종류

1. 거래의 주체에 따른 구분

1) 민간무역

개인 또는 사회조직 등 민간무역업자가 행하는 무역으로 오늘날의 무역은 거의 이 형태의 무역으로 이루어지고 있다. 무역업자는 국내거래와 마찬가지로 무역을 하나의 영리행위로 하기 때문에 수익이 없으면 수출입행위를 하지 않는다.

2) 국영무역

국가의 계획통제 또는 무역협정에 의하여 무역이 이루어지는 것을 의미한다.

정부가 직접 비영리목적으로 무역을 행하는 정부무역과 정부가 출자하거나 대행기관을 통하여 무역을 하는 정부 베이스무역이 있다. 일반적으로 자본주의 국가에서는 민간무역이, 사회주의 국가에서는 국영무역이 주가 된다.

2. 물품의 형태에 따른 분류

1) 유형무역

유형무역은 세관의 통관절차를 거치는 물품에 관한 무역으로 보통의 상품수출입을 말한다. 이러한 무역은 무역수지에 계상되어 무역통계로 잡히게되고, 유형수출입으로 나누어져 일국의 국제수지에 가장 중요한 항목이 된다.

2) 무형무역

무형무역은 기술, 용역, 자본, 노동 등의 수출입으로 눈으로 볼 수 없으므로 세관에서 통관절차를 거치지 않는다. 물품으로서의 형태가 없으므로 무형무역이라고 하며 무역통계에는 나타나지 않는다.

국제수지표상에는 무역외수지로 나타난다. 해상운임, 보험료, 투자이익, 각종 수수료, 여행경비, 해외사무소 경비, 특허기술사용료(royalty) 등이다.

3. 매매의 직, 간접에 따른 분류

1) 직접무역

양국의 거래당사자가 제3자, 즉 제3국의 중개인을 통하지 않고 직접 계약을 체결하여 거래를 하는 경우를 말한다. 따라서 수출업자는 물품의 제조업자이거나 공급업자인 경우가 일반적이다.

2) 간접무역

직접 물품을 제조하여 판매하지 않는 한 무역을 하는 방법은 두 가지 유형이다.

첫째, 남의 물품을 자기의 비용으로 구매하여 재판매하는 것이다.

둘째, 거래를 주선하여 그 수수료를 획득하는 것이다.

첫째는 재판매를 하지 못해 재고로 남거나 헐값에 파는 등 위험부담이 큰 대신 이익 이 많고, 둘째는 위험부담이 적은 대신 이익이 적은 것이 특징이다. 이와 같이 하는 방식을 간접거래라고 하며 이것을 국제무역에 적용하면 간접무역이 되는 것이다. 특히 매매차익을 노려 거래하는 것을 중계무역이라고 하며, 수수료를 얻을 목적으로 거래하는 것을 중개무역이라고 한다.

(1) 중계무역(intermediate trade)

중계국(中繼國)이 수출할 것을 목적으로 물품을 수입하여 원형 그대로 제3국에 수출하는 것을 말한다. 이는 수입액과 수출액의 차액을 수취할 목적으로 이루어지는 거래로서 이러한 수출입차액을 중계수수료라고도 부르나 엄밀한 의미에서 보면 수수료라고는 할 수 없다.

중계무역은 통상 중계무역항에서 성행하고 있는데 그 대표적인 곳으로는 마카오, 홍콩, 싱가포르 등을 들 수 있다. 중계무역항이 될 수 있는 조건으로는

첫째, 관세가 부과되지 않는 자유무역항이어야 하며,

둘째, 교통이 편리하여 상품의 집산지이어야 하고,

셋째, 외환거래가 자유롭고 교환이 용이해야 한다.

(2) 중개무역(merchandising trade)

수출국과 수입국의 중간에서 제3국의 상인이 수출입을 중개(仲介)하여 이루어지는 경우 제3국의 입장에서 볼 때의 거래를 말한다. 중개무역을 하는 주된 이유는

해외 판매망이 갖추어져 있지 못하여 중개상을 통할 수밖에 없는 경우와 대금 결제상의 곤란 등이라고 볼 수 있다.

3) 통과무역(transit trade)

수출물품이 수출국에서 수입국으로 운송되는 도중 제3국을 경유하는 경우 그 제3국의 입장에서 볼 때의 무역을 말한다.

4) 스윗치무역(switch trade)

물품의 매매계약이 수출업자(A)와 수입업자(B)간에 직접 체결되고 물품도 직접 송부되지만 대금결제만 제3국의 업자를 개입시켜 이루어지는 무역이다.

5) 삼국무역

일반적으로 제3국에 있는 현지법인이 자국에 있는 본사와는 무관하게 수출입 업자 간에 거래를 알선해주고 그 대가로 수수료를 취득하는 거래형태라 할 수 있다.

현지법인이 소재한 국가의 입장에서 보면 중개무역으로 보이지만 수수료 수입이 현지법인의 본사가 있는 국가의 수입이기 때문에 차원이 다르다.

4. 수출입의 연계에 따른 분류

수출과 수입이 연계된 모든 형태의 무역거래를 총칭하여 연계무역(counter trade)이라고 한다. WTO 규정에 따르면 구상무역, 물물교환, 대응구매, 산업협력 등 네 가지 형태로 구분하고 있다. 연계무역은 사회주의 국가와 자본주의 국가간에 심한 무역불균형을 해소할 목적으로 사회주의 국가의 요구에 따라 시작된 거래로서 세계무역량의 20% 이상을 차지할 만큼 그 규모가 크나 정확한 통계치는 잘 알려지지 않고 있다.

한국의 대외무역법에서는 종전에 사용하던 구상무역의 개념을 확대하여 연계무역이라는 용어를 사용하고 있고, 특정국가에 수출을 하려면 수출하는 조건으로 동 국가로부터 수입을 해오는 거래로 이해하고 있다.

1) 물물교환(barter trade)

상품을 직접 교환하는 단순한 거래형태로 환거래가 발생하지 않고 하나의 계약서로 거래가 성립한다. 엄밀히 말해서 이런 방식은 대금결제가 없기 때문에 계약으로 간주하지는 않으나 연계무역의 가장 초보적인 형태로는 인정되고 있다.

교환되는 물품의 양과 질에 의해 거래당사자간에 지급의무를 상계시키며 선수출과 후수입 또는 선수입과 후수출이 거의 동시에 또는 상당히 빠른 기간내에 이루어지는 것이 일반적이다.

2) 구상무역(compensation trade)

물물교환의 형태와 비슷하나 환거래가 발생하고 대응수입의무를 제3국에 전가할 수 있다는 점이 다르다. 방식은 하나의 계약서로 거래가 성립하며 동시발행신용장(Back to back credit), 기탁신용장(Escrow credit), 토마스신용장(Tomas credit) 등의 특수신용장으로 대금이 결제되는 것이 보통이다.

물물교환을 무환구상무역이라고 한다면 이 방식은 유환구상무역(有換求償貿易)이라고 할 수 있다. 구상무역에서 대응수입의무를 제3국으로 전가할 수 있는 방식을 삼각구상무역(triangular compensation trade)이라고 한다.

3) 대응구매(counter purchase)

국영무역을 주로 하던 동구 사회주의 국가들이 서방의 자본주의 국가와 거래하면서 활용된 연계무역의 보편적인 거래형태로 물물교환이나 구상무역은 거래액이나 그 가치가 동일한 경우에만 거래가 성사되므로 거래를 성립시키기가 어려운 점이 있으나 대응구매는 수출하는 대가로 일정액 또는 일정비율의 수입의무를 지게 된다는 점에서 거래성립이 다소 용이한 면이 있다.

수출입이 연계된다는 점에서 구상무역과 유사하나 수출에 따른 대응수입을 두개의 별도 거래로 보고 두개의 별도 계약서로 이행이 되며, 신용장도 두개의 일반신용장이 발행된다는 점에서 서로 다르다.

이 거래도 구상무역과 같이 대응수입의무를 제3국에 전가할 수 있다.

4) 산업협력(industrial cooperation)

제품환매방식(product buy back)과 합작투자형태(joint venture)로 구분이 되어진다.

제품환매방식은 플랜트 등 공장설비나 기술을 수출하고 거기에서 생산되는 제품을 일정량 또는 일정비율 구매(수입)하기로 하는 형태로 플랜트를 수입하는 수입업자가 생산제품의 판로를 미리 확보하려는 것이 목적이다.

이런 약정은 수출플랜트계약에서 하고 나중에 대응수입시는 별도의 수입계약서에 의해 수입을 하게 된다.

합작투자는 일방적인 자본재 수출이 아니고 자본참여, 판매망 제공 등의 형식으로 자본참여자가 수출업자처럼 대응의무를 부담하게 된다. 이

합작투자된 공장에서 생산되는 제품에 대한 대응수입은 제품에만 국한되는 것이 아니라 자본참여자 국가의 판매망(distribution channel)을 제공하는 것으로 상계시킬 수 있게 된다.

5) 상계무역(offset trade)

군장비, 항공기, 통신기기 등 고도의 기술제품이나 첨단장비를 수입하는 대신 그 부품 등을 수출하거나 생산기술, 노하우 등을 이전 받기로 한 방식이다. 수출국의 입장에서 보면 고도의 기술제품을 수출하는 대신 수입국으로부터 부품을 수입하거나 수입국에 기술이전을 조건으로 하는 거래이다.

6) 각서무역

국교가 정상화되지 않은 국가들 사이에서 무역이 이루어질 때 준정부베이스로 각서를 교환하여 상호 무역의 혜택을 입으려고 한 무역의 형태이다. 이는 1962년 중국(당시는 중공)과 일본이 교역을 시작하면서 양국이 연간거래액 등을 협정하면서 각서를 교환하여 연계무역이 시작되었는데 이때 중국의 Lio와 일본의 Takasaki 간에 각서가 교환되었다고 하여 LT무역이라고 부르다가 1968년에 북경에서 일·중 각서교환으로 무역협정을 체결하면서부터 이를 각서무역(memorandum trade)이라고 하였다.

5. 물품의 가공방식에 따른 분류

가공무역(improvement trade, processing trade)이란 가득액(가공비) 또는 부가가치를 얻기 위해 원료의 일부 내지 전부를 외국에서 수입하여 이를 가공하여 다시 외국에 수출하는 거래를 말한다.

가공무역이라고 할 때는 일반가공무역을 말하는데 이는 가공무역이 이루어지는 방식에 따른 수·위탁가공무역과 구분하기 위해서이다. 가공무역은 우리 나라에서 가장 많이 이용되는 거래형태로서 그 중에서도 무환수탁가공무역이 주류를 이루

고 있다고 할 수 있다.

1) 수탁가공무역

가득액을 얻기 위하여 원자재를 거래상대방의 위탁에 의하여 외국으로부터 수입하여 이를 가공한 후 위탁자 또는 위탁자가 지정하는 자에게 수출하는 거래로서 원자재의 조달방법에 따라 유환수탁가공무역과 무환수탁가공무역으로 나누어진다.

유환수탁가공무역은 원자재의 수입대금이 먼저 별도로 지급되고 가공제품의 수출대금을 전액 회수하는 것이며, 무환수탁가공무역은 원자재를 무환으로 들여와서 완제품을 생산 수출하면 그 차액이 되는 가득액만을 지급받는 방법이다. 수탁가공무역방법을 능동적 가공무역이라고도 한다.

원자재를 수입하여 가공한 후 원자재를 수출한 국가에 다시 수출을 하면 수탁가공무역이 되고 가공된 물품을 원자재 수출국 이외의 제3국에 수출하는 경우에는 일반가공무역 또는 통과적 가공무역이라고 하는데 통과적이라고 하는 의미는 원자재가 가공국을 통과해서 타국으로 이동하기 때문인 것으로 보인다.

2) 위탁가공무역

가공임을 지급하는 조건으로 가공할 원자재를 외국의 거래상대방에게 수출하여 가공된 물품을 수입하는 방식을 말한다. 위탁가공무역은 자국내에서 가공하여 수출하는 것보다 가공임이 비교적 저렴한 국가에 가공을 위탁하는 것이 유리하거나 기술이 상대적으로 발달한 국가에서 가공하여 그 제품을 수입해야 할 경우에 이용된다. 위탁가공무역은 수동적 가공무역(passive processing trade)이라고도 한다.

6. 물품의 판매방식에 따른 분류

1) 위탁판매수출

물품을 무상으로 외국업자에게 수출하여 판매를 위탁한 후 당해 물품이 판매된 범위내에서 대금을 지급받는 거래이다. 이 방식은 위탁자가 수탁자에게 물품을 무환(無換)으로 송부하고 수탁자는 판매후 일정한 판매수수료를 수취하고 판매되지 아니한 물품은 다시 반송하면 되는 거래로서 신시장 개척, 신제품 수출의 경우에 많이 이용된다.

해당 지역의 유능한 판매상을 이용하여 수출을 증대하기 위해서도 이용되며, 수출경험이 없거나 시장정보가 부족한 수출업자들도 이런 거래를 이용하고 있다.

2) 수탁판매수입

위탁판매수출과는 반대로 무환으로 물품을 수입하여 판매된 범위내에서 대금을 지급하는 방식으로 외국의 위탁자는 한국의 수탁자에게 일정한 판매수수료를 지급한다.

7. 동서무역과 남북무역

1) 동서무역(east-west trade)

사회주의 국가와 자본주의 국가사이의 교역을 총칭하는 것으로 동서의 개념은 과거 냉전시대 때 유럽을 기준으로 사회주의 국가들인 동유럽과 자본주의 국가들인 서유럽의 교역으로부터 유래되었다. 그러나 현대에 와서 사회주의 국가들이 거의 붕괴됨으로 인하여 동서무역의 개념은 퇴색되었다고 할 수 있다.

2) 남북무역(south-north trade)

선진국과 후진국 사이의 교역을 총칭하는 것으로 여기서 남북의 개념은 지리상 적도를 기준으로 구분하면 북반구쪽에 주로 미국, 유럽 등 선진국들이 위치한 반면에 남반구쪽에는 아프리카, 남미 등과 같은 후진국들이 위치한데 따른 것이다.

남북무역이란 용어는 주로 선진국과 후진국간의 무역불균형 문제를 다룰 때 나오는 용어이므로 무역거래의 한 형태는 아니다.

8. 기타 무역

1) 플랜트수출

일반적으로 공장설비나 선박, 철도, 항만 등의 자본재수출을 말한다. 따라서 철도, 도로, 항만 등의 사회간접자본 등의 수출도 포함되기 때문에 플랜트수출이라고 하며 생산공장(plant)만을 수출하는 거래라고는 볼 수 없다.

플랜트수출의 전형적인 형태로서 공장의 설계에서부터 기계의 제조, 장치, 시운전에 이르기까지 모든 것을 수출계약자가 일괄적으로 책임지는 턴키 베이스

(turn-key base or contract)라는 형태가 있다.

이 계약에 의하면 기계나 설비 등의 시설재를 수출할 수 있을 뿐만 아니라 기술인력과 그밖의 용역까지도 수출할 수 있어 많은 외화를 벌어들일 수 있다.

2) 보세창고도거래(Bonded Warehouse Transaction ; BWT)

보세창고도조건의 거래는 수출자가 자기의 위험과 비용으로 해당지역에 지점, 출장소 또는 대리점을 설치하고 거래상대국 정부로부터 허가받은 보세창고에 물품을 무상으로 반입하여 현지에서 판매하는 거래방식이다. 이 거래는 물품을 수입국에서 수입통관하지 않고 특정지역의 보세창고에 입고시키고 현지에서 계약을 체결하여 판매하는 거래이므로 수출업자의 입장에서는 유리한 고객을 확보하기가 용이하고, 수입업자의 입장에서는 현품을 직접 보고 구입할 수 있다는 장점이 있다.

거래의 특징은 거래상대방과 사전계약이 없이 수출이 되기 때문에 수출업자 입장에서는 다음과 같은 단점이 있다.

첫째, 만일 시황이 불리해져 판매가 안되면 반송해야 하기 때문에 해상운임, 해상보험료 등의 비용손해를 감수해야 한다.

둘째, 수출상품이 거래상대국의 보세창고에 입고된 후 매매가 되고 결제되기 때문에 대금회수가 늦어진다.

셋째, 시장예측이 빗나가거나 계절적 상품일 경우 적기판매를 하지 못하여 입는 손실을 감수해야 한다.

반면에 수입업자 측에서는 다음과 같은 상섬이 있다.

첫째, 계약성립시까지는 신용장개설을 하지 않아도 되므로 자금부담이 적다.

둘째, 현품을 확인하고 구입하기 때문에 원하는 물품을 입수할 수 있다.

셋째, 수입절차에 따른 비용과 시간이 절약된다.

넷째, 현품을 즉시 입수할 수 있기 때문에 시차에 따른 예상이익의 차질이 극소화될 수 있다.

3) 녹다운방식 수출(knock-down)

완제품을 수출하는 것이 아니라 조립능력이 있는 외국 거래처에 부품이나 반제품을 수출하여 현지에서 조립한 후 완제품을 판매하는 방식을 말한다. 이러한 방식은 자동차, 가전제품, 기계류 등에 있어서 현지조립방식으로 수출하는 거래형태이다.

첫째, 완제품 수입을 제한할 때,
둘째, 완제품에 대한 고율의 관세를 회피하고자 할 때,
셋째, 현지조립방식이 인건비 등의 이유로 비용이 저렴할 때,
넷째, 현지인 고용에 의한 제품인식이 증대 될 때,
다섯째, 그 밖의 현지시장 침투 및 확대 전략으로 자주 이용되는 거래방식이다.

4) OEM방식 수출(Original Equipment Manufacturing)

외국의 주문자 상표를 부착하여 수출하는 국제하청생산방식에 의한 수출로 일명 주문자 상표부착방식의 수출이라고도 한다. 이는 생산자의 상표를 부착하지 못하고 주문자의 상표를 부착하여 수출하기 때문에 마치 주문자가 생산하여 판매하는 것처럼 보인다. 이러한 방식으로 수출하는 이유는 선진국의 유명상표업체가 고임금이나 기계설비의 낙후 등으로 경쟁력을 상실하고 판매노하우만 보유한 경우 개발도상국 등에 생산을 이전하기 때문인 것으로 풀이되고 있다.

한국을 포함하여 개발도상국들은 자국상품의 상표가 국제적으로 지명도가 낮아 부득이 주문자 상표를 부착하여 수출할 수밖에 없기 때문이다. OEM방식에 의한 수출은 장기공급계약이 일반적이어서 연간주문량을 확보할 수 있고 이는 원자재 확보와 수출관리에 도움을 준다. 또한 선진국의 필요에 의해 이루어지므로 선진국에 의해 부과되는 수입규제가 거의 없고 현지인의 거부반응을 피할 수 있으므로 수출확대에 기여할 수 있다.

단점으로는 고유의 상표를 부착한 자기브랜드 상품보다 가격이 싸서 수익성이나 수출채산성이 낮고, 여건이 안 맞으면 주문자에 의해 수입선이 전환될 위험이 상존하고 있다. OEM계약은 대개의 경우 쌍방간 힘의 논리에 의해 조정되고 있어 자칫 주문자의 횡포로 인해 수주기업이 주체성을 잃어 국제적인 하청기업으로 전락할 소지도 없지 않다. OEM수출은 기업생존을 위한 차선책이다. 수출기업은 가능한 조속한 시일내에 기술개발, 시장개척을 통한 고유상표 개발과 판매망 구축, 마케팅 능력의 제고 등이 이루어져 자사상표 부착의 수출로 전환하여야 한다.

제3절 무역관리제도

1. 무역관리의 의의

국가가 제도, 기구, 법규 등에 의하여 무역거래 행위에 대하여 직접 또는 간접적으로 간섭, 통제, 규제하는 것 등을 의미한다. 국민경제를 무시한 기업의 영리행위는 자국의 국민경제를 저해하고 국가 전체의 국제경쟁력을 약화시키는 결과를 초래하므로 세계 각국은 정도의 차이는 있으나 국민경제의 균형유지를 목표로 민간무역에 대하여 통제 및 관리를 하고 있다. 무역관리의 목적은 국민경제의 발전에 기여하는 데 있으며 그 방법과 수단으로는 대외무역을 진흥하고 공정한 거래질서를 확립하여 국제수지의 균형을 꾀하고 통상의 확대를 도모하는 데 있다.

2. 무역관련법규

수출입관련법규의 체계는 크게 대외무역법, 외국환거래법, 관세법, 기타의 무역법규 등의 4가지로 구분되어 진다

1) 대외무역법

수출입거래에 관한 기본법으로 종전의 무역거래법에 수출조합법, 산업설비수출촉진법을 통합시켜 1986년 12월 31일 법률 세3895호로 제정·공포되어 1987년 7월 1일부터 시행되고 있다. 이 법에는 그동안 별도로 시행되어 왔던 무역거래법, 산업설비수출촉진법, 수출조합법이 통합되었다.

동법의 제정 목적은 대외무역을 진흥하고 공정한 거래질서를 확립하여 국제수지의 균형과 통상확대를 도모함으로써 국민경제의 발전에 이바지함을 목적으로 하고 있다. 구성은 전문 60개조와 부칙 9조로 되어 있으며, 이하 동법 시행령, 대외무역관리규정으로 체제를 갖추고 있다.

기능 및 성격은 수출입관리를 위한 기본법으로 국제성을 인정하여 국제상관습이나 국제조약을 준수하되, 국제법규나 협정에서 무역에 관한 제한규정이 있을 경우 최소범위 내에서 운영하도록 하고 있다. 관리체제는 무역업의 고유번호부여(인적관리), 수출입의 승인(물적관리), 수출입공고 및 통합공고(행위관리), 외화획득용

원료의 승인, 수입에 의한 산업 영향조사, 불공정 수출입의 금지(행정관리), 벌칙 등이다.

2) 외국환거래법

외국환과 그 거래, 기타 대외거래를 관리하여 국제수지의 균형과 통화가치의 안정 및 외화자금의 효율적 운용을 기함을 목적으로 1961년 12월 31일 법률 제933호로 제정·공포되었다. 동 법은 전문 8장 38조와 부칙으로 구성되어져 있으며, 이하 동법시행령, 외국환거래규정의 체제를 갖추고 있다.

외국환거래법의 목적은 외국환과 그 거래 기타 대외거래를 합리적으로 조정 또는 관리를 통하여 대외거래의 원활화를 기하고 국제수지의 균형화와 통화가치의 안정을 도모하여 국민경제의 건전한 발전에 이바지하는 데 있다.

3) 관세법

관세의 부과·징수 및 수출입물품의 통관을 적정하게 하여 국민경제의 발전에 기여하고 관세수입의 확보를 기하기 위하여 1967년 12월 29일 법률 제1976호로 제정되었다.

동 법은 관세법시행령과 시행규칙의 체제를 갖고 있으며 별표로서 관세율표가 있다. 관세법을 보완하는 법규로서는 국세징수법과 국세기본법이 있고 관세법상의 규정에 대한 특례로서 관세 등 환급에 관한 특별법을 갖고 있다. 관세법은 관세의 부과, 징수, 요건, 대상, 절차 등을 규정하고 있어 조세법적 성격과 수출입물품의 통관에 대하여 규정하고 있는 통관법적 성격 및 벌칙과 조사처분에 관하여 규정하고 있는 형사법적 성격을 갖고 있다. 관세법상 주요 관리제도로는 관세환급제도, 관세분할납부제도, 신고납부제도와 부과고지제도, 탄력관세제도, 보세제도, 관세평가제도 등이 있다.

4) 기타 무역법규

수출품의 품질 및 대외성가의 유지향상을 도모하여 건전한 수출무역을 목적으로 하는 수출검사법, 수출무역 및 대외거래에서 발생하는 위험과 재산상의 손실을 보상하는 수출보험법, 사법상의 분쟁발생시 중재인의 판정에 의하여 신속한 해결을 목적으로 하는 중재법 등이 있다. 무역에 관한 일반법인 대외무역법에 대하여 예외적으로 우선 적용되는 특별법으로서 농업협동조합법, 수산업협동조합법, 물품의 수출입에 관하여 특별한 규정이 있어 그에 따라 수출입을 하여야 하는 약사법, 마약법, 식품위생법, 공산품품질관리법, 전기용품안전관리법, 고압가스안전관리법, 폐기물관리법 등 40여 종의 법률 등이 있다.

3. 무역관리기관 및 주요 기능

무역관리기관이란 무역관련법규에 따라 대외무역거래를 조정 또는 규제하는 행정기관이나 민간기관기구와 무역관리를 하는 관리조직을 말한다.

무역관리기관의 기능은 공공기관에 의한 관리와 무역업체에 대한 관리 그리고 수출입물품에 대한 관리 등으로 구분된다.

1) 공공기관에 의한 관리

무역행정을 신속하고 능률적으로 운영하기 위하여 무역관리에 관한 권한의 일부 또는 전부를 국가의 행정기관이나 외국환은행 등과 같이 공공성을 띠고 있는 기구에 위임하거나 위탁하여 관리하는 것을 말한다.

(1) 산업통상자원부

무역관리의 최상급 중앙행정관청으로서 무역에 관한 일체의 사무를 관장, 통괄하며 대통령이 정하는 바에 따라 권한의 일부를 소속기관이나 타 기관에 위임 또는 위탁하고 있다.

(2) 협조중앙행정기관

무역행정에 관한 주무부서인 산업통상자원부의 협조중앙행정관청 등으로 각기 소관업무에 대한 특별법을 관장하여 운영하고 있다.

(3) 무역정책에 관한 심의기관

무역정책에 관한 심의기관으로는 무역위원회(산업통상자원부 소속 대외무역법 위반 심의, 의결기구), 무역정책심의회(산업통상자원부 소속 무역정책심의기구)가 있다.

(4) 산업통상자원부장관 권한 위임 무역관리기구

산업통상자원부장관 권한 위임 무역관리기구로는 중소기업청장, 서울특별시장,

직할시장 또는 도지사, 수출자유지역관리소장 등이 있다.

2) 무역업체에 대한 관리

무역업과 무역대리업 등 무역주체에 대한 관리를 말한다.

3) 수출입물품에 대한 관리

물품의 수출입에 대한 관리로서 수출입공고와 수출입허가 등을 통한 관리·통제·제한·감독의 일체의 행위를 말한다. 어떠한 물품을 수출입하기 위해서는 대외무역법에 의한 수출입공고와 각 기관별 수출입 추천요령인 별도 공고 및 특별법에 의한 통합공고상 제한이 없는지 확인하여야 하고, 별도 제한이 있는 경우 기관별 추천이나 요건을 확인받아야 한다.

(1) 수출입공고

수출입에 관한 직접규제방식으로 다음과 같은 절차를 공고하는 것을 말한다.

첫째, 물품의 수출입에 관한 자동승인품목, 제한승인품목 또는 금지품목 등의 구분
둘째, 제한승인품목의 품목별 수량·금액·규격 또는 지역 등의 제한
셋째, 무역의 지속적인 증대 또는 통상정책상의 필요에 의하여 대통령이 정하는 물품의 수출입에 관한 사항
넷째, 물품의 수출입에 관한 추천 또는 확인

수출입공고는 일정한 실시기간 없이 영속적인 효력이 있으며 필요시 산업통상자원부장관이 관계기관과의 협의와 무역정책심의회의 심의 등을 거쳐서 변경·공고하게 된다.

수출입공고의 목적은 물품의 수출 또는 수입의 제한에 관한 사항과 이에 따른 추천 또는 확인 등에 관한 사항을 규정하는 데 있다.

(2) 수출입 품목분류

수출입공고상의 품목분류는 1988년 1월 1일부터 신국제통일상품분류(HS) 방식을 채택하여 사용하고 있다.

표 1-1 품목분류방법의 비교

구 분	SITC	CCCN	HS
명 칭	표준국제무역분류 (Standard International Trade Classification)	관세협력이사회상품분류 (Customs Cooperation Council Nomenclature)	신국제통일상품분류 (The Harmonized Commodity Description and Coding System)
제정년도	1950년	1950년	1983년
발효 및 채택(한국 사용)년도	1950. 7. 21일 발효 (1955년부터 사용)	1955. 11. 11일 발효 1976. 6월 BTN → CCCN로 명칭변경(1977년부터 사용)	1983. 6월 CCC채택 (1988년부터 사용)
제정기관	유엔경제사회이사회	관세협력이사회	관세협력이사회
목 적	무역통계이용목적 (무역 및 경제분석용이)	관세부과목적 (관세율 적용)	관세와 기타 목적흡수 (관세 및 국제통계통합)
용 도	단일용도(통계)	단일용도(관세)	다용도(관세, 통계, 운송 등)
사용국가	UN 등 대부분 국가	153개 국가	각종 협약가입 중
분류체계	10부 63류 786품목(4단위) 1,924품목(5단위)	21부 99류 1,011개 품목(4단위) 7,916개 품목(8단위)	21부 97류(7류 공백, 98, 99류 삭제) 1,241개 품목(4단위) ☞ 새로운 CCCN 5,019개 품목(6단위) ☞ 협약국 적용 10,033개 품목(10단위) ☞ 자국 자율 적용
단위부여	국제공통 5단위	국세공통 4단위 자국용 4단위	국제공통 6단위 자국용 4단위
분류기준	1) 선 : 가공단계별 2) 후 : 구성재료별 ① 원료와 제품의 분류가 다름 ② 무역량이 많은 것 중심으로 세분 - 세율의 고저불문 - 주요 교역품 ③ 무역량이 적은 것은 고관세물품이라도 세분 안함	1) 선 : 구성재료별(83류 이하) 용도기능별(84류 이상) 2) 후 : 각 분류 내에서 가공단계별 분류, 원료와 제품이 동일한 류에 일괄 분류 ① 무역량의 다소에도 불구하고 다음 조건으로 세분 - 사업보호, 관세징수 용품	1) CCCN 분류원칙원용 2) 보충(응용적 분류) - 응용기준 : 무역량, 신상품 개발, CCCN 분류상 문제점 등을 감안하여 CCC의 HS전문위가 결정

		- 높은 부가가치품 - 귀중품 ② 무역량이 많아도 다음 품목은 세분 안함 - 저세율품 - 무세품	

HS는 무역통계작성을 위한 국제적 상품분류인 SITC(표준국제무역분류)와 관세부과를 위한 국제적 상품분류인 CCCN(관세협력이사회상품분류)을 단일화·통일화할 필요에 따라서 제정된 새로운 체제이다.

한국은 한국통일상품분류방식(Harmonized System Korea : HSK)을 만들어 세계공통인 HS 6단위에 자체 분류 4단위를 합하여 도합 10단위로 분류하고 있다.

한국통일상품분류방식의 활용범위는 할당관세 등 탄력관세운용 및 관세감면이나 환급제도 등 관세부문, 수출입공고, 통합공고 등 수출입관련 무역부문 및 수출입통계작성, 물가지수표작성 등 통계부문에서 이용되고 있다.

4) 수출입공고상의 품목구분

한국의 수출입공고는 1967년 GATT 가입을 계기로 1967년 하반기 7월 25일부터 positive list system에서 negative list system으로 변경하여 공고하고 있다. positive list system은 수출입가능품목만을 열거하는 방식인데 반하여 negative list system은 수출입금지 또는 제한품목만을 수출입공고상에 열거하고 열거되지 않은 품목은 원칙적으로 수출입을 개방하는 제도이다.

(1) **수출입금지품목**(export and import banned items)

수출입을 전혀 할 수 없는 품목으로 현재 우리나라는 수출입공고에 의해 수출입금지품목으로 지정된 품목은 하나도 없다.

(2) **수출제한승인품목**(export restricted items)

일정한 제한조치(수출요령)에 따라 수출할 수 있는 품목으로 수출입공고상 수출요령에 명시된 관련기관의 추천을 받아야 수출이 가능한 품목을 말한다.

(3) **수출자동승인품목**(export automatic approval items)

수출입공고상 관련기관의 수출추천품목표에 열거되어 있지 않은 품목으로 외국환은행장의 승인만으로 자유로이 수출할 수 있는 품목이다.

(4) 수입제한승인품목(import restricted items)

수출제한품목과 같이 일정한 제한조치(수입요령)에 따라 수입할 수 있는 품목으로 수입요령에 명시된 관련기관의 추천을 받아야 수입할 수 있거나 수입할 수 없는 품목이다.

(5) 수입자동승인품목(import automatic approval items)

수출입공고상 관련기관의 수입추천품목표에 열거되어 있지 않은 품목으로 외국환은행장의 승인만으로 자유로이 수입할 수 있는 품목이다.

5) 수출입추천과 승인

(1) 수출입추천

수출입공고상 수출자동승인품목이나 수입자동승인품목은 별도의 제한없이 외국환은행에서 수출승인(export licence : E/L) 또는 수입승인(import licence : I/L)을 받을 수 있다. 수출입공고상 수출제한승인품목, 수입제한승인품목 및 통합공고에 의해 별도의 관리를 받는 품목은 동 수출입요령에 따라 수출입승인을 받기 전에 관련 수출입조합 또는 협회나 주무관서 장으로부터 사전 추천을 받아야 수출 및 수입승인을 받을 수 있다.

(2) 수출입승인

무역절차의 기본이 되는 것으로 물품을 수출 또는 수입하고자 하는 사는 대통령이 정하는 바에 따라 산업통상자원부장관의 승인을 받아야 한다. 또한 승인된 사항을 변경할 때도 소정의 승인을 받아야 한다.

수출입승인의 의미는 수출의 경우 유효기간 내에 수출신고를 하고 수출대금을 회수하여야 하며, 수입의 경우 유효기간 내에 수입신고를 하고 수입대금을 지급하여야 함을 말한다.

수출입승인의 권한은 산업통상자원부장관에게 있으나 절차의 간소화 및 무역업무의 효율화와 신속화를 위하여 대부분을 외국환은행장에게 위탁하고 있다.

그러나 무역정책상 필요한 경우에는 산업통상자원부장관이나 갑류외국환은행장 또는 수출추천기관장을 수출입승인기관으로 하고 있다.

4. 국제무역규칙

1) 국제무역규칙의 개념

상관습이란 특정한 집단에 속하는 상인들간의 상습적 행위나 전통적 행동양식으로서 장기간에 걸쳐 거래관계에서 널리 인정됨으로써 상호간에 인정하고 준수하려는 상거래양식을 의미한다. 이같은 상관습이 무역거래에서 국제간에 관용되고 있는 경우 이를 국제상관습 또는 무역관습이라 한다.

국제간의 무역거래는 국내에서의 일반상거래와는 달리 언어, 관습, 법률, 제도 등이 상이한 국가간의 거래이므로 매매 당사자 일방의 국내법을 양 당사자간의 거래에 적용시키기에는 무리가 있다. 따라서 매매 당사자간의 거래관계의 균형을 유지하고 계약의 체결·이행·분쟁의 해결에 있어서 판단의 기준이 되는 것이 국제상관습이다.

국제상관습은 계약 당사자가 올바르게 이해하지 않고 있거나 당사자간에 그 관습의 내용에 대한 의견이 일치하지 않을 경우 유효하게 이용할 수 없을 뿐 아니라 손실 또는 위험을 초래할 가능성이 있다.

무역거래의 안전과 발달을 도모하고 거래관습의 이용을 효과적으로 하기 위하여 국제상업회의소, 거래소, 동업자조합 등 국제단체에서 최대공약수적인 확인사항에 의하여 제정된 것이 무역규칙이다.

국제무역에 관한 규칙은 무역당사자가 무역계약 체결시 임의 선택에 의하여 당사자간 유효하게 적용할 수 있으며, 대표적인 규칙으로는 무역거래조건의 해석에 관한 국제규칙, 화환신용장 통일규칙, 국제물품매매계약에 관한 유엔협약, 추심에 관한 통일규칙, CIF계약에 관한 와르소/옥스포드규칙, 해상화물운송에 관한 유엔협약, 국제물품복합운송에 관한 유엔협약, 요크/안트워프 규칙 등이 있다.

2) 국제무역규칙의 종류

(1) 무역거래조건의 해석에 관한 국제규칙

무역거래조건의 해석에 관한 국제규칙(International Rules for the Interpretation of Trade Terms : Incoterms)이란 국제물품매매계약시 무역업자들이 겪는 무역장애 요인인

첫째, 준거법에 대한 불확실성,

둘째, 불충분한 지식,
셋째, 해석상의 상이점에서 오는 거래상의 분쟁을 사전에 예방

국제무역의 확대, 발전을 위해 국제무역조건과 관습의 통일을 위하여 1936년 1월 국제상업회의소의 무역거래조건위원회(Trade Terms Committee)가 중심이 되어 제정한 국제규칙이다.

(2) 화환신용장통일규칙 및 관례(Uniform Customs and Practice for Commercial Documentory Credits : UCP)

신용장제도는 무역거래에 있어서 신용 및 결제상의 위험을 회피하는 수단으로 오래전부터 사용되어 왔다. 그러나 각국에서 사용하고 있는 신용장은 통일성의 결여로 무역거래상 빈번한 마찰과 분쟁의 발생으로 인하여 신용장에 관한 해석과 취급에 관하여 각국간의 이견을 조정하기 위한 신용장의 국제적인 통일화가 요청되게 되었다.

국제상업회의소가 모체가 되어 1933년 비엔나회의에서 채택된 것이 화환신용장 통일규칙 및 관례이다. 신용장통일규칙은 그 동안 각국의 관습과 새로운 운송 및 통신수단, 기술의 발달 등으로 1951년, 1962년, 1974년, 1983년 4차에 걸쳐 개정되었으나 통일규칙상의 적용과 해석에 관한 거래당사자 의견 불일치의 상존과 Incoterms 1990의 개정으로 1993년 제5차 개정을 한 후, 2000년 Incoterms 2000 개정 한 후, 최근에 사용되고 있는 것은 「Incoterms 2010 개정판」이다.

(3) 국제물품매매계약에 관한 유엔협약

국제물품매매에 관한 국제적인 상관습에 대한 해석상의 차이와 각국 법제도의 상위는 분쟁을 일으키는 소지가 되어 국제물품매매거래시 법적 불안을 초래하여 국제거래에 있어 많은 장애요인이 되어 왔다.

해석상의 차이와 각국 법제도의 상이에서 오는 불편을 제거하기 위하여 1956년 12월 17일 유엔에 설치된 국제연합 국제무역법위원회(The United Nations Commission on International Trade Law : UNCITRAL)에 의하여 1980년 4월 11일 비엔나의 국제회의에서 통과된 것이 국제물품매매계약에 관한 유엔협약(The United Nations Convention on Contracts for the International Sale of Goods)이다.

이 협약은 1988년 1월 1일부터 발효하여 상이한 국가 내 영업소가 있는 당사자 간의 물품매매계약에서 당사자의 영업소가 있는 국가들이 모두 협약국일 경우와

국제사법의 원칙에 따라 어느 일방 협약국의 법률을 적용하게 되는 경우 적용된다.

(4) 추심에 관한 통일규칙(Uniform Rules for Collections, 1978 Revision)

추심에 관한 통일규칙은 국제상공회의소가 1956년 제정한 후 1967년 1차 제정한 바 있는 상업어음추심에 관한 통일규칙(Uniform Rules for the Collection of Commercial Paper, 1967 Revision)을 다시 그 내용과 명칭을 대폭적으로 개정하여 1979년 1월 1일 시행하도록 한 국제무역거래 및 외국환거래에 있어 외국환의 추심업무 등에 대하여 규정한 국제규칙이다.

이 규칙은 국제무역거래에 있어 신용장통일규칙에 준하는 중요한 국제규칙으로 1995년에 다시 한번 개정(Uniform Rules for collections, 1995 Revision) 되었다.

(5) CIF계약에 관한 와르소/옥스포드 규칙

국제법협회(International Law Association : ILA)가 국제무역조건 중 가장 복잡한 내용을 가진 CIF조건의 매매계약에 관한 국제적인 통일규칙을 1928년 Warsaw Rules, 1928을 채택한 후 각국 상공회의소의 협력을 얻어 이를 수정하여 1932년 옥스퍼드 국제법협의회 회의에서 채택된 것이 1932년 와르소/옥스포드(Warsaw/Oxford Rules for CIF Contract, 1932) 규칙이다. 이 규칙은 CIF계약을 체결하고자 하는 당사자에게 임의로 채택할 수 있는 통일적 해석기준을 제공한다.

(6) 해상화물운송에 관한 유엔협약(United Nations Convention on the Carriage of Goods by Sea, 1978)

해상화물운송에 관한 유엔협약은 국제무역법위원회가 해상운송과 관련하여 선하증권 약관의 국제적 통일을 기하기 위하여 제정한 국제협약으로 운송인의 책임을 강화함으로써 화주에게 유리한 조약이다.

(7) 국제물품복합운송에 관한 유엔협약

복합운송은 물품이 해상, 철도, 항공 등 두 가지 이상의 운송수단에 의하여 이루어지는 운송방법으로 컨테이너 운송의 출현으로 최근에 발달된 운송형태이다.

복합운송의 출현으로 국제복합운송인의 책임에 관한 통일적인 국제협약의 필요에 따라 유엔무역개발회의(United Nations Conference on Trade and Development : UNCTAD)에 의해 1980년 제정된 국제협약이다.

(8) 요크/안트워프 공동해손규칙

공동해손의 취급과 해석의 통일을 기하기 위한 운동이 일어나 1877년에 York에서 개최된 국제공동회의에서 11조로 된 규칙을 채택하였고, 그 후 1890년에 Antwerp에서 해상보험에서 공동해손을 구성하는 손해 및 비용에 관한 요크/안트워프 공동해손규칙(York-Antwerp rules of general average; YAR)을 제정하게 되었다. 요크/안트워프 공동해손규칙(York-Antwerp rules of general average; YAR)은 다시 1924년, 1950년, 1974년, 1990년, 1994년에 개정되어 현재 세계 각 국이 공동해손의 정산 및 해결에 이를 적용하도록 선하증권 및 보험증권에 규정하고 있다.

특히 계약에 공동해손은 York/Antwerp규칙에 의한다는 조항이 없으면 목적항(port of destination)이나 피난항(port of refuge)의 법에 의하여 해결된다.

제2장
무역이론

제1절 고전무역이론

1. A. Smith 의 절대우위이론

유럽은 17-18세기까지 중상주의 시대였는데 중상주의는 국가의 부를 금의 보존량으로 보았기 때문에 식민지를 만들어 자기나라의 물건을 강제로 팔고 수입은 막는 보호무역 시대였다. 이 보호무역시대에서 아담스미스가 무역을 하면 서로 이득이 된다는 절대우위론을 주장하였다.

아담스미스는 국가의 부를 금의 보존량이 아니라 그 나라의 생산성으로 보았기 때문에 분업을 굉장히 강조하는데 자국내에서 뿐만 아니라 국가간에도 각 나라가 자기 나라가 잘 만들 수 있는 물건을 만드는데 집중해서 서로 교환을 하면 더 많은 생산물이 나오기 때문에 서로 이득이 된다는 자유무역을 주장하였다.

예를 들어, A국은 5명을 투입해서 TV 2대, 밀가루 30kg을 생산 할 수 있고, B국은 5명을 투입해서 TV 1대 밀가루 60kg를 생산 할 수 있으면, A국은 TV만 만들고 B국은 밀가루만 만들어서 서로 무역거래를 하게 되면 양국이 이득이 된다라는 이론이다.

절대우위이론의 전제조건은 상대 나라보다 잘 만드는 물건이 있어야 한다는 것이다. B국이 밀가루, TV, 모두 A국보다 생산성이 낮은 상태에서 무역을 하게 되면 B국이 일방적으로 손해를 본다고 생각했기 때문에 아담스미스가 자유무역을 주장했지만 자유무역이 그렇게 활발해지지는 않았다.

자유무역론은 Ricardo의 비교생산비원리에 입각한 국제분업의 원리에 의해 국가의 보호, 통제가 없는 자유로운 국제무역이 모든 국가에게 이익이 된다고 하는 이론인데, 이 이론은 17, 18세기의 중상주의 보호정책에 반대하여 대두되었으며 19세기에 구체화되었다.

자유무역사상은 중농주의(physiocracy)에 그 기초를 두고 있다. 중농주의란 18세기 후반 프랑스의 F. Quesney에 의하여 체계화된 농업중시의 사상과 그 정책을 의미한다. Quesney는 모든 사람은 자기가 원하는 상품을 자기가 원하는 상대방과 자기가 원하는 장소에서 자유로이 매매해야 한다고 주장했다. 이러한 주장에 비추어 Quesney는 자유무역을 처음으로 지지했다고 볼 수 있다. 따라서 Quesney는 국가중심의 보호주의를 비난하고 농업만이 부를 창조할 수 있다고 생각한 후 농업을 중시하고 작물의 자유거래, 곡물의 자유수출에 의하여 곡가를 인상시키지 않으면 안 되며, 동시에 토지에 대한 단일관세, 특권의 폐지, 자유무역 등을 주장했다.

Quesney는 국부의 근원이 토지에 있다고 생각한 끝에 농업을 보호하기 위하여 곡물 수입자에게 과중한 세금을 부과해야 한다고 주장함으로서 자유무역정신에 어긋나기도 했으나, 그가 주장한 사상은 A. Smith에 의하여 계승되어 영국에서 자유무역주의가 대두되게 되었다.

A. Smith는 국제분업론을 통하여 자유무역론을 주장했다. A. Smith는 중상주의자의 견해와는 달리 화폐 그 자체를 국부로 인정하지 않고, 화폐에 의하여 구입되는 재화를 국부로 인정하면서, 재화는 분업에 의하여 양적 증가가 가능하다고 주장하였다.

A. Smith는 국내분업의 원리를 국제간에 적용하여 국제분업론을 체계화한 후 스코틀랜드의 포도주 생산의 예를 들어 절대생산비차가 존재하는 경우에 무역의 이익을 설명했다. 즉, 그는 국제분업의 원리에 의하여 무역이익의 발생근거를 제시하였다.

A. Smith는 국가간에 무역을 자유로이 방임하여 외국에서 어떤 재화를 자국보다 유리하게 생산할 수 있다면 이를 수입하고, 자국이 외국에 비하여 싸게 생산할 수 있는 상품을 수출한다면 무역에서 이익을 얻을 수 있다고 주장했던 것이다.

A. Smith는 정부가 기업가의 생산 활동을 자유로이 방임한다면 노동과 자본은 가장 적당한 부문으로 이동되고 이에 따라 개인의 소득이 증대되고 산업이 발달된다고 주장했다. 이와 반대로 정부가 외국상품의 수입을 제한한다면 자국내에 부적당한 산업이 생기게 되고 이에 따라 생산요소는 생산력이 높은 산업에서 생산력이 낮은 산업으로 전환됨으로써 산업 활동을 위축시킨다고 지적하였다.

A. Smith는 국내분업의 원리를 국제간에 적용해서 국제분업론을 체계화한 후, 스코틀랜드의 포도주생산의 예를 들어 절대생산비차가 존재하는 경우에 무역의 이익을 설명하였으나, D. Ricardo는 비교생산비차가 존재하는 경우에 무역의 이익을 설명하였는데, 이러한 Ricardo의 주장이 비교생산비원리이다. Ricardo 원리는 국제분업의 이익, 또는 무역의 이익을 존중하는 동시에 국제분업이 어떻게 성립되고 있는가를 설명할 뿐 아니라, 국제적으로는 국제무역론의 기본원리를 제시하고 정책적으로는 자유무역주의의 근거가 되고 있다.

2. D. Ricardo의 비교(상대)우위이론

A국이 TV, 밀가루 모두 B국보다 생산성이 낮은 상태라고 할지라도 서로 교역을 하면 양국 모두 이익이 된다는 비교우위론을 주장하였다. 절대적인 생산성이 떨어진다고 할지라도 상대적으로 잘 만드는 품목을 생산하면 생산성이 떨어지는 국가도 이익이 된다는 이론이다.

3. J. S. Mill의 상호수요균등의 법칙

J. S. Mill은 Ricardo가 규명하지 못한 교역당사국에 대한 무역이익의 배분비율과 교역상품의 국제교환비율(교역조건)을 규명하였는데, 이 이론이 상호수요균등의 법칙이다.

Mill은 교역상품의 국제교환비율, 즉 교역조건이 비교생산비의 상한과 하한내의 어느 점에서 결정되는가에 대하여 그의 이론을 전개하면서, 교역조건은 결국 자국상품에 대한 외국의 수요와 외국상품에 대한 자국의 수요가 상호 일치되는 점에서 결정된다고 주장하였다.

Mill은 이 교역조건에 의하여 교역당사국에 대한 무역이익의 배분비율이 결정되며, 이러한 교역조건은 교역상대국의 상호수요의 규모 외에도 수요의 탄력성의 크기에 의하여 결정된다고 하였다.

4. D. Hume의 물가-정화 유출입 기구(price-specie flow mechanism)

D. Hume은 물가-정화 유출입 기구(price-specie flow mechanism)을 통하여 국제균형기구 그 자체에 대한 해명뿐만 아니라 일단 교란된 국제균형이 어떤 과정을 통하여 회복되는가를 해명했다.

고전학파이론의 선구적 역할을 한 Hume은 이 기구를 통하여 무역차액이 자동적으로 조정된다는 원리를 밝힘으로써 중상주의자들이 생각했던 무역을 통한 무한의 금유입이라는 견해를 전복시켰던 것이다. 따라서 Hume은 A. Smith가 중상주의 이론의 오류를 지적하기 전에 이미 물가-정화 유출입 기구를 통하여 중상주의의 핵심적인 이론인 무역차액설(balance of trade theory)을 부정하였다.

5. 고전무역이론 정리

1) 절대생산비설

아담스미스(A. Smith)는 1776년에 발간한 그의 저서 "국부론(An Inquiry into the Nature and Causes of Wealth of Nations)"에서 절대생산비설(The Theory of Absolute Cost) 혹은 절대우위론(The Theory of Absolute Advantage)를 제창하여 중상주의자들의 무역관을 신랄하게 비판하고 대신에 세계 모든 나라들을 유익하게 하는 가장 훌륭한 정책은 바로 자유무역이라고 주장하였다.

아담스미스는 절대생산비설을 통하여 자유무역을 행하면 상호 이익을 얻을 수 있다고 하였다. 아담스미스의 절대생산비설이란 각국은 동일한 재화에 대한 무역당사국에 있어서의 생산비, 즉 절대생산비를 비교하여 절대생산비가 싼 재화, 즉 절대우위(absolute advantage)를 가진 재화의 생산에 특화(specialization)하여 이것을 수출하고 절대생산비가 비싼 재화, 즉 절대열위(absolute disadvantage)를 갖는 재화를 수입하면 무역 개시전의 폐쇄경제보다 많은 무역이익(gains from trade)을 상호적으로 얻을 수 있다는 주장이다.

아담스미스의 절대생산비설은 국제분업의 원리를 통해 무역의 발생원인과 무역의 이익을 체계적으로 밝혀 최초로 자유무역의 이론적 기초를 제공했다는 점에 큰 의의가 있다고 하겠다.

그러나 모든 무역이 절대생산비 차이로만 설명될 수 없다는 점과 교환가치와 사용가치의 구분 및 양자의 관계에 대한 파악이 불투명하다는 한계를 지니고 있다.

2) 비교생산비설

한 국가가 두 교역상품에 있어서 모두 절대우위(또는 절대열위)에 있다 하더라도 비교생산비설에 의해 무역이 성립할 수 있다는 사실을 밝혀 아담스미스의 절대생산비설을 보완한 이론이 바로 리카아도(D. Ricardo)의 비교생산비설(theory of comparative cost) 또는 비교우위설(theory of comparative advantage)이다.

이 이론 역시 노동가치설을 근거로 하고 있다. 리카아도는 비록 일국이 타국에 비하여 두 재화의 생산상에서 모두 절대열위에 있다고 하더라도 무역은 발생할 수 있으며, 또한 무역이익을 얻을 수 있다고 주장했다.

즉 덜 효율적인 생산방법으로 생산하는 국가(절대열위에 있는 국가)는 열위의 정도가 보다 적은 비교우위 재화의 생산에 특화하여 수출하고, 열위의 정도가 보다 큰 비교열위 재화를 수입하면 된다는 것이다.

또한 일국이 타국에 비하여 두 재화의 생산상에 있어서 모두 절대우위에 있다고 하더라도 절대우위의 정도가 큰 비교우위 재화의 생산에 특화하여 수출하고 절대우위의 정도가 작은 비교열위 재화를 수입하면 된다는 것이다.

이와 같이 비록 두 재화의 생산상에 있어서 모두 절대우위나 절대열위에 있다고 하더라도 비교우위(comparative advantage)에 있는 재화를 특화·수출하고 비교열위(comparative disadvantage)에 있는 재화를 수입하면 무역당사국에 무역이익을 가져다 준다는 이론이 리카아도의 비교생산비설이다.

리카아도의 비교생산비설 혹은 비교우위이론은 아담스미스의 절대생산비설 혹은 절대우위론의 한계점을 극복하여 어떠한 형태의 무역이든 설명할 수 있는 일반이론으로서 확고한 위치를 가지게 되었으며, 이 이론은 지금도 유효한 경제법칙의 하나로 통용되고 있다.

그의 이론은 이론적으로는 국제무역의 기본원리를 설명하고 있으며, 정책적으로는 자유무역정책의 가장 유력한 근거를 제공해 주고 있다.

그러나 리카아도의 무역이론은 무역이익을 가져다주기 위한 전제로서의 수출품과 수입품이 과연 어떠한 교환비율로 교역되며, 또한 무역의 결과로서 발생한 무역이익은 교역당사국에 대하여 어떻게 배분되는가를 밝히지 못하고 있다.

3) 국제가치설

밀(J.S. Mill)은 그의 저서 "경제학원리"에서 리카아도가 규명하지 못한 교역상품의 국제교환비율과 교역당사국에 대한 무역이익의 배분비율을 밝혔다.

그는 두 교역상품의 국제교환비율은 비교생산비의 상한과 하한, 즉 두 교역당사국의 국내교환비율 사이에서 교역상품에 대한 양국의 수요가 일치하는 점에서 결정된다고 주장하였다.

밀은 상호수요에 의해 결정된 교역조건에 의해 교역당사국의 이익배분이 이루어진다고 밝히면서 교역조건에 영향을 줄 수 있는 요인으로 상호수요의 규모 이외에 수요의 탄력성을 들었다. 즉, 그에 의하면 상대국 상품에 대한 자국의 수요의 탄력성이 크면 자국의 교역조건이 불리하지만, 그 반대의 경우에서는 교역조건이 자국에 유리하다는 점을 밝혔다.

그러나 상호수요설 역시 비현실적인 가정하에서 정립되었다는 비판 이외에 교역조건 결정요인에 있어서 수요측면을 너무 강조한 나머지 공급측면을 무시했다는 결함을 지니고 있다.

제2절 근대무역이론

1. 헥셔-올린 정리(H-O Theorem)

1) 헥셔-올린 요소부존이론(제1명제)

요소부존이론은 비교우위론에서 설명한 국가 간의 상대적 생상성의 차이가 발생하는 원인은 각 나라의 생산요소(자본, 토지, 노동)의 양이라고 본 이론이다.

생산요소가 자국내에 풍부하다면 상대적으로 다른 나라의 비해 생산 원가가 낮아지고 여기서 생산성의 차이가 나타난다. 라는 것이다.

예를 들어 인도는 노동력이 다른 나라에 비해 풍부하기 때문에 노동 집약적인 산업에서 비교우위를 가져갈 수 있고 캐나다는 자본이 풍부하기 때문에 자본 집약적 산업에서 비교우위를 가져갈 수 있다는 주장이다.

2) 요소가격균등화정리(제2명제)

Stolper-Samuelson은 헥셔-올린 모형의 요소가격균등화정리의 의의는 결국 국제무역에 의한 재화가격 균등화가 궁극적으로 요소가격의 균등화를 유도한다는 것이다. 각국의 자료를 보면 요소가격이 균등화 된 증거는 없고 오히려 많은 격차가 있는 것이 사실이다. 그렇다고 해서 요소가격균등화의 정리가 타당하지 않다고 말할 수는 없다. 무역에 따른 수송비 등의 부대비용, 관세 등 무역제한조치의 존재, 특히 핵셔-오린의 단순가성들이 성립되시 않는 세계에서 살고 있기 때문에 오히려 요소가격균등화가 실증적으로 성립되는 것이 이상하다.

대부분의 선진국 간에는 요소가격의 격차가 심하지 않으며 개발도상국이 선진국화하면서 그 나라의 요소가격이 선진국수준으로 접근하는 것을 통해 요소가격균등화 정리의 의의를 찾아 볼 수 있다.

요소가격균등화정리는 소득분배의 측면에서 중요한 의의를 내포하고 있다.

지금까지 살펴본 바에 의하면 자유무역에 의해 어느 한 국가가 비교우위를 가지고 있는 재화생산에 주력하면 그 재화생산에 집약적으로 사용되는 요소가격을 상승시키는 결과를 초래한다.

따라서 자유무역은 각국에 상대적으로 풍부하게 부존된 요소소득에 유리한 방향으로 소득을 재분배시키는 효과를 갖고 있음을 알 수 있다. 만일 어느 개발도상국

경제가 공산품보다 농산물의 생산에 비교우위가 있다면 농민들은 자유무역을 옹호하는 반면 노동자들이나 자본가들은 보호무역을 주장하게 된다.

요소가격균등화정리는 헥셔-오린 모형과 같은 정태모형에서만 타당하다.

요소부존도가 변하고 기술혁신 등에 의해 생산기술이 변하는 동태적 상황에서는 국제무역의 요소가격균등화 경향을 보장할 수 없다. 이 정리는 핵셔-오린 모형의 일반 균형적 특성을 가장 대표적으로 부각시키고 있다는 점에서 현대무역이론의 전개에 중요한 위치를 차지하고 있다.

3) 비교우위론의 맹점

비교우위론의 맹점은 현실세계에서 생산성은 노동, 자본 같은 생산요소 뿐만 아니라 다양한 원인에 의해서 차이가 난다는 것이다. 예를 들어 규모의 경제(컴퓨터를 1대 생산 할 때보다 5대 생산 할 때 생산원가가 절감된다)라던가 품질, 브랜드명, 스타일, 효율적인 경영시스템 같은 수많은 요소들을 내포하고 있다.

2. Stolper-Samuelson의 정리

이 명제는 자유무역이 이루어 질 때 상대적으로 희소한 생산요소의 가격이 하락되므로 자본이 풍부하고 노동이 희소한 미국과 같은 경우에는 노동자에 대한 임금수준의 하락이 불가피하다는 것을 밝히고 그것을 방지하기 위해서는 보호관세의 설정이 필요하다는 것을 제기한 이론이다.

그 후에 보호무역론의 강력한 이론적 지주가 되었으며 라우센(S. Lausen)등에 의해 일반화되었다.

스톨퍼와 사뮤엘슨은 1941년에 발표한 공동논문 “보호무역과 실질임금”에서 특정상품의 생산에 높은 임금을 지급하고 있는 미국과 낮은 임금을 지급하고 있는 나라와 자유무역을 하게 되면 높은 임금을 받는 미국노동자들의 실질임금이 하락하게 된다는 것을 지적하였고, 이 문제를 해결하기 위해서는 낮은 임금을 지급하고 있는 나라로부터 수입되는 상품에 대해서는 보호관세를 부과해야 한다고 주장하였다.

핵셔-오린 정리의 제 2명제인 요소가격균등화이론에 입각한 정책적 결론이다.

1) Stolper-Samuelson정리의 전개

생산요소의 가격이 변한다는 것은 곧 각국내 소득분배유형이 변한다는 것을 의미한다. 따라서 국제무역으로 인하여 생산이 증대되는 산업에서 집약적으로 사용되는 요소를 공급한 자들의 실질소득수준은 향상되며, 위축되는 산업에서 집약적으로 사용되는 요소를 공급한 자들의 후생수준은 낮아지게 된다.

이에 따라 자유무역으로 인하여 후생수준이 낮아지는 자들로부터 위축되는 산업을 보호하자는 보호무역론이 주장될 수 있다.

Stolper-Samuelson정리는 Heckscher-Ohlin정리의 체계 내에서 볼 때에 수입관세의 부과는 그 국가가 상대적으로 희소한 요소의 상대가격과 실질가격을 상승시켜 그 요소에 대한 실질보수율을 증대시킨다는 것이다. 이러한 Stolper-Samuelson정리를 전개하는 데 필요한 제가정은 다음과 같다.

첫째, Heckscher-Ohlin정리를 전개하는 데 필요한 모든 기본가정이 그대로 적용되므로 무역 패턴은 그 나라에 풍부하게 부존되어 있는 요소를 집약적으로 사용하는 재화를 수출하고 희소한 요소를 사용하는 재화를 수입한다.

둘째, 수입관세가 부과되면 국내가격이 변동되어 수입경쟁재의 가격이 수출재의 가격에 비해 상대적으로 인상되게 된다.

셋째, 관세부과로 무역 패턴이 변동되지 않음으로써 수출재는 관세 부과 후에도 계속 수출재로 남게 되며, 관세부과 이전이나 이후에도 완전특화는 이루어지지 않는다.

넷째, 어느 개별국에 의한 수출관세의 부과도 대외교역조건을 변동시키지 못한다. 즉, 이는 관세 부과국이 규모가 작은 국가를 의미한다.

다섯째, 어떠한 요소가격 비율하에서도 산업간 요소집약도의 역전 현상은 일어나지 않는다는 것이다.

첫째, 가정은 “Leontief역설”과 같은 현상이 일어나지 않는, 즉 Heckscher-Ohlin정리가 그대로 적용되는 상황을 가정한 것이고,

둘째, 가정은 수입재가 열등재가 되어 가격상승으로 오히려 수요가 증가하는 비정상적인 경우를 배제하기 위한 것이다.

셋째, 가정은 관세부과를 전후해서 요소역전 등이 일어나지 않는 비교적 단기의 상황을 염두에 둔 것이다.

2) Stolper-Samuelson 정리의 의의

Stolper-Samuelson정리는 Heckscher-Ohlin이론의 제 2명제, 즉 요소가격균등화명제를 검토하는 과정에서 Heckscher-Ohlin정리의 체제내에서 전개된 이론이다.

Heckscher-Ohlin정리에는 두 국가, 두가지 상품, 두가지 생산요소 등의 가정하에 A국은 자본이 풍부하고 B국은 노동이 풍부하여, 무역전에 A국에서는 자본이 풍부하여 자본가격이 싸고 B국에서는 노동이 풍부하여 임금이 저렴하기 때문에, 무역이 개시됨에 따라 A국은 Heckscher-Ohlin의 요소부존비율이론에 따라 자본집약재의 생산에 특화하고 B국은 노동집약재에 특화하여 이를 서로 교역하게 된다.

그 결과, A국에서는 노동집약재의 생산이 자본집약재의 생산으로 전환되는 반면, B국에서는 자본집약재의 생산이 노동집약재의 생산으로 전환됨으로써, A국에서는 자본에 대한 수요가 상대적으로 증가하고 노동에 대한 수요는 상대적으로 증가되지 않아, 자본가격은 상대적으로 상승하게 되고 노동가격은 상대적으로 하락하게 된다.

B국에서는 A국과는 반대로 자본가격이 상대적으로 하락하고 노동가격이 상대적으로 상승하게 된다. 이와 같이 자유무역이 행해지는 경우, 상대적으로 희소한 생산요소의 가격이 하락함으로써 자본이 풍부하고 노동이 희소한 A국과 같은 경우에 노동자의 실질임금수준이 하락하게 마련이다.

이러한 이론을 전개한 것이 Stolper-Samuelson정리라 할 수 있다.

즉, Stolper-Samuelson정리는 미국과 같은 고임금국이 저임금국과의 자유무역이 이루어질 경우에, 고임금국의 실질임금수준이 하락되는 것을 밝히고 이를 방지하기 위해서는 보호관세의 부과가 필요하다는 것을 주장하였다는 점에서 그 정책적 의의를 찾을 수 있다. 미국과 A국이 수입하는 노동집약재에 보호관세를 부과한다면, A국의 노동집약재의 생산은 그 보호관세율의 크기에 따라 증대되어 노동집약재가 상대적으로 증가하기 때문에 노동가격이 상승하게 된다. 따라서 보호무역은 희소한 생산요소에 유리하게 소득을 재분배하게 된다. 이 정리는 그 후 보호무역의 이론적 근거가 되었으며 더욱이 S. Lausen등에 의하여 일반화되었다.

Stolper-Samuelson정리는 미국노동자의 임금수준이 저임금국과의 자유무역에 의하여 상대적으로 하락하기 때문에 이를 방지하기 위한 정책적 수단으로 보호관세제도가 필요하다는 점을 주장한 이론이다.

즉, Heckscher-Ohlin정리는 특화에 의하여 요소가격이 변화한다는 것을 밝힌 것에 불과한 데 비하여, S-S정리는 생산요소의 종합비율(요소집약도)이 작용하여 생산요소간의 대체를 초래하게 된다는 것을 밝힌 점에서 그 공적을 찾을 수 있다.

이 정리가 성립하기 위해서는,

첫째, 보호무역정책은 수입재의 국내시장가격을 반드시 인상시켜야 한다.

둘째, 교역상품의 요소집약도의 차이가 존재해야 한다.

셋째, 요소부존도에 따라 무역의 방향이 결정되는 Heckscher-Ohlin정리가 성립되어야 한다.

그러므로 비현실적이고 제한적인 가정위에 이 정리가 근거하고 있으므로 현실세계에 적용되기에는 어려움이 없지 않다.

L. A. Metzler는 “Metzler's paradox”연구에서 관세의 부과가 반드시 수입재의 국내시장가격을 상승시키지 않으며 경우에 따라서는 오히려 수입재의 국내시장가격을 하락시킬 수도 있다는 가능성을 제시함으로써 Stolper-Samuelson정리의 현실적용에 의문을 던져 주고 있다.

이 정리가 현실적으로 주는 의미는 매우 커서, 특히 1970년대 이래 주요선진국내에서 노동조합운동에 의해 주도된 신보호무역주의 경향과 관련하여 많은 문제점들을 시사하고 있다.

3. 자유무역 비판

자유무역비판은 독일 경제학자 리스트부터 본격적으로 확산되는데 자유무역은 “상대적으로 기술수준이 우수한 선진국이 유리하다” 라는 것이다. 예를 들어 쌀을 생산해서 휴대폰하고 교환하는 국가는 처음에는 비교우위의 이점을 가져 갈 수 있겠지만 쌀에 비해서 휴대폰의 기술발전 속도가 빠르기 때문에 처음에 밀가루 10kg와 TV 1대가 거래가 되었다면 시간이 지나면 밀가루 100kg과 TV 10대가 거래가 되게 되고 TV와 같은 고부가가치산업을 수입하게 되면 기술력이 밀리는 자국내의 TV 산업이 망하게 되고 영원히 고부가가치 산업이 발전하지 못하고 밀가루만 생산하게 된다.

비교우위론에 따라 각국이 외국에 비하여 유리한 산업에 각각 특화를 하고 이 특화품을 자유무역에 의하여 상호 교환한다면 생산총량의 증가, 생산요소의 절약, 소비자의 이익이 실현될 뿐만 아니라 생산요소의 합리적 배분이 실현되며, 경제적 후생이 증대된다.

따라서 자유무역에 의하여 이러한 무역이익이 발생되게 되고, 국민의 소득수준이 향상되고, 자본축적이 실현된다면 자유무역의 동태적 이익도 발생하게 된다.

그렇지만, 자유무역의 타당성은 고전학파의 견해처럼 보편적일 수 없다.

첫째, 자유무역론의 중요한 이론적 근거가 되는 비교생산비원리의 전제조건이 반드시 충족되지 않는다.

둘째, 자유무역에 따르는 특화에 의하여 각국의 산업구조 및 무역 패턴이 고정화되고 따라서 후진농업국의 공업화가 불가능하다.

셋째, 자유무역에 의하여 선진공업국의 교역조건은 점차 개선되고, 이와 반대로 후진농업국의 교역조건은 점차 악화됨에 따라 무역이익이 개발도상국에서 선진국으로 전환된다.

첫째의 경우, 비교생산비원리는 많은 가정 하에서 전개되고 있다는 점이다.

즉, 완전경쟁이 이루어져야 한다는 대전제조건과 산업간 생산요소의 국내적 이동이 완전하여야 한다는 조건 및 이윤율이나 임금율을 나타내는 요소가격이 평등화할 수 있도록 충분히 신축적으로 되어야 한다는 조건 등이 충족되어야 한다.

이러한 전제조건이 충족된다면, 자원의 최적배분이 실현되고 생산과 소비의 최적형태가 실현되게 된다. 그렇지만 국내상품시장과 요소시장에 왜곡이 존재하는 경우에는 국내에 있어서 생산요소가 반드시 자유롭게 이동되지 않는다.

특히, 개발도상국에 있어서는 노동의 이동이 여러 가지 제약을 받고 있기 때문에 산업간에 생산성 및 임금의 격차가 존재하게 된다. 이러한 경우에는 자원의 최적배분이 실현되지 않으며, 생산과 소비의 생산비원리의 전제조건이 충족되지 않을 경우에는 국내산업과 무역에 대한 보호정책이 필요하게 된다.

M. Manoilescu는 생산력설을 통하여 개발도상국에 있어서 노동의 이동이 곤란하고, 이에 따라 산업간에 생산성이 심한 격차가 존재할 경우에 생산성이 높은 공업을 보호하고 육성하는 것이 유리하다고 주장하였다.

Stolper-P. A. Samuelson 등은 임금격차가 존재하는 경우에는 보호무역론을 주장하였다.

둘째의 경우, 자유무역이 이루어지면 각국의 경제적 여건에 따라 특화가 이루어지고, 이 특화에 의하여 각국의 산업구조와 무역 패턴이 결정되게 된다.

비교생산비원리에 의하면, 현실적으로 선진공업국에서는 자본이 풍부하고, 기술이 발달되어 있기 때문에 공업부문에 특화하는 것이 유리하고, 이에 비하여 후진농업국에서는 자본이 부족하고 기술이 발달되어 있지 않고 특히 농업자원을 풍부하게 보유하고 있으므로 농업부문에 특화하는 것이 유리하다.

따라서, 특화가 이루어지게 되면, 선진국에서는 개발도상국에 대해서 공업품을 수출하고 개발도상국으로부터는 농산품을 수입하며, 이와 반대로 개발도상국은 선진국에 대하여 농산품을 수출하고 공산품을 수입할 것이다. 선진국과 개발도상국은 모두 무역이익을 얻을 수 있게 된다.

그 결과는 선진공업국은 공업부문에 집중적인 특화로 고도의 공업화를 이룩함으로써 무역의 동태적 효과를 극대화한다. 이에 비하여 후진농업국은 농업부문의 집중적인 특화로 공업화의 기회를 박탈당하게 된다.

농업국과 공업국간에 자유무역이 이루어지면 농업국은 공업국보다 불리하다는 점이 A. Hamilton에 의해 지적되었다.

F. List에 의하면 무역은 국민경제의 발전단계에 따라 경제발전에 각각 다른 영향을 미친다고 하여, 개발도상국은 선진국의 경쟁에 대하여 자국의 유치산업을 보호하고, 육성할 필요가 있다고 하였다.

셋째의 경우, 자유무역에 의하여 선진공업국의 교역조건은 개선되고 후진농업국의 교역조건은 악화됨에 따라 무역이익은 개발도상국에서 선진국으로 이전된다는 것이다. 즉, 선진국은 공산품생산에 특화하고, 개발도상국은 농산품생산에 각각 특화하여 자유무역을 한다면, 공산품의 교역조건은 유리화되고 농산품의 교역조건은 불리화됨에 따라 선진국은 유리하고 개발도상국은 불리하게 된다. 제2차세계대전 후 일정기간을 제외하면 개발도상국의 특화품인 1차산품의 수출이 정체되었고 장기적으로 교역조건이 악화되었기 때문에, 1차산품에 특화하고 있는 나라는 생산이 증가되더라도 교역조건의 악화에 의해 결과적으로 실질소득이 감소하게 되는 경향이 있을 수 있다는 것이다. 이러한 현상을 궁핍화성장(immiserizing growth)이라고 하며 J. Bhagwati에 의해서 주장되었다.

개발도상국에 있어서 1차산품의 교역조건이 악화된다는 사실은 R. Prebisch와 H. W. Singer 교수에 의하여 명백하게 밝혀졌다.

위와 같이 자유무역론의 보편타당성이 결여되고 이와 동시에 자유무역론에 대한 이론이 두드러지게 나타났기 때문에 차선의 책으로 보호무역론이 대두되게 된다.

자유무역론은 중농주의사상에서부터 시작되어 Adam Smith의 절대생산비설과 Ricardo의 비교생산비원리를 통하여 고전학파무역이론의 바탕을 이루었다.

이러한 자유무역론의 기본적 명제는 일국 또는 전세계가 자유무역에 의하여 자원의 최적배분을 실현시킬 수 있다고 하는 점과, 동시에 관세 등 무역에 대한 인위적인 제한정책이나 혹은 촉진정책을 일체 배제하고 자유무역을 통하여 일국과 전세계의 후생수준을 향상시킬 수 있다고 하는 점이다. 그러나 이러한 자유무역론의 기본적인 명제는 결코 무한정한 일반적 주장이 아니고, 다만 단순한 가정하에서 도출되는 것이다. 그리고 이러한 자유무역론은 일반적으로 선진국에는 유리하나 개발도상국에는 불리하게 작용하는 면이 많다. 그리하여 오늘날 세계 각국에서는 자유무역론에 바탕을 두고 다양한 형태의 보호무역주의 정책을 채택하고 있다.

4. 근대무역이론 정리

1) 기회비용설

하벌러(G. Haberler)는 고전학파의 비교생산비설의 내용을 그대로 수용하면서 노동가치설에 입각한 노동에 관련된 극히 비현실적인 가정을 극복하기 위해서 노동비용대신에 기회비용(대체비용)의 개념을 도입하여 국제적인 상품가격을 결정하는 새로운 방법을 구하여 정식화하였다.

이것이 곧 기회비용설(The Eheory of Opportunity Cost) 혹은 대체 및 기회비용설(The Theory of Substitution and Opportunity Cost)이다.

기회비용(opportunity cost)이란 한 행위의 가치를 평가할 때 그 가치를 실제로 취한 행위의 가치로 평가하는 것이 아니라 그 행위를 선택하기 때문에 포기해야 하는 다른 행위의 가치로 평가하는 것을 말한다.

즉, 기회비용의 관점에서 본다면 일정량의 생산물비용이란 그러한 생산 때문에 단념하지 않으면 안 되는 다른 생산물의 양인 것이다.

기회비용설에 의하면 한 재화의 비교우위는 생산물의 기회비용에 의해 결정되는데, 교역상대국에 비해 기회비용이 상대적으로 낮은 재화에 그 나라는 비교우위를 갖는다.

이와 같이 하벌러의 기회비용설은 종래 고전학파 이론에서 주장하는 단일의 생산요소, 동질의 생산요소 그리고 불변생산비라고 하는 비현실적인 가정에서 벗어나 현실에 적합한 생산요소를 전제로 무역이론을 전개하였고 가변비용하에서도 비교우위의 결정을 일반화시켰다는 데 그 특징이 있다.

2) 헥셔-올린 정리

리카아도의 이론이 국제무역의 실질적인 결정요인을 비교생산비차라고 밝힌 것이라 한다면 헥셔-오린 정리는 헥셔(E.F. Heckscher)와 그의 제자인 오린(B. Ohlin)에 의해 주창되었다. 헥셔-오린 정리는 크게 두 가지 명제로 나뉘어 진다.

그 하나는 요소부존이론으로서 이는 국가간에 생산요소의 부존상태가 각각 다르고 또 각 상품에 투입되는 생산비율의 비율이 다르기 때문에 국가 간에 비교생산비차가 발생된다는 것을 설명한 것이다.

다른 하나는 요소가격균등화명제라 하는데, 이는 요소부존상태의 차이에 의하여 국가간의 비교생산비차가 발생되고 이에 따라 무역이 성립되면 요소의 국가간 이동이 이루어지지 않더라도 국가 간에 요소의 상호가격이 균등화되는 경향이 있다는 것을 밝힌 것이다.

(1) 제1명제(요소부존비률 이론)

"한 국가는 그 나라에서 상대적으로 풍부하고 값싼 요소를 집약적으로 생산하는 상품을 수출하고 이 국가에서 상대적으로 희소하고 가격이 비싼 요소를 집약적으로 사용하여 생산하는 상품을 수입하게 된다."는 이론이다.

즉 노동 풍부국에서는 노동집약적 재화에 특화하여 생산 수출하고, 자본이 풍부한 국가에서는 자본집약적 재화의 생산에 특화하여 생산 수출하게 된다는 것이다.

(2) 제2명제(요소가격균등화 이론)

제1명제의 결과에 따라서 생산요소의 가격이 균등해진다는 이론이다. 즉 노동집약적 재화에 특화한 국가에서는 결국 노동의 수요가 증가하게 되어 그 요소가격이 상승하게 되고, 자본집약적 재화에 특화한 국가에서는 자본의 수요가 증가되어 그 요소가격이 상승하여 결국은 양국의 요소가격이 균등하게 된다는 것이다.

이와 같이 헥셔-오린 이론은 리카아도 이론에 비해 보다 일반적인 차원에서 무역현상을 설명함으로써 근대교역이론의 기초가 되고 있다.

그러나 헥셔-오린 정리는 동일재화의 생산함수는 각국에서 동일하며 각국의 수요조건노 동일하나고 가징하고 있다.

현실적으로 국가에 따라 기술수준이 다르기 때문에 생산함수는 상이하며 각국의 수요기호는 소득수준에 따라 상이하므로 그 가정들은 비현실성을 가지므로 그 결과 헥셔-오린 정리의 이론적인 타당성이 제한되고 있다.

3) 레온티에프의 역설

레온티에프(W. Leontief)는 1953년에 1947년 미국의 200개 산업의 투입산출표와 무역수지를 이용하여 미국의 수출산업과 수입 경쟁 산업에 있어서의 요소투입비를 비교함으로써 헥셔-오린 정리의 제1명제를 검증하였다.

그 결과 미국은 헥셔-오린 정리의 내용대로 자본집약재를 수출하고 노동집약재를 수입할 것이라는 예상과는 달리, 오히려 수출산업에 있어서의 자본·노동 비율이 수입 경쟁 산업보다 낮음으로써 헥셔-오린 정리와는 정반대의 결론에 도달하였다.

따라서 이를 레온티에프의 역설(Leontief's paradox)이라고 한다.

그 후 레온티에프는 1956년에 "1951년 미국의 투입산출표"를 대상으로 전과 동일한 방법으로 2차 검증을 한 결과 수출산업과 수입경쟁산업의 요소투입비율이 1.06으로 나타났는데, 이는 1차검증과 동일한 결과가 나온 것이다.

이론적으로 타당하다고 받아들여졌던 헥셔-오린 정리에 대한 반대결과가 된 레온티에프 역설은 그 후 경제학자들로 하여금 이론과 현실 사이의 모순해결이라는 연구과제를 부여하였다.

따라서 경제학자들은 이와 같은 이론과 현실 사이의 모순을 해결하기 위하여 헥셔-오린 정리와 레온티에프 역설의 양이론의 문제점을 재검토를 하였다.

그 결과, 레온티에프 역설에 나온 배경으로는 헥셔-오린 정리의 한계, 미국민의 자본집약재에 대한 수요편향의 경향, 요소집약도의 역전가능, 미국의 노동집약재 수입에 대한 규제, 다른 나라에 비해 우수한 미국노동자의 질의 무시, 미국의 기술집약산업에의 우위성 등이 지적되었다.

4) 스톨퍼-사뮤엘슨의 정리

레온티에프의 역설이 헥셔-오린 정리의 요소부존이론을 검증한 결과라고 한다면 스톨퍼-사뮤엘슨정리는 헥셔-오린 정리의 요소가격균등화문제를 검토한 이론이라고 하겠다. 1941년, 스톨퍼(W.F Stolper)와 사뮤엘슨(P.A. Samuelson)은 「보호무역과 실질임금(protection and real wages)」이라는 논문에서 고임금수준의 국가와 저임금수준의 국가가 자유무역을 할 경우 두 국가의 임금수준이 균등화된다는 주장을 하여 헥셔-오린 정리의 제2명제인 요소가격균등화이론과 동일한 결론에 도달하였다.

따라서 그들은 고임금수준의 국가에서 노동자의 실질임금을 유지하기 위해서는 보호관세제도가 필요하다고 주장함으로써 이 이론은 보호무역주의의 이론적 근거를 제공해 주었다.

제3절 현대무역이론

1. 현대무역과 산업구조

무역이익이 발생되기 위해서는 국내에서 생산요소가 자유롭게 이동되어야 하고 산업간 생산요소의 전환이 용이해야 하는데, 현실적으로는 국내 상품시장과 요소시장의 왜곡이 존재하기 때문에 유리한 효과가 반드시 발생되지 않는다.

개발도상국에서는 노동의 자유로운 이동이 여러 요인으로 인하여 많은 제약을 받고 있고, 산업 간에 생산성 및 임금의 격차가 존재하게 된다.

그러므로 생산자원의 최적배분이 실현되지 않고 생산 및 소비의 최적상태가 실현되지 않고 있다. 이러한 경우에는 국내산업과 대외무역에 대한 보호정책이 필요하다.

M. Manoilesco는 "The Theory of Protection and International Trade"의 논문에서 개발도상국에 있어서 노동의 이동이 곤란하고 이에 따라 산업 간의 생산성이 심한 격차를 보일 경우에는 생산성이 높은 공업을 보호하고 육성하는 것이 국제무역에 더욱 유리하다고 주장하였다.

E. E. Hagen은 "An Economic Justification of Protection"의 저널에, 임금의 격차가 존재하는 경우에는 자유무역에 의한 무역이익이 발생되지 않기 때문에 보호무역이 유리하다고 주장하였다.

현대무역은 산업특화에 의하여 각국의 산업구조 및 무역 패턴이 고정화됨에 따라 개발도상국은 공업화의 기회가 박탈당하고 농업의 영속화에서 벗어나기가 곤란하게 되었다. 즉 자유무역에 따라 각국은 외국에 비하여 유리한 산업부문에 특화를 하는데, 이 특화에 의하여 각국의 산업구조와 무역 패턴이 결정되는 경향이 있다.

자유무역론의 유력한 논거인 비교우위론에 의하면 선진공업국에서는 자본이 풍부하고 생산기술력이 발달되어 있기 때문에 공업부문에 특화하는 것이 유리하고, 한편 후진농업국에서는 농업자원밖에는 가진 것이 없기 때문에 농업부문에 특화하지 않을 수 없을 것이다. 이러한 농업의 특화에 따라 선진공업국에서는 개발도상국에 대하여 공산품을 수출하고 농산물을 수입할 것이며, 개발도상국은 선진공업국에 대하여 농산물을 수출하고 공산품을 수입할 것이다. 이러한 무역 패턴은 제2차세계대전 전후에 국제무역 상에서 두드러지게 나타났으며 선진공업국과 개발도상국간의 수직적 무역형태에서 분명히 보여주고 있다. 결국은 선진공업국에서는 공업부문에 집중적으로 특화하여 고도의 공업화를 촉진시켜 무역의 동태적 이익을 획득해 왔으나, 반면에 후진농업국에서서는 농업부문밖에는 특화할 수 없어서 공업간의 기회가 박탈당하여 그 공업은 유치한 상태에서 벗어나지 못하게 된다. 따라서 양측간의 경제적 격차가 점진적으로 심화되고 있다.

농업국이 공업국보다 불리하다는 사실은 이미 오래 전에 해밀턴(A. Hamilton)과 리스트(F. List)등에 의하여 지적된 바 있다. 이들은 국민경제의 발전을 위하여 공업을 보호하고 육성하지 않으면 국제무역에서 비교열위가 된다고 주장하였다.

2. 현대무역의 장단기 교역조건

현대무역은 자유무역에 의하여 선진공업국에서 생산되는 공산품의 교역조건은 개선 될 수 있지만 후진농업국에서 생산되는 농산물의 교역조건은 악화됨에 따라 무역이익은 후진농업국에서 선진공업국으로 환류되는 경향이 있고 후진농업국은 궁핍화성장을 면치 못한다. 일반적으로 선진공업국의 특화제품인 공산품의 국제시세는 점점 대폭적으로 상승되는데 비하여, 후진농업국의 특화품인 농산물의 가격은 정체되거나 그렇지 않으면 소폭적으로 밖에 상승되지 않으므로 전자의 교역조건은 유리하지만 후자의 교역조건은 불리하여 이것이 양측의 무역이익배분에 결정적 영향을 미치게 된다. 1차산품의 생산에 특화하고 있는 후진농업국에서는 그 생산량이 증가되더라도 교역조건의 악화에 의하여 실질소득이 감소되는 경향이 발생되므로 궁핍화성장을 면치 못한다. 개발도상국은 1차산품의 교역조건이 장기적으로 악화되고 있다.

아르헨티나의 R. Prebisch 교수는 1949년 "라틴아메리카의 경제발전과 그의 주요문제" 라는 UN보고서와 1964년 제네바에서 개최된 제1차 UN무역개발회의(UNCTAD)의 토의자료인 "경제발전을 위한 신무역정책을 향하여" 라는 그의 보고서 등에서 개발도상국의 교역조건이 악화된다는 점을 명백하게 밝힌 후 이는 개발도상국 경제개발의 중요한 장애가 된다고 역설하였다.

H. W. Singer는 공업제품에 대한 수요의 소득탄력성이 높으나 1차산품에 대한 그 탄력성이 낮아 1차산품의 가격이 주기적, 구조적으로 하락되고, 이에 따라 그 교역조건이 악화되기 때문에 선진공업국에서는 많은 투자수익을 얻을 수 있으나 개발도상국에서는 이를 별로 얻지 못한다고 발표하였다. Singer의 주장은 그가 집

필한 "투자국과 투자대상국의 이익배분"이라는 논문에 반영되어 있다.

1950년대부터 Prebisch와 Singer에 의하여 지속적으로 주장되어 온 개발도상국의 장기적인 교역조건 악화론을 "프레비쉬-싱거 명제(Prebisch-Singer thesis)"라고 한다.

"프레비쉬-싱거 명제"는 하벌러(G. Harberler), 킨들버거(G. Kindleberger)등 여러 학자로부터 신랄한 비판을 받기도 했으나, 개발도상국의 학자를 비롯한 일부사람들의 강력한 지지를 받고 있다.

3. 현대무역이론 정리

1) 대표수요이론(representative demand theory)

대표수요이론은 수요구조에 중점을 두어 무역패턴을 설명하려는 이론이다. 이 이론을 체계화시킨 린더(S.B. Linder)는 다음과 같이 주장하였다. 1차산품과 공산품간의 무역패턴에 관하여는 헥셔-오린 정리로 설명할 수 있지만 공산품 상호간의 무역패턴은 수요측면에서 그 요인을 찾아야 한다. 무릇 어떤 상품이 수출상품이 되기 위해서는 그 상품이 국내생산품이어야 하고 이에 대한 국내수요가 전제되어야 한다.

즉, 수출품으로 해외시장에 등장하기 이전에 그 상품에 대한 상당한 정도의 국내수요가 선행되어야 한다는 것이다. 이 상당한 크기의 국내수요를 린더는 대표적 수요라고 하였다.

그러므로 수출상품으로서의 가능성은 대표적 수요에 의해 결정된다는 것이다. 이렇듯 수요구조에 의해 무역패턴이 정해진다고 할 때 국내수요는 국민소득에 따라 달라질 수 있으므로 결국 무역패턴은 국민수득에 영향을 받는다고 하겠다.

2) R&D 이론

R&D 이론은 무역패턴의 원인을 각국의 연구·개발요소 차이에서 찾으려는 것이다.

즉 무역패턴이 결정되는 데는 기술진보 및 혁신의 원동력인 연구 및 개발요소에 의해 이루어진다는 이론이다.

이 이론은 버논연구팀(W. Gruber, D. Mehta 및 R. Vernon)과 키싱(D. B. Keesing)에 의해 밝혀졌다. 미국을 비롯한 대부분의 선진국의 무역패턴이 연구 및 개발요소에 우위를 둔 기술혁신적 상품의 생산에 중점을 두고 있다.

새로운 제품의 발명이나 새로운 생산방법의 고안은 과학이 실용화단계에 이른 선진국간에만 가능하다는 것이다.

그러므로 제품의 기술혁신요구가 높은 기술혁신적 상품 또는 연구 및 개발비가 많이 투입된 상품은 국제경쟁력이 높기 때문에 비교우위성을 가지게 되어 수출이 잘 될 수 있다는 이론이다.

버논에 의하면 미국과 같은 고소득국에서는 소득수준의 향상에 따라 신제품에 대한 수요가 강하며, 또 높은 임금 때문에 노동절약적 생산방법의 개발에 요구가 강하다는 것이다. 한편 이러한 나라의 경우는 과학자, 기술자, 숙련노동자 등 질적으로 우수한 노동력이 있기 때문에 연구결과를 기업화하는 요인이 강하다는 것이다. 따라서 미국과 같은 나라는 유리한 기술혁신적 상품의 수출에 있어서 비교우위를 가지게 된다는 것이다.

3) 기술격차설

기술격차이론은 포스너(M.V. Posner), 허프바우어(G.C. Hufbauer)에 의하여 규명된 이론이다. 국제무역이 성립되는 원인을 각국간 생산기술상의 격차에 있다고 보고 각국 상품의 비교우위의 기준은 기술수준이 된다는 이론이다.

즉 어떤 상품을 제조함에 있어 기술면에서 우위가 있는 나라가 열위에 있는 나라로 수출이 이루어지는 것은 양국간 생산기술상의 격차 때문이라는 것이다.

포스너는 선진국간에 행해지는 공산품의 무역은 생산기술혁신으로 인하여 생산기술격차가 각종 산업에 불규칙적으로 비교생산비의 차이를 낳게 하고, 다른 나라가 이러한 기술을 모방할 때까지 수출을 계속시킬 수 있다고 하였다.

허프바우어도 양국의 현격한 제품의 차별화나 신제품의 출현이 비교우위의 패턴을 낳게 하며 다른 나라가 이를 모방할 때까지 그 위치를 지킨다고 하였다.

이 이론은 기술격차를 통하여 비교우위의 패턴을 낳을 수 있으나 곧 저임금국가가 모방에 의하여 무역패턴이 역전되는 동태적 이론으로 취급하였다는 점에서 국제무역이론에 크게 기여하고 있다.

4) 제품싸이클이론(Product Cycle Theory)

제품싸이클이론이란 제품이 R&D에 의해서 신제품으로서 개발되어 시장에 등장한 후 성장기를 거쳐 마지막에는 사양화되는 과정을 시간적 경과와 판매량을 관련시켜 나타낸 무역이론이다.

이 이론은 1966년에 버논(R. Vernon)과 1968년 웰스(L. T. Wells)가 제시한 것으로서 내용상으로 볼 때 기술갭이론을 보다 일반화시키고 확장시키는 것으로 볼 수 있으며, 제품수명주기이론이라고도 한다.

이 모델에서는 새로운 제품이 R&D에 의해서 소개되어 쇠퇴되어 가는 과정을 도입기(introduction stage), 성장기(growth stage), 성숙기(maturity stage), 쇠퇴기(decline stage)의 4단계로 나누기도 하며, 신제품단계(new product stage), 성숙제품단계(maturing product stage), 표준화제품단계(standardized stage)의 3단계로 나누기도 한다. 각 단계에 있어서 어떤 유형의 나라에서 생산되어 수출되는가를 설명하고 있다

이 모델에 의하면 신제품을 도입하여 생산하는 데에는 고도로 숙련된 노동이 필요하나, 이 신제품이 성숙되어 가고 대중화되어 감에 따라 점차 표준화되고 대량생산기술과 미숙련노동에 의해서 생산이 가능해지게 된다는 것이다.

그러므로 제품의 비교우위는 새로운 기술이 최초로 개발된 선진국으로부터 노동이 비교적 저렴한 그리고 보다 덜 발전된 국가로 이전된다는 것이며, 이것은 해외직접투자의 형태를 취하기도 한다는 것이다.

5) 환경GAP설(Environment Gap Theory)

환경GAP설은 맘그렌(H.B. malmgren)과 월터(I. Walter)에 의해서 제기된 무역발생원인과 무역패턴에 관한 가설이다.

지금까지의 무역이론들에 있어서는 다 같이 최근 가장 관심의 대상이 되고 있는 공해 규제 실시에 따른 추가적인 비용부담에 의한 비교우위의 변동요소가 전혀 고려되지 않았기 때문에, 이에 착인하여 맘그렌(H.B. Malmgren)은 공해를 엄격히 규제하고 있는 나라와 그렇지 못한 나라 사이에는 상품의 비교우위가 결정될 가능성이 존재하며, 상품의 비교우위에 의하여 각 국가에서 특화가 이루어지면 종래의 각국의 무역패턴은 다소 변동될 것이라고 하여 소위 환경격차설(Environment Gap Theory)이라는 새로운 무역패턴결정에 관한 가설을 주장하고 있다.

이 가설은 그 후 월터(I.Welter)에 의해서도 제기된 바 있는데, 그는 환경의 퇴화를 방지하고 이를 복원하기 위하여 어느 나라에서 공해규제가 실시되면 공해방지시설에 대한 자본비용 이외에도 경상의 R&D 비용, 감가상각비, 경상의 제비용 등이 추가적으로 지불되지 않으면 안 되는데 이러한 제비용은 당해산업의 생산비를 반드시 상승시키게 된다는 것이다.

한편 자본 및 기술부족, 환경오염에 대한 무관심, 우수한 환경자정능력으로 인하

여 다른 나라에서는 공해규제를 실시하지 않거나 또는 이를 허술하게 실시한다면 공해방지비용을 거의 부담하지 않기 때문에 생산비는 그다지 상승되지 않을 것이다.

따라서 환경오염문제로 말미암아 양국간의 생산비상에 차이가 발생하지 않을 수 없는 것이다. 또한 공해규제정책의 목표와 그 수단의 상이 등으로 인하여 생산비상의 차이가 생길 수도 있는 것이다.

이것은 곧 공해규제에 의한 비교생산비차의 발생을 의미하는 것이로서 공해규제에 의하여 비교생산비가 결정되고 무역패턴이 결정될 가능성이 충분히 존재한다고 볼 수 있는 것이다. 이러한 공해규제가 무역패턴결정에 영향을 미칠 것이라는 가설이 곧 환경격차설이다

제3장
무역정책

제1절 무역정책의 이해

1. 무역정책(Trade policy)

무역정책은 자국의 경제정책의 목표를 달성하기 위해서 일국의 대외경제활동을 규제, 조정, 촉진하는 국가차원의 정책을 말한다. 일국의 국경을 넘는 대외무역거래를 그 대상으로 하고 있고, 무역거래에서 야기될 수 있는 여러가지 경제적 모순을 극복하기 위하여 실시되는 정책이다. 이와 같은 모순을 극복하기 위해서는 개별적 경제주체인 무역업자가 행하는 상품의 무역행위를 직접, 간접으로 규제하기도 하며, 또한 조정 및 촉진하기도 한다. 통상 상품의 국제거래에 대한 개별적인 경제정책을 의미한다.

국제거래 중에서도 특히 자본의 국제거래에 대한 정책은 무역정책과 구별하여 국제금융정책 또는 대외투자정책으로 취급하고 있다.

운수, 보험, 관광 등 서비스의 국제거래에 대한 정책도 관행으로서 무역정책에 포함하지 않는다. 그렇지만 서비스의 국제거래는 상품의 수출입과 달라서 관세는 부과되지 않지만 보조금이나 양적 제한의 대상이 된다는 점에서는 상품의 수출입과 다름이 없으며, 그 효과 역시 본질적으로는 동일하다.

상품의 국제거래에 대한 정책에서도 금융이나 재정을 통한 총수요관리정책이나, 어떤 상품의 수출가격이나 수입가격에 일률적으로 작용하는 외환정책은 거시적 정책으로서 무역정책과는 다르게 취급되고 있다.

금융, 재정, 외환에 관련된 모든 정책이 무역정책의 범위에서 제외되는 것은 아니다. 재정분야에서의 관세와 보조금은 분명히 대표적인 무역정책의 수단이며, 금융분야에서는 특정품목에 대한 수출우대금리, 수입예탁금제도, 또한 외환분야에서는 거래된 상품이나 서비스의 종류에 따라 외환을 다르게 적용하는 복수외환제도 등도 무역정책으로 볼 수 있다.

무역정책은 다른 경제정책과의 효과가 분명하지 않을 뿐만 아니라, 구태여 이에 대해 명확하게 구별해야 할 별다른 의미는 없다.

2. 무역정책의 특성

무역정책은 국민경제의 대내적인 활동면을 대상으로 하는 다른 경제정책과는 다음과 같은 서로 다른 특성을 지니고 있다.

첫째, 무역정책이 일국의 정책인 이상 이러한 무역정책은 자주적으로 설정되는 것이지만, 정책의 대상이 되는 무역이 무역거래 대상국과 직접적인 관련이 있으므로 정책결정시에 대상국의 존재와 수요 의사를 고려하여야 한다. 일국의 주권이 미치는 범위 내에서 경제활동을 규제하고 조정하는 국내경제정책과는 달리, 무역정책은 일국의 주권이 미치지 못함으로써 경제활동 규제와 조정을 가할 수 없는 무역거래 상대국의 존재를 고려하여 수행해야 한다.

둘째, 국민경제의 대외경제 활동 등을 반영하는 무역을 대상으로 하는 무역정책은 그 효과가 국민경제전반에 미친다는 점에서 볼 때, 무역정책은 개별적 경제정책이 해당부문에 대한 정책이라는 점과 비교해 보면 본질적으로 종합성을 띠고 있다.

셋째, 무역정책은 다른 경제정책과는 달리 국제수지의 균형을 유지 내지는 개선시켜야 한다는 문제를 안고 있다. 다른 경제정책들은 각 분야에 걸친 나름대로의 과제를 안고 있으며, 이들의 종국적인 목표는 국민경제를 안정시키고 발전시키는 것이지만, 무역정책은 그러한 국민경제의 목표달성에 영향을 미칠 뿐만 아니라 무역 자체의 문제, 즉 국제수지의 균형과 개선의 문제를 지니고 있다.

그러므로 무역정책의 효과와 그 영향은 국내외경제에 직접적으로 확산되어져 있고, 또한 무역정책은 개개의 국내경제정책과 밀접한 관련을 맺고 있을 뿐만 아니라 그 정책은 모든 국내경제정책을 포함하는 종합적인 정책의 성격을 띠고 있다.

3. 무역정책의 목표

무역정책은 대외경제거래를 규제 또는 조정함으로써 국제경제의 균형발전을 달성하기 위하여 입안되어 시행하고 있다. 무역정책은 일국이 개방경제 체제하에서 국제 분업에 참가하여 자원의 최적분배를 달성하고 무역이익의 극대화를 추구하기 위한 정책목표를 가지게 된다. 그러므로 국민경제의 균형발전과 무역을 통한 자원의 효율성 제고와 국익증대를 위한 무역정책의 목표는 다음과 같이 정리될 수 있다.

1) 국내산업보호

각국은 무역이익의 극대화를 추구하기 위하여 국내 산업을 보호하여 수입대체와 수출촉진을 이루려고 노력하고 있다. 국내 산업의 보호와 육성을 위한 정책수단으로서는 관세와 비관세장벽을 활용하게 된다. 농업, 공업 분리정책과 유치산업 보호정책이 국내산업의 보호를 뒷받침하기도 한다. 그러나 국내 산업에 대한 적절한 보호조치는 개도국의 경제발전을 촉진시키고 고용수준을 상승시켜 국민소득을 증가시키는 등 긍정적 효과를 가져 올 수 있지만, 이에 대한 지나친 보호조치는 국제무역 질서를 왜곡시키고 보호무역주의를 심화시켜 무역의 절대량을 감소시킬 수 있다.

2) 국내고용증대

각 국들은 국익증대와 완전고용을 위하여 수출증대와 수입제한을 위한 정책을 시행하고 있다. 이는 국내의 실업률을 감소시켜 고용수준을 상승시키기 위한 것이라고 할 수 있다. 이와 같은 정책실시는 국내실업을 외국실업으로 대체시키는 것을 의미한다.

이러한 일국의 일방적인 목표달성을 위한 정책선택은 거래상대국의 희생을 강요하는 것이므로 상대국으로부터도 이에 상응한 정책대응이 시행되는 악순환이 반복되는 경우, 모든 무역당사국들은 빈곤을 초래하게 될 수 있다. 이런 정책을 근린궁핍화정책(begger-my neighbor policy)이라 하는데, 환율의 평가절하경쟁이나 수입제한경쟁 등이 그 전형적인 것이다.

3) 국제수지개선

국제수지를 구성하고 있는 항목은 여러 가지이나, 그 중에서 수출과 수입의 차액을 나타내는 무역수지가 국제수지 상태를 결정해 준다. 국제수지는 국민경제의 대외경제거래활동을 반영할 뿐만 아니라, 그 나라 경제력의 중요한 지표가 되므로 모든 국가들은 자국의 국제수지를 개선하고 안정시키기 위하여 비교우위확립으로 수출을 증대시키고 외환의 안정화로 국민경제의 균형과 발전을 위해 노력하고 있다.

국제수지를 개선 또는 안정시키기 위한 정책수단으로는 재정정책, 금융정책, 외환정책, 수출보조금, 수출입링크제, 수출마케팅, 덤핑, 수출보험제도, 통상조약 등이 활용되어 진다.

4) 국내물가안정

일국 내에서의 지나친 물가상승은 국민경제생활을 불안정하게 하고, 자원의 최적분배를 저해시키며, 수출, 수입에도 나쁜 영향을 미치게 되므로 국내물가안정이 경제정책의 주요한 목표가 된다. 국내물가가 불안정할 경우에는 국제 분야에 적극적으로 참가하여 저렴한 제품을 수입하고, 경우에 따라서는 수출을 억제함으로써 물가를 안정시켜 국민경제 전반에 걸친 안정 성장을 추구하게 된다. 국내물가안정을 위한 정책수단으로는 총수요관리정책, 관세율인하, 원자재수입증대를 위한 조치 등이 활용되고 있다.

5) 교역조건개선

국제간에 있어서 수출품과 수입품의 교환비율, 즉 일정시점에 있어서 1단위의 수출품과 교환될 수 있는 수입품의 수량비율을 말한다. 일정시점의 수출단가지수를 수입단가지수로 나눈 백분비로 표시된다. 이러한 상품교역조건은 무역이익의 중요한 지표가 되기 때문에 교역조건을 자국에 유리하게 하기 위한 정책수단을 동원하기도 한다.

정책수단으로서는 관세, 수입과징금, 수입할당제, 개발수입 등이 있고, 구조적으로는 농업 대신 공업화를 추진하여 교역조건을 유리하게 할 수 있다.

6) 경제성장촉진

경제성장은 국민의 경제활동을 촉진시키고 국민 복지를 향상시키므로 모든 나라에서 중요한 정책목표로 삼고 있다. 경제성장을 촉진시키기 위한 정책수단으로서는 재정, 금융정책과 무역정책 등이 동원된다.

7) 자원의 효율적 배분

자원의 최적배분은 자국에 부족 되어 있는 생산요소를 집약적으로 사용하여 생산한 재화를 수입하고 자국에 풍부하게 부존되어 있는 생산요소를 집약적으로 사용하여 생산한 재화를 수출함으로써 달성될 수 있다.

요소부존비률이론(Factor Proportions Theory)에 따라 각국이 국제분업에 적극적으로 참가하여 비교우위재를 수출하고 비교열위재를 수입함으로써 자원의 효율적 배분이 이루어지고 무역이익이 극대화된다. 이때의 자원이란 자본이나 노동과 같은 자원적 생산요소는 물론이고, 토지, 천연자원, 기술, 경영기법까지를 포함한다.

8) 기타의 무역정책

그 밖의 무역정책의 목표로서는 소득 및 부의 재분배 개선, 특정지역 및 경제, 산업부분의 보호, 자원공급원 확보 등의 장기목표도 있을 수 있다. 각국의 무역정책의 목표는 각양각색이기 때문에, 각각의 정책목표를 동시에 만족시킬 수 없는 경우가 많고, 서로 상충되는 결과를 가져 올 수도 있다. 여러 가지 정책수단은 그 선택적 문제가 대두되게 되며, 최선책이나 차선책이 정책목표를 충족시키지 못할 경우에는 정책수단의 적절한 조합에 의하여 해결하게 된다.

4. 무역정책의 수단

무역정책의 주된 수단에는 관세, 수출세, 수입보조금, 수출보조금으로 구성되는 재정통제수단들과 수출입수량제한 및 관세할당으로 이루어지는 통상통제수단들이 있다.

각 국들은 이러한 통제수단들의 사용과정에서 효율성을 증가시키기 위하여, 무역관련 법령 및 기구들을 정비하여 수출입제도를 운영할 뿐만 아니라, 수출입에 관련되는 기타 법령들을 보완적으로 관리하고 있다. 한국의 무역관련 법령을 기준으로 볼 때, 무역정책의 수단들은 다음과 같다.

1) 무역정책의 기본수단

한국의 경우 무역에 관련되는 기본법으로 대외무역법을 재정함으로써 무역업 및 무역대리업의 운영자격, 수출입승인, 수출입관행 등을 규정하여 무역활동을 관리하고 있다. 국제수지의 균형 및 국내통화가치의 안정과 외화의 효율적인 운용을 위해 외국환의 거래와 기타 대외거래에 따른 채권, 채무관계를 규제하는 외환거래법을 운용하고 있으며, 수입통관에 대한 관세의 부과 및 징수에 대한 요건 및 절차의 규정, 관세감면 및 환급제도, 관세양허를 목적으로 한 원산지규정, 통관관련제도를 규정하고 있는 관세법등을 보완하여 활용하고 있다.

2) 무역정책의 보완수단

한국의 경우 무역관련 기본법들 이외에도 무역활동을 직접 관련하기 위하여 수출입관련제도를 운용하고 있다.

첫째, 수출지원제도에는 수출거래를 해상보험에서 담보되지 않는 신용위험과 비상위험으로부터 보호하기 위한 수출보험금, 중소기업 및 비계열 대기업의 수출촉진을 위한 관련법령에 따라 시행되는 무역금융제도, 관세환급 특례법에 따른 관세환급제도가 운용되고 있다.

둘째, 수출관리제도에서는 미국, 일본, EU에 대한 정부간 또는 업계간 협정에 의하여 대외무역법을 기준법령으로 철강, 견직물, 신발, 전자제품 등에 대해 수출수량을 제한하고, 또한 다자간 섬유협정에 따라 섬유의 수출량을 제한하는 수출자율규제를 운용하고 있다.

셋째, 공업표준화법, 공산품 품질관리법, 계량법, 전기용품 안전관리법 등을 제정하여 기술규정, 상품의 포장 및 표시를 포함하는 표준규격, 상품에 대한 시험 및 검사를 포함하는 인증제도나 안전을 이유로 수입을 규제하고 있다.

식품위생법, 검역법, 폐기물관리법 등과 같은 개별법으로 구성된 공중위생, 생명, 건강보호, 환경보호, 국방 등에 관한 법률을 근거로 수입을 규제하는 기술장벽(Technical Barriers to Trade:TBT)이 운용되고 있다.

넷째, 예산회계법과 조달기본법으로 구성된 정부조달 관련 법령에 의거하여 정부기관과 정부투자기관을 위한 정부구매에서 내국민을 우대하고 수입을 규제하는 방식으로 정부조달사업을 수행하고 있으며, 개도국이나 기타 무역 관련국들과의 정부조달협정으로 정부구매에서는 차별적인 수입관리를 하고 있다.

다섯째, 조달기본법, 농산물유통 관련법, 담배사업법, 인삼사업법, 한국가스공사법 등에 의거하여, 정부의 수입관련구매, 담배와 인삼의 수출입, 농산물의 수출입, 천연가스의 수출입 등을 조달청이나 또는 비영리기관만이 담당하는 국영무역이 수행되고 있다.

여섯째, 외자도입법 및 외환관리법을 해외투자의 도입과 수행에 적용하여 수출입에 대한 해외투자의 효과를 관리하는 무역관련투자조치(Trade-Related Investment Measures: TRIMs)를 시행하고 있다.

일곱째, 무역관련지적재산권(Trade-Related Intellectual Property Rights :TRIPs)의 보호를 위해 수출입을 규제하고 있다.

여덟째, 공업발전법을 제정하여 제조업에 대해 기술개발지원, 구조조정지원, 환경보존지원, 투자촉진지원, 중소기업지원 등을 위해 정책금융을 제공하고 있다. 농업 및 수산업에 대해서는 농어촌발전 특별조치법을 제정하여 농수산물의 수출촉진을 위해 수출촉진자금지원과 수출준비대출을 제공하고 있다.

양곡수매제도, 축산물수매제도, 농산물가격안정사업 등을 통한 가격지지제도를 운영하여 농산물의 수출입 및 생산을 관리하고 있다.

5. 무역정책의 채택

채택할 정책수단이 동일한 목적에 대하여도 여러 가지 종류의 정책수단이 있기 때문에 이들이 가지고 있는 자기의 특수한 효과나 내부에 미치는 영향을 충분히 검토하여 채택하여야 한다.

첫째, 정책수단의 채택원칙으로 볼 것은 정책수단의 효과나 그에 의해서 발생되는 희생이 공평하여야 바람직하다. 직접적인 정책수단의 채택보다도 간접적인 정책수단의 채택 쪽이 조건상 유리하다고 할 수 있다.

수출촉진을 위한 수단 가운데서도 보조금이나 장려금은 이를 받은 산업에서는 효과가 뚜렷하게 나타나지만, 받지 못한 산업도 있게 마련이므로 공평성을 잃을 뿐만 아니라, 외국에 대해서도 자극적인 것이다. 따라서 이러한 직접적인 수단보다도 일반적인 수출금융면에서 여러 가지 편의를 정부가 제공하고 보상하는 간접적인 수단의 채택이 좋다고 볼 수 있는 것이다. 이와 같은 것은 불가피한 경우를 제외하고서 수입제한을 위한 수단에 대해서도 같은 방법에 따라 말할 수 있다. 직접적인 수량제한수단 및 비관세수단보다도 가격조정적 수단을 선택하는 방책 쪽이 좋다고 볼 수 있다. 공평성을 기준으로 한다면 간접적 정책과 그의 수단이 뛰어난 것이지만 직접적 정책수단의 즉효성도 충분히 인정하여야 한다.

둘째, 정책수단의 기술적인 채택이라는 관점에서, 복잡한 수단의 채택은 피하여야 한다. 이러한 조건은 무역정책의 수단에 한한 것뿐만 아니라 여타의 개별적 경제정책의 수단에도 적용되는 것이지만, 무역에서는 특히 상대가 외국인이라는 점에서 필요하고 중요시 된다. 국제수지의 균형을 위해서 수출증대와 수입제한을 동시에 병행하여야 할 경우에는 이를 각기 따로 된 수단들에 의존하기보다도 평가절하에 의한 정책수단을 채택하여 그 목적을 달성하는 편이 좋다. 두가지 이상의 목표를 달성해야 할 경우에는 두가지 이상의 정책수단이 혼용되어야 한다는 것이다. 이를 「폴리시 믹스」(policy mix)라 한다.

셋째, 국제적으로 악영향을 미치지 않는 무역정책의 수단이 적용되어야 한다. 만약, 일국이 자국만을 위한 목적을 달성시키고자 정책수단을 적용할 경우에는 중대한 오류를 범하기 쉽다. 일국의 이익추구는 타국의 이익을 침해해서는 아니 되므로 무역정책의 수단의 채택도 국제관계를 감안하여야 한다.

제2절 관 세

1. 관세의 의의

관세라 함은 관세선을 통과하는 물품에 대하여 부과되는 조세를 말한다. 그러나 이 관세선의 어의는 정치상의 국가영역에 의하여 구분되는 것과 경제상의 관세영역은 반드시 일치하지는 않는다.

관세동맹 또는 관세연합에서 볼 수 있는 바와 같이 2국 이상의 국제영역이 동일 관세선을 구성하여 관세가 부과되지 않는 경우도 있으며 또 일국의 영토내일지라도 자유항, 자유무역지대에서와 같이 관세영역으로부터 제외되는 경우도 있다.

따라서 국가가 동일한 관세법규를 시행할 지역을 지정한 때의 그 영역의 한계를 관세선이라고 한다.

원래 관세는 국세이며, 간접세, 소비세로서의 성질이 있어서 일반조세론과 동일한 문제를 내포하고 있다.

관세의 대상은 일반적으로 수출입화물 모두를 포함하는 것이나 이것은 재정적 의의에 있어서의 대상으로서만 고려되는 것에 불과한 것이고 관세의 무역정책상의 의의는 주로 수입화물을 대상으로 하는 것을 의미한다.

2. 관세의 종류

관세의 종류에는 그 설정목적과 방법에 따라 여러가지로 분류할 수 있으나 대체로 다음과 같은 5가지 기준에 의하여 구분하는 것이 보통이다.

1) 상품의 이동방향에 의한 분류

수출세(export duties), 수입세(import duties), 통과세(transit duties)등의 3종으로 구분된다.

수출세는 대개 재정수입의 목적을 위하여 부과하는 것이나 이것은 해외에 절대적 독점시장이 존재하고 있는 경우에만 가능한 것으로 이의 특수한 것으로서는 자국공업에 필요한 국내원료의 확보·유지를 위하여 부과되는 보호적 수출세(protective export duties)가 있다.

수입세는 무역정책면이나 재정수입면에서 가장 중요한 것으로 널리 행해지고 있는 것이다.

통과세는 단순히 일국 또는 일관세구역을 통과하여 타국에 탁송되는 상품에 대하여 부과하는 것이다. 이것은 주로 무역차액주의를 채택하였던 중상주의시대에 재정수입을 목적으로 또는 인접국의 시장에서 자국상품의 판로를 확보하기 위하여 외국상품의 자국내통과를 저지하기 위한 목적으로 부과하던 것이었다.

2) 과세의 목적을 기준으로 한 분류

재정관세(revenue duties)와 보호관세(protective duties)로 구분된다.

재정관세는 주로 국가의 수입원천을 확보하려는 의도에서 설정되는 것으로 관세의 범위 및 세율의 결정에는 재정적 고려가 표준이 된다. 따라서 재정관세는 순전한 재정상의 수단이고 무역정책과는 별다른 관계가 없다.

보호관세는 그 주요한 동기가 국가의 재정수입이 아니고 관세에 의하여 보호되는 국내 산업부문의 유지 및 확장에 있는 것이다. 즉, 국내 산업을 보호하기 위하여 고율의 금지적 관세를 부과하여 수입을 억제하는 목적으로 설정되는 것이다.

3) 부과의 기술적 방법을 기준으로 한 분류

종가세(ad valorem duties), 종량세(specific duties), 혼합관세(mixed duties, compound duties), 선택관세(alternative duties)로 나뉘어진다.

종가세는 수입가격, 수출가격, 공정가격중의 하나를 기준으로 부과하는 것이고 종량세는 수량을 과세 기준으로 하나 상품의 성장 및 도량형에 따라 다르다. 따라서 개별관세 혹은 용적관세는 종가세와 종량세의 결함을 보강하기 위하여 양자를 병용한 과세방법이다. 곧 과세가격에 일정한도를 설정하여 그 이하는 종가세를 부과하는, 그 이상은 세율을 변경하여 부과하는 것이다.

선택관세는 종가세와 종량세를 병용하는 점에서는 혼합관세와 유사하나 양자를 가산하는 방법이 다르다. 즉 일정한 기준을 설정하여 대상물품가격이 그 이상일 때에는 종량세를 그 이하인 때에는 종가세를 적용하는 것이다.

4) 일 재화당 세율의 수를 기준으로 한 분류

단일세(single tariff, uni-linear tariff), 복합세(double tariff, bi-linear tariff), 다수세(milti-linear tariff)등으로 구분된다.

단일세는 자국의 법률에 의해 단일의 세율을 적용하는 것으로 동일물품이면 어느 국가의 화물이던 간에 평등하게 일정세율만을 부과하는 것으로 국가관세 또는 자치세(Autonomous tariff)라고도 한다.

복합세와 다수세는 차별관세에 속하는 것으로 외국에서 자국상품이 불리한 취급을 받는 경우 또는 유리한 대우를 받는 경우에 대비하여 설정하는 것이다.

5) 과세방법의 차등에 대한 분류

이 분류에 속하는 것은 차별관세(differential or discriminating duties)이다. 수입선 또는 상품종류를 불문하고 평등관세(indifferental duties)를 적용하는 것이 아니고 무역상대국에 따라 세율에 차이를 두는 것으로서 그 목적에 따라 국기할증관세, 해운장려관세, 간접수입할증관세, 상살관세, 덤핑방지관세, 보복관세, 특혜관세 등으로 구분된다. 국기할증관세(surtax of flag)는 자국의 해운을 보호하고, 장려할 목적으로 타국선박에 의한 수입화물에 대하여 자국선박의 그것보다 고율의 관세를 설정하는 것이다.

해운장려관세(favour-taxes for mari-time trade)는 해운의 장려 및 번영을 위한 목적으로 육운보다도 해운에 의한 화물수입에 할인관세(detaxes)를 설정하는 것이다.

간접수입할증관세(surtax of indirect import)는 원산국 이외의 제 3국을 통하여 간접으로 수입되는 상품에 대해 부과하는 것이다.

상살관세(countervailing duties)는 상대국에서 수입되는 상품이 수출장려금의 교부를 받고 있는 경우 그것에 해당되는 금액만큼 더 부과하는 것이다.

보복관세(retaliatory duties)는 자국상품에 대하여 상대국이 불이익한 차별관세나 차별대우를 하는 경우 자국의 이익을 보호하기 위하여 상대국으로부터의 수입품에 대하여 보복적으로 부과하는 관세이다.

특혜관세(preferential duties)는 특혜국 혹은 특정지역으로부터의 수입에 대하여 그 통상관계의 유지 증진을 목적으로 할인관세를 특별히 적용하는 것이다.

3. 관세의 경제적 효과

관세는 무역정책 가운데서도 산업, 생산요소, 지역, 국가 및 세계의 관점에서 다방면으로 분석이 가능한 가장 중요한 정책수단이다. 관세라는 정책수단은 유익하지만, 다른 한편으로는 악영향을 끼칠 수도 있다. 특히 무역에 대한 정부의 간섭은 무역량, 가격, 생산, 소비를 변화시키며 자원을 재분배하고 요소부존을 변경시키며 소득을 재분배시킬 뿐만 아니라 고용도 변화시키고 국제수지도 변화시킨다.

관세부과의 결과에 대해서는 관련된 이해관계자의 입장에 따라 바람직한 정책수단이 될 수도 있고 또 그렇지 못할 수도 있게 된다. 이러한 관세는 경제사정과 이해관계자의 요구에 따라 일반적으로 정부에 의해서 부과되어 지고 있다. 어느 한 나라가 자국으로 수입되는 어떤 상품에 관세를 부과하면 그에 상응하는 효과가 발생하게 된다.

1) 생산효과(production effect)
2) 소비효과(consumption effect)
3) 수입효과(revenue effect)
4) 재분배효과(redistribution effect)
5) 소득효과(income effect)
6) 고용효과(employment effect)
7) 국제수지효과(balance of payment effect)
8) 교역조건효과(terms of trade effect) 등이 있다.

이러한 효과를 측정하는 데 기하학적인 분석방법이 사용되고 있다, 부분균형(partial equilibrium)과 일반균형(general equilibrium)의 두가지 접근방법을 사용하고 있는데, 이 두 방법의 기본적인 차이는 연구하고자 하는 사물의 제변수(variables)와 경제의 기타부문의 내부관계에 관하여 만들어낸 제 가정에 있다.

부분균형분석은 몇 개의 변수만을 독립시켜 분석하고, 다른 모든 변수가 불변이거나 중요한 효과를 가지지 않는다는 가정 하에서 이용할 수 있는 것을 의미 한다.

일반균형분석은 부분균형분석의 가정이 실현되지 못할 때 이 방법이 요구된다. 이 분석은 모든 변수가 분석되고 또 그 내부관계가 연구되므로 부분균형분석방법보다도 복잡하다. 그러나 일반적으로 2국, 2상품, 2생산요소가 있고 국내외시장은 경쟁적이라는 가정하에 여러가지 가정을 추가하면서 분석할 수 있다.

그러므로 관세의 경제적 효과 8가지 가운데 생산, 소비, 재분배, 소득, 고용, 국제수지 등 6가지 효과는 부분균형분석으로 가능하나, 나머지 교역조건효과는 일반균형분석으로 가능하다.

따라서, 두 가지의 일반적인 경우를 검토할 수 있다.

첫째, 관세부과국은 그 나라의 교역조건에 영향을 미칠 수 없는 소국(small open country)의 경우이다.

둘째, 관세부과국은 그 나라의 교역조건에 영향을 미칠 수 있는 대국(large open country)의 경우이다.

일반적으로 관세의 효과를 부분균형으로 분석할 때 특히 무역정책을 수립하는 나라, 즉 관세를 부과하는 나라가 소국이라는 가정을 들고 있다. 여기서 소국이라는 것은,

첫째, 관세를 부과하는 나라에 있어서 무역상대국의 수입수요조건과 수출공급조건이 일정하다는 것이다.

둘째, 이 나라가 국제시장의 가격을 조금도 변동시키지 못하는 상태, 즉 독점력이 조금도 없는 상태라는 것을 의미한다. 부분균형분석에서의 가정을 좀더 구체적으로 정리하면 아래와 같다.

☞ 소국이다.
☞ 종가세이다.
☞ 관세는 국내소비자로부터 징수되며 전가되지 않는다.
☞ 수입원료는 사용되지 않는다.
☞ 금지적 관세(prohibitive tariff)가 아니다.
☞ 수입관세는 지출되지 않는다.
☞ 관세가 부과되는 상품은 독립재이다.
☞ 다른 상품에 대한 파급효과는 없다.

제3절 비관세장벽(Non-Tariff Barriers)

1. 비관세장벽의 의의

비관세장벽의 정의에 대해서는 국제적으로 합의된 것은 없고 전술한 바와 같이 관세 이외의 모든 무역장벽을 비관세장벽으로 보아야 한다는 것이 일반적인 견해이다.

Robert E. Baldwin은 "비관세장벽이란 국제간에 거래되는 재화 및 서비스를 생산하는 데 사용되는 자원이 세계의 잠재적인 실질소득을 감소시키는 결과를 가져오도록 배분되게끔 하는 일체의 수단을 말한다."고 정의하였다.

Ingo Walter는 "국제무역의 규범, 방향 또는 상품구성을 왜곡시키는 작용을 하는 정부의 모든 정책과 관행을 포괄적으로 지칭하는 것이다"라고 정의하였다.

비관세장벽이란 외국의 수출업자가 국내의 수입업자에게 비용을 증가시키거나 수입허가량을 양적으로 제한하거나, 또는 외국수출업자 및 국내수입업자에게 높은 위험을 부담시킴으로써 국내수입가격을 인상시키고 수입량을 감소시키려는 목적하에 실시되고 있는 관세 이외의 각국의 정부조치로서, 결과적으로 국제무역에 저해되고 나쁜 영향을 미치는 수입제한조치를 의미한다고 볼 수 있다.

비관세장벽의 특성은 다음과 같다.

1) 계측 불가능성이다.

관세의 경우와는 달리 비관세장벽의 무역 제한적 효과를 종합적으로 또는 개별 품목별로 측정하기란 현재로서는 극히 어렵다.

어떤 유형의 비관세장벽은 한 품목에만 영향을 미치는가 하면, 다른 어떤 것은 모든 품목 또는 수입 전반에 영향을 미치고, 특히 비관세장벽 중 어떤 것은 시간이 경과함에 따라 매우 가변적이거나 관세당국의 재량에 전적으로 의존하고 있거나 은밀히 적용되는 것도 있어 자료의 이용가능성은 극히 제약되어 있는 것이 현실이다.

비관세장벽 중에도 1차적인 효과가 비교적 명확한 것도 있다. 그러나 거의 모든 형태의 비관세장벽의 무역 제한적 효과를 명확하게 측정할 수 없는 것만은 분명한 사실이다.

관세평가, 보건 및 안정 기준에 대한 행정적 규제는 고율관세에 비교되는 무역장벽일 수도 있지만, 그 효과를 계측한다는 것은 불가능하다.

2) 복잡성을 들 수 있다.

선진국에 있어서 비관세장벽의 적용 및 운영은 대체로 매우 복잡하다. 어떤 유형의 것은 본래부터 법률로서 제정된 것이 있는가하면, 어떤 것은 아무런 체계적인 조정도 없이 여러 행정기구의 제정책에서 파생되어 복합적으로 적용되고 있어 유형마다 그 성질이 매우 다양한 것이 보통이다.

대부분의 국가들은 수입 경쟁 산업을 보존하기 위하여 보다 편리한 방법으로 관세보다도 비관세장벽을 이용하는 경향이 늘어나고 있다.

그것은 최소한의 공공연한 논란과 엄밀한 조사를 회피할 수 있기 때문이다.

3) 불확실성을 들 수 있다.

비관세장벽의 특성으로서 정보부족 및 제도의 변칙적 운용 등에 기인한 불확실성을 들 수 있다. 관세정보의 입수가 충분하지 못한 상태에서, 수출업자가 수입국의 비관세장벽이 그들의 수출에 어떻게 그리고 어느 정도로 제한적일 것인가를 확실하게 판단하기란 매우 어렵다.

수입국의 무역정책은 어느 시점에서나 아무런 통고 없이 변경될 가능성을 항상 내포하고 있기 때문에 항상 수출업자에게 불안요소가 되므로 이는 큰 위험부담으로 간주되고 있다.

비관세장벽 중 어떤 것은 수출업자와 관세유통기구에 불명확성과 유동적인 위험부담을 가중시킴으로써 비관세장벽인 1차적인 제한효과를 더욱 강화시키는 경향이 있다.

4) 개발도상국에 대한 차별적인 성격을 들 수 있다.

비관세장벽은 외관상으로는 무차별인 것 같지만 실질적으로는 개발도상국에 크게 불리하게 나타나고 있다. 비관세장벽이 사실상 개발도상국에 보다 불리하게 적용하는 차별적인 성격을 지닌다는 것은 두 가지 사실에 근거하고 있다.

첫째, 동일한 비관세장벽일지라도 그것이 선진국의 수출보다는 개발도상국의 수출관심품목에 보다 빈번하게 적용되는 경향이 있다는 사실이다. 다른 하나는, 각종 비관세장벽이 개발도상국에 미치는 영향의 정도가 선진국의 그것에 비하여 불균등한 경향이 있다는 것이다.

5) 협상의 곤란성을 들 수 있다.

비관세장벽은 복잡성, 불확실성, 계측불가능성 등의 제반 특성 때문에 상호간 양허정도를 비교하여 이를 균일화시킬 수 있는 지표의 설정이 불가피하다.

비관세장벽에 대한 일정한 기준이 없으므로 국가 간에 협상이 이루어진다고 하더라도 그것이 곧 비관세장벽의 철폐를 보장해 줄 수 없다. 따라서, 비관세장벽의 완화 또는 제거를 위한 협상을 하는데 많은 문제점들이 수반되게 된다.

2. 비관세장벽의 유형

비관세장벽의 형태는 다양하여 그 유형을 일률적으로 제시할 수 없지만, 다음과 같은 여러 분류방식에 의해 그 유형을 살펴볼 수 있다.

1) UNCTAD에 따른 비관세장벽의 유형 비관세장벽은 다양하고 복잡하여 일률적으로 규정할 수 없으나 UNCTAD에서는 3유형, 5집단으로 분류하고 있다.
2) WTO에 따른 비관세장벽의 유형은 6개군 45개 유형으로 비관세장벽을 분류하고 있다.
3) UNCTAD 및 WTO의 비관세장벽유형은 4가지 측면에서 살펴 볼 수 있다.

첫째, 가격적 장벽으로서, 수입상품에 세금을 부과하여 상대국 수출상품의 경쟁력을 약화시키든가, 보조금을 지원받은 수입상품이 국내에 유입되어 국내 산업에 피해를 입힐 경우를 대비한 것으로서, 그 예로는 anti-dumping관세 및 상계관세가 있다.

둘째, 수량적 장벽으로서, 이는 수입 자체를 금지하거나 수입물량을 제한함으로써 국내산업의 기존영역을 지킬 목적으로 관세 및 quota제를 운영하는 것을 말한다.

셋째, 품질적 장벽으로서, 이는 수입상품에 특별한 품질·안전·보건 등에 관한 규격요소를 강화함으로써 수입상품의 국내시장진입을 저지시키려는 것이다.

넷째, 행정적 장벽으로서, 이는 수입절차 및 서류를 까다롭게 하여 정상적인 수입을 저지하거나, 수입국측이 국내에서 수입상품이나 자본거래에 제약을 가함으로써 수입제한효과를 기대하는 것을 목적으로 한다.

4) 선진국에서 주로 사용하는 주요 비관세장벽에는 다음과 같은 것들이 있다.

(1) 수입 quota

㈎ 총량 quota(global quota)

㈏ 쌍무 quota(bilateral quota)

㈐ 관세 quota(import licensing)

(2) 수입허가제(import licensing)

㈎ 임의적 수입허가제(discretionary licensing)

㈏ 자동적 수입허가제(automatic licensing)

(3) 일방적 국별 quota(unilateral quota)

(4) 수량제한(quantitative restrictions)

㈎ 최저가격제(MP: minimum price system)

㈏ 외환할당제

(5) 관세평가(tariff valuation)

(6) 수입예치금제도

(7) 수출자율제도(voluntary export restraint ; VER)

(8) 가변과징금

(9) 국산품우선구매

(10) 국영무역(state trading)

(11) dumping 방지관세(anti-dumping duty)

(12) 상계관세(countervailing duty)

제4장

무역업의 창업

제1절 무역업 창업의 이해

1. 무역업 창업

무역업창업은 중소기업창업지원법에 의해, 제조업, 광업, 건축, 엔지니어링, 기타 기술, 서비스업, 정보처리, 컴퓨터 관련업종, 기계, 장비임대업 등을 개시하는 것 등을 의미한다. 하지만 다음 세 가지 경우는 창업으로 보지 않는다.

첫째, 타인으로부터 사업을 승계하여 승계 전의 사업과 동종의 사업을 계속하는 경우 둘째, 개인사업자인 중소기업자가 법인으로 전환하거나 법인의 조직변경 등 기업형태를 변경하여 변경 전 사업과 동종의 사업을 계속하는 경우
셋째, 폐업 후 사업을 개시하여 폐업 전 사업과 동종의 사업을 계속하는 경우

동종사업의 범위로는 사업개시전의 기존업종과 세분류를 달리하는 업종을 추가하여 사업을 새로이 개시하는 경우 아래 산식에 의하여 산출된 비율이 100분의 50 이상이면 동종 사업으로 보지 않는다.

표 4-1 창업으로 보지 않는 경우의 사례

구 분	사 례
타인으로부터 사업을 승계하여 승계 전 사업과 동종사업 계속	• 상속이나 양도에 의해 사업체를 취득하여 동종사업을 계속하는 경우 • 폐업한 타인의 공장을 인수하여 동일한 사업을 계속하는 경우 • 기존공장을 임차하여 기존의 사업과 동종의 사업을 영위하는 경우
법인전환, 조직변경 등 기업형태 변경으로 변경 전 사업과 동종사업 계속	• 개인사업자가 법인으로 전환하거나, 합명회사·합자회사·유한회사·주식회사 상호간에 법인형태를 변경하여 사업을 계속하는 경우 • 기업을 합병하여 동종 사업을 영위하는 경우
폐업 후 사업을 개시하여 폐업 전 사업과 동종사업 계속	• 사업의 일시적인 휴업이나 정지 후에 다시 사업을 재개하는 경우 • 공장을 이전하기 위해 이전하기 전 장소의 사업을 폐업하고, 새로운 장소에서 사업을 재개하는 경우

2. 창업의 절차

창업을 위해서는 3단계 절차를 거쳐야 한다.

1단계, 업종을 선정하고 사업계획을 수립하며 사업의 인·허가를 받아야 한다. 이어 법인은 설립등기와 법인설립신고를 하며 개인은 사업자등록을 한다.

2단계, 공장입지를 확정하고 공장설립을 신고하며,

3단계, 공장을 건축하고 공장설립을 완료·보고함으로써 창업이 종료된다.

1) 제 1 단계 : 업종선정과 기업설립

창업을 하려면 먼저 업종을 선정한 후 이에 대한 사업계획을 수립하여 해당 업종을 담당하는 관청에서 사업 인·허가를 받은 후 "개인" 또는 "법인"형태로 사업주체를 결정하여 해당관청에 등록 또는 등기를 하여야 한다.

개인기업의 설립절차는 법인에 비해 간단하여 사업장을 관할하는 세무서에 사업자 등록 신청서를 제출하고 사업자등록증을 교부받으면 되고, 주식회사 등 법인의 경우에는 관할 지방법원이나 등기소에 설립등기를 한후 관할 세무서에 법인 설립신고를 하여야 한다.

(1) 개인기업 설립

개인기업을 설립하고자 하는 경우에는 관할세무서에 사업자등록 신청 후 개인사업을 시작할 수 있다. 개인사업을 하고자 하는 경우 개인 및 법인기업을 불문하고 관할세무서에 사업자등록신청 또는 법인설립신고를 한 후에 사업자등록증을 발급받아야 한다. 이 경우 부가가치세가 과세되는 사업을 하는 경우에는 부가가치세법에 따라 사업자등록을 하여야 하고, 부가가치세가 면세되는 개인사업만 하는 경우에는 소득세법 또는 법인세법에 의한 사업자등록을 하여야 한다.

사업자등록을 하지 않고 사업을 하면 사업개시일로부터 등록한 날이 속하는 예정신고기간까지, 예정신고기간이 지난 경우는 그 과세기간까지의 공급가액에 대하여 개인은 1/100, 법인은 2/100에 해당하는 가산세를 부과 한다.

상호나 사업의 종류를 변경하거나 사업자의 주소, 거소 또는 사업장을 이전하는 경우 그리고 상속 등으로 인하여 사업자 명의가 변경되면 곧바로 관할세무서에 사업자등록정정신청을 하여야 한다.

사업자등록증을 교부받은 무역업자는 한국무역협회장에게 무역업 고유번호를 신청하여 무역업 고유번호를 부여받아야 한다. 무역업 고유번호는 관세법 제137조에 의한 수출입 신고시 수출입업자 상호명과 함께 기재하여야 하기 때문이다.

(2) 법인기업의 설립

한국의 회사기업 90% 이상은 주식회사의 형태이다. 회사기업 중 주식회사형태가 많은 이유는 주식회사가 다른 회사에 비하여 사회적 신용도가 높고, 주주가 유한책임을 진다는 점 때문이다.

주식회사 설립시 발행하는 주식을 3인 이상의 발기인들만이 인수하는 경우를 발기설립이라고 하며, 발기인이 주식의 일부만을 인수하고 나머지는 주주를 모집하는 경우를 모집설립이라 한다.

발기설립은 소수의 발기인에 의해서만 회사가 설립되므로 회사설립절차가 간단하고 회사의 실체도 단기간에 형성된다.

모집설립은 회사설립에 다수의 사람이 참여하기 때문에 주식 인수인을 확정하는 것이 복잡하고 엄격한 설립절차가 요구되므로 회사가 설립되기까지는 상당한 시간이 걸리게 된다. 주식회사를 설립한 경우 설립등기를 한 날로부터 30일이내에 관할 세무서장에게 법인설립신고를 마쳐야 한다.

2) 제2단계 : 공장입지선정 및 공장설립신고

(1) 공장입지선정

공장을 설립할 수 있는 지역은 국가가 공장건설을 위해 조성한 계획입지(국가공단, 지방공단, 농공단지)와 국토이용관리법 및 도시계획상 세분된 개별적인 용도지역 중 공장설립이 허용되는 자유입지에 한정되어 있어, 자유입지의 경우 공장 설립이 허용되는 지역인지의 여부를 알기 위해서는 해당 군청 의 「국토이용계획확인원」, 「지적공부」 또는 해당시청의 「도시계획확인원」의 열람을 신청하여 확인할 수 있다.

국토이용관리법상 용도지역은 공업지역, 도시지역, 개발촉진지역, 경지지역, 산림보전지역, 수산자원보존지역, 취락지역 등으로 나누어지며 이중 공업지역을 제외하고는 공장설치 허용범위가 제한되어 있다.

도시계획법상 지역구분은 공업지역, 상업지역, 주거지역, 녹지지역 등으로 나누어지며, 공업지역외의 지역은 제한적으로 공장설립이 가능하다.

수도권(서울, 인천, 경기)에서는 국토이용관리법, 도시계획법외에 수도권정비계획법이 추가적으로 적용되므로 개별적인 공업입지가 극히 제한적으로 허용되고 있다.

(2) 공장설립신고

국토이용관리법 및 도시계획법에서 정한 공장설치 허용지역에 공장을 설립할 경우 공장건축면적 200㎡ 이상 또는 상시종업원수가 16인이상인 공장의 경우 관할 시, 군, 구청에 공장설립신고를 해야 한다.

국가공단, 지방공단 농공단지에 입주코자 입주계약을 체결한 경우와 공장설치가 허용되지 않은 지역에서 창업사업계획승인을 통해 공장을 설립코자 하는 경우에는 별도의 공장설립신고를 할 필요는 없다.

3) 제3단계 : 공장건축과 공장설립

(1) 공장건축 및 설립절차

① 건축허가(시/군/구) : 건축허가신청서, 건축설계도서, 도시계획확인원(국토이용계획확인원), 토지등기부등본 또는 토지사용승락서
② 건축착공신고(시/군/구) : 건축물착공신고서, 설계도서
③ 건축중간검사(시/군/구) : 건축중간검사신청서 , 공사감리보고서
④ 건축물사용승인(시/군/구) : 사용검사신청서, 설계도서, 공사감리보고서
⑤ 공장설립완료보고(시/군/구) : 공장설립완료보고서, 준공검사필증, 공장배치도
⑥ 부동산 등기(관할지방법원/등기소) : 신청서, 등기원인증빙서류, 주민등록등본, 법인등기부등본(법인의 경우), 대리인 신청시 권한 증빙서류, 등기의무자의 권리에 의한 등기필증
⑦ 취업규칙 신고 : 신고서, 취업규칙, 의견서
⑧ 사업장설치계획신고(노동부지방사무소) : 유해위험방지계획서, 각층의 건물평면도, 기계 및 설비 배치도면, 제조공정 및 기계설비구조
⑨ 산업재해보험관계성립보고 : 신고서
⑩ 의료보험조합관련신고(직장의료보험조합) : 신고서

3. 창업지원기간

① 창업사업계획승인대상 : 사업개시일로부터 5년이내.

② 창업투자회사(조합)의 투자대상기간
- 개인 : 사업개시일로부터 10년이내
- 법인 : 사업개시일로부터 14년이내

③ 조세감면
- 소득세, 법인세 : 사업개시일 다음 과세년도부터 5년이내
- 등록세, 취득세 : 사업개시일로부터 2년이내
- 재산세, 종합토지세 : 사업개시일로부터 5년이내

4. 사업개시

창업절차가 완료되면 기업은 인력, 관리, 영업 등의 체계화와 취업규칙, 산업재해보험, 의료보험조합 관련 신고를 거쳐 회사설립 목적에 따른 생산과 판매활동을 개시하게 된다.

제2절 무역관련 업종

무역관리를 위한 기본법인 대외무역법에서는 무역관련 업종을 무역업과 무역대리업으로 구분하고 있다. 무역업이란 영리를 목적으로 무역을 업으로 영위하는, 즉 자기명의로 수출과 수입을 반복적, 계속적으로 행하는 것으로 1997년 3월 1일부터 등록제에서 신고제로 전환하여 운용하고 있다.

무역업의 신고는 무역업을 영위할 수 있는 요건을 충족하였음을 의미하는 것으로 개별법상 별도요건이 있는 경우 이를 충족하여야 하였다.

2000년 1월1일부터는 종전에 신고제로 하던 것을 사업자 등록증이 있는 자라면 누구나 무역업을 할 수 있도록 자유화하였다.

무역대리업은 외국 수출입업자의 위임을 받은 자(지사 및 대리점 포함)가 국내에서 외국업자의 대리인 자격으로 수출물품의 구매 또는 수입계약의 체결과 이에 부대되는 행위를 업으로 하는 경우로 갑류무역대리업과 을류무역대리업으로 구분된다.

무역대리업자는 대리권 위임약정에 의하여 외국의 수출자 또는 수입자를 대리하

여 국내에서 오퍼(offer)의 발행 또는 수출물품의 구매계약체결과 같은 중계업무를 수행하게 된다. 이들은 자기명의로 수출입을 할 수 없다는 점에서 무역업과 구별된다.

무역대리업 역시 그 동안 등록제를 관리하던 것을 1995년 7월 1일부터 신고제로 전환하였고 2000년 1월 1일부터 자유화하였다.

1. 무역업

1) 무역업의 경영

(1) 무역업경영의 의의

무역은 물품의 수출·수입을 말하며, 무역업이란 이러한 무역을 업으로 영위하는 것을 말한다. 업으로 영위한다 함은 영리를 목적으로 하는 행위를 계속적으로 반복하는 것을 의미한다. 자본주의 시장경제체제하에서는 민간기업인 무역업자가 무역업을 영위하는 것이 일반적이다. 따라서 무역업자라고 하면 영리를 목적으로 대외무역을 영위하는 민간업자를 말한다.

한국표준산업분류에 의하면 무역업의 업종이 산업분류상 다음과 같이 구분되고 있다. 즉, 우리 나라의 모든 산업을 17개군으로 대분류하고 다시 60개군으로 중분류하고 있는데 그 중에서 무역업(분류번호5191; 이하 같다)은 도매 및 상품 중개업(중분류51)중에서 기타 도매업(519)의 범위에 포함되는 도매업의 한 업태로서 자기계정으로 구입하는 전문 또는 종합상품의 대외거래(수출·수입)만을 전업으로 하는 사업체의 산업활동을 말한다.

동 분류에 의하면 무역업은 종합무역업(51911)과 전문무역업으로 구분하고 전문무역업은 다시 농축·음식료·담배 무역업(51912), 가정용품 무역업(51913), 산업용 중간재 및 재생재료 무역업(51914), 산업용 기계장비 및 관련 용품 무역업(51915), 달리 분류되지 않은 무역업(51919) 등의 업종으로 구분된다.

대외무역법상의 무역업은 바로 이러한 전업 무역업 이외에도 제조업 등 주된 업종을 영위하면서 부수적으로 무역을 하는 경우에도 포함하여 무역업으로 보고 있다.

(2) 무역업의 자유화

정부는 무역업을 포함한 다양한 업태에 대하여 여러 가지 형태로 직접 관리한다. 그 관리수준이 강하냐 약하냐에 따라서 그 나라 행정이 정부주도인가 민간자율화인가를 평가할 수 있다.

정부의 기업에 대한 관리방법은 각종 행정법에서 규정하는 바에 따라 인·허가(승인포함), 등록, 신고 등으로 구분된다.

그 중에서 인·허가는 가장 강한 관리방법이고 신고제는 가장 약한 관리방법이다.

물론 가장 자유로운 기업활동은 세법상의 사업자 등록만으로 기업활동을 영위할 수 있는 상태이다.

민간의 자율적 성숙도가 낮거나 정부의 행정권 남용이 심한 경우는 인·허가제 중심이고 그 반대의 경우는 신고제 또는 사업자 등록만으로 기업 활동을 할 수 있도록 하는 것이다.

인·허가는 행정기관의 재량행위이고 등록은 요건구비에 따르는 기속행위이며 신고는 단순한 사실의 제출 또는 보고라고 할 것이다.

2) 무역업 고유번호 신청

무역업 신고제가 2000년 1월 1일부터 폐지되고, 이에 따라 기존의 무역업신고번호 대신 무역업고유번호가 신설되었다. 개정된 대외무역 관리규정 제3-5-1호의 규정에 의거하여 산업통상자원부장관은 동법시행령 제30조 및 제31조의 규정에 의한 전산관리체제의 개발·운영을 위하여 무역거래자별 무역업 고유번호를 부여한다.

무역거래자는 관세법 제137조 규정에 의한 수출(입)신고시 무역업고유번호를 수출(입)자 상호명과 함께 기재하여야 한다. 무역을 업으로 하고자 하는 자는 무역업 고유번호를 한국무역협회장에게 신청하여야 한다. 이때 필요한 서류는 사업자 등록증 사본 1부면 된다. 한국무역협회장은 접수 즉시 신청자에게 고유번호를 부여한다.

고유번호의 신청 및 부여는 별지 제1-1호의 서식에 의해서 하여야 하며, 우편·팩시밀리·전자 메일(E-mail)·전자문서 교환체제(EDI) 등의 방법으로 할 수 있다.

무역업 고유번호를 부여받은 무역업자는 상호, 대표자, 주소, 전화번호 등의 변동이 있는 경우에는 별지 제1-2호의 서식으로 변동 사실을 신속히 한국무역협회장에게 통보하여야 한다.

한국무역협회장은 고유번호를 부여한 경우 또는 고유번호를 부여받은 무역업자의 상호, 대표자, 주소, 전화번호 등의 변동사실을 통보받은 경우에는 무역업 고유번호 관리대장에 이를 기록하고 계속 관리하여야 한다.

부칙 제2조(무역업 신고번호에 대한 경과조치)의 규정에 의거하여 이 고시 시행 이전에 대외무역법 제10조의 규정에 의하여 부여받은 무역업 신고필증 상의 신고번호를 이 고시에 의해 부여받은 무역업 고유번호로 본다.

▌표 4-2 무역업고유번호신청서[별지 제1-1호 서식]

무역업고유번호신청서(APPLICATION OF TRADE BUSINESS CODE)

처리기간(Handling Time)
즉 시(Immediate)

① 상 호 (Name of Firm)			② 무역업고유번호 (Trade Business Code)		
③ 주 소 (Address)				④ 업 종 (Business Type)	
⑤	전화번호 (Phone Number)		⑥ 이메일주소 (Email Address)		
	팩스번호 (Fax Number)		⑦ 사업자등록번호 (Business Restry Number)		
⑧ 대표자 성명 (Name of Rep.)			⑨ 주민등록번호 (Passport Number)		

대외무역법 제18조 및 동법 시행령 제30조 및 제31조, 대외무역관리규정 제3-5-1조의 규정에 의하여 무역업고유번호를 위와 같이 신청합니다.

I hereby apply for the above-mentioned trade business code in accordance with Article 3-5-1 of the Forcign Trade Management Regulation.

신청일 : 년 월 일
Date of Application Year Month Day

신청인 : (서명)
Applicant Signature

사단법인 **한국무역협회장**
Chairman of Korea International Trade Association

▌표 4-3 무역업고유번호신청사항 변경통보서[별지 제1-2호 서식]

무역업고유번호신청사항 변경통보서
(NOTIFICATION OF AMENDMENTS TO TRADE BUSINESS CODE)

처리기간(Handling Time)
즉　시(Immediate)

① 상　호 (Name of Firm)		② 무역업고유번호 (Trade Business Code)		
③ 주　소 (Address)	□□□-□□□		④ 업 종 (Business Type)	
⑤ 전 화 번 호 (Phone Number)		⑥ 전자우편주소 (Email Address)		
⑤ 팩 스 번 호 (Fax Number)		⑦ 사업자등록번호 (Business Registry Number)		
⑧ 대표자 성명 (Name of Rep.)		⑨ 주민등록번호 (Passport Number)		

변경내용(Contents of Amendment)	
변 경 전(Before Amendment)	변 경 후(After Amendment)

대외무역관리규정 제3-5-1조의 규정에 의하여 무역업고유번호 신청사항의 변경내용을 위와 같이 통보합니다.

I hereby notify the above-mentioned amendment(s) to trade business code in accordance with Article 3-5-1 of the Foreign Trade Management Regulation.

신 청 일 : 　년　월　일
Date of Application　Year　Month　Day

신 청 인 : 　(서명)
Applicant　Signature

사단법인 **한국무역협회장**
Chairman of Korea International Trade Association

2. 무역대리업

1) 무역대리업의 경영

(1) 무역대리업의 의의

외국의 수입업자 또는 수출업자의 위임을 받은 자(외국의 수입업자 또는 수출업자의 지사 또는 대리점을 포함한다)가 국내에서 수출물품을 구매하거나 수입물품을 수입함에 있어서 그 계약의 체결과 이들에 부대되는 행위를 업으로 영위하는 것을 말한다.

무역대리업은 무역거래의 주체는 아니다. 대리라 함은 타인이 본인을 대신하여 어떤 행위를 하는 것이며 대리인의 권한 내에서 행한 행위의 효과는 직접 본인에게 귀속한다. 일정한 상인을 위하여 상업사용인이 아니면서 상시 그 영업부류에 속하는 거래의 대리 또는 중개를 영업으로 하는 자를 대리상이라고 한다.

대외무역법에서 규정하고 있는 무역대리업자에게 수권한 본인은 외국인이다. 따라서 무역대리업자는 외국의 본인을 위하여, 국내에서 수출물품을 구매하거나 국내의 무역업자와 수입계약을 체결함으로써 본인으로부터 수수료를 받아 수익을 얻는 것을 목적으로 하는 자이다.

대외무역법에서 규정하고 있는 무역대리업은 본래의 중개업은 아니고 대리업이다.

대외무역법상의 무역대리업은 대리관계에 있는 외국의 본인을 위한 활동이고 더 나아가서 물품매도확약서(offer sheet)를 발행함으로써 국내 수입업자와 수입계약을 체결하거나 국내에서 수출물품을 구매(외국의 본인으로서는 수입물품의 구매에 해당한다)하는 것이 주된 활동이기 때문에 타인간의 무역거래를 중개하는 순수한 무역중개업은 아니고 무역중개대리상이라고 할 수 있다.

한국표준산업분류표에서 분류된 무역중개업은 대분류이 도·소매 및 소비자용품 수입업에 속하는 상품중개업(511)의 일종이라 할 수 있다. 동 산업분류표에서 정의하고 있는 상품중개업을 보면 「소유권 없이 수수료 또는 계약에 의하여 상품을 판매 또는 구매를 중개하는 상품중개인, 수탁·대리판매인, 대리구매 및 대리수집상, 무역중개인 등」을 뜻한다. 무역중개업은 각종 상품의 대외거래에 관련된 대리 또는 중개활동을 주로 하는 산업 활동이다.

한국표준산업분류표에서는 무역중개업의 범위에 대리업까지도 포함하고 있으므로 대외무역법상의 무역대리업은 무역중개업이라고 할 수 있다.

무역대리행위를 하지 않고 순수한 무역중개만을 영위하는 무역중개업은 대외무역법과 관계없이 소득세법상의 중개업자로서 업을 영위할 수 있는 것으로 보아야 한다.

한국표준산업분류표의 기준은 부가가치세법에서도 그대로 원용하여 사업자등록 시에 이를 적용하고 있다.

하지만 소득세법에서는 대리업과 물품매도확약서 발행업은 도·소매업 부문이 아닌 사회 및 개인서비스업에 포함함으로써 무역업에 비하여 소득세율을 불리하게 적용하고 있다. 일반적으로 개인서비스업은 도매업에 비하여 세율이 높게 적용되고 있다.

(2) 무역대리업 경영

무역대리업을 하고자 하는 자는 관할세무서로부터 사업자등록증을 교부받은 자이어야 한다. 무역대리업자의 상호, 주소, 대표자 등을 변경하고자 하는 경우에도 관할세무서장에게 정정신고를 해야 한다. 등록제로 관리하던 것을 1995년 7월 1일부터 신고제로 전환하였고 2000년 1월 1일부터 완전 자유화하였다.

3. 종합무역상사 제도

1) 종합무역상사

종합무역상사는 수출성장이라는 국가적 사명을 수행하기 위한 기간산업으로서 정부에 의해서 인위적으로 창조된 기업군이다. 1960년대에 정부주도의 수출드라이브 정책이 어느 정도 성공을 거두게 됨에 따라 무역기업의 대규모화를 통한 국제적 경쟁력 확보가 필요하게 되었다. 1970년대 후반부터는 산업구조가 중화학공업 중심으로 고도화하고 무역규모도 대폭 확대됨에 따라 이에 대응해 나갈 수 있는 대규모 무역회사의 활동이 필요하였다. 정부의 입장에서는 1970년대 말까지 100억 달러 수출실현이라는 지상과제를 목표로 하고 있었기 때문에 이를 달성하기 위해서는 무역업체의 대형화 및 전문화가 필요함을 인식하게 된다. 즉, 국내에서 해외 수입업자들의 주문에 응해서 수출하는 수동적 자세에서 벗어나 적극적으로 해외시장을 개척하고 유리한 무역정보를 수집하는 등 수출마케팅 능력을 강화하기 위해서는 전문적이고 대형화된 무역업체가 필요하게 된 것이다.

정부의 입장에서는 마케팅 능력이 부족한 중소기업의 수출·수입 창구역할을 함으로써 총체적인 무역진흥을 꾀할 수 있기를 바란 것이다. 1975년 4월 30일 “종합무역상사 지정 등에 관한 요령(상공부고시 제10607호)"을 공포하고 지정요건에 합당한 무역업체를 종합무역상사로 지정하고 정책적으로 지원·육성하였다.

종합무역상사 지정요건은 첫째, 자본금 10억 원, 둘째, 연간 수출실적 5천만 달러, 셋째, 100만 달러 이상 수출국 10개국에 10개 이상의 해외지사 설치, 네째 50만 달러 이상의 수출 품목 7개 이상, 다섯째, 기업공개 등이다.

종합무역상사라는 명칭은 다양한 품목, 다양한 지역에 걸쳐 종합적으로 무역거래를 하는 대형상사라는 의미가 내포되어 있고 대부분의 무역업체들이 특정품목, 특정지역에 대하여 전문적으로 거래를 하는데 대한 구분을 하기 위한 것이다.

종합무역업은 무역업자가 특정품목만을 전문(이를테면 가정용품 무역업 등)으로 하지 않고 품목을 다양하게 취급하고자 하는 경우 적용하는 업종 구분이다.

대외무역법상의 종합무역상사는 종합무역업인 무역업자 중에서 지정요건에 합치되어 산업통상자원부장관이 지정하는 무역업자이다.

2) 종합무역상사 지정

산업통상자원부장관은 해외시장의 개척 및 무역기능의 다양화를 기하고 중소기업과의 계열화 등을 통한 중소기업의 무역활동을 지원하기 위하여 무역거래자 중에서 종합무역상사를 지정할 수 있다.

(1) 종합무역상사의 지정기준

종합무역상사로 지정받을 수 있는 자는 증권거래법 제2조 제13항에 의한 상장법인으로서 전년도 수출통관액이 전년도 전체 수출통관액의 2% 이상인자로 한다. 시행 초기에는 여러 가지 지정 기준이 있었으나 점차 단순화해 왔으며 현행과 같은 기준이 적용되기 시작한 것은 1981년부터이다.

(2) 종합무역상사의 지정신청과 공고

종합무역상사로 지정받고자 하는 자는 산업통상자원부장관이 정하는 서류를 갖추어 산업통상자원부장관에게 신청하여야 한다. 산업통상자원부장관은 종합무역상사를 지정한 때에는 이를 공고하여야 한다.

(3) 종합무역상사에 대한 지원

산업통상자원부장관은 종합무역상사와 중소기업과의 계열화를 통한 중소기업의 무역활동을 지원하기 위하여 종합무역상사별로 중소기업의 사업영역보호 및 기업간 협력증진에 관한 법률에 의한 수탁기업체협의회를 구성·운영하게 할 수 있다.

금융·외환 및 무역행정상의 지원내용을 보면 다음과 같다.

첫째, 금융지원으로서 무역금융규정상 과거 1년간의 자사수출실적의 1/6범위 안에서 원신용장(master L/C)을 받지 않은 상태에서 비축용 국산 완제품 구매를 위한 내국신용장(local L/C)을 개설할 수 있다.

둘째, 외국환 관리 면에서 현지금융한도를 일반무역업자에 비하여 높게 허용한다. 일반업체는 1년간 총수출실적의 30%인데 반하여 종합무역상사는 1년간 총수출실적의 40%이다.

셋째, 무역행정면에서 협회가입비와 가입조건을 완화한다.

이러한 지원내용은 지정 초창기의 세제·금융·외환·무역행정상 다양하게 이루어지던 것과 비교하면 크게 약화된 것이다. 이는 그 동안의 종합무역상사들의 성장을 통한 자생력 확보, 국제무역환경의 변화에 따른 정책대응 등에 기인하는 바 크지만, 한편 본래의 취지와는 달리 종합무역상사들이 국가적 차원의 수출증대보다는 자사이윤의 확대에 치중함으로써 일반무역업체들로부터 특혜시비가 일어나는 등의 부작용에도 그 원인이 있다고 할 수 있다.

(4) 종합무역상사의 지정취소

지정을 받은 종합무역상사가 2년 이상 계속하여 지정기준에 미달하여 종합무역상사로서의 무역활동이 심히 곤란하다고 인정되는 때에는 그 지정을 취소할 수 있다.

지정을 취소한 때에는 이를 공고하여야 한다. 산업통상자원부 장관은 종합무역상사 지정을 취소하고자 하는 경우에는 청문회를 실시하여야 한다.

제3절 전자무역의 창업

인터넷을 매개로 하는 전자무역의 확산으로 세계는 글로벌경제체제로 급속히 이전하고 있다. 세계 각 국의 기업들은 대부분 인터넷을 통해 거래처 발굴과 함께 신용장 개설 등 모든 무역관련 서류를 처리하고 있다. IT기술의 발전으로 음악, 영화, 게임, 소프트웨어 등의 디지털 콘텐츠의 전자이송(Electronic Transmission)이 급증하게 되었기 때문이다.

1. 전자무역 창업

글로벌 경제환경과 빠르게 발전하는 IT기술 분야에 적응을 위한 생존전략의 하나이다. 디지털 경제환경 하에서 기존의 전통적 무역방식이 지니는 한계점을 극복하고 새로운 환경에 적합한 무역방식으로의 전환한 것이다.

1) 시간과 공간의 한계성 극복

IT기술의 발달에 힘입은 전자무역은 시간과 공간상의 제약 없이 저렴한 비용으로 실시간 쌍방향의 마케팅, 주문처리, 대금결제, 고객지원 등이 가능하다.

2) 시장정보와 거래처정보의 획득이 용이

검색엔진을 이용하여 무역정보 획득이 용이하며 바이어 발굴 또한 저렴하고 효율적으로 할 수 있다. 현재 전자카탈로그 및 사이버박람회 등과 같은 전시회도 증가하고 있어 이에 따른 마케팅활동 기법이 다양해지고 있다.

3) 중·소기업에게 기회 제공

전자무역은 좋은 제품, 서비스 능력, 창의적, 진취적 자세만 가지고 있다면 성장의 가능성은 충분히 열려 있다. 인터넷 상에서 이루어지는 프로모션 활동으로 물리적 요소가 필요치 않다. 개인(SOHO) 사업이 가능하며, 사무실 임대료, 집기, 관리비등이 많이 들지 않아 저렴하게 운영할 수도 있다. 전자무역의 창업은 중·소기업이 소규모자본으로 시작할 수 있는 매우 효율적인 비즈니스라고 할 수 있다.

4) 비용절감으로 경쟁력 확보가 가능

인터넷 알선사이트 등에 포스팅(Posting) 한 후, 마케팅을 잘 활용하면 정확하고, 간단하게 신제품 정보를 홍보할 수 있고 공유 및 판매가 가능하다. 이러한 전자무역은 마케팅비용과 인건비절감 등 원가절감을 통한 경쟁력 확보를 가져오게 된다.

2. 전자무역 창업 시 고려할 사항

1) 아이템의 선정

전자무역 창업에서 가장 먼저 생각해야 할 일은 아이템의 선정이다. 각자가 처한 상황에 적합한 아이템을 발굴하기 위해서 평소 많은 노력을 해야 한다.

단지 전 세계적으로 어떠한 아이템이 전자무역에 적합한 아이템인가를 고려해야 한다. 모든 아이템이 전자무역의 대상이 될 수도 있겠지만 현재 주로 거래되는 아이템을 알아보는 것도 중요한 의미를 가진다.

2) 수출/수입의 결정

전자무역회사를 설립하고자 하는 경우에는 먼저, 수출과 수입 등으로 구분하여 검토하여야 한다. 수출입을 동시에 할 수도 있지만, 처음 설립하는 경우에는 어느 한쪽을 먼저 시작하는게 효과적이다.

수출은 첫째, 글로벌시장이 매우 넓고, 둘째, 정부의 무역금융, 관세환급 등의 지원이 있으며, 세째, 선적과 동시에 대금회수가 가능하다

수입은 첫째, 국내시장으로 시장이 한정되어 있고, 둘째, 국내시장의 진입은 장벽이 높으며, 세째, 수입규제 품목의 존재가 있으며, 네째, 정부의 금융지원이 없고, 다섯째, 수입대금의 결제, 관세, 창고료, 재고비용 등 자금지출 부담이 높다

수출/수입에 대한 내용을 충분히 검토 한 후 무역업을 할 것인지, 무역대리업을 할 것인지 결정하여야 한다.

3) 홈페이지 구축

기본적인 사이트의 구성과 내용을 계획하여야 한다. 도메인명(Domain name), 웹호스팅(Web hosting) 유무, 마케팅 전략 등을 결정해야 한다. 이러한 사이트의 구성내용, 구축방법, 마케팅 전략 등이 결정되면 이에 필요한 장비를 준비하여야 한다.

국내외적으로 널리 알려져 있는 무역알선전문 사이트에 자신의 제품에 관한 Offer를 등록(Posting)하고 인터넷마케팅을 통한 전략을 구상하여야 한다.

3. 전자무역 아이템 선정

전자무역의 창업에 있어서 가장 먼저 선택해야 할 것이 바로 아이템의 선정이다.

사업타당성 분석결과 유망한 아이템이 나타나면 가장 적합한 아이템을 선정하여야 한다. 다수의 아이템을 동시에 시작하는 것보다는 확실한 아이템을 근거로 아이템을 확장해 나가는 방법이 좋다.

IT기술의 발달로 물리적인 상품과 인터넷을 통한 거래가 가능한 다양한 콘텐츠를 개발하여 전 세계의 소비자를 대상으로 판매가 가능하기 때문이다.

아이템을 선정 할 때는, 시장의 예측이 가능하며 성장성이 있는가?, 자신의 경력과 능력범위 내에 있는가?, 주변 후원자가 많은 분야 인가?, 전문적인 기술이나 지식이 필요한가?, 필요하다면 배우고 익히기 쉬운 가?, 정부의 지원정책이나 법률적인 규제는 없는가?, 창업에 필요한 자금과 인력은 가능한가? 등을 생각해 보아야 한다.

전자무역에서 비중이 큰 상품들은, 섬유제품 경공업제품, 서적류, CD, 식품류, 기호제품, 선물용품, 문구류, 완구류, 목욕용품, 주방용품, 생활용품, 휴대폰, 휴대폰 장식품, 컴퓨터, 자동차용품, 전자제품류, 소프트웨어제품 등이다.

4. 사업타당성분석

창업아이템과 업종이 선정되면 사업의 타당성을 검토하여야 한다. 사업타당성분석은 체계적이고 합리적인 방법으로 실시하여야 하며 기본적으로 시장분석, 수익분석 그리고 기술분석 등의 각 측면을 중심으로 검토하여야 한다.

1) 시장분석

시장분석은 생산 내지 취급할 제품이 시장에서 얼마나 판매될 지를 예측하는 것으로 자사생산 내지 취급품목과 관련된 전체적인 제품의 시장규모, 유통경로, 유사제품과의 경쟁관계 등을 파악하여 자사제품의 매출액을 예측하고, 이를 이용하여 기존시장에 진출하기 위한 전략을 수립하는 것이다. 시장조사의 결과 선정하고자 하는 아이템이 기존의 유사제품과 차별화 가능한지, 그 차별화 된 아이템은 충분한 틈새시장이 있는지를 조사하여야 한다.

2) 수익분석

판매계획, 생산계획, 일반관리계획 등에서 나타난 총소요자금을 추정하고 그 자금조달계획을 결정한 후에 추정손익계산서와 추정대차대조표를 작성하고 현금흐름분석과 사업계획의 경제성 평가를 실시한 후, 사업계획이 투자의사결정 기준을 충족시키는 경우에는 다시 영업상태 예측치 가정을 변경하여 민감도 분석을 실시하여 사업계획이 종합적으로 사업성이 있는 가를 판단하여야한다.

소규모 전자무역의 경우, 수익성이 드러나지 않은 아이템을 선정하는 것은 무모한 일이다. 수익성이 충분히 검증된 아이템이라 할지라도 그 수익성의 지속성 또한 고려하여야 한다.

3) 기술분석

전문성이나 적성과 일치되는 부류의 아이템을 선정하면 그만큼 그 아이템에 몰입할 수 있고 전자무역의 전문성을 확보하게 되는 것이다. 자체기술의 경우 기술개발자나 창업자의 주관적인 판단만으로는 기술내용을 오판하거나 과대평가 할 위험성이 매우 크므로 전문가의 객관적인 자문을 통하여 정확한 투자분석을 하여야 한다.

제5장

해외시장조사

제1절 해외시장조사의 이해

1. 해외시장조사

해외시장조사(overseas market research)는 수출입절차의 첫 단계로서 거래관계를 개설할 수 있도록 목적상품에 대한 수요나 공급의 실태, 시장성 및 상관습 등 판매 가능성(selling feasibility)을 조사하는 것을 의미한다.

시장조사의 목적은 첫째, 신시장의 개척, 둘째, 기존시장의 유지 또는 확대, 셋째, 상실한 구시장의 회복 등에 있다. 목적 여하에 따라 조사활동대상에 차이가 있다.

2. 해외시장조사의 필요성

무역거래는 국내 상거래와는 달리 국가간에 상이한 문화, 종교, 언어 및 상관습의 차이에서 이루어질 뿐만 아니라 상거래에 직접 관계되는 결제통화, 외환제도, 수출입승인 및 통관제도 등에서 국내 상거래 보다 훨씬 절차가 복잡하고 위험이 따른다.

그러므로 외국과의 무역거래에 있어서 위험을 최소화하고 이익을 극대화하기 위해서는 목적시장에 대한 각종자료의 수집 및 분석을 통한 신속하고 정확한 시장조사가 필요하다.

3. 해외시장조사의 내용

해외시장조사는 그 방법에 있어서 목적시장에 대한 일반적인 사항을 조사한 다음 목적에 따라 세부적인 내용을 조사하는 과정을 거치게 된다.

4. 시장조사의 방법

시장조사를 하는 방법에는 무역업자나 제품제조업자가 목적시장에 대한 필요한 정보를 직접 수집하여 조사하는 직접조사방법과 공공기관이나 관련회사들이 발행하는 각종 조사자료를 이용하는 간접조사방법 등이 있다.

1) 직접조사방법

해외출장, 해외지사, 출장소, 사무소나 거래처를 통하여 직접 조사하는 방법으로 시장정보를 얻기 위한 가장 좋은 방법이나 많은 성과를 거두기 어렵고 비용이 많이 든다.

2) 간접조사방법

◎ 국내기관을 이용하는 방법
한국무역협회(Korea Foreign Trade Association : KFTA)
대한무역진흥공사(Korea Trade Promotion Corporation : KOTRA),
대한상공회의소(Korea Chamber of Commerce & Industry : KCCI)
한국신용보증기금(Korea Credit Guarantee Fund : KCGF)
외국주재한국공관(대사관, 공사관, 영사관)
금융기관 등이 있다.

◎ 국외기관을 이용하는 방법
주한 외국대사관
외국 금융기관

제2절 거래처 발굴과 선정

1. 거래처의 발굴과 선정

시장조사에 의하여 목적시장이 결정되면 잠재력이 있는 유력한 거래처를 찾아 거래관계를 맺게 된다. 원거리의 해외시장을 상대로 하는 무역거래에서 거래처의 발굴과 선정은 사업의 성패와 직결되므로 신용 있고 능력 있는 거래처를 선정하여 거래관계를 맺는 것이 중요하다.

2. 거래처의 발굴방법

1) 자체홍보물

거래선 발굴을 위해 자체홍보물을 제작 배포하는 방법이다. 홍보물의 내용은 상품의 규격, 용도, 재질 등 상품의 구성에 주안점을 두어 작성하여야 하며, 배포는 해당 상품을 취급하는 구매자를 대상으로 배포할 수 있는 방법이 강구되어야 한다.

2) 해외광고

국내발간 해외배포용 매체광고를 이용하는 방법과 해외발간매체 광고를 이용하는 방법이 있다. 대표적인 국내발간 매체로는 한국무역협회의 Korea Export(년 2회), Korea Trading Post(격주간), 대한무역투자진흥공사의 Korea Trade & Business (월간), Korea Trade(1년 8호)외에 관련 협회의 자료 등을 활용할 수 있다. 한편 해외발간 매체로는 해당 국가의 전문지 등을 이용할 수 있다.

3) 국내발간 해외홍보매체

국내발간 각종 Directory를 이용하여 해외홍보를 할 수 있다.

4) 해외공공기관

각국의 상공회의소, 각국 World Trade Center(WTC) 또는 수출입 관련기업에 서신을 발송하는 방법이다.

5) 각종 사절단 및 전시회

무역관련기관에서 주관하는 사절단, 박람회 및 전시회를 이용하는 방법이다.

6) 직접 방문

해당 지역에 직접 방문하여 발굴하는 방법으로 거래선을 발굴하는 최선의 방법이다.

7) 인터넷

인터넷의 무역알선사이트 또는 해당 기업의 홈페이지를 검색하여 필요한 정보를 얻는 방법이다.

◎ 국내 무역전문 웹 사이트

- 한국무역정보통신 eckora(http://www.eckorea.net)
- 한국무역협회 EC21(http://www.ec21.net)
- 대한무역투자진흥공사Kobo(http://www.KOTRA.or.kr/KOBO)
- 대한무역투자진흥공사 Silkroad21(http://www.silkroad21.com)
- 중소기업진흥공단 Smipc(http://www.smipc.or.kr)
- e-trader(http://www.e-trader.co.kr)
- 일간수출 오더정보센터(http://www.tradeorder.co.kr)
- 카오스트레이드(http://www.chaostrade.com)
- 코리안소스(http://www.koreansource.com)
- 트레이드서울(http://www.tradeseoul.com)
- 삼성물산(http://www.findkorea.co.kr)
- 인포트레이드(http://www.infotrade.co.kr)

◎ 해외 무역전문 웹 사이트

- 세계무역센터협회 wtca(http://www.wtca.org)
- Trade leads(http://www.tradeleads.com)
- 글러벌소시스 globalsources(http://www.globalsources.com)
- Asian net(http://www.asiannet.com)
- Access-trade(http://www.access-trade.com)
- Sellers-Buyers intl(http://www.i-trade.com)
- World Business Network(http://www.worldbusiness/marketplace)
- Asian Sources(http://www.asiansources.com)
- IMEX(http://www-imex.com)
- Bolero(http://www.bolero.net)
- BC Trade Network(http://www.bc-trade.net)
- Global trade center(http://www.trade2000.com)

3. 신용조사

1) 신용조사의 필요성

시장조사결과 몇 개의 거래처가 선정되면 거래를 개시하기 전에 상대방에 대하여 엄격한 신용조사(credit inquiry)를 실시하여야 한다.

신용이란 현재의 가치를 미래의 가능성과 교환하는 매개체로 이를 성립시키기 위해서는 수신자의 지급과 관련 신의, 지급능력, 지급 불능 시에 지급을 강제할 수 있는 자산의 보유 및 일반경제 상태의 보장을 요건으로 한다.

무역거래는 신용을 바탕으로 성립되므로 상대방의 신용상태(credit standing)가 불량한 경우 상품의 인수를 회피하거나 대금지불을 거절하는 경우가 발생할 수 있다.

그러므로 신용조사는 반드시 거쳐야 할 과정으로 거래개시 뿐만 아니라 거래중인 경우에도 정기적으로 실시하여야 한다.

2) 신용조사의 내용

신용조사는 상대방의 신용도(reliability)를 조사 및 측정하는 것으로 주요 내용은 다음과 같다.

(1) 상도덕(character)

상대방의 성실성, 평판, 영업태도, 채무이행에 대한 열의 등 계약이행에 대한 신뢰성에 관계되는 사항을 조사한다.

(2) 거래능력(capital)

상대방의 재무상태, 수권자본금, 납입자본금, 자기자본과 타인자본, 매출액, 손익상태 등 재무제표를 중심으로 하여 자산, 자본, 부채 등 지불능력을 조사한다.

(3) 대금지불능력(capacity)

영업형태, 회사연혁, 경영자의 경력, 영업권, 거래처, 거래실적, 취급상품 등 기업운영능력을 조사한다.

(4) 거래조건(conditions)

현지시장의 정치적, 경제적 상태, 통관절차, 항만, 운송시설 등 상대회사를 둘러

싼 현지시장의 상태를 조사한다.

(5) 담보능력(collateral)

위험발생소지를 줄이기 위하여 상대방의 물적 담보와 인적 담보(신용담보)의 충족 가능성을 조사한다.

3) 신용조사의 방법

신용조사의 방법에는 은행 및 동업자 조회, 해외지사를 통한 조회, 상업흥신소를 통한 조회, 국내신용기관을 통한 조회 등이 있다.

(1) 은행 및 동업자 조회

많이 활용되는 방법으로 해당 업체의 환거래계약체결은행(correspondent bank)이나 상대국의 거래선에 신용조사를 의뢰하는 방법이다.

(2) 해외지사를 통한 조회

상대국에 위치한 본사 등의 해외지사를 통하여 신용조사를 의뢰하는 방법이다.

(3) 상업흥신소를 통한 조회

신용조사를 전문으로 하는 회사(merchantile agency; commercial credit agency)에 의뢰하여 조사하는 방법이다.

(4) 국내 신용기관을 통한 조회

국내에서 활용 가능한 공공기관을 통하여 조사 의뢰하는 방법이다.

제3절 거래제의 및 계약체결

1. 거래제의

신용조사를 거쳐 거래처가 선정되면 거래를 제의하는 권유장(circular letter; letter of business proposal)을 발송하게 된다. 권유장은 자신의 회사를 소개하는 서신으로 정중하게 작성하여 상대방으로 하여금 거래가 성사되도록 하여야 한다.

권유장을 작성할 때에는 상대방을 알게 된 경위와 회사의 영업규모, 상태, 취급 상품 및 업계에서의 위치, 대금결제조건, 회사의 신용조회처 등을 포함하여야 한다.

2. 거래제의 서한

거래제의 서한은 다음 요령에 의거 작성하도록 한다.

1) 작성요령

① 상대방을 알게 된 동기
② 거래제의 회사의 업종, 취급 상품
③ 거래제의 회사의 국내지위, 거래경험, 거래규모
④ 거래조건(가격, 결제방법, 운송조건)
⑤ 거래제의 회사의 신용조회처(거래은행명 및 주소)

2) 작성시 유의사항

① 간단명료한 문장으로 작성한다.
② 해당 시장을 상대 회사를 통해 개척하고자 한다는 점을 강조한다.
③ 생산량, 연간 매출액 등 회사 규모를 적절히 표현한다.
④ 품질의 우수성과 경쟁력이 있는 가격을 제시한다.
⑤ 상대방이 관심있는 경우 오퍼나 견품을 즉시 송부한다.
⑥ 거래관계가 성립되면 상호이익을 바탕으로 한다는 점을 강조한다.

3. 일반거래조건협정의 체결

신용조사결과 상대 회사의 신용상태가 양호하고 거래제의가 받아들여지면 실제 거래가 이루어지게 된다. 같은 거래조건으로 반복해서 거래하고자 할 때 개개의 무역거래를 성립시키기 전에 거래방법에서 일관성의 유지와 장래에 발생할지도 모르는 무역분쟁이나 클레임의 예방과 원만한 해결을 위하여 무역거래의 일반적인 기준이 될 제반 조건을 협정하고 교환해 둘 목적으로 작성하는 것이 일반거래조건협정서이다.

일반거래조건협정은 무역계약을 체결할 경우 일반적으로 기준이 되는 사항으로서 다음과 같은 사항이 포함된다.

1) 거래형태

본인 대 본인거래(business as principal to principal)인가 수수료에 의한 거래(business on commission)인지의 구분

2) 계약의 기본조건

① 품질(quality) : 품질결정방법, 품질결정시기 등
② 수량(quantity) : 수량단위, 수량결정시기, 과부족용인조건 등
③ 가격(price) : 거래화폐, 가격기준 등
④ 포장(packing) : 포장방법, 화인(marking), 기타 표시사항 등
⑤ 거래조건(trade terms) : 무역조건의 정의와 해석 등
⑥ 선적(shipment) : 선적지, 선적항 등
⑦ 대금결제(payment) : 결제방법, 어음기간, 선적서류의 인도조건, 신용장조건 등
⑧ 보험(insurance) : 손해보상의 범위, 보험금액, 부보 화폐단위, 보험금지급장소 등

3) 거래절차

① 청약(offer)과 승낙(acceptance)의 시기와 방법
② 주문
③ 선적통지 등

4) 클레임의 처리방법

① 클레임의 제기기한 및 방법
② 해결방법
③ 발생비용 부담방법 등

5) 기타 거래에 관한 필요사항

제6장
무역마케팅

제1절 수출마케팅

1. 수출마케팅

수출마케팅은 수출업자가 행하는 해외영업에 관한 활동으로서, 수출물품을 국내 또는 해외에서 조달하여 이를 해외에 판매하기 위한 여러 가지 활동을 뜻한다.

수출마케팅을 보다 효과적으로 적용하기 위해서는 목적시장에 있는 현지 고객의 욕구(Needs)가 무엇인지를 정확히 파악하여 기존 제품의 수정이나 신제품 개발을 통하여 현지 고객들의 욕구를 최대한 만족시켜 줄 수 있는 마케팅전략을 수립하여야 한다.

수립된 마케팅전략을 실행함으로써 기존 거래선의 지속적인 거래유지와 새로운 거래선을 창출시킴으로서 이익을 극대화시키는 것이 수출마케팅의 목적이라고 할 수 있다. 수출업자는 본국시장 중심의 사고방식에서 탈피하여 해외시장의 특성을 중요시 여기는 태도와 사고방식을 가져야 한다.

수출제품은 현지 고객의 욕구와 기호 그리고 현지시장의 법적, 기술적 요구에 맞게 수정되어야 한다.

수출가격도 현지시장의 경쟁상태와 소득수준, 운송, 환율, 보험 그리고 관세 등의 제반 요인을 고려하여 결정해야 한다.

이러한 제반 사항을 정확히 파악하기 위해서는 해외시장조사활동과 수출상담활동이 필요하다. 자세히 설명하자면, 해외시장조사활동은 앞에서 설명한 바와 같이 다양한 방법과 경로를 통하여 해당 물품의 수출을 위하여 적합한 시장을 물색한 후 거래가 가능한 상대방에 대한 신용조사를 거쳐 거래상대방을 선정하는 일련의 과정이다.

수출상담활동은 무역거래에서 유리한 무역계약을 체결하기 위해 거래상대방과 진행하는 일련의 협상과정이다. 수출마케팅의 목표는 수출업체의 해외영업활동의 행태와 전략에 따라 두 가지로 나눌 수 있다.

첫째, 우선적으로 높은 시장점유율(Market share)을 목표로 하는 것으로 이는 침투하려는 시장에서 높은 시장점유율을 확보함으로서 제품의 경쟁력을 확대시키려는 목적으로 주로 시장진입 초기 단계에 이루어진다.

둘째, 시장점유율보다는 내실을 기하는 이익률(Profit rate) 확보를 목표로 하는 것으로서, 시장점유율에 크게 영향을 받지 않는 고가품 등에 적합한 방법이다.

어떤 수출마케팅 전략을 선택할 지는 수출업체의 경영전략과 경영방침에 따라 결정되겠지만, 수출 초기 단계이며, 중·저가품인 경우에는 시장점유율의 확보가 이익률의 확보보다는 우선하는 것이 일반적인 추세이다.

2. 수출마케팅의 4P Mix 전략

첫째, 제품믹스전략으로 기존제품을 새로운 시장에 도입하여 제품의 품목 수를 넓히는 제품다양화전략인 제품확장전략과 새로운 시장에 차별화 된 신제품을 도입하는 제품차별화전략인 제품적응전략으로 나누어 선택할 수 있다.

둘째, 가격믹스전략으로 원가중심, 목표가격중심, 수요중심 및 경쟁중심전략 중 어느 것에 비중을 두느냐에 따라 전략을 결정할 수 있으며, 일반적으로 수출자는 제조원가에 요소비용과 예상이익을 포함하여 수출단가를 결정한다.

셋째, 유통경로믹스전략으로 수출업체의 해외시장 진입방식 및 유통경로에 대한 선택에 따라 직접수출, 간접수출 그리고 해외현지생산으로 분류한다.

넷째, 광고 및 판매촉진믹스전략으로 각 시장이 가지는 고유한 특성에 따라 표준화전략과 현지적응화전략 중에 하나를 선택하여 실행할 수 있다.

결과적으로 수출마케팅전략은 해외시장 조사활동의 결과에 따라 제품별 특성에 적합한 가격전략, 광고 및 판촉전략 그리고 유통경로를 채택하여 수출상담 과정에서부터 이를 실행하고 계약서를 체결할 때까지의 전반적인 활동으로 파악할 수 있다.

3. 수출상품의 이해

무역시장에서는 취급상품에 대한 소비자들의 반응 또는 인기도에 따라서 수출상품을 네 가지로 분류하고 있다. 가장 인기가 없어서 소매상들이 잘 안 가져가는 품목을 “Slow Item”, 항상 꾸준히 사가는 것을 “Steady Item”이라 하며, 비교적 잘 팔리는 것을 “Hot Item”이라고 한다. 그리고 무서운 열기로 엄청나게 잘 팔리는 새로운 품목을 “Hit Item”이라고 부른다.

수출에서 가장 중요한 것은 바로 수출상품인 「아이템(Item)」이다. 처음부터 고유품목을 가지고 생산하는 제조업체를 제외하고는 수출을 하고자 하는 사람들에게 있어서 가장 큰 문제로 대두되는 것이 바로 수출상품인 아이템 선정 작업이다.

세분화되어 있는 많은 수출품목 중에서 어떠한 것을 선정할 것인가 하는 문제는 각자의 주어진 환경이나 상황에 따라 달라질 수밖에 없다.

수출상품은 상품의 적합성과 시장의 확보가능성 등 상품고유의 특성뿐만 아니라 다음과 같은 관점에서 현실적인 거래가능성을 갖추고 있는가를 파악해야 한다.

첫째, 수출하고자 하는 상품과 관련하여 품목별 수출입규제 여부를 파악해야 한다.

취급상품의 HS(The Harmonized Commodity Description and Coding System)번호를 알아야 한다. 상품의 품목분류기준인 HS, 즉 조화제도는 1988년 1월 1일부터 시행되고 있다. 한국의 HS품목분류는 세계 공통인 6단위에다 국내의 제반사정을 감안한 자체분류 4단위를 합해 모두 10단위로 분류하고 있다.

현재 각국은 경제상황 또는 무역정책에 따라 품목별로 수출입을 규제하고 있다. 물품의 수출과 관련하여 중요한 것은 수입국의 수입규제 사항을 올바르게 파악해야 한다. 우선적으로 수입자가 파악하여 수출자에게 그 정보를 제공하여야 하지만, 수출자의 입장에서도 자체 유통구조를 최대한 활용하여 사전에 수입국의 상관습, 거래관행, 수입국의 무역정책 등과 관련된 제반 규제사항을 파악하면 좋다.

둘째, 수출상품과 관련하여 품목별 수출동향을 확인하여야 한다.

수출하고자 하는 상품과 관련하여 품목별 수출실적, 수입국가, 수입업체 등 수출상품의 기본적인 수출동향을 확인하여야 한다.

상품별 수출단가는 영업을 위한 핵심사항일 뿐만 아니라 품목별로 규격과 품질수준에 따라 다르므로 HS번호로 파악하는 것은 무의미하다. 당해 상품을 취급하는 과정에서 파악할 수 있는 Know-How의 일종이라 할 수 있다.

수출상품에 대한 수입국의 수입동향은 반드시 향후 수출마케팅에 반영시켜 전략을 수립하여야 한다.

4. 수출상품의 원가 분석

수출입절차 흐름에 따른 제반 부대비용에 대하여도 상당한 지식을 갖추고 있어야 하며, 수출원가와 관련하여 공정의 사소한 변경에 따른 원가의 변경내용도 정확하게 파악하고 있어야 한다.

그 이유는 수출입 상담에서 생산 공정의 변화와 무역조건의 변경에 따른 가격변화에 신속하게 대처할 수 있기 때문이다.

무역거래의 상담과정에서 거래당사자는 일반적으로 FOB가격을 기본으로 하여 가격조건을 결정하게 된다. 여기에 운송비용 또는 보험료의 부담여부에 따라 CFR 또는 CIF가격으로 가격조건이 변경될 수 있다.

이 경우에 운임(Freight)의 경우, 운송수단의 종류 그리고 운송회사별로 운임이 천차만별이므로 여러 가지 원가를 정확히 파악하는 것이 매우 중요하다.

특히, 중계무역의 경우에는 단 1~2%의 이익을 획득하기 위하여 어려운 상담을 진행하는 경우가 많다. 이러한 상황에서 거래상담자가 수출입절차 전반에 대한 이해와 사소한 조건 변경에 따른 원가변동을 제대로 파악하지 못한다면 자칫 손해를 감수하는 상황에 처할 수도 있다.

그러므로 수출입 담당자는 반드시 수출입 상품의 원가를 정확하게 분석할 수 있어야 한다. 수출가격의 산정은, 수출원가의 구성항목에 대하여 알고 있어야 한다.

수출가격을 구성하는 주요 원가요소는, 수출상품의 기본원가, 수출지에서 수입지까지의 운송비 및 보험료, 수출계약의 성립 및 그 계약을 이행하는 데 소요되는 제 경비, 예상이익 및 예상손비의 네 가지로 구분되어 진다.

수출가격의 산출에 기본이 되는 요소는 수출품의 매입원가이고, 기타 조건은 모두 부가적 요소로서 수출 협상과정에서 조정될 수 있는 요소이다.

수입자가 상품을 수입하느냐의 결정여부는 최종적으로 품질과 가격이 그 수입자를 만족시킬 수 있느냐에 달려있다.

수입을 희망하는 수량의 보유, 인도방법 그리고 결제조건 등도 문제가 되지만 이들 문제는 상품 매매의 핵심을 이루는 품질과 가격조건에 흡수되어 진다.

1) Cost Plus 방식

무역가격의 표시는 FOB 또는 CIF 등 가격조건으로 산정하는 것이 보통이다. 그러나 상대시장의 가격적응성을 검토하는 경우에는 이러한 가격체계는 쓸모가 없다. FOB나 CIF도 수출자에게 필요한 비용(Cost)만을 가산한 수출자 중심의 수출가격이기 때문이다.

이는 매입원가 또는 제조원가에 선적까지의 제비용과 수출자의 이윤을 가산한 것이 FOB 가격이고, 이 FOB 가격에 운송비와 보험료를 가산하면 CIF 가격이 된다.

이러한 Cost Plus 방식의 계산은 간단하지만 상대시장에서의 경쟁관계나 수입자의 수요 탄력성 등 거의 상대방의 사정을 모두 무시한 수출자 본위의 가격체계이다.

2) End Price 방식

해외시장을 대상으로 소매가격을 기준으로 한 수입자용 가격산출방식을 말한다.

현지에서의 소매가격을 설정한 경우에 최대의 판매수량을 기대할 수 있는가에 대한 수요의 가격탄력성(Price elasticity of demand)은 End Price 방식에 의해서만 파악할 수 있다.

글로벌 무역마케팅에 있어서 소매가격의 실태와 경쟁가격도 비교적 쉽게 파악할 수 있다. 해외시장 각지의 상품목록도 참고가 될 수 있다.

최적의 End Price를 산출할 수 있으며 여기에서 현지의 유통비용, 관세, 해상운임, 보험료 등을 공제하여 FOB 가격, 다시 공장의 제조원가까지를 역산하여 채산성여부도 검토한다.

채산이 맞지 않을 경우에는 유통경로의 단축도 검토하고, 현지 생산의 여부도 검토할 수 있다.

수출가격의 산출방법은 일반적으로 Cost Plus방식을 채택하고 있지만, 특히 인터넷 무역시스템에서는 수출전략상 End Price 방식에 의한 수출전략가격의 산출방법을 채택하는 것이 확산되고 있다.

5. 수출상담 전략

수출상담을 훌륭히 수행하려면 우선 목적 시장을 명확히 파악하여야 한다. 거래선의 정치, 경제, 문화, 기후, 시장조건 등의 전반적인 상황과 제품의 수요와 공급, 유통구조 등 세부적인 내용을 조사한 다음 그 지역의 상관습까지 숙지한다면 효과적인 수출마케팅을 수립할 수 있다. 상담과정에서 명심할 사항은 상담이 일방적이어서는 안되며 상호간의 이익을 극대화시켜야 한다. 양당사자가 품질, 가격 그리고 납기와 대금결제방법 등 무역거래조건에서 공감대를 형성해야 한다.

가격 공감에 있어서는 상담에 임하는 행태를 다르게 할 수 있다. 이것은, 장래에 발생할 수 있는 본격적인 수익을 위하여 시장확보에 중점을 둘 것인가(Marketing share oriented) 아니면 시장확보 보다는 현재의 이익에 중점을 둘 것인가(Profit of revenue oriented)하는 점이다. 어디까지나 상담에 임하는 당사자의 마케팅전략의 선택에 관한 사항이다.

수입업자가 상담을 할 때 상품 자체와 그 품질, 그리고 가격만을 놓고 흥정을 한다고 생각하면 그것은 잘못된 생각이다. 대개의 수입업자들은 흥정도 중요하지만 흥정을 하는 상대 당사자도 중요하게 생각한다. 따라서 수출업자의 인상, 언동, 자세, 신뢰성 등이 주문에 영향을 끼친다고 생각하는 것은 물론이지만 나아가 선적을 마치고도 일어날 수 있는 여러 가지 문제점을 해결하는 데도 많은 영향을 준다.

제2절 수입마케팅

1. 수입마케팅

수입업자가 자기에게 적합한 거래선, 무역상품, 무역조건 등을 확정하여 해외 공급거래선과 무역계약을 체결하고 신용장 개설, 수입대금 결제, 수입상품 인수까지 구체적인 절차와 각 단계별로 준비하여야 할 사항들을 살펴보면,

첫째, 수입규제 여부와 국내시장의 수급현황을 파악하여야 한다.

상품을 수입하려면 제일 먼저 수입하고자 하는 상품의 수입제한을 시행하고 있는지 여부를 확인해야 한다. 만약 수입제한에 따라 수입허가나 수입추천을 받아야 한다면 추천 등의 요건을 구비하여 수입승인의 가능성 여부를 검토하여야 한다.

수입하고자 하는 상품을 국내시장에서 판매 가능성 여부도 확인하여야 한다. 당해 상품이 국내의 시장에서 경쟁력이 있는지 여부도 수입하기 이전에 고려해야 한다.

이를 파악하기 위하여 국내시장을 조사할 때에는 시장성이 있는 상품의 구체적인 규격을 파악하고, 국내생산업체 그리고 국내시장규모를 구체적으로 파악하는 것이 중요하다.

다른 업체에서 이미 수입하는 경우는 수입규모, 수입지역, 수입단가까지 상품의 정보를 파악해야 한다. 국내 시장조사 과정에서 가장 중요한 사항은 국내 시장에 수입하고자 하는 상품의 유력한 시장지배자(Market leader)의 존재 여부를 파악하는 것이다.

둘째, 믿을 만한 해외 거래처의 확보가 중요하다.

수입거래처를 확보하는 방법은 먼저 수입하고자 하는 상품, 그와 유사한 물품을

취급하는 국내 오퍼상이나 해외지사, 대리인을 활용하는 방법이 있다. 국내 오퍼상이나 해외지사가 없다면 수입물품을 공급할 수 있는 해당 국가의 무역관련기관으로부터 공급자를 소개받거나 무역거래알선 사이트를 활용하면 좋다.

셋째, 상품의 원가를 구체적으로 파악하고 있어야 한다.

모든 비즈니스는 원가분석에서 출발하므로, 수입하고자 하는 상품의 원가를 정확하고 구체적으로 파악해야 한다. 수입계약의 내용, 즉 가격조건, 대금결제방법, 환어음의 결제기간, 운송방법, 보험조건 등을 고려하여 물품대금, 수입 제 경비, 이자 및 기타 비용을 사전에 파악하여야 한다.

2. 수입마케팅의 의의

수입마케팅에 있어서 수입자는 해외의 물품공급자를 물색하여 확보하는 과정과 수입물품을 국내에서 판매하는 과정의 두 가지 측면으로 나누어 살펴볼 수 있다.

첫째, 수입자는 우선 국내시장에 적합한 수입물품을 제대로 공급할 수 있는 해외의 공급자를 확보하여 상담과정에서 절감할 수 있는 원가항목이 있다면 최선을 다하여 이를 절감하여 유리한 수입계약을 체결하기 위한 상담활동을 전개하여야 한다.

둘째, 수입 상품을 팔 수 있는 국내시장의 영업정보를 확보하고 판매활동을 전개한다.

수입마케팅에서는 해외의 물품공급업자를 물색하는 활동보다는 국내 영업활동이 더 중요한 의미를 가진다.

또한 수입거래시 중요한 사항은 수입물품의 국내시장규모와 국내거래 관행 그리고 시장지배자(Market leader) 등을 파악하여 국내시장에 대한 특성을 이해하여야 한다.

이것은 수입상품의 정확한 재고수준을 예측하고, 국내의 대금결제 관행을 파악하여 재고관리와 관련하여 미리 각 품목별 시장동향을 점검해야 함을 의미한다.

수입준비단계부터 재고발생가능성도 예측하여야 한다. 특히 외국시장과 비교하여 상대적으로 시장규모가 작으므로 각 품목별로 시장지배자군(Market leader group)의 형성이 용이하므로, 동 시장지배자군들은 곧 가격 결정자(Price maker)로서 일반적으로 진입장벽을 만들어 신규진입자에 대하여는 일정규모 이상의 시장진입을 허용하지 않는 견제를 하게 된다.

기존 시장지배자와 국내시장 전반에 대하여 제대로 파악하지 못하고, 경험도 못한 채, 단순한 계획만으로 수입업무를 진행한다면 큰 손해를 자초할 수 있게 된다.

이런 상황들은 대부분의 완제품 수입시장에서 지배적으로 형성되어 있는 관행이다. 국내 결제시에는 주로 어음에 의한 외상거래가 관행화 되어 있으므로 채권확보에 신중을 기하고 결제기간에 따른 이자를 미리 원가에 포함시켜야 한다.

근본적으로 수입영업은 국내영업이므로 수입형태를 대금결제방법의 형태로 분류하는 것보다는 국내 영업방법에 따라 분류하는 것이 유익하다.

수입자의 유형은 수입물품의 국내 판매 형태에 따라 수입을 계획하는 단계부터 각 형태별로 수입마케팅전략을 다르게 채택하게 되므로 다음과 같이 네 가지의 형태로 구분할 수 있다.

첫째, 외국의 물품공급자를 대신하여 국내에서 Offer sale을 하는 수입오퍼상이다.

오퍼상은 그 대가로 수수료(Commission)만 수취하므로 수출입 본거래에 대하여는 책임을 지지 않는 것이 일반적이다.

둘째, 수입자가 외국으로부터 물품을 수입하기 전에 국내의 구매자와 수입물품 판매계약을 체결한 후에 수입거래를 진행하는 형태의 대행수입 또는 선매수입이 있다.

셋째, 매매차익을 목적으로 수입자가 직접 재고부담을 안고 물품을 수입하여, 국내 영업활동을 통해 물품을 판매하는 가장 일반적인 형태의 재고수입(Stock sale)이 있다. 이와 같은 수입형태는 주로 완제품 수입 시에 채택하는 거래형태로서 사전수입원가 산정시 수입원가 구성항목에 반드시 재고이자와 여신이자를 포함시켜야 한다.

넷째, 제조설비를 보유하고 있는 자가 자가사용을 전제로 한 실수요 수입의 경우이다. 이 경우의 수입물품은 주로 생산과정에 투입되는 기초원자재나 중간재들이다.

3. 수입상품의 이해

수입이 어렵다고 생각되는 이유는 수입물품유통규제, 수입관리제도에 있다. 수입규제 대상품목은 수입국에 도착되어도 수입통관이 안되어 수출자에게 반송되거나 폐기처분 해야되는 경우도 있다.

농수산물, 축산물 등 1차 산품은 대부분 국가에서 수입을 규제하고 있기 때문에 원칙적으로 일반인들이 수입하기는 거의 불가능한 경우가 많다.

그러므로 수입자는 자신이 기획하고 있는 수입품의 각종 규제 등을 충분히 조사한 다음 수입을 해야 한다.

한국은 수출입공고, 수출입별도공고, 통합공고 등의 수출입물품에 대하여 규제하기 위한 공고체계에 의해 물품의 수출입규제 여부를 규정하고 있다.

수입 시에는 이와 같이 국가에서 시행하고 있는 품목별 수입규제사항을 파악함과 더불어 수출국에서 해당물품에 대하여 수출을 규제하고 있는지 여부도 함께 파악하여야 한다.

선진국일수록 가공도가 높은 고기능 물품에 대하여 수출을 규제하고 있는 경우가 많다. 그 이유는 상품이 고도의 기술을 포함하고 있음에 따라 기술이전이 불가피한 Software, 군수품 등에 대하여 부메랑(Boomerang) 효과를 염려하여 수출을 규제하거나 금지하고 있는 경우가 많기 때문이라 할 수 있다.

후진국은 주로 가공도가 낮은 원자재에 대한 수출을 규제하는 경우가 많다. 이것은 가능하면 수출국 내에서 부가가치를 추가하는 가공공정을 시행할 수 있도록 하기 위해서이다. 수입물품에 대한 규제여부를 파악하려면 수출에서와 마찬가지로 우선 HS번호를 정확히 파악해야 한다.

한국은 수출품목을 HS 6단위로, 수입품목은 HS 10단위 기준으로 수출입규제여부를 규정하고 있다.

수입하고자 하는 물품에 대해서는 수출의 경우와 마찬가지로 국내에서의 당해 품목에 대한 주요 공급국가, 수입물량, 수입량의 변동추이 및 국내시장에서의 수요 등 일반적인 수입동향을 점검할 필요도 있다.

한국무역협회에서 개발한 KOTIS(www.kotis.net)를 통하여 조회할 수 있지만, 당해 정보를 이용하기 위해서는 KOTIS에 가입해야 한다. KOTIS를 이용하면 품목별 수입실적, 수입지역별 수입금액, 수입업체 등 관심품목에 대한 기본적인 수입동향을 쉽게 파악할 수 있다.

그러나 품목별 수입동향과 관련하여 품목별 수입단가 등 수입물품의 국내영업과 직결되는 실질적인 정보는 품목별로 규격이나 품질수준이 다양하기 때문에 이를 쉽게 파악하기는 어렵다.

결국 실제로 수입거래를 진행하거나 해당업계에 종사하는 과정을 통하여 현장에서 구체적으로 파악할 수 있다.

4. 수입상품의 원가 분석

수입자는 수입계약을 체결하기 전에 먼저 누구로부터, 무엇을, 얼마에 수입할 것인가를 결정해야 한다. 이러한 구체적인 사항들이 수입자와 수출자간에 합의가 되어야만 수입계약이 성립되며, 수입을 교섭하고 계약할 때에는 계약하는 수입가격 이외에 여러 가지 수입비용이 존재한다.

가격조건인 FOB, CFR, CIF조건 그리고 대금결제조건 등 거래조건에 따라 그 수입비용이 달라진다. 수입과 관련하여 발생할 수 있는 모든 항목을 잘 검토한다면 수입비용을 최대한 절감할 수 있다.

수입자는 계약 협상 단계에서 무역조건을 교섭하는 동시에 수입으로 인해서 발생하게 되는 운송비, 해상보험조건별 보험료, 수입관세 및 기타 금융비용 등을 산출해야 하며, 이들 비용을 산출할 때 항상 비용을 경감시키는 방법을 찾아서 검토해야 한다.

수입은 수출에 비하여 사전 원가 계산 시 다음과 같은 몇 가지 점에 주의해서 치밀하게 수입전략을 세워야 한다.

첫째, 수입은 국내영업이고, 수출은 해외영업이다.

수출거래와 비교하여 수입거래는 우선 수출시장에 비하여 상대적으로 좁은 국내시장에서 이익을 실현시키고자 한다는 점을 인식해야 한다.

둘째, 시장규모의 차이에 따라 수입은 수출에 비하여 회전율이 길다.

수입거래는 대부분 수입물품을 인수하기 전에 물품대금 전액을 결제하게 된다. 그리고 불가피하게 일정수량의 재고가 발생하는데, 이에 따른 자금부담 및 이자 그리고 재고부담에 따른 비용을 제대로 고려하지 않은 채 수입을 계획하는 경우가 많다.

셋째, 수출은 외화를 벌어들여 국내에 공급하는 반면, 수입은 외화를 사용한다.

수출과 달리 수입은 주로 국내 산업을 보호한다는 측면에서, 각종의 수입제한제도가 운용되고 있으며, 수입의 경우는 수출과는 달리 많은 관세가 부과된다.

수입자가 수입상품의 원가를 파악하는데 포함하는 항목들은,

첫째, 물품대금은 수입자가 선하증권을 수취하기 위하여 결제해야 하는 환어음 대금으로, 수입자가 결제해야 하는 환어음 금액은 달러 등 외화로 표시되어 있으므로 수입자는 동 외화금액에 전신환 매도율을 곱하여 이를 원화로 환산해서 결제

해야 한다.

둘째, 수입 제경비는 은행에서 발생하는 금융비용, 수입 통관 시에 세관에 지불해야 하는 수입제세금 등 통관경비와 수입물품 운송 및 보험과 관련하여 발생하는 물류 제비용으로 이들 중 부담의 정도는 일반적으로 물류비용, 통관경비, 금융비용의 순서이다.

셋째, 수입원가항목에 포함시켜야 하는 이자는 수입대금을 결제한 이후에 수입물품의 국내영업과정에서 발생하는 이자이다.

넷째, 수입상품의 원가조사 시에 고려해야 하는 또 다른 항목은 수입대금 결제시기와 관련한 환차손익, 외상거래 시에 발생하는 금융비용, 수입추천비용 또는 수입허가비용 등 수입규제에 따른 행정비용과 수입부담금, 기타 수량의 과부족 등에 따른 비용이다.

수입자가 고려해야 하는 것은, CIF, FOB 등의 무역조건 중 어느 조건으로 수입하는 것이 가장 유효한지를 고려해야 한다.

저렴한 운임이나 보험료를 수배할 수 있다면 FOB로 수입하는 것이 바람직하다.

많은 수출자로부터 동일한 상품에 대하여 각각 Offer를 받는 경우에는 CIF가격으로 Offer하는 것이 좋다.

CIF가격조건으로 계약할 경우 가장 유리한 가격을 쉽게 알 수 있다.

이 경우는 가능하다면 FOB가격, 운임료, 보험료 등을 개별로 표시하여 받는 것이 원가파악에 도움이 된다.

제7장

신용장

제1절 신용장의 개념정리

1. 신용장(L/C : letter of credit)

1) 신용장의 의의

국제무역거래에서는 수출자와 수입자가 적정 물품 및 무역대금을 주고받을 수 없으므로 대금결제의 안정성을 마련하여야 할 필요가 있다.

일반적으로 대금결제방법에는 송금방식, COD, CAD 방식, 추심결제방식 등이 있으나 어느 방식을 이용하든 물품의 수령 및 대금결제에 대한 위험이 따른다.

신용장이란 무역거래의 대금결제를 원활하게 하기 위하여 수입자의 요청과 지시에 따라 신용장개설은행이 수출자에게 신용장에 명기된 조건과 일치하는 운송서류를 제시하면 수출자가 발행한 환어음을 인수, 지급 또는 매입하겠다는 조건부지급확약서이다.

2) 신용장의 기능

(1) 신용위험의 회피기능

수출자에게는 수입자의 대금지급불능 또는 지급거절 등에 의한 대금회수불능위험을 제거하여 주고, 수입자에게는 거래은행이 지불능력을 일정한 조건아래 보증함으로써 안전하고 확실하게 대금회수를 통한 무역의 원활화를 도모할 수 있게 한다.

(2) 금융수단으로서의 기능

수출자는 선적 후 은행에 환어음의 매입을 통하여 상품대금의 회수는 물론신용장을 근거로 무역금융과 금융상의 편의를 제공받을 수 있다.

수입자는 물품도착 후 대금을 지급할 수 있고 기한부 신용장 이용시 수입상품을 처분 후 대금 결제할 수도 있어 금융상의 혜택을 볼 수 있다.

(3) 수출입거래의 확정기능

취소불능신용장을 개설하면 신용장 관계 당사자 전원의 합의 없이는 신용장을 취소할 수 없으므로 수출자는 신용장으로 물품을 제조, 선적할 수 있으며 수입자는 대금을 미리 지급하지 않고 선하증권 등의 운송서류를 입수할 수 있으므로 거래가 확정적으로 이루어지는 것이다.

3) 신용장거래의 원칙

(1) 독립성의 원칙

신용장은 매매계약서를 근거로 개설되지만 일단 개설된 신용장은 매매계약으로부터 독립되어 신용장 그 자체로서 법률관계를 형성한다.

신용장거래의 당사자인 은행과 매도인, 매수인은 신용장 거래에서 야기된 문제를 매매계약서의 내용을 들어 주장할 수 없으며, 매매계약이 취소되더라도 수익자가 신용장조건에 따라 수출계약을 이행하였다면 개설은행은 수출대금을 지급하여야 한다.

(2) 추상성의 원칙

신용장상의 모든 당사자는 서류를 근거로 하여 매매계약의 이행 여부를 결정하기 때문에 수출자는 신용장조건에 부합하는 운송서류만 제시하면 서류의 심사만으로 대금을 지급하거나 매입하게 된다. 선적한 물품이 계약물품과 상이한 물품이라 할지라도 수출상이 제시한 선적서류에 하자가 없는 한 은행은 매입 및 지급에 응해야 한다.

(3) 엄밀일치의 원칙

은행은 신용장의 조건에 엄밀히 일치하지 않는 서류의 인수를 거절할 수 있다. 이 원칙은 독립성의 원칙과도 밀접한 관계가 있다. 신용장거래가 상품거래가 아닌 서류의 거래이므로 서류만을 기준으로 지급여부를 결정하게 되므로 제시되는 서류가 신용장의 조건과 엄격하게 일치함을 요구하는 원칙이다.

4) 신용장거래의 한계

신용장거래는 독립성과 추상성을 인정함으로써 개설의뢰인인 매수인에게 많은 위험이 따른다. 그러므로 수출자가 매매계약내용과 상이한 물품을 선적하고 관련 서류를 위조 또는 변조하여 은행에 제시한다고 하더라도 그 서류가 신용장조건과 일치하게 되면 대금지급을 하여야 하는 문제점이 있다.

수출자의 경우 개설은행이 파산시 대금회수불능의 위험이 따른다. 또한 신용장은 계약의 성질을 가지고 있어 특정조건에 일치되는 서류를 기일 내 제시하면 금액을 지불하겠다는 조건부 약속에 불과하므로 하나의 독립된 지급수단이 될 수 없다는 한계를 가지고 있다.

2. 신용장의 당사자

1) 기본 당사자

(1) 개설의뢰인(Applicant)

매매계약이 체결된 후 수입지에서 자기의 거래은행에 신용장발행을 의뢰하는 수입자로, 매매계약의 이행단계에서 여러 명칭으로 불린다.

표 7-1 개설의뢰인(수입자) 명칭

관계내용	개설의뢰인(수입자)	
	영 문	국 문
신용장관계	Applicant	신용장발행의뢰인
무역관계	Importer	수입자
매매관계	Buyer	매입인
계정관계	Accountee	대금결제인
어음관계	Drawee	환어음지급인
화물관계	Consignee	수화인
신용관계	Accredited buyer	신용수취매입인

(2) 개설은행(Opening bank)

개설의뢰인의 요청과 지시에 따라 신용장을 개설하고 수출자가 발행하는 환어음에 대하여 대금의 지급을 확약하는 은행으로 개설은행 또는 발행은행(Issuing bank)이라 한다. 신용장거래에서 개설은행은 거래 당사자의 대외 공신력의 주축이 되므로 가장 중요한 역할을 담당하고 있다고 할 수 있다.

(3) 수익자(Beneficiary)

매매계약상의 매도인으로 신용장조건에 따라 수출을 완료했을 경우 이익을 취하는 당사자로, 매매계약의 이행단계에 따라 여러 명칭으로 불린다.

2) 기타 당사자

(1) 통지은행(Advising bank, Notifying bank)

개설은행의 요청에 따라 신용장이 발행된 사실과 그 내용을 단순히 통지하는 은행으로서 통상 매도인이 소재하는 수출지에 있는 개설은행의 본·지점이나 본·지점이 없는 경우에는 개설은행의 환거래은행(Correspondent bank)이 된다.

표 7-2 수출자(수익자) 명칭

관계내용	수출자(수익자)	
	영 문	국 문
신용장관계	Beneficiary	신용장수혜인
무역관계	Exporter	수출자
선적관계	Shipper	선적인
매매관계	Seller	매도인
계정관계	Accounter(payee)	대금영수인
어음관계	Drawer	환어음발행인
화물관계	Consigner	송화인
신용관계	Accreditee	신용수령인

통지은행은 신용장 거래 당사자는 아님으로 신용장 거래에 관해 하등의 책임이 없으나 그들이 통지하는 신용장의 문면상의 진실성을 증명하기 위하여 상당한 주의를 기울여야 한다.

(2) 매입은행(Negotiating bank)

수출자가 선적을 완료한 후 신용장조건에 따라 신용장개설의뢰인 또는 개설은행 앞으로 발행한 환어음(bill of exchange)에 선적서류를 첨부하여 매입을 의뢰할 때 이를 매입(NEGO : negotiation)하고 수출대금을 지급하는 수출지 은행을 매입은행이라 한다.

매입은행은 지정받은 은행이 있는 경우 그 지정은행이 별도 지정이 없는 경우에는 모든 은행이 될 수 있으나 일반적으로 수출자의 거래은행 또는 통지은행이 매입은행이 된다.

(3) 확인은행(Confirming bank)

수출자의 요청에 따라 개설은행의 지급불능에 대비 신용 있는 제3의 은행으로 하여금 개설은행과 동일한 입장에서 신용장조건과 일치하는 한 이에 의한 지급, 인수 또는 매입을 재차 확약하는 은행을 말한다.

확인은행은 개설은행과 동일한 신용장 당사자로서의 지위가 부여되고 있다.

(4) 지급 또는 인수은행(Paying or accepting bank)

수출자가 발행한 환어음에 대하여 대금을 직접 지급하도록 위탁받은 은행을 지급은행이라 하며, 수출자가 발행한 환어음이 기한부어음인 경우 어음을 인수하는 은행을 인수은행이라 한다.

지급은행은 수익자의 소재지에 있는 개설은행의 본·지점 또는 개설은행과 환거래 계약이 체결되어 있는 은행이 일반적이나 제3국의 은행이 되는 경우도 있다.

(5) 결제 또는 상환은행(Settling or Reimbursing bank)

신용장개설은행과 수출환어음 매입은행 사이에 예치환거래관계가 없거나 신용장상의 결제통화가 제3국의 통화인 경우 이 대금을 결제하는 제3국에 소재하는 은행을 결제은행 또는 상환은행이라 한다.

3. 신용장의 종류

1) 일반신용장

(1) 취소불능신용장(Irrevocable L/C)과 취소가능신용장(Revocable L/C)

취소불능신용장은 신용장이 발행되어 수익자에게 통지된 이상 유효기간 내에는 신용장 관계당사자의 전원 합의 없이는 신용장의 조건변경 및 취소할 수 없는 신용장으로 신용장상 취소가능(Revocable)이란 문구를 명시하고 있지 않는 한 취소불능으로 강조된다.

취소가능신용장은 신용장을 개설한 은행이 수익자에게 사전 통보 없이 일방적으로 신용장의 조건을 변경하거나 취소할 수 있는 신용장으로 한국은 수출의 경우 취소가능신용장을 받은 자는 수출 승인을 받을 수 없다.

(2) 확인신용장(Confirmed L/C)과 미확인신용장(Unconfirmed L/C)

개설은행의 신용상태를 신뢰할 수 없을 경우 국제적으로 신용이 있는 제3의 은행이 개설은행의 요청에 의하여 수익자가 발행하는 어음의 인수 및 지급 또는 매입을 확약하는 신용장을 확인신용장이라 한다. 이러한 확약이 없는 신용장을 미확인신용장이라 한다.

(3) 양도가능신용장(Transferable L/C)과 양도불능신용장(Non-transferable L/C)

수익자(Original beneficiary)가 신용장 금액의 전부 또는 일부를 제3자(Secondary beneficiary)에게 양도할 수 있는 권한을 부여한 신용장을 양도가능신용장이라 하며, 수익자가 신용장을 제3자에게 양도할 수 없는 신용장을 양도불능신용장이라 한다.

양도가능신용장은 수출대행시 주로 이용되며, 양도가능(Transferable)이란 명시가 없는 한 양도불능신용장으로 간주되며, 양도는 1회에 한하여 허용된다.

(4) 상환청구가능신용장(With recourse L/C)과 상환청구불능신용장(Without recourse L/C)

신용장조건에 따라 발행된 환어음의 매입은행이 개설은행 또는 확인은행으로부터 대금상환을 받지 못하거나 신용장조건과 불일치된 환어음의 발행으로 지급거절을 당하였을 경우 선의의 어음소지인인 매입은행이 환어음발행자인 수익자에게 상환청구를 행사 할 수 있는 신용장을 상환청구가능신용장이라 한다.

상환청구를 할 수 없는 신용장을 상환청구불능신용장이라 한다. 일반적으로 신용장상에 상환청구가능(with recourse)이라는 표시가 있거나 아무 표시가 없으면 상환청구가능신용장으로 간주된다.

(5) 화환신용장(Documentary L/C)과 무화환신용장

신용장개설은행이 수익자가 발행한 환어음에 선하증권 등과 같은 운송서류를 첨부할 것을 조건으로 하여 인수, 지급, 매입할 것을 확약하는 신용장을 화환신용장이라 한다.

운송서류를 첨부하지 않아도 환어음의 인수, 지급, 매입이 가능한 신용장을 무화환신용장(Non- documentary L/C 또는 Clean L/C)이라 한다.

일반적으로 신용장은 화환신용장을 지칭한다.

(6) 일람출급신용장(Sight L/C)과 기한부신용장(Usance L/C)

신용장조건에 의해 발행되는 환어음이 지급인(Drawee)에게 제시되면 즉시 대금이 지급되는 일람출급어음(Sight bill)인 경우의 신용장을 일람출급신용장이라 한다.

환어음이 지급인에게 제시된 후 일정기간이 경과한 다음에 지급되는 기한부어음(Usance bill)인 경우의 신용장을 기한부신용장이라 한다.

(7) 매입신용장(Negotiation L/C)과 지급신용장(Payment L/C)

신용장조건에 따라 발행된 환어음이 매입될 것을 예상하고 이를 허용하고 있는 신용장을 매입신용장이라 한다.

환어음의 배서인이나 선의의 소지인에 대한 약정은 없고 단순히 신용장개설은행 또는 동 은행의 환거래체결은행 앞으로 환어음이 발행되어 제시되면 대금을 지급하겠다는 약정을 한 신용장을 지급신용장이라 한다.

8) 원신용과 내국신용장

원신용장(Master L/C, Original L/C, First L/C)이란 해외에서 수익자가 자기명의로 직접 받은 신용장을 말한다.

내국신용장(Local L/C, Secondary L/C)은 수출자가 수출상품이나 수출용 원자재를 국내에서 조달하기 위해 국내의 완제품공급자나 원자재 공급자를 수익자로 하여 자신이 확보하고 있는 원신용장을 견질로 외국환은행을 통하여 발행한 신용장을 말한다.

2) 특수신용장

(1) 보증신용장(Stand by L/C)

보증신용장은 수출입대금결제를 목적으로 발행되는 화환신용장과는 달리 금융이나 보증을 위해 발행되는 무담보신용장의 일종으로 수출선수금에 대한 지급보증, 국제입찰의 입찰보증 또는 계약이행보증금을 조달할 때 주로 이용된다.

(2) 회전신용장

회전신용장(Revolving L/C, Self continuing L/C)이란 동일거래처와 동일물품을 일정기간 동안 지속적으로 거래하는 경우 매거래시마다 신용장을 개설하는 데서 발생하는 불편과 경제적 손실을 줄이고, 거래예상액 전액개설에 따른 자금 부담을 완화하기 위하여 사용되는 신용장이다.

회전신용장은 처음 개설된 신용장이 이행되고 일정한 기간이 경과되면 자동적으로 동액의 신용장이 개설되는 신용장으로 수출자에게는 장기적으로 활용 가능 한 신용장을 확보함으로써 안정적인 수출을 할 수 있게 하고, 수입자에게는 신용 있는 수출상의 확보를 통하여 지속적이고 안정적인 영업을 가능하게 해준다.

(3) 동시개설신용장

동시개설신용장(back-to-back L/C)이란 국가간에 수출입의 균형을 유지하기 위한 구상무역(Counter trade)에 사용되는 신용장으로 수출입 당사자의 일방이 일정액의 수입신용장을 개설할 경우 수출국에서 동시에 동액의 수입신용장을 개설해오는 경우 그 수입신용장이 유효하다는 조건이 붙은 신용장을 말한다.

(4) 기탁신용장(Escrow L/C)

구상무역에 사용되는 신용장으로 수입자가 수입신용장을 개설할 때 환어음의 매입대금을 수출자에게 직접 지급하지 않고, 수출자 명의의 기탁계정(Escrow account)에 입금한 후 그 수출자가 원신용장 발행국으로부터 물품을 수입할 경우에만 그 대금으로 사용하도록 규정한 신용장을 기탁신용장이라 한다.

(5) 전대신용장(Red clause L/C or Packing L/C)

플랜트나 농수산물과 같은 물품의 생산, 가공, 집하 등에 필요한 자금의 사전융통으로 수출편의를 도모하기 위하여 일정한 조건하에 신용장금액의 일부를 미리 지급받을 수 있도록 하는 신용장을 전대신용장이라 한다.

이 신용장은 전대를 허용하는 조건이 신용장상에 붉은 글씨로 표시되어 있으므로 "Red clause L/C"라고 하며, 수출자는 전대받은 대금으로 수출상품을 제조 또는 구매하여 포장 후 수출할 수 있기 때문에 "Packing L/C"라고도 부른다.

전대신용장은 수출자의 본·지점간 또는 매매 당사자간 신용도가 높은 경우에 한하여 자금의 효율적인 운영을 도모하기 위하여 사용된다.

(6) 토마스 신용장

동시개설신용장(back-to-back L/C)과 유사하나 수출입 당사자가 서로 동액 또는 그와 상응하는 일정액의 신용장을 개설하는 데 있어 한쪽이 먼저 신용장을 개설하고 상대방은 일정기간 경과후 동액의 신용장을 개설하겠다는 보증서의 제출을 조건으로 하는 신용장을 말한다.

■ 표 7-3 신용장의 구분과 종류

용 도	구 분	신용장의 종류
일반신용장	취소가능 여부	취소불능신용장(irrevocable L/C) 취소가능신용장(revocable L/C)
	제3은행 확인 여부	확인신용장(confirmed L/C) 미확인신용장(unconfirmed L/C)
	양도가능 여부	양도가능신용장(transferable L/C) 양도불능신용장(non-transferable L/C)
	상환청구권 유무	상환청구가능신용장(with recourse L/C) 상환청구불능신용장(without recource L/C)
	운송서류첨부 여부	화환신용장(documentary L/C) 무화환신용장(usance L/C)
	대금지급기간	일람출급신용장(sight L/C) 기한부신용장(usance L/C)
	매입, 지급, 허용 여부	매입신용장(negotiable L/C) 지급신용장(straight L/C)
	국내양도 여부	원신용장(original L/C) 내국신용장(local L/C)
특수신용장		보증신용장(stand by L/C) 회전신용장(revolving L/C) 동시개설신용장(back-to-back L/C) 기탁신용장(escrow L/C) 전대신용장(red clause L/C) 토마스신용장(Thomas L/C)

4. 신용장 수취시 확인사항

신용장은 조건부지급확약서이다. 신용장의 조건을 정확하게 이행하고, 조건을 이행했다는 사실을 신용장에서 요구하고 있는 서류에 반영하여야만 이를 대금결제의 수단으로 이용할 수 있다. 신용장 조건을 이행하였는지 여부는 곧 신용장에서 요구하는 서류로써 입증하고 확인할 수 있다.

수출업자는 신용장을 수취하자마자 신용장에 나타난 제반조건이 계약조건과 일치하는지 여부와 각 조건의 이행가능 여부 등에 대해서 세밀하게 검토해야 한다.

신용장을 통지 받았을 경우 반드시 확인해야하는 것은 다음과 같다.

첫째, 수출업자는 개설은행의 신용상태를 검토해야 한다.

신용장거래의 주역은 개설은행이므로 다음 사항에 따라 개설은행의 신용상태를 점검하여야 한다. 이때 만약 조금이라도 의심이 가면 이를 재조사하거나 신용이 있는 제3의 은행이 확인을 추가하도록 하는 Confirmed L/C 개설을 요청해야 한다.

개설은행의 신용상태를 점검하기 위해서는

(1) 개설은행의 자산규모가 상당한가의 여부,
(2) 개설은행이 신용장업무와 관련하여 부당한 클레임을 남발한 경력이 있는지 등 신용상태에 이상이 있는지 여부,
(3) 개설은행 소재국의 외환사정 및 정치적 안정성이 양호한지 여부 등을 확인한다.

둘째, 신용장의 형식요건을 확인해야 한다.

신용장을 수취한 수출업자는 신용장통일규칙(UCP600)을 근거하여 개별적, 종합적으로 점검해야 한다. 이와 함께 취소불능신용장(Irrevocable L/C)인지 여부, 신용장통일규칙 준수문언의 존재여부, 지급확약문언의 존재여부 등을 검토해야 한다.

신용장은 신용장에 사용된 단어에 따라서 다양한 형태의 신용장이 동시에 존재할 수 있으며, 신용장을 분류할 때 가장 먼저 분류해야 하는 것이 바로 취소불능신용장과 취소가능신용장의 존재이다.

셋째, 신용장의 내용이 계약내용과 일치하는지 여부를 확인해야 한다.

신용장의 품목, 규격, 난가의 정확성여부, 선적기일 및 서류제시를 위한 충분한 시간적인 여유 그리고 환어음의 결제기간 등이 계약서의 조건과 합치하는지 여부 등을 구체적으로 검토해야 한다.

넷째, 수출이행에 지장을 초래할 수 있는 특수조건 등이 있는지 여부를 확인해야 한다.

수출국에 주재하고 있지 않는 수입국 공관장의 확인요청이나, 개설의뢰인이 지정하는 자의 확인 서명을 받은 물품검사증명서를 요구하는 등 수출이행에 지장을 초래하는 조건이 있는 신용장 조건은 이행여부가 불확실해 지므로 필요에 따라서는 조건변경을 요청해야 한다.

다섯째, 신용장조건이 계약서 내용과 서로 다른 내용이 있는 지, 또는 오해를 가져올 만한 오자 및 탈자가 있는 지를 확인해야 한다.

신용장은 계약과 별개로 독립적으로 존재하는 것이므로, 아무리 계약서에 충실하게 물품을 선적해서 보낸다고 하더라도 신용장 조건에 위반한 물품이라면, 은행에서는 그 신용장에 의해서 발행된 환어음을 수리하지 않는다.

즉, FOB조건의 거래인데도 해상보험의 부보를 요구하고 있거나, 선하증권상 "Freight Prepaid"로 요청한 경우와 오자나 탈자가 있는 경우에는 즉시, 이를 통지하여 신용장 변경을 요청하여 수출대금의 회수에 지장이 없도록 해야 한다.

제2절 신용장 개설절차

1. 신용장의 개설

1) 신용장거래약정 체결

신용장의 개설은 수입자의 의뢰에 의하여 외국환은행이 발행한다. 즉 수입자는 수출자와 수출입계약을 체결하고 매매계약서(또는 Offer sheet)상 약정된 내용과 수입승인서상 승인된 내용을 근거로 거래외국환은행과 신용장거래약정을 체결한 다음 수입신용장 개설신청서를 제출하여 신용장을 개설한다.

수입자가 거래외국환은행과 신용장거래약정시 주요 체결내용은 다음과 같다.

(1) 수입대금의 지급확약
(2) 개설에 따른 수수료 및 신용장과 관련되어 은행이 부담하는 제비용의 보상의무
(3) 수입화물의 담보차입 및 처분권
(4) 선적서류상 부정·불명확한 사항에 대한 처리
(5) 우편 또는 전신상의 사고에 따른 면책 등

2) 신용장개설신청

신용장거래약정이 체결된 후 수입자는 다음의 서류를 구비하여 신용장개설신청을 하게 된다.

(1) 수입신용장 개설신청서

(2) 담보차입증
(3) 신용장거래약정서
(4) 수입승인서(I/L)
(5) 보험증서(CIF 및 CIP 조건의 경우는 제외)
(6) offer sheet(상품명세가 "as per offer No."로 되어 있는 경우)

신용장개설 신청서의 작성 방법은 다음과 같다.

(1) 신청인의 인감(서명)

은행에 이미 제출된 인감(서명), 신고서상의 인감(서명)을 기명날인한다.

(2) 취소불능신용장표시(Irrevocable documentary credit)

신용장의 종류를 표시하는 것으로 Irrevocable 대신 Revocable이라고 되어 있으면 취소가능신용장이다.

(3) 신용장개설방법의 표시

신용장의 개설방법은 크게 전신[Cable(full, short)], 우편(Mail)에 의한 방법이 있으며 원하는 방법란에 ×표시를 한다.

(4) 확인(Confirmed)신용장인지 불확인(Unconfirmed)신용장인지 여부

수출자가 발행은행 이외의 제3의 은행이 수익자가 발행하는 어음의 지급·인수·매입을 확약하는 확인신용장을 요구하는 경우 ×표시를 한다.

(5) 통지은행(Advising bank)

수익자가 특별히 지정하여 오는 경우 지정은행을 기재하나 발행은행에 위임하면 수익자의 소재지에 있는 개설은행의 본·지점이나 환거래계약을 체결한 은행이 된다.

개설은행과 환거래은행이 아닌 경우에는 통지은행은 신용장의 진위성 검사 없이 단순통지하게 되므로 통지과정에서 여러 가지 위험이 발생될 수 있으므로 개설은행의 환거래계약은행으로 지정하는 것이 바람직하다.

(6) 신용장번호(Credit number)

수입신용장번호는 한국은행이 정하여 각 외국환은행이 공통으로 시행하고 있는 수출입승인서 및 신용장 등의 번호기재요강에 따라 다음과 같이 기재한다.

3) 수입승인서와의 일치

신용장개설신청서의 내용은 승인된 수입허가서나 물품매도확약서상의 내용과 일치하여야 하며 상호모순이 없어야 한다. 수입허가서와 일치하여야 할 주요 내용은 다음과 같다.

(1) 송화인

수입허가서상의 송화인(Shipper)과 신용장상의 수익자(Beneficiary)가 일치하여야 한다.

(2) 신용장의 금액

신용장의 금액은 수입허가서상의 금액을 초과해서는 안된다.

(3) 상품명세와 가격조건

상품명세와 가격조건은 수입허가서상의 내용과 일치하여야 하나 수입허가서의 내용보다 자세한 표시는 가능하다.

(4) 선적항 및 도착항

선적항과 도착항은 수입허가서상의 내용과 일치하여야 한다.

(5) 선적유효기일 및 제시기일

물품의 선적 가능한 일자에 항해일수를 감안 수입허가서의 유효기일 내에서 설정하여야 한다.

2. 신용장 조건변경 및 양도

1) 신용장 조건변경(L/C amendment) 및 취소(L/C cancellation)

신용장 조건변경이란 이미 개설된 신용장에 의거 상거래를 진행하는 도중에 어떠한 사정으로 원신용장의 내용을 변경하는 것을 말하며, 신용장의 취소는 이미 개설된 신용장의 효력을 소멸시키는 것을 의미한다.

신용장의 조건변경은 신용장 유효기간 내에 이루어져야 하며 신용장 관계 당사자 전원이 합의하여야만 그 효력이 발생된다. 이미 개설된 신용장의 조건을 변경하고자 할 때에는 개설당시 첨부되었던 수입승인서와 관련서류를 먼저 변경한 후 신용장의 내용을 변경하여야 한다.

2) 신용장 조건변경 절차

수익자가 접수한 신용장이 수출입계약내용과 상이한 부분이 있거나 또는 수출입의 진행과정에서 신용장조건을 변경해야 할 사유가 발생하면 수출자는 수입자에게 원신용장의 조건변경을 요청하게 된다.

이 때 수입자가 수출자의 요청을 동의하고 이를 개설은행에 통지하고 개설은행이 이를 받아들이면 개설은행은 신용장의 조건변경통지서를 통지은행을 통하여 수익자에게 통지하게 된다.

3) 신용장의 양도

신용장의 양도란 신용장의 수익자가 신용장 금액의 일부 또는 전부를 제3자에게 양도하는 것으로 신용장이 양도되기 위해서는 신용장상에 양도가능(Transferable)이란 표시가 있어야 하며 분할양도는 분할선적이 허용된 경우에만 가능하다.

신용장 양도를 취급하는 은행은 수익자 소재지의 지정된 은행으로서 지급이나 인수 및 매입할 것을 수권 받은 은행이 되며, 양도는 1회에 한한다. 신용장 양도는 원칙적으로 원신용장 조건에 따라야 하나 다음의 경우는 그 조건을 변경하여 양도할 수 있다.

(1) 신용장 금액 및 단가의 삼액
(2) 유효기간, 선적기간 및 서류제시기간의 단축
(3) 원 신용장보다 높은 부보비율
(4) 신용장 개설의뢰인의 성명대치

제3절 무신용장거래

1. 무신용장거래의 의의

무역에서 가장 많이 이용되는 거래방식은 신용장에 의한 거래방식과 신용장이 수반되지 않는 무신용장거래방식에 의한 대금결제방법이다. 신용장 거래는 은행에서 대금지급을 확약하고 있으므로 수출자가 안심하고 수출할 수 있다.

무신용장거래는 은행에서 지급확약을 하지 않고 오직 수입자의 신용을 근거로 무역거래가 이루어지므로 대금회수에 어려움이 있다. 무신용장거래의 대표적인 방법은 추심결제방법의 거래인 인수도조건(D/A : documents against acceptance)과 지급도조건(D/P : documents against payment)이며 우리나라의 대외무역법에서 이 방식에 의한 수출대금결제를 인정하고 있다.

추심결제방법은 은행의 지급보증이 없는 무신용장방식거래로 수출입당사자간 계약서를 근거로 하여 수출자가 계약물품을 선적한 후 화환어음 및 선적서류를 구비하여 자기의 위험과 비용부담으로 거래은행을 통하여 수입자에 추심하는 거래이다.

D/A와 D/P거래는 계약 당사자의 명백한 합의가 없거나 당사국의 법률이나 규정에 위배되지 않는 한 국제상업회의소가 제정한 「추심에 관한 통일규칙(Uniform Rules for Collections, 1978 Revision ICC Publication No. 322)」의 적용을 받는다.

▮ 표 7-4 인수도조건(D/A)와 지급도조건(D/P) 비교

구 분	D/A	D/P
어음조건	일람후 정기 또는 확정일	일람불 화환어음
대금지급	만기일	어음(서류) 인수시
대금회수	만기일	환어음 제시시
어음조건 표현문구	- deliver documents against acceptance - D/A 90 days - 90 days after arrival of the vessel (cargo) - 90 days 등	- deliver documents against payment - D/P at sight - at sight on arrival vessel(cargo) - D/P at 30 days after sight 등

2. 인수도조건

1) 인수도조건의 의의

인수도조건이란 선적서류의 인수도조건 거래로서 무역계약에 의거하여 수출자가 상품을 선적하고 선적서류를 첨부하여 발행한 기한부환어음(documen- tary usance bill)을 수입자가 인수(accptance)하고 서류를 인도받아 상품을 처분한 후 어음만기일에 대금을 결제하는 방법으로 신용장방식의 usance 거래와 유사하다.

이 거래에서 추심은행은 어음지급에 대하여 하등의 책임이 없고 단지 선의의 관리자로서 중개역할을 수행할 뿐이며 수입자의 어음인수 전 모든 책임은 수출자에게 있으며 은행이 추심 전 매입한 어음이 지급거절되면 어음발행인인 수출자는 추심 전 매입은행에 대하여 상환의무를 부담하게 된다.

2) 거래절차

(1) 수출자는 상품에 대한 무역계약을 체결하고 대금결제방법을 D/A 조건으로 결정한다.

(2) 수출자는 각각 외국환은행으로부터 수출승인서(E/L) 또는 수입승인서(I/L)를 획득한다.

(3) 수입자는 수출자에게 선적을 지시한다.

(4) 수출자는 가격조건에 따라 보험회사와 보험계약을 체결한 후 보험증권을 입수한다.

(5) 수출자는 운송수단을 수배하여 화물을 선적한다.

(6) 운송회사는 수출자에게 선하증권(B/L)을 교부한다.

(7) 운송회사는 화물을 운송한다.

(8) 수출자는 거래외국환은행(추심의뢰은행 : remitting bank)에 선적서류가 첨부된 화환어음을 발행하여 수입자를 지급인으로 수출대금을 추심 의뢰한다.

(9) 추심의뢰은행은 수입자의 거래은행(추심은행 : collecting bank)에 추심의뢰를 위해 선적서류가 첨부된 화환어음을 송부한다.

(10) 추심은행은 수입자에게 선적서류의 도착을 통지한다.

(11-12) 수입자는 화환어음을 인수한 후 선적서류를 입수한다.

(13) 운송회사는 화물이 도착하면 수입자에게 화물도착을 통지한다.

(14-15) 수입자는 운송회사에 선적서류를 제시하고 화물을 인수한 후 화물의 통

관절차를 이행한다.

☞ 수입자는 어음의 만기일에 추심은행에 어음대금을 지급한다.

☞ 추심은행은 추심의뢰은행에 그 대금을 송금한다.

☞ 추심의뢰은행은 수출자에게 추심대금을 지급한다.

[그림 7-1] D/A 조건의 거래절차

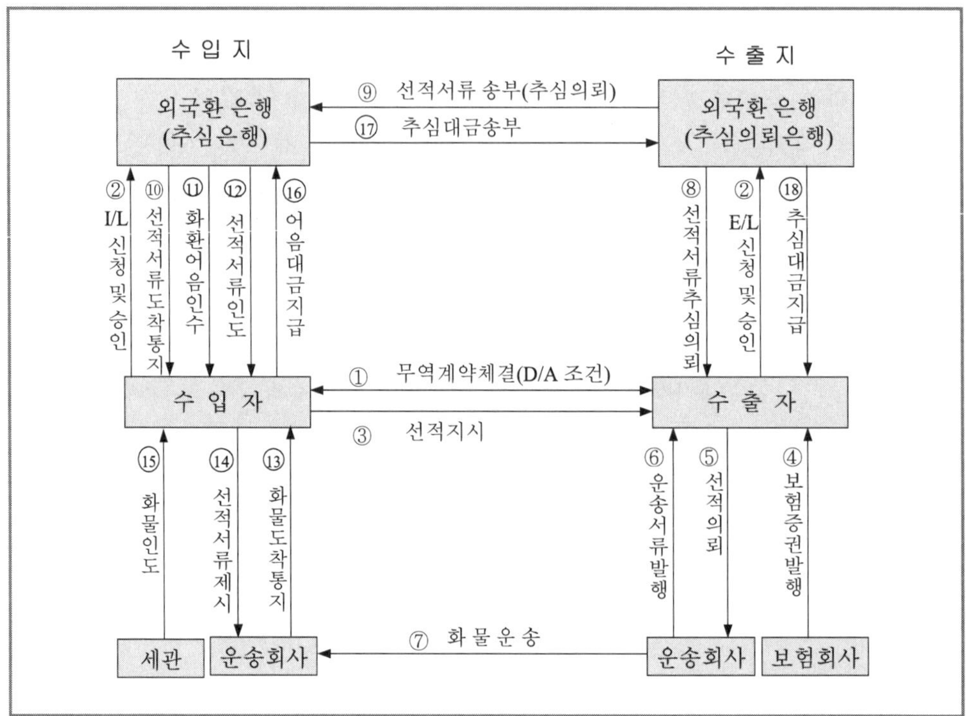

3. 지급도조건

1) 지급도조건의 의의

지급도조건은 선적서류 지급도조건 거래로서 무역계약에 의거하여 수출자가 상품을 선적하고 선적서류를 첨부하여 발행한 일람불환어음(documentary sight bill)을 수입자가 그 대금을 즉시 지급하고 서류를 인도받는 방법으로 신용장방식의 at sight거래와 유사하다.

이 거래에서 추심은행은 어음지급에 대하여 하등의 책임이 없고 단지 선의의 관리자로서 중개역할을 수행할 뿐이며 수입자의 대금결제 선적서류에 대한 모든 책임은 수출자에게 있으며 은행이 추심 전 매입한 어음이 지급 거절되면 어음발행인인 수출자는 추심 전 매입은행에 대하여 상환의무를 부담하게 된다.

2) 거래절차

[그림 7-2] D/P 조건의 거래절차

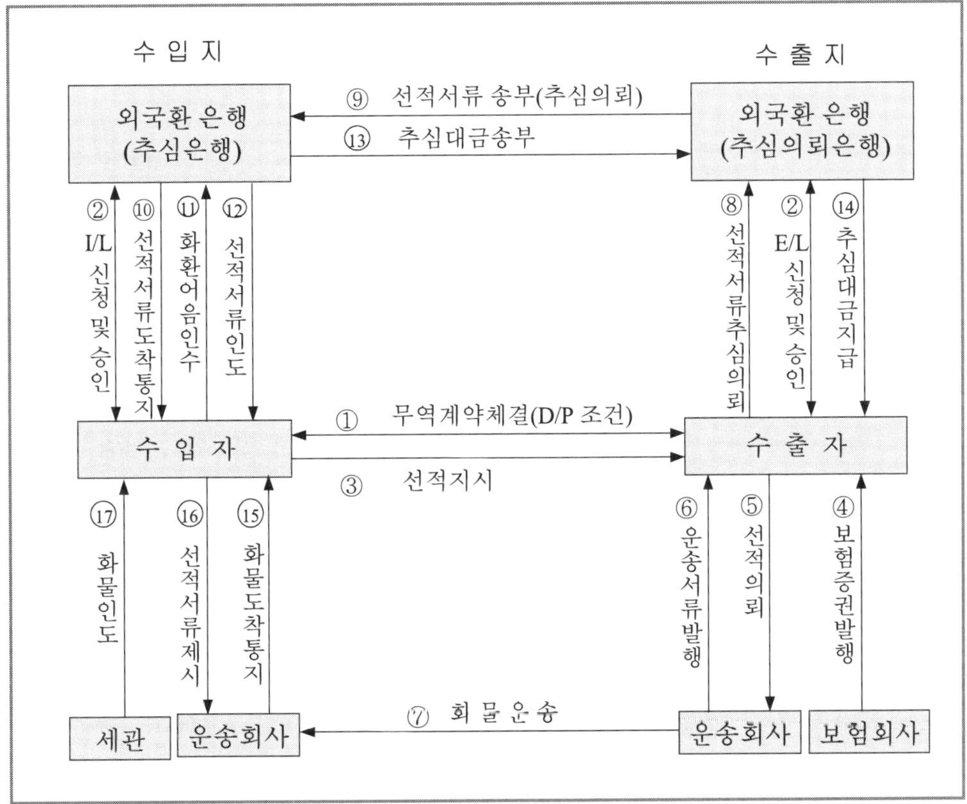

(1) 수출자는 상품에 대한 무역계약을 체결하고 대금결제방법을 D/P 조건으로 결정한다.

(2)-(10) D/A 조건과 동일.

(11)-(12) 수입업자는 화환어음의 대금을 지급한 후 선적서류를 인수한다.

(13) 추심은행은 추심대금을 추심의뢰은행에 송금한다.

(14) 추심의뢰은행은 수출자에게 추심대금을 지급한다.

(15) 운송회사는 화물이 도착하면 수입자에게 화물도착을 통지한다.

☞ 수입자는 운송회사에 선적서류를 제시하고 화물을 인수한 후 화물의 통관절차를 이행한다.

제4절 UCP 600의 주요개정내용

1. UCP 600 개요

신용장통일규칙은 국제무역거래에서 사용되는 신용장(Letter of Credit)의 기본적인 규범이라 할 수 있다. 국제상업회의소(International Chamber of Commerce; ICC)는 1933년 최초의 통일규칙을 제정한 이래 매 10년마다 이를 개정하고 있다.

UCP 500은 1993년 개정되어 1994년 1월 1일부터 시행되었으며, 2006년 10월 UCP 600으로 다시 개정되어 2007년 7월 1일부터 시행되고 있다.

신용장은 그 이용이 과거에 비하여 많이 감소하였음에도 불구하고 세계 무역에서 차지하는 대한민국의 위상 등을 고려한다면, 국제무역에 종사하는 사업자나 회사의 입장에서는 신용장이 상당히 중요한 역할을 하고 있다고 할 수 있다.

그러나 신용장을 은행이 잘못 취급하거나 어구의 해석들이 상이하게 나타날 경우에는 불필요한 오해와 분재의 소지를 낳을 수 있을 뿐만 아니라 이를 해소하기 위해서는 많은 시간과 비용이 수반된다.

국제상업회의소(ICC)는 이러한 마찰을 해소하고 운송 통신수단의 변화, 정보처리기술의 발달 등에 대응하기 위해 신용장통일규칙 개정안(UCP 600)이 2006년 10월 25일 프랑스 파리에서 개최된 국제상업회의소(ICC) 은행위원회에서 확정되어 2007년 7월부터 발효된 후 시행되고 있다.

2. UCP 600의 개정내용

신용장통일규칙 개정안(UCP 600)이 2006년 10월 25일 프랑스 파리에서 개최된 국제상업회의소(ICC) 은행위원회에서 확정되어 2007년 7월부터 시행되었다.

이번 제6차 개정 신용장통일규칙은 종전의 49조의 조문이 총39개 조항으로 축약되었다.

종전의 UCP500에 비하여 많은 변화는 없는 지엽적인 변화이지만 다음의 내용을 참고하여 UCP600을 살펴본다.

가장 큰 변화를 들면 다음과 같다.

첫째, 조문을 기존의 49조에서 39개조로 통폐합하여 대폭 단축하였다.

둘째, UCP가 임의규칙이란 의미를 더욱 분명히 하기 위하여, 종전의 "화환신용장을 위한 통일관습 및 관례"란 표현을 그대로 존치하되, 당사자가 준거문언을 둔 경우에만 적용된다는 것을 더욱 분명히 하기 위하여 규칙을 의미하는 Rules란 표현을 제 1조에 명시적으로 추가로 삽입하였다.

셋째, 종전의 제 2조에서 신용장의 사용방법을 지급, 환어음의 인수, 매입으로 규정하고 있던 것을 일람지급, 연지급, 환어음의 인수 및 매입으로 나누되, 일람지급, 연지급, 환어음의 인수를 모두 포함하는 상위의 새로운 개념으로 Honour란 용어를 새롭게 정의하여 채택하였다.

넷째, 기존의 매입의 정의를 "환어음의 가액을 공여"란 표현을 "환어음 및 선적서류를 사는 것"이라고 명시함으로써 매입은행이 수익자에게 매입대전을 제공하는 것이 신용장의 대금의 지급이 아닌 일종의 여신의 제공임을 더욱 분명히 하였다. 즉, 매입은행이 개설은행으로부터 신용장의 대금의 지급을 받기 이전에는 신용장의 거래가 끝난 것이 아님을 더욱 분명히 한 것이다.

다섯째, 내용이 불분명하여 논란의 여지가 있는 다음의 표현을 삭제하였다. 즉, 합리적인 주의를 기울여(take reasonable care), 합리적인 기간 동안(within reasonable time), 지체 없이(without delay) 등의 내용을 삭제하였다.

기타 세부적인 내용의 변화는 다음과 같다.

1) 기간 계산표현의 변경

선적기간과 관련해 'to', 'until', 'till', 'from'이 사용된 경우에는 언급된 일자를 기간 계산에 포함시키고 'after'가 사용된 경우에는 언급된 일자를 기간 계산에 포함시키지 않도록 규정하였다.

단, from.이 선적기간의 결정으로 사용될 경우는 포함시키고 환어음의 만기일 결정으로 사용될 경우는 해당일을 제외한다.

또한 선적기간에서, 사이(between)이라는 단어는 당해일자를 포함하고, 이전(before)라는 단어는 해당일을 포함시키지 않는다(UCP 600 제3조)

2) 제2 통지은행을 새롭게 규정

통지은행이 신용장을 수익자에게 통지하거나 이미 통지를 행한 신용장의 조건변경을 위하여 다른 은행의 서비스를 이용하는 경우에, 다른 은행인 제 2의 통지은행을 통하여도 신용장을 통지하거나 조건변경의 통지를 할 수 있도록 허용하였다.

이러한 경우에 제2 통지은행도, 제1의 통지은행과 마찬가지의 의무를 갖는 것으로 규정하였다.

즉 제2 통지은행은 신용장을 통지할 때 신용장의 외견상 진정성을 확보하기 위하여 합리적인 주의를 기울여야 한다(UCP 600 제9조).

3) 지정은행의 서류발송의무를 신설함

종전의 조항에는 없던 지정은행의 서류발송의무를 새롭게 규정하였다. 즉, “지정은행이 서류의 제시가 신용장의 조건과 일치한다고 결정하고 지급이나 인수를 하거나(honour) 혹은 매입을 하는 경우에는 당 지정은행은 확인은행이나 개설은행으로 선적서류를 반드시 발송하여야 한다.”는 조항을 신설하였다.

4) 취소가능신용장 삭제

실무적으로 취소가능신용장은 거의 의미를 갖지 못하는 것이 국제적인 상관습이었다. 따라서 취소가능의 언급과는 무관하게 신용장은 모두 취소불능으로 간주되도록 변경되었다.

그러나 극히 예외적으로 러시아, 오만, 볼리비아 등의 국가에서는 강행규정으로 “신용장의 취소 가능 여부에 대해 아무런 언급이 없으면 취소가능신용장으로 간주한다.”고 강행법적으로 규정하고 있으므로 이러한 국가에서는 여전히 취소가능신용장이 존재할 수도 있다는 사실에 유의해야 한다.

5) 문면상이란 표현의 축소적용

종전의 UCP500의 많은 조항에 산재하던 “문면상”이란 표현인, on its face나 on their face란 표현을, 오직 선적서류심사기준인 제 14조에서만 남겨두고 제 14조를 제외한 모든 조항에서는 삭제했다.

6) 연지급신용장에도 할인 허용규정 신설

환어음이 발행되지 않는 연지급신용장에 따라 수익자가 제시한 서류를, 지정받은 은행(nominated bank)이 할인해 신용장 대금을 지급할 수 있다는 규정이 신설되었다.

이 규정은 우리나라 은행들도 강력하게 요구했던 내용으로, 즉, 연지급은행도 만기 이전에 선지급이나 구매를 할 수 있도록 허용하는 것이다.

7) 선적서류 심사기간의 단축

개설은행과 지정은행의 서류 심사 최대 기간이 서류 접수 다음 날을 기산일로 하여, 종전의 7영업일에서 5영업일로 단축되었다.

특히 화환신용장의 선적서류검토기간도 단축이 되는 것이 일반적이며, 특히 무화환신용장인 Standby L/C는 단순한 채무불이행을 심사하는 것에 불과한 것이므로 불과 수 시간 이면 검토가 충분한 것이 현실임을 반영한 것이다.

또한 'reasonable time'이란 용어를 UCP에서 삭제하였다. 또한 개설은행과 확인은행은 서류검토를 위해 5영업일이 주어지지만(UCP 600 제14조) 개정 UCP600의 제15조에서는, 개설은행 또는 확인은행이 제시가 일치한다고 결정하였을 때는 대금을 지급해야 한다고 규정하고 있다.

8) 일치성 기준 명확화

수익자가 제시한 선적서류의 내용이 이른바 Mirror Image Rule과 같이 모든 선적서류가 똑 같이 일치하여야 하는 것은 아니며, 제시된 선적서류 상호간에 서로 모순되지만 않으면 신용장에 일치한 서류를 제시한 것으로 간주한다고 제 제14조 d항은 규정하고 있는 바, 이는 ISBP 24항과 62항, 대부분의 국가의 국제분쟁관련 소송의 판례 및 중국 최고인민법원 신용장 분쟁을 반영한 규정이다.

9) 서류와 무관한 조건의 무시

신용장의 조건은 추상성에 따라 오직 서류만을 근거로 지급을 검토하는 것이므로, 서류와의 관련성을 찾을 수 없는 조건은 무시하도록 규정하였다.

즉, 모든 신용장의 조건은 오직 서류로만 언급명시를 하여야 하며, 특히 실무적으로는 서류의 발행자를 명시하는 것이 가장 중요하다. 은행은 물론 서류와 무관한 조건이 신용장에 명시된 경우에도 이를 무시한다.

10) 수화인과 착화통지처상의 개설의뢰인의 주소

운송 서류상에 기재된 수화인(consignee)과 착화통지처(notify party)의 개설의뢰인의 주소는 신용장의 것과 일치해야 하지만, 신용장이 아닌 기타의 경우에는, 주소가 동일 국가 내의 것이면 신용장의 주소와 반드시 일치해야 할 필요는 없다.

수익자와 개설의뢰인의 연락처와 관련된 사항(전화번호, 텔렉스 번호, 이메일 주소 등)은 무시한다.(UCP 600 제14조)

11) 제3자 서류의 인정 범위 확대

UCP500에서는 ,운송증권 상의 송화인과 수익자의 이름이 다른, 이른바 제 3자 발행선화증권에서만 허용하던 것을, 송화인명이 기재되는 모든 선적서류상의 송화인과 수익자가 다른 것을 허용하는 것으로 그 인정 범위를 확대하였다.

12) 지급거절 통지횟수 제한 및 하자서류의 반송권한

종전에는 지급거절의 통지의 횟수에 대한 명시가 없고 단지, "은행 또는 수익자에게" 통지한다고만 규정하던 것을 "지정을 근거하여 행동하는 지정은행, 만약 있다면, 확인은행 또는 개설은행은 지급 및 인수(honour)나 매입을 거절하는 경우에는 그러한 취지를(to the effect) 한 번만(a single notice) 통지하여야만 한다(must).

또한 하자서류를 보관중이라고 통지한 이후에는 언제라도 선적서류를 반송할 수 있다."는 조항을 신설하였다. 따라서 첫 번째의 지급거절 통지만 유효한 것으로 인정되고 그 이후의 것은 무시된다.

13) 출발지와 목적지의 용어의 변경

UCP500에서 "적재항, 적재공항, 적재장소"에서 "양륙항, 양륙공항, 양륙지"까지로 규정하고 있던 내용을 UCP600에서는 "발송, 수탁, 선적지"에서 "최종목적지"까지로 변경하였다.

14) 선적일자를 명문화

International Standard Banking Practice[국제표준은행관습] 78항을 반영, 선적선하증권에서 선화증권의 발행일자와 본선적재부기일자가 다른 경우 본선적재부기일자를 선적일자로 간주한다.

15) 신용장에 명시된 선적항이 선하증권 수탁지란에 기재된 경우

신용장에 명시된 선적항이 선하증권 수탁지란에 기재된 경우 신용장에서 명시한 선적항에서 선적되었다는 본선적재부기와 적재 선박명이 기재되었다면 수리될 수 있는 것으로 개정되었다.

16) 용선계약선하증권상의 도착항 변경

신용장상에서 도착항을 특정 지리적 지역, 몇 개의 항구로 정한 경우에, 도착항을 특정 항구로 기재하지 않고, 특정 지리적 지역이나 몇 개의 항구로 기재하는 것도 허용하도록 변경되었다.

17) 임의적인 무고장문언

운송서류의 무고장 문언을 의미하는 Clean이란 문언이 필수적으로 기재될 필요는 없다는 문언을 기재 하였다. 따라서 Clean이란 문언의 기재여부는 임의사항이 되었다.

18) 운임선지급표현

운임선지급과 관련하여 오직 prepaid와 prepaid만을 명시적인 선지급을 허용하고 기타의 표현은 선지급을 허용하지 않는 것으로 명시하고 있던 규정에서, freight prepayable와 freight to be paid는 선지급을 명시하는 것으로 될 수 없다는 표현을 삭제하였다. 따라서 운임의 선지급을 의미하는 다양한 표현이 허용되게 되었다.

19)보험서류 발행자확대(수임자), 보험부보금액의 명시, 보험담보구간

보험서류 발행자 자격에 대리인과 유사한 수임자(proxy)를 추가하였다. 특정사항에 대하여서만 본인을 대리하는 수임자를 포함하였다. 즉, 종전의 보험자, 보험업자, 또는 이들의 대리인이외에도 수임자도 보험서류를 발행하고 서명할 수 있는 권한을 갖는 것으로 하였다. 또한 기존에는 "보험서류는 신용장상의 통화와 동일하여야 한다."라고만 규정하던 조항에서 더 나아가 "보험서류에는 보험부보의 금액을 표시하도록" 새롭게 추가적으로 규정하였다.

또한 보험서류에는 보험자의 위험담보구간을 "최소한 보험서류의 담보구간은 신용장에 명시된 수탁 혹은 선적지에서 양륙 혹은 최종목적지까지 이어야 한다."고 추가적으로 규정하였다.

20) 양도가능신용장상의 문언

기존의 UCP500에서는 오직 Transferable만이 신용장의 양도를 가능하도록 규정하고 있었으나, 이러한 명시적인 표현을 삭제하였다.

즉, transferable은 물론 assignable, divisible, fractional, transmissible등의 표현도 모두 양도가능신용장의 표현으로 이용이 가능하게 되었다

제5절 국제표준은행(ISBP)

1. 국제표준은행관행

1) 국제표준은행 개요

1993년 신용장통일규칙(Uniform Customs and Practice for documentary credit: UCP)이 제5차로 개정되면서 도입된 국제표준은행관행이라는 서류심사기준의 구체적 내용에 관한 신용장 관련 당사자들의 계속적 문의에 따라 2000년 국제상업회의소는 200개 조항의 국제표준은행관행(International Standard Banking Practice for the Examination of Documents under Documentary Credits: ISBP)를 발표하여 현재 사용 중에 있다.

ISBP는 신용장통일규칙(UCP)을 개정하는 것이 아니라 신용장통일규칙을 어떻게 실무에서 적용하여야 하는지를 설명하는 것이다. 물론 어떤 국가의 법률은 여기에 규정하고 있는 것과 다른 관행을 규정할 수 있다.

즉 신용장과 관련된 국제규칙과 국제관행은 국내법보다 우선할 수는 없다. 그러나 신용장과 관련된 분쟁으로 소송이 제기되었을 때 법원은 자국 국내법과 상충되지 않는다면 신용장통일규칙, ICC Opinion 또는 ISBP를 반영하여 판결을 내리는 경우가 대부분이다.

이것의 광범위한 사용은 신용장에 따른 서류 작성과 심사의 국제적인 통일성을 높이고 제시된 서류에 하자가 발생할 비율을 크게 줄이게 될 것이다.

국제상업회의소가 ISBP를 제정하게 된 배경은 다음과 같다. UCP 500이 제정된 후 국제상업회의소 은행위원회에는 많은 질문이 들어왔고 이에 따른 opinion이 발표되고, 2000년 이후에는 600개 이상의 교육사례(educational queries)가 발표되었다.

그러나 여전히 서류를 작성하고 심사하는데 기준이 되는 국제표준은행관행이 어떤 것인가에 대한 의문이 남아 있었다.

이러한 현상을 방치하는 것은 국제거래 대금결제에 신용장을 사용하였을 때 수출상을 보호하는 역할을 감소시키고 분쟁을 증가시켜 종국적으로는 신용장 사용을 감소시키게 할 위기까지 야기하였다.

이러한 위기감으로 2000년 5월 은행위원회 회의에서 International Standard Banking Practice를 제정하는 임무를 맡을 task force가 구성되었다.

ISBP는 새로운 관행을 만들거나 UCP 500을 개정하는 것이 아니라 기존 관행의 의미와 이것을 실무에 어떻게 적용할 것이냐를 결정하는 것이다.

태스크 포스팀은 ISBP가 UCP의 규정과 Opinion, Decision, Position Papers 그리고 적용 가능한 범위 내에서 DOCDEX decisions를 반영하여 이것을 제정하였다.

따라서 서류를 심사할 때 지금까지 발표된 Opinion 등을 일일이 찾아보지 않고 ISBP만 찾아보아도 대부분 의문점이 해소될 수 있게 되었다.

은행실무자는 이것을 숙지하여 서류 심사에 차질이 없도록 하여야 할 것이다.

ISBP의 주요 내용을 요약하면 다음과 같다. 다만 여기서는 신용장통일규칙에 이미 규정된 것은 설명을 생략하였다. 그리고 운송서류에 관련된 설명은 해상선하증권과 동일하게 적용되는 부분도 생략하였다.

2) ISBP 내용

(1) 예비적 고려사항

① 신용장조건은 근거거래와의 관련성이 신용장에 명시적으로 언급되어 있다 하더라도 근거거래와는 독립적이다. 서류심사에 있어서의 불필요한 비용, 지연 및 분쟁을 회피하기 위하여 발행의뢰인과 수익자는 요구서류, 서류의 발행인, 제시기간을 신중하게 고려하여야 한다(ISBP 1).

② 신용장의 발행 또는 조건변경을 위한 지시의 불명확성으로 인한 위험은 발행의뢰인이 부담한다. 발행의뢰인이 달리 정하지 않는 한 신용장의 발행은행은 신용장의 발행 또는 조건변경을 위한 요청에 대하여 신용장의 사용에 적합한

방식으로 신용장조건을 보완하거나 개발할 수 있는 권한을 가진다(ISBP 2).

③ 발행의뢰인은 UCP의 조항 중에는 제대로 이해하지 못하면 예상하지 못한 결과를 초래할 수 있는 방식으로 조건을 정의하고 있는 조항(제13조, 제21조, 제23조, 제24조, 제26조, 제27조, 제28조, 제39조, 제40조, 제46조, 제47조)들이 포함되어 있다는 사실을 인식하여야 한다. 예를 들어, 해상선화증권의 제시를 요구하면서 환적금지가 포함된 신용장이 환적금지의 효과를 실질적으로 내기 위해서는 UCP 제23조 d항을 배제하여야 한다(ISBP 3).

④ 신용장은 발행의뢰인에 의하여 발행되어야 하는 서류 및/또는 부서되어야 하는 서류의 제시를 요구하지 않아야 한다. 신용장에 그러한 조건이 포함되어 있는 경우 수익자는 조건변경을 요청하거나 조건에 일치시켜야 하며 조건에 일치시키지 못하는데 따르는 위험은 스스로 부담하여야 한다(ISBP 4).

⑤ 서류심사에서 발생하는 대부분의 문제는 근거거래, 신용장발행신청 및 신용장 발행에 있어서의 세부사항에 신중한 주의를 기하면 회피될 수 있거나 해결될 수 있다(ISBP 5).

(2) 일반원칙의 내용

◎ 약어

① 일반적으로 인정되는 약어의 사용, 예를 들어 “Limited” 대신에 “Ltd”, “International” 대신에 “Int’l”, “Company” 대신에 “Co”, “Kilos” 대신에 “kgs” 또는 “kos”, “Industry” 대신에 “Ind”, “manufacturer” 대신에 “mfr”, 또는 “metric tons” 대신에 “mt” 또는 이와 반대의 경우는 서류의 하자에 해당하지 않는다(ISBP 6).

② 사선(slash mark “/”)은 다른 의미를 가질 수 있으므로 내용적으로 명확하지 않는 한 단어를 대체하는 것으로 사용되지 않아야 한다(ISBP 7).

◎ 증명과 선언

① 증명(certification), 선언(declaration) 또는 이와 유사한 내용은 신용장의 요구에 따라 별도의 서류로 작성되거나 또는 다른 서류에 포함될 수 있다. 증명, 선언 등이 발행일과 서명이 있는 다른 서류에 표시되는 경우, 서류를 발행하고 서명한 동일인에 의하여 작성된 것으로 보인다면 별도의 서명이나 일자를 필요로 하지 않는다(ISBP 8).

◎ 정정 및 변경

① 수익자가 발행한 서류 이외의 서류의 정보 또는 자료의 정정(correction) 및 변경(alteration)은 서류의 발행인 또는 발행인으로부터 수권받은 자에 의하여 인증된 것으로 나타나야 한다.

공인 또는 사증이 된 서류의 정정 및 변경은 서류를 공인 또는 사증을 행한 자에 의하여 인증되어야 한다. 인증은 인증자를 표시하고 서명 또는 약식 서명이 기재되어야 한다.

인증이 서류의 발행인 이외의 자에 의하여 행한 것으로 나타나는 경우, 정정 및 변경에 대한 인증을 행한 자의 자격이 명확하게 표시되어야 한다(ISBP 9).

② 환어음을 제외하고 공인 또는 사증되지 않은 수익자가 발행한 서류의 정정과 변경에는 인증이 필요하지 않다(ISBP 10).

③ 동일한 서류에 복수의 형태의 글씨체 또는 문자크기 또는 수기의 사용 자체는 정정이나 변경으로 간주되지 않는다(ISBP 11).

④ 하나의 서류에 복수의 정정 또는 변경이 포함된 경우, 각각의 정정은 별도로 인증되거나 하나의 인증이 적절한 방법으로 모든 정정에 연계되어야 한다(ISBP 12).

◎ 일자

① 환어음, 운송서류 및 보험서류는 신용장에서 요구하지 않은 경우에도 일자가 표시되어야 한다. 그 이외의 기타 서류는 별도로 일자를 기재하거나 함께 제시된 다른 서류의 일자를 참조하는 방식으로 기재될 수 있다.

별도로 발행된 증명서나 선언서는 일자를 기재하여야 하나 서류의 내용에 따라 일자가 기재되지 않을 수 있다. 기타 서류의 일자 표기는 서류의 성질과 내용에 따라 다를 수 있다(ISBP 13).

② 분석증명서(certificate of analysis), 검사증명서(inspection certificate), 선적전 검사증명서(pre-shipment inspection certificate)를 포함한 모든 서류의 일자는 선적일자 이후의 일자를 표시할 수 있다.

그러나 신용장에서 선적 이전에 행해진 행위를 증빙하는 서류를 요구하는 경우, 그러한 행위가 선적일자 또는 그 이전에 이행되었음을 표제 또는 내용으로 표시하여야 한다.

검사증명서에 대한 요구는 선적 이전의 행위를 증빙하는 요구로 간주되지 않는다. 모든 서류의 발행일자는 제시일자 이전이어야 한다(ISBP 14).

③ 작성일자와 그 이후의 서명일자가 표시된 서류는 서명일자에 발행된 것으로 간주된다(ISBP 15).

④ UCP 제43조 a항의 서류제시를 위한 최종일자에 관한 규정은 한 통 이상의 원본 운송서류가 포함된 제시에만 적용된다.

운송서류는 UCP 제23조에서 제29조에서 다루고 있는 서류를 말한다. 어떠한 경우에도 서류는 신용장의 유효기일까지는 제시되어야 한다(ISBP 16).

⑤ 일자 또는 행위에 관한 시간을 표시하기 위하여 종종 사용되는 문구는 다음과 같은 의미를 가진다(ISBP 17).

a) "within 2 days after"는 행위일로부터 행위일 이후 2일의 기간을 나타낸다.

b) "not later than 2 days after"는 기간이 아닌 최종일을 표시하는 것이다. 요구사항이 특정일자 이전의 일자로 되지 않아야 하는 경우, 신용장을 이를 명시하여야 한다.

c) "at least 2 days before'는 요구사항이 특정일자보다 늦어도 2일 전에 행해져야 한다는 것을 나타낸다.

d) "within 2 days of"는 행위 이전의 2일과 이후의 2일의 기간을 나타낸다.

⑥ "within"이라는 용어가 일자와 관련하여 사용되는 경우, 기간 계산에서 당해 일자를 제외한다(ISBP 18).

⑦ 일자는 다양한 형태로 표현될 수 있다. 예를 들어, 당해 서류 또는 다른 서류로부터 일자를 확정할 수 있는 한 2003년 11월 12일은 12 Nov 03, 12Nov03, 11.12.2003, 12.11.03, 2003.1.12, 11.12.03, 121103 등으로 표현할 수 있다. 혼란을 피하기 위하여 월의 명칭은 숫자 대신에 문자를 사용하기를 권장한다(ISBP 19).

UCP 운송조항이 적용되지 않는 서류

① 물품운송과 관련되어 사용되는 일부 서류, 예를 들어 화물인도지시서(Delivery Order), 운송주선인 수취증명서(Forwarder's Certificate of Receipt), 운송주선인 선적증명서(Forwarder's Certificate of Shipment), 운송주선인 운송증명서(Forwarder's Certificate of Transport), 운송주선인 화물수취증(Forwarder's Cargo Receipt) 및 본선수취증(Mate's Receipt)은 운송계약을 반영하지 않으며 UCP 제23조-제29조에서 정의된 운송서류가 아니므로 UCP 제43조는 적용되지 않는다.

이러한 서류는 UCP에 명시규정을 두고 있지 않은 기타 서류와 동일한 방법으로, 즉 UCP 제21조에 따라 심사되어야 한다. 어떠한 경우에도 서류는 신용장의 유효기일까지는 제시되어야 한다(ISBP 20).

② 운송서류의 사본은 UCP 제23조-제29조와 제43조가 목적하는 운송서류가 아니며 UCP 운송조항은 원본 운송서류가 제시되는 경우에만 적용된다.

신용장에서 원본이 아닌 사본의 제시를 허용하는 경우, 신용장은 기재되어야 할 세부사항을 명시하여야 한다. (비유통성)사본이 제시되는 경우 서명이나 일자 등을 증빙할 필요는 없다(ISBP 21).

◎ UCP에 정의되지 않은 표현

① "선적서류(shipping documents)", "제시기간경과서류 수리가능(stale documents acceptable)", "제3자 서류 수리가능(third party documents acceptable)" 및 "수출국(exporting country)"과 같은 표현은 UCP에서 정의하지 않고 있으므로 사용되지 않아야 한다.

신용장에서 이러한 표현들이 사용되는 경우, 그 의미가 명확하게 나타나야 한다. 그렇지 않으면 이러한 표현들은 ISBP에서 다음과 같은 의미를 갖는다(ISBP 22).

a) "shipping documents" - 환어음을 제외한 신용장에서 요구하는 운송서류를 포함한 모든 서류들.

b) "stale documents acceptable" - 신용장 유효기일 이내에 제시되는 한 선적일자 이후 21일이 경과되어 제시된 서류가 수리될 수 있다.

c) "third party documents acceptable" - 환어음을 제외하고 송장을 포함한 모든 서류는 수익자 이외의 자에 의하여 발행될 수 있다.

발행은행의 의도가 운송서류에 수익자가 아닌 송화인을 표시할 수 있다는 것인 경우 이미 UCP 제31조 (iii)항에 의하여 허용되고 있으므로 그러한 문구는 필요하지 않다.

d) "exporting country" - 수익자가 거주하고 있는 국가 및/또는 물품의 원산지 국가 및/또는 운송인이 물품을 수취한 국가 및/또는 선적이나 발송이 행해진 국가.

② "prompt", "immediately", "as soon as possible" 등과 같은 단어 및 표현은 어떠한 경우에도 사용되지 않아야 하며, 사용된다면 은행은 이를 무시한다(ISBP 23).

◎ 서류간의 모순

① 신용장에 따라 제시된 서류들은 상호 모순(inconsistency)되지 않아야 한다. 이러한 요구는 자료의 내용이 동일하여야 한다는 것이 아니라 단지 서류들이 모순되지 않아야 한다는 것이다(ISBP 24).

◎ 서류의 발행인

① 신용장에서 서류가 지정인 또는 법인에 의하여 발행될 것을 명시한 경우 이러한 조건은 서류가 지정인 또는 법인에 의하여 발행된 것으로 나타나면 충족된다.

서류는 용지서두(letterhead)의 사용에 의하여 지정인 또는 법인에 의하여 발행된 것으로 나타낼 수 있으며, 용지서두가 없는 경우 서류는 지정인 또는 법인에 의하여 또는 대리인에 의하여 완성되거나 서명된 것으로 나타낼 수 있다(ISBP 25).

◎ 언어

① ISBP에서는 수익자에 의하여 발행되는 서류는 신용장에 사용된 언어에 의하여 발행될 것을 요구하고 있다.

신용장이 복수의 언어로 작성된 서류를 수리하는 것으로 명시하는 경우, 지정은행은 신용장의 통지에 있어서 신용장의 약정 또는 확인의 조건으로서 수리될 수 있는 언어의 수를 제한할 수 있다(ISBP 26).

◎ 수학적 계산

① 은행은 서류의 상세한 수학적 계산은 점검하지 않는다. 은행은 단지 신용장과 다른 요구서류의 총액만을 점검할 의무를 부담한다(ISBP 27).

◎ 오자 또는 오타

① 단어 또는 문장의 의미에 영향을 주지 않는 서류의 오자(misspelling) 또는 오타(typing error)는 하자로 간주되지 않는다. 예를 들어, “machine” 대신에 “mashine”, “fountain pen” 대신에 “fountan pen”, “model” 대신에 “modal”이라고 기재된 물품명세는 서류의 하자로 간주되지 않는 반면에 “model 321” 대신에 “model 123”이라고 기재된 물품명세는 오타로 간주되지 않고 하자에 해당한다(ISBP 28).

◎ 복수의 지면 및 첨부물 또는 부전

① 신용장 또는 서류에 달리 정하지 않는 한 명칭에 관계없이 물리적으로 편철되거나 일련번호가 부여되거나 또는 내부교차 참조번호가 포함된 지면(pages)은 일부 지면이 첨부물로 간주된다 하더라도 단일서류로서 심사되어져야 한다.

서류가 복수의 지면으로 구성되는 경우, 지면들이 동일한 서류의 일부라는 것을 결정할 수 있어야 한다(ISBP 29).

② 복수 지면으로 구성된 서류에 서명 및/또는 배서가 요구되는 경우 서명은 통상적으로 첫 면 또는 마지막 면에 있어야 한다.

그러나 신용장 또는 서류 자체에서 서명 또는 배서가 표시되어야 하는 면을 명시하지 않는다면 서명 또는 배서는 서류의 어느 곳에도 표시할 수 있다(ISBP 30).

◎ 원본과 사본

① 복수의 원본으로 발행된 서류는 "Original", "Duplicate", "Triplicate", "First Original", "Second Original" 등으로 표시될 수 있다. 이러한 표시가 없는 서류는 원본서류로서의 자격이 상실된다(ISBP 31).

② 신용장에서 사본서류의 제시를 허용하지 않는 한 각각의 요구서류는 적어도 한 통의 원본이 제시되어야 한다. 제시되어야 하는 원본의 통수는 적어도 신용장, UCP에서 요구하는 통수 또는 서류 자체에 원본의 발행통수가 명시된 경우에는 서류에 명시된 통수 이상이어야 한다(ISBP 32).

③ 신용장의 문인으로부디 신용장이 1통의 원본 또는 사본을 요구하는지, 또는 그러한 요구가 1통의 원본 또는 사본에 충족되는지를 결정하는 것이 어려운 경우가 있을 수 있다. 예를 들어, 신용장이 다음과 같이 요구한 경우:

a) "Invoice", "One Invoice" 또는 "Invoice in 1 copy"는 송장 원본 1통을 요구하는 것으로 이해되어져야 한다.

b) "Invoice in 4 copies"는 적어도 송장 원본 1통 및 나머지 통수의 송장 사본의 제시에 의하여 충족될 수 있다.

c) "One copy of invoice"는 송장의 사본 1통의 제시에 의하여 충족될 수 있다. 그러나 이러한 해석에 따라 사본 대신에 원본을 수리하는 것이 표준은행관행이다(ISBP 33).

④ 사본 대신에 원본이 수리되지 않는 경우 "송장의 사본 - 사본 대신에 원본 서

류는 수리되지 않는다" 또는 유사한 표현과 같이 신용장은 원본을 금지하여야 한다(ISBP 34).

⑤ 원본과 사본에 관한 추가적인 지침에 관하여는 "UCP 제20조 b 항과 관련된 원본서류의 결정"이라는 제목의 ICC 은행위원회 정책보고서 문서 제470/871호 수정본을 권장한다(ISBP 35).

◎ 화인

① 화인의 목적은 상자, 자루 또는 포장의 확인을 위한 것이다. 신용장이 화인의 세부사항을 명시하고 있는 경우 화인이 기재되는 서류들은 그러한 세부사항을 표기하여야 하나 추가정보는 신용장 조건과 모순되지 않는 한 수리될 수 있다(ISBP 36).

② 일부 서류에 있어서 화인은 가끔 통상적인 "화인"으로 간주할 수 있는 것을 초과한 정보를 포함하고 있으며, 물품의 종류, 파손되기 쉬운 물품의 취급에 관한 경고문, 물품의 순중량 및/또는 총중량 등과 같은 정보를 포함할 수 있다. 일부 서류에 그러한 추가정보가 포함되어 있다는 사실은 다른 서류에 그러한 추가정보가 없다 하더라도 하자가 아니다(ISBP 37).

③ 컨테이너화한 물품에 관한 운송서류는 가끔 "화인"이라는 표제하에 컨테이너 번호만을 표시하고 있다. 상세한 화인을 표시한 기타 서류들은 그와 같은 이유로 모순되는 것으로 간주되지 않는다(ISBP 38).

◎ 서명

① 신용장에 명시되지 않았다 하더라도 환어음, 증명서 및 선언서는 서명이 요구된다. 운송서류 및 보험서류는 UCP 규정에 따라 서명되어야 한다(ISBP 39).

② 서류에 서명을 위한 공란 또는 여백이 있다는 사실이 반드시 그러한 공란 또는 여백에 서명이 되어야 한다는 것을 의미하지는 않는다.

서류의 문면에서 서류의 유효성을 위한 서명을 요구하는 경우, 예를 들어 "이 서류는 서명이 없으면 유효하지 않다" 또는 이와 유사한 표현이 있다면 반드시 서명이 되어야 한다(ISBP 40).

③ 서명은 수기로 할 필요는 없다. 모사서명, 천공서명, 스탬프, (도장과 같은) 상징물 또는 모든 전자적 또는 기계적 인증 수단으로 충분하다. 그러나 서명된 서류의 사본은 서명된 원본서류로서 부적격하며, 서명된 서류를 팩스로 송부

하는 경우에도 원서명이 없으면 원본서류로서 부적격하다.

서류에 "서명 및 스탬프가 있어야 한다는" 요구 또는 이와 유사한 요구는 서명과 타자, 스탬프 또는 수기로 된 당사자의 명의에 의하여 충족된다(ISBP 41).

④ 별도의 명시가 없는 한 회사의 서두가 인쇄된 용지의 서명은 당해 회사의 서명으로 간주된다. 회사의 명칭은 서명 다음에 반복될 필요가 없다(ISBP 42).

◎ 서류의 명칭 및 복합서류

① 서류는 신용장에서 요구된 명칭이거나, 유사한 명칭을 포함하거나 또는 명칭을 기재하지 않을 수 있다. 예를 들어, 신용장에서 "포장명세서(Packing List)" 요구하는 경우 "Packing Note", "Packing and Weight List" 또는 명칭이 표시되지 않은 포장 명세가 기재된 서류를 제시하여도 충족된다. 서류의 내용은 요구서류의 기능을 충족시키는 것으로 나타나야 한다(ISBP 43).

② 신용장에 열거된 서류는 별도의 서류로 제시되어야 한다. 신용장에서 포장명세서 및 중량명세서를 요구한 경우, 그러한 요구사항은 두 개의 별도 서류를 제시하거나, 포장과 중량 명세가 모두 기재된 포장 및 중량명세서의 원본 두 통의 제시에 의하여 충족된다(ISBP 44).

(3) 환어음에 관한 ISBP의 내용

◎ 환어음의 지급기일

① 환어음의 어음지급기일(tenor)은 신용장조건과 일치하여야 한다. 환어음이 일람불 또는 일람후 특정기일에 지급하는 일람기준 이외의 방법으로 발행할 경우에는 환어음의 내용만으로 만기일을 확정할 수 있어야 한다. 어음지급기일이 선화증권일자후 정기출급인 경우 본선적재일이 선화증권의 발행일과 다르다면 본선적재일이 선화증권일자로 간주된다.

환어음의 만기일과 관련하여 "from" 및 "after"라는 용어가 사용된 경우 UCP의 관련규정은 선적기간에만 적용되며 환어음의 만기일에는 적용되지 않으나, ISBP에서는 당해일자를 제외하는 것으로 간주된다.

신용장이 선화증권 일자를 이용하여 환어음의 만기일을 확정하도록 요구하고 제시된 하나의 선화증권에 복수의 본선적재부기일자가 있는 경우에는 최초의 본선적재부기일자가 만기일의 계산에 사용되며, 복수의 선화증권이 제시되는 경우에는 최후의 선화증권 일자를 기준으로 만기일이 계산되어야 한다(ISBP 45).

② 환어음의 만기일을 확정하기 위한 이러한 기준은 선화증권 이외에 기타의 모든 운송서류에도 동일하게 적용된다(ISBP 46).

환어음의 만기일

① 만기일(maturity date)을 실제의 일자로 기재할 경우에는 신용장조건과 일치되게 계산되어야 한다(ISBP 47).

② 일람후 정기출급(at XX days after sight)으로 발행된 환어음은 서류가 일치하는 경우에는 지급인으로서의 은행의 서류수령일, 서류가 불일치하여 거절통지를 한 이후에 하자서류를 추후에 승인하는 경우에는 환어음의 인수일을 기준으로 만기일을 계산하여야 한다(ISBP 48).

③ 지급인은 반드시 제시인에게 만기일을 통지하여야 한다. 어음지급기일 및 만기일의 계산에 관한 이러한 기준은 환어음이 사용되지 않는 연지급신용장의 경우에도 동일하게 적용된다(ISBP 49).

은행영업일, 은혜일 및 송금지연

① 지급장소에서 환어음의 지급기일이 은행영업일(banking days)이라면 지급기일에 지급이 이루어져야 한다. 환어음의 지급기일이 지급장소에서의 은행영업일이 아닌 경우 신용장에 별도의 명시가 없는 한 지급기일은 다음 첫 은행영업일까지 자동적으로 연장된다. 은혜일(grace days)이나 송금에 있어서의 지연, 송금에 소요되는 기간 등은 지급기일에 가산되지 않는다(ISBP 50).

배서

① 환어음은 필요한 경우 반드시 배서가 행해져야 한다(ISBP 51).

금액

① 환어음은 신용장에 규정된 통화로 금액을 표기한 문자와 숫자가 일치되게 발행되어야 한다(ISBP 52).

② 신용장에서 달리 규정하지 않거나 UCP 제37조 b항이 적용되지 않는 한 환어음 금액은 송장금액과 일치하여야 한다(ISBP 53).

◎ 환어음의 발행방법

① 환어음의 지급인은 신용장에 명시된 당사자이어야 한다(ISBP 54).

② 환어음의 발행인은 수익자이어야 한다(ISBP 55).

③ 발행의뢰인을 지급인으로 요구하는 신용장은 발행되어서는 아니 된다.

신용장에서 발행의뢰인을 지급인으로 하는 환어음을 요구한 경우 그러한 환어음은 UCP 제21조가 적용되는 추가서류로 간주된다(ISBP 56).

◎ 환어음의 정정 및 변경

① 환어음의 정정 및 변경은 반드시 발행인에 의하여 인증되어야 한다(ISBP 57).

② 일부 국가의 경우 발행인의 인증이 있다 하더라도 환어음에 관한 일체의 정정 및 변경이 허용되지 않는다. 이러한 국가의 발행은행은 환어음에 정정 및 변경이 표시되지 않아야 한다는 취지를 신용장에 명시하여야 한다(ISBP 58).

(4) 송장에 관한 ISBP의 내용

◎ 송장의 정의

① 정의를 추가하지 않고 "송장"(invoice)을 요구한 신용장은 모든 종류의 송장의 제시에 의하여 충족된다.

신용장에서 특별히 요구하지 않는 한 가송장(provisional invoice)이나 견적송장(pro-forma invoice)은 수리되지 않는다. 신용장이 상업송장을 요구하는 경우 송장이라는 명칭의 서류는 수리된다(ISBP 59).

◎ 당사자의 명칭 및 주소

① 송장은 문면상 신용장에 지정된 수익자에 의하여 발행되어야 하며, 당사자의 주소를 구성하는 텔렉스 또는 팩스번호 등의 세부사항까지 신용장과 일치될 필요는 없다(ISBP 60).

② 송장은 발행의뢰인의 명의로 발행되어야 하며, 당사자의 주소를 구성하는 텔렉스 또는 팩스번호 등의 세부사항까지 신용장과 일치될 필요는 없다(ISBP 61).

◎ 물품명세 및 기타 송장에 관한 일반사항

① 송장의 물품명세는 신용장의 물품명세와 일치하여야 한다. 일치성의 정도에 있어서 완전일치(mirror image)가 요구되지는 않으며, 전체의 송장내용을 종

합하여 신용장과 일치되면 충분하다(ISBP 62).

② 송장의 물품명세는 실제로 선적된 물품을 반영하여야 한다. 분할선적이 금지되지 않는 경우에는 신용장에 기재된 물품명세의 일부만이 기재된 송장은 수리될 수 있다(예를 들어, 신용장에 트럭 10대와 트랙터 5대와 같이 두 종류의 물품이 기재되고 송장에는 트럭 4대의 선적만이 반영된 경우).

신용장에 기재된 전체의 물품명세가 표시되고 실제로 선적되어진 물품을 명시한 송장도 수리될 수 있다(ISBP 63).

③ 송장은 실제로 선적된 물품의 금액이 표시되어야 한다. 송장에 표시된 물품의 단가 및 통화는 신용장과 일치하여야 하고, 신용장에 요구된 할인액 또는 공제액을 표시하여야 하며, 신용장에 명시되지 않은 선지급, 할인 등에 의한 감액이 행해진 경우에는 이를 표시하여야 한다(ISBP 64).

④ 정형거래조건 및 그 준거법규 등이 신용장의 물품명세의 일부로 기재되거나 또는 금액과 관련하여 기재되어 있는 경우 송장에 정형거래조건 및 그 준거법규가 일치되게 기재되어야 한다(예를 들어, 신용장조건이 "CIF Singapore Incoterms 2000"인 경우 송장에는 "CIF Singapore Incoterms"이라고 기재되면 아니 된다)(ISBP 65).

⑤ 신용장에서 요구하지 않는 한 송장은 서명이나 발행일의 기재를 요하지 않는다(ISBP 66).

⑥ 송장에 기재된 물품의 수량, 중량 및 용적은 다른 서류에 기재된 물품의 수량, 중량 및 용적과 모순되지 않아야 한다(ISBP 67).

⑦ 송장에는 UCP 50 제39조 b 항에 규정된 경우를 제외하고 초과선적 또는 무상이라 명시하더라도 신용장에서 요구되지 않은 견본품, 광고물 등의 물품이 기재되어서는 아니 된다(ISBP 68).

⑧ 송장에 기재된 물품의 수량은 신용장에 과부족 금지조항이 있거나 수량을 포장단위 또는 개수단위로 표시되지 아니하는 한 5% 이내의 범위 내에서 과부족이 허용되며, 이러한 경우 수량과 단가가 일치하는 한 환어음의 금액은 5% 이내에서 부족된 금액으로 발행될 수 있으나 초과된 금액으로 발행될 수는 없다(ISBP 69).

⑨ 분할선적이 금지되는 경우에도 물품의 전량이 선적되고 단가가 감액되지 않는 한 송장금액은 5% 이내의 범위 내에서 부족이 허용된다. 신용장에 수량이 명시되지 않은 경우 송장은 전량을 기재한 것으로 간주된다(ISBP 70).

⑩ 신용장에 요구된 통수의 원본과 사본이 제시되어야 한다(ISBP 71).

⑪ 신용장이 할부선적을 요구한 경우 송장은 할부일정(instalment schedule)과 일치하게 발행되어야 한다(ISBP 72).

(5) 운송서류에 관한 ISBP의 내용

◎ 해상선화증권

- **UCP 제23조의 적용**

① 신용장이 항구간 선적(port-to-port shipment)을 증빙하는 운송서류의 제시를 요구하는 경우 UCP 제23조가 적용된다(ISBP 73).

② 항구간 선적을 증빙하는 선화증권에는 “marine” 또는 “ocean”이라는 용어가 사용될 필요는 없다(ISBP 74).

- **원본 전통**

① 선화증권에는 원본의 발행부수를 명시하여야 한다. “First Original”, “Second Original”, “Third Original”, “Original”, “Duplicate”, “Triplicate” 또는 이와 유사한 표현을 사용하여 원본의 통수가 기재된 운송서류는 원본이다. 또한 “원본”이라는 표현이 기재되지 않더라도 원본으로서 인정될 수 있다(ISBP 75).

- **선화증권의 서명**

① 원본 선화증권에는 운송인의 명의 및 서명이 있어야 한다. 대리인이 운송인을 대리하여 서명하는 경우 대리인의 자격과 운송인의 명의가 있어야 한다. 선장이 서명하는 경우 선장의 자격이 확인되어져야 한다. 대리인이 선장을 대리하여 서명하는 경우 대리인의 자격과 선장의 명의가 있어야 한다.(ISBP 76).

② 신용장에서 운송주선인 선화증권(Freight Forwarder’s Bill of Lading)이 요구된 경우 운송주선인에 의하여 서명될 수 있으며 운송인의 명의 및 대리인으로서의 확인은 기재될 필요가 없다(ISBP 77).

- **본선적재부기**

① 본선적재부기(on board notations)가 포함되지 않은 경우 선화증권의 발행일이 선적일로 간주되며, 본선적재부기가 포함되어 있는 경우 본선적재부기일이 선적일로 간주된다(ISBP 78).

② "Shipped in apparent good order", "Laden on board", "clean on board" 또는 "shipped"나 "on board"와 같은 단어가 포함된 문구는 "Shipped on board"와 동일한 효과를 가진다(ISBP 79).

- 선적항과 양륙항

① 신용장에 요구된 선적항은 선화증권의 선적항 난에 기재되어야 하나, 본선적재부기에 선적항이 기재되는 경우 화물의 수취장소(Place of receipt)를 기재하는 난에 기재될 수 있다(ISBP 80).

② 신용장에 요구된 양륙항은 선화증권의 양륙항 난에 기재되어야 하나, 화물이 양륙항에서 양륙된다는 부기가 있는 경우 최종목적지(Place of final destination)를 기재하는 난에 기재될 수 있다(ISBP 81).

③ 컨테이너 야적장(Container Yard; CY) 또는 컨테이너 화물 조작장(Container Freight Station; CFS)이 수령장소로 표시되고 그 장소가 명시된 선적항과 동일하다면 이러한 장소는 동일한 것으로 간주되어 본선적재부기에는 선적항과 선박명이 기재될 필요가 없다(ISBP 82).

④ 신용장에 선적항 및/또는 양륙항이 지리적 지역 또는 범위로 기재되는 경우(예를 들어, 유럽의 어느 항구) 선화증권은 그러한 지역 또는 범위 내의 실질적인 선적항 및/또는 양륙항이 기재되어야 한다(ISBP 83).

- 수화인, 지시인, 송화인과 배서, 착화통지처

① 선화증권은 신용장이 기명식을 요구하는 경우 기명식으로 발행도어야 하고, 지시식을 요구하는 경우 지시식으로 발행되어야 한다(ISBP 84).

② 선화증권이 단순지시식 또는 송화인 지시식으로 발행된 경우 송화인의 배서가 있어야 하며, 송화인을 대리하여 행해진 배서는 수리될 수 있다(ISBP 85)

③ 신용장에 착화통지처가 기재되지 않은 경우 선화증권의 착화통지처는 공란으로 비워두거나 임의로 기재할 수 있다(ISBP 86).

- 환적과 분할선적

① 환적은 신용장에 기재된 선적항과 양륙항간의 운송과정에서 화물이 다른 선박으로 재적재되는 경우만을 의미하며, 이러한 운송구간 이외에서 행해지는 재적재는 환적으로 간주되지 않는다(ISBP 87).

② 신용장에서 환적을 금지하는 경우에도 UCP 제23조 d항의 규정 내에서 환적

이 허용된다. 신용장이 환적을 금지하고 UCP 제23조 d항을 명시적으로 배제하는 경우에는 문면상 한적이 되거나 될 수 있다고 기재된 선화증권은 불일치로 간주된다(ISBP 88).

③ 신용장에서 분할선적을 금지한다 하더라도 동일한 선박 및 항해, 동일한 양륙항이 기재되고 서로 다른 선적항이 기재된 복수의 선화증권이 모두 제시되는 경우 수리가능하며, 복수의 선화증권의 선적일이 다를 경우 최종일이 선적일로 간주된다. 선박들이 동일한 목적지로 출항하더라도 복수 선박에 의한 선적은 분할선적으로 간주된다(ISBP 89).

- 무사고선화증권

① 화물 및/또는 포장의 하자상태를 명시적으로 선언한 선화증권은 수리되지 아니한다. "포장이 해상항해에 충분하지 않을 수 있다"와 같이 화물 및/또는 포장의 하자상태를 명시적으로 선언하지 않은 조항 또는 부기는 불일치가 아니다. "포장이 해상항해에 충분하지 않다"라는 기재사항은 수리될 수 없다(ISBP 90).

② 신용장이 "무사고 본선적재선화증권" 또는 "무사고 본선적재"라고 기재된 선화증권을 요구하는 경우에도 "무사고(clean)"라는 용어는 선하증권에 기재될 필요가 없다(ISBP 91).

③ "clean"이라는 용어가 선화증권에 표기되었다가 삭제된 경우 물품의 하자를 표시하는 부기가 기재되지 않는 한 사고부로 간주되지 아니 한다(ISBP 92).

- 물품명세

① 선화증권의 물품명세는 신용장의 물품명세와 모순되지 않는 일반용어로 기재될 수 있다(ISBP 93).

- 정정과 변경

① 선화증권의 정정 및 변경은 운송인, 선장 또는 그 대리인의 인증이 있어야 하나, 선화증권의 발행과 서명을 행한 대리인이 정정 및 변경에 대한 인증을 할 것을 요하지는 않는다(ISBP 94).

② 선화증권의 비유통성 사본은 원본에 행해진 정정 및 변경에 대한 인증을 포함할 필요가 없다(ISBP 95).

- **운임과 추가수수료**

① 선화증권에는 신용장에 요구된 운임선불 또는 운임후불의 여부가 기재되어야 한다(ISBP 96).

② 발행의뢰인 및 발행은행은 신용장에 운임선불 또는 운임후불의 여부를 명확히 요구하여야 한다(ISBP 97).

③ 선화증권의 운임지급여부와 추가비용에 관한 기재는 신용장의 요구와 일치되어야 하며, 물품의 양륙지연이나 양륙 이후의 비용(예를 들어, 컨테이너 반환지연에 따른 비용)은 추가비용으로 간주되지 않는다(ISBP 98).

- **복수의 선화증권으로 취급되는 화물**

① 컨테이너에 적재된 화물이 복수의 다른 선화증권으로 취급됨이 기재된 선화증권은 모든 컨테이너가 수화인에게 인도되어져야 하므로 컨테이너에 관련된 모든 선화증권이 제시되지 않는 한 수리될 수 없다(ISBP 99).

◎ 용선계약 선화증권

- **UCP 제25조의 적용**

① 신용장이 항구간 선적을 증빙하는 용선계약 선화증권의 제시를 요구하는 경우 UCP 제25조가 적용되며, 용선계약에 따른다는 표시가 기재된 운송서류는 UCP 제25조가 적용되는 용선계약 선화증권이다(ISBP 100).

② 신용장이 용선계약 선화증권을 요구하는 경우 용선계약에 따른다는 표시가 기재된 해상운송서류는 UCP 제25조의 요구사항을 충족시켜야 한다(ISBP 101).

- **원본 전통**

① 용선계약 선화증권에는 원본의 발행부수를 명시하여야 한다. “First Original”, “Second Original”, “Third Original”, “Original”, “Duplicate”, “Triplicate” 또는 이와 유사한 표현을 사용하여 원본의 통수가 기재된 용선계약 선화증권은 원본이다. 또한 “원본”이라는 표현이 기재되지 않더라도 원본으로서 수리될 수 있다(ISBP 75).

- **용선계약 선화증권의 서명**

① 용선계약선화증권은 선장, 선주가 서명하는 경우 선장 또는 선주의 서명으로

확인되어져야 한다. 선장 또는 선주의 대리인이 서명하는 경우 대리인의 자격과 선장이나 선주의 명의가 있어야 한다(ISBP 103).

- 본선적재부기

① 본선적재부기(on board notations)가 포함되지 않은 경우 선화증권의 발행일이 선적일로 간주되며, 본선적재부기가 포함되어 있는 경우 본선적재부기일이 선적일로 간주된다(ISBP 104).

② "Shipped in apparent good order", "Laden on board", "clean on board" 또는 "shipped"나 "on board"와 같은 단어가 포함된 문구는 "Shipped on board"와 동일한 효과를 가진다(ISBP 105).

- 선적항과 양륙항

① 신용장에 선적항과 양륙항이 지리적 지역 또는 범위로 요구된 경우, 용선계약선화증권에는 그러한 지리적 지역 또는 범위 이내의 실제의 선적항이 기재되어야 하나, 양륙항은 지리적 지역 또는 범위로 기재할 수 있다(ISBP 106).

- 수화인, 지시인, 송화인과 배서, 착화통지처

① 용선계약 선화증권은 신용장이 기명식을 요구하는 경우 기명식으로 발행되어야 하며, 지시식을 요구하는 경우 지시식으로 발행하여야 한다(ISBP 107).

② 선화증권이 단순지시식 또는 송화인 지시식으로 발행된 경우 송화인의 배서가 있어야 하며, 송화인을 대리하여 행해진 배서는 수리될 수 있다(ISBP 108).

③ 신용장에 착화통지처가 기재되지 않은 경우 용선계약 선화증권의 착화통지처는 공란으로 비워두거나 임의로 기재할 수 있다(ISBP 109).

- 분할선적

① 신용장에서 분할선적을 금지한다 하더라도 동일한 선박 및 항해, 동일한 양륙항 또는 동일한 지리적 지역 또는 범위의 항구를 목적지로 기재되고 서로 다른 선적항이 기재된 복수의 용선계약 선화증권이 모두 제시되는 경우 수리가능하며, 복수의 선화증권의 선적일이 다를 경우 최종일이 선적일로 간주된다. 선박들이 동일한 목적지로 출항하더라도 복수 선박에 의한 선적은 분할선적으로 간주된다(ISBP 110).

- 무사고 용선계약 선화증권

① 화물 및/또는 포장의 하자상태를 명시적으로 선언한 용선계약 선화증권은 수리되지 아니한다. “포장이 해상항해에 충분하지 않을 수 있다”와 같이 화물 및/또는 포장의 하자상태를 명시적으로 선언하지 않은 조항 또는 부기는 불일치가 아니다. “포장이 해상항해에 충분하지 않다”라는 기재사항은 수리될 수 없다(ISBP 111).

② 신용장이 “무사고 본선적재 용선계약 선화증권” 또는 “무사고 본선적재”라고 기재된 용선계약 선화증권을 요구하는 경우에도 “무사고(clean)”라는 용어는 선하증권에 기재될 필요가 없다(ISBP 112).

③ “clean”이라는 용어가 용선계약 선화증권에 표기되었다가 삭제된 경우 물품의 하자를 표시하는 부기가 기재되지 않는 한 사고부로 간주되지 아니 한다(ISBP 113).

- 물품명세

① 용선계약 선화증권의 물품명세는 신용장의 물품명세와 모순되지 않는 일반용어로 기재될 수 있다(ISBP 114).

- 정정과 변경

① 용선계약 선화증권 원본의 정정 및 변경은 선주, 선장 또는 그 대리인의 인증이 있어야 하나, 용선계약 선화증권의 발행과 서명을 행한 대리인이 정정 및 변경에 대한 인증을 할 것을 요하지는 않는다(ISBP 115).

② 용선계약 선화증권의 비유통성 사본은 원본에 행해진 정정 및 변경에 대한 인증을 포함할 필요가 없다(ISBP 116).

- 운임과 추가수수료

① 용선계약 선화증권에는 신용장에 요구된 운임선불 또는 운임후불의 여부가 기재되어야 한다(ISBP 117).

② 발행의뢰인 및 발행은행은 신용장에 운임선불 또는 운임후불의 여부를 명확히 요구하여야 한다(ISBP 118).

③ 용선계약 선화증권의 추가비용에 관한 기재는 신용장의 요구와 일치되어야 하며, 물품의 양륙지연이나 양륙 이후의 비용(예를 들어, 컨테이너 반환 지연에 따른 비용)은 추가비용으로 간주되지 않는다(ISBP 119).

◎ 복합운송서류

- UCP 第26조의 적용

① 신용장이 적어도 두 가지 이상의 운송방식을 사용하는 운송을 증빙하는 운송서류의 제시를 요구하고 제시된 운송서류가 신용장에 기재된 출발지점에서 최종목적지까지의 운송을 증빙하고 있는 경우 UCP 제26조가 적용된다. 복합운송서류에는 선적 또는 발송이 한 가지 운송방식에 의하여 행해졌음이 표시되어서는 아니 된다. 복합운송서류에는 사용된 운송수단이 기재될 필요는 없다(ISBP 120).

② "multimodal transport document"와 "combined transport document"는 동일한 의미로 간주되며, 신용장에서 요구하였다 하더라도 복합운송서류의 제목으로 그러한 명칭이 기재될 필요는 없다(ISBP 121).

- 원본 전통

① 복합운송서류에는 원본의 발행부수를 명시하여야 한다. "First Original", "Second Original", "Third Original", "Original", "Duplicate", "Triplicate" 또는 이와 유사한 표현을 사용하여 원본의 통수가 기재된 복합운송서류는 원본이다. 또한 "원본"이라는 표현이 기재되지 않더라도 원본으로서 수리될 수 있다(ISBP 122).

- 복합운송서류의 서명

① 원본 복합운송서류에는 운송인 또는 복합운송인의 명의 및 서명이 있어야 한다. 운송인 또는 복합운송인을 대리하여 대리인이 서명하는 경우 대리인의 자격과 누구를 대리하는지가 확인되어야 한다.

선장이 서명하는 경우에는 선장의 자격이 확인되어져야 하나 선장의 명의는 기재될 필요가 없다. 선장을 대리하여 대리인이 서명하는 경우 대리인의 자격과 선장의 명의가 확인되어야 한다. (ISBP 123).

② 신용장에서 운송주선인 복합운송서류이 요구된 경우 운송주선인에 의하여 서명될 수 있으며 운송인, 복합운송인의 명의 및 대리인으로서의 확인은 기재될 필요가 없다. 운송인 또는 복합운송인의 명의는 표시될 필요가 없다(ISBP 124).

- 본선적재부기

① 신용장에서 요구된 장소로부터 발송, 수탁 또는 본선적재를 증명하는 별도의 부기일이 포함되지 않은 경우 복합운송서류의 발행일은 발송일, 수착일 또는 본선적재일로 간주되며, 별도의 부기일이 포함되어 있는 경우 부기일이 선적일로 간주(ISBP 125).

② "Shipped in apparent good order", "Laden on board", "clean on board" 또는 "shipped"나 "on board"와 같은 단어가 포함된 문구는 "Shipped on board"와 동일한 효과를 가진다(ISBP 126).

- 수탁지, 발송지, 선적지 및 목적지

① 신용장에서 수탁지, 발송지, 선적지 및 목적지가 지리적 범위로 기재되는 경우 복합운송서류는 그러한 지역 또는 범위 이내의 실제의 수탁지, 발송지, 선적지 및 목적지가 기재되어야 한다(ISBP 127).

- 수화인, 지시인, 송화인과 배서, 착화통지처

① 복합운송서류는 신용장이 기명식을 요구하는 경우 기명식으로 발행되어야 하며, 지시식을 요구하는 경우 지시식으로 발행하여야 한다(ISBP 128).

② 복합운송서류가 단순지시식 또는 송화인 지시식으로 발행된 경우 송화인의 배서가 있어야 하며, 송화인을 대리하여 행해진 배서는 수리될 수 있다(ISBP 129)

③ 신용장에 착화통지처가 기재되지 않은 경우 복합운송서류의 착화통지처는 공란으로 비워두거나 임의로 기재할 수 있다(ISBP 130).

- 환적과 분할선적

① 복합운송서류에서 환적은 신용장에 기재된 수탁지, 발송지, 선적지로부터 최종목적지까지의 운송과정에서 화물이 다른 운송방식으로 재적재되는 경우를 의미한다. 환적이 금지되는 경우 전체의 운송구간이 단일의 복합운송서류에 의하여 취급되는 한 환적의 표시가 있어도 수리가능하다(ISBP 131).

② 신용장에서 분할선적을 금지한다 하더라도 동일한 운송수단 및 운항, 목적지가 기재되고 다른 출발지가 기재된 복수의 복합운송서류가 모두 제시되는 경우 수리가능하며, 복수의 복합운송서류의 선적일이 다를 경우 최종일이 선적일로 간주된다(ISBP 132).

③ 복수의 운송수단에 선적하는 경우 동일한 일자에 동일한 목적지를 향하여 출발한다 하더라도 분할선적에 해당한다(ISBP 133).

- 무사고 복합운송서류

① 화물 및/또는 포장의 하자상태를 명시적으로 선언한 복합운송서류는 수리되지 아니한다. “포장이 운항에 충분하지 않을 수 있다”와 같이 화물 및/또는 포장의 하자상태를 명시적으로 선언하지 않은 조항 또는 부기는 불일치가 아니다. “포장이 운항에 충분하지 않다”라는 기재사항은 수리될 수 없다(ISBP 134).

② 신용장이 “무사고 본선적재 복합운송서류” 또는 “무사고 본선적재”라고 기재된 복합운송서류를 요구하는 경우에도 “무사고(clean)”라는 용어는 복합운송서류에 기재될 필요가 없다(ISBP 135).

③ “clean”이라는 용어가 복합운송서류에 표기되었다가 삭제된 경우 물품의 하자를 표시하는 부기가 기재되지 않는 한 사고부로 간주되지 아니 한다(ISBP 136).

- 물품명세

① 복합운송서류의 물품명세는 신용장의 물품명세와 모순되지 않는 일반용어로 기재될 수 있다(ISBP 137).

- 정정과 변경

① 복합운송서류 원본의 정정 및 변경은 운송인, 선장, 복합운송인 또는 그 대리인의 인증이 있어야 하나, 선화증권의 발행과 서명을 행한 대리인이 정정 및 변경에 대한 인증을 할 것을 요하지는 않는다(ISBP 138).

② 복합운송서류 비유통성 사본은 원본에 행해진 정정 및 변경에 대한 인증을 포함할 필요가 없다(ISBP 139).

- 운임과 추가수수료

① 복합운송서류에는 신용장에 요구된 운임선불 또는 운임후불의 여부가 기재되어야 한다(ISBP 140).

② 발행의뢰인 및 발행은행은 신용장에 운임선불 또는 운임후불의 여부를 명확히 요구하여야 한다(ISBP 141).

③ 복합운송서류의 추가비용에 관한 기재는 신용장의 요구와 일치되어야 하며, 물품의 양륙지연이나 양륙 이후의 비용(예를 들어, 컨테이너 반환 지연에 따른 비용)은 추가비용으로 간주되지 않는다(ISBP 142).

- 복수의 복합운송서류로 취급되는 화물

① 컨테이너에 적재된 화물이 복수의 다른 복합운송서류로 취급됨이 기재된 복합운송서류는 모든 컨테이너가 수화인에게 인도되어져야 하므로 컨테이너에 관련된 모든 복합운송서류가 제시되지 않는 한 수리될 수 없다(ISBP 143).

◎ 항공운송서류

- UCP 제27조의 적용

① 신용장이 공항간 선적(airport-to-airport shipment)을 증빙하는 운송서류의 제시를 요구하는 경우 UCP 제27조가 적용된다(ISBP 144).

② 신용장이 "air waybill", "air consignment note" 또는 이와 유사한 운송서류를 요구하는 경우 UCP 제27조가 적용되나, UCP 제27조의 적용을 받기 위하여 이러한 용어가 사용될 필요는 없다(ISBP 145).

- 원본 항공운송서류

① 항공운송서류는 "송화인/선적인용 원본(Original for Consignor/Shipper)"이라는 표시가 기재되어야 하며, 원본 전통이 요구되는 경우에도 "송화인/선적인용 원본"만 제시되면 충분하다(ISBP 146).

- 항공운송서류의 서명

① 항공운송서류 원본에는 운송인의 명의 및 서명이 있어야 하며, 운송인을 대리하여 대리인이 서명하는 경우에는 대리인의 자격과 운송인의 명의가 확인되어져야 한다(ISBP 147).

② 신용장에서 혼재화물운송장(house air waybill) 또는 운송주선인 항공운송서류가 요구된 경우 운송주선인에 의하여 서명될 수 있으며 운송인의 명의 및 대리인으로서의 확인은 기재될 필요가 없다(ISBP 148).

- 운송을 위하여 인수된 물품, 선적일, 실제발송일의 요구

① 항공운송서류는 화물이 운송을 위하여 인수되었음이 기재되어야 한다(ISBP

149).

② 신용장에서 항공운송서류에 실제의 발송일을 기재하도록 요구하는 경우 항공운송서류에는 그러한 부기가 포함되어야 하며, 실제의 발송일이 선적일로 간주된다.

"운송인전용(For Carrier Use Only)"이라는 표제의 란에 포함된 정보는 실제의 발송일을 결정하는데 있어서 고려되지 않는다(ISBP 150).

③ 신용장에서 실제의 발송일을 기재하도록 요구하지 않는 경우 항공운송서류의 발행일이 발송일로 간주된다.

신용장에서 요구되지 않았으나 실제의 운항일이 별도의 부기로 표시된 경우 그러한 일자는 선적일을 결정하는데 있어서 무시된다(ISBP 151).

- 출발공항과 목적공항

① 항공운송서류는 신용장에 기재된 출발공항과 목적공항이 기재되어야 한다. 예를 들어, London Heathrow 대신에 LHR과 같이, 이러한 공항의 명칭은 정식의 명칭을 기재하지 않고 IATA 코드로 기재되어도 불일치가 아니다(ISBP 152).

② 신용장에 출발공항 및/또는 목적공항이 지리적 지역 또는 범위로 기재되는 경우 항공운송서류는 그러한 지역 또는 범위 이내의 실제의 출발공항 및/또는 목적공항이 기재되어야 한다(ISBP 153).

- 수화인, 지시인 및 착화통지처

① 항공운송서류는 권리증권이 아니므로 지시식으로 발행되지 않아야 한다. 신용장에서 지시식 항공운송서류를 요구한다 하더라도 지시식이 아니라 기명식으로 발행된 항공운송서류는 수리될 수 있다(ISBP 154).

② 신용장에 착화통지처가 기재되지 않은 경우 항공운송서류의 착화통지처는 공란으로 비워두거나 임의로 기재할 수 있다(ISBP 155).

- 환적과 분할선적

① 환적은 신용장에 기재된 출발공항과 목적공항간의 운송과정에서 화물이 다른 항공기로 재적재되는 경우만을 의미하며, 이러한 운송구간 이외에서 행해지는 재적재는 환적으로 간주되지 않는다(ISBP 156).

② 신용장에서 환적을 금지한다 하더라도 UCP 제27조 c항에 따라 전 항정이 동

일한 항공운송서류로 증빙되는 경우 환적은 허용된다(ISBP 157).

③ 신용장에서 분할선적을 금지한다 하더라도 동일한 항공기 및 편수, 동일한 목적공항이 기재되고 서로 다른 출발공항이 기재된 복수의 항공운송서류가 모두 제시되는 경우 수리가능하며, 복수의 항공운송서류의 선적일이 다를 경우 최종일이 선적일로 간주된다(ISBP 158).

④ 복수의 항공기에 선적된 경우 동일한 목적지로 동일한 일자에 출항한다 하더라도 분할선적이다(ISBP 159).

- 무사고 항공운송서류

① 화물 및/또는 포장의 하자상태를 명시적으로 선언한 항공운송서류는 수리되지 아니한다. “포장이 운항에 충분하지 않을 수 있다”와 같이 화물 및/또는 포장의 하자상태를 명시적으로 선언하지 않은 조항 또는 부기는 불일치가 아니다. “포장이 운항에 충분하지 않다”라는 기재사항은 수리될 수 없다(ISBP 160).

② 신용장이 “무사고 항공화물운송장” 또는 “무사고 본선적재”라고 기재된 항공운송서류를 요구하는 경우에도 “무사고(clean)”라는 용어는 항공운송서류에 기재될 필요가 없다(ISBP 161).

③ “clean”이라는 용어가 항공운송서류에 표기되었다가 삭제된 경우 물품의 하자를 표시하는 부기가 기재되지 않는 한 사고부로 간주되지 아니 한다(ISBP 162).

- 물품명세

① 항공운송서류의 물품명세는 신용장의 물품명세와 모순되지 않는 일반용어로 기재될 수 있다(ISBP 163).

- 정정과 변경

① 항공운송서류의 정정 및 변경은 운송인 또는 그 대리인의 인증이 있어야 하나, 항공운송서류의 발행과 서명을 행한 대리인이 정정 및 변경에 대한 인증을 할 것을 요하지는 않는다(ISBP 164).

② 항공운송서류 사본은 운송인 또는 그 대리인의 서명이 기재될 필요가 없으며, 원본에 행하여진 정정 및 변경에 대한 인증도 포함될 필요가 없다(ISBP 165).

- 운임과 추가수수료

① 항공운송서류에는 신용장에 요구된 운임선불 또는 운임후불의 여부가 기재되어야 한다(ISBP 166).

② 발행의뢰인 및 발행은행은 신용장에 운임선불 또는 운임후불의 여부를 명확히 요구하여야 한다(ISBP 167).

③ 항공운송서류의 추가비용에 관한 기재는 신용장의 요구와 일치되어야 하며, 물품의 양륙지연이나 양륙 이후의 비용은 추가비용으로 간주되지 않는다(ISBP 168).

④ 항공운송서류에 운임선불과 운임후불을 기재하는 난이 인쇄되어 있는 경우 운임선불 또는 운임후불의 표시는 그러한 난에 운임을 기재하는 것으로 충분하다(ISBP 169).

◎ 도로/철도/내수로 운송서류

- **UCP 제28조의 적용**

① 신용장이 도로, 철도, 내수로 등에 의한 이동을 증빙하는 운송서류의 제시를 요구하는 경우 UCP 제28조가 적용된다(ISBP 170).

- 도로/철도/내수로 운송서류의 원본과 부본

① 신용장이 도로, 철도, 내수로 등의 운송서류를 요구하는 경우 원본이라는 표시가 없어도 원본으로 인정된다.
도로운송서류는 화주용 또는 송화인용 사본이라고 표시되지 않아야 한다. 철도회사는 스탬프에 의하여 인증된 부본만을 화주 또는 송화인에게 제공하는 것이 관행이므로 철도운송서류는 인증된 부본도 원본으로 수리될 수 있다(ISBP 171).

- 도로/철도/내수로 운송서류의 서명

① 도로/철도/내수로 운송서류의 문면상 운송인이 판명되는 경우 운송인 또는 대리인의 서명에는 운송인이라는 용어가 기재되지 않아도 된다.
철도수령증(railway bill)의 경우 운송인이나 대리인의 명의가 기재되지 않더라도 출발철도역에서 수령일만 타인되어 있어도 수리될 수 있다(ISBP 172).

② UCP 제28조에 사용된 운송인이라는 용어는 발행운송인(issuing carrier), 실제운송인(actual carrier), 후속운송인(succeeding carrier) 및 계약운송인(contracting carrier)을 포함한다(ISBP 173).

③ 도로/철도/내수로 운송서류의 모든 서명, 인증, 접수스탬프 또는 기타 접수의 표시는 운송인 또는 그 대리인이 행한 것으로 나타나야 하며 대리인이 행하는 경우 운송인의 명의가 나타나야 한다(ISBP 174).

- 지시인 및 착화통지처

① 도로/철도/내수로 운송서류는 권리증권이 아니므로 지시식으로 발행되지 않아야 하며, 신용장에서 지시식 도로/철도/내수로 운송서류를 요구한다 하더라도 기명식으로 발행된 도로/철도/내수로 운송서류는 수리될 수 있다(ISBP 175).

② 신용장에 착화통지처가 기재되지 않은 경우 도로/철도/내수로 운송서류의 착화통지처는 공란으로 비워두거나 임의로 기재할 수 있다(ISBP 176).

- 분할선적

① 복수의 운송수단(트럭, 화차, 선박 등)에 선적된 경우 동일한 목적지로 동일한 일자에 출발한다 하더라도 분할선적이다(ISBP 177).

- 물품명세

① 도로/철도/내수로 운송서류의 물품명세는 신용장의 물품명세와 모순되지 않는 일반용어로 기재될 수 있다(ISBP 178).

- 정정과 변경

① 도로/철도/내수로 운송서류의 정정 및 변경은 운송인 또는 그 대리인의 인증이 있어야 하나, 발행과 서명을 행한 대리인이 정정 및 변경에 대한 인증을 할 것을 요하지는 않는다(ISBP 179).

② 도로/철도/내수로 운송서류 사본은 원본에 행하여진 서명, 또는 정정 및 변경에 대한 인증을 포함할 필요가 없다(ISBP 180).

- 운임과 추가수수료

① 도로/철도/내수로 운송서류에는 신용장에 요구된 운임선불 또는 운임후불의 여부가 기재되어야 한다(ISBP 181).

② 발행의뢰인 및 발행은행은 신용장에 운임선불 또는 운임후불의 여부를 명확히 요구하여야 한다(ISBP 182).

◎ 보험서류에 관한 ISBP의 내용

- UCP 제34조~제36조의 적용

① 보험서류에는 UCP 500 제34조부터 제36조까지의 조항이 적용된다(ISBP 183).

- 보험서류의 발행인

① 보험서류는 문면상 보험회사, 보험업자 또는 그 대리인에 의하여 발행되고 서명되어야 하며, 보험서류의 문면이나 신용장조건으로 요구되는 경우 모든 원본에는 부서가 행해져야 한다(ISBP 184).

② 보험중개인의 용지로 발행된 보험서류도 보험회사, 보험업자 또는 그 대리인에 의하여 서명되는 경우 수리될 수 있으며, 보험중개인은 보험회사 또는 보험업자의 대리인의 자격으로 서명할 수 있다(ISBP 185).

- 부보위험

① 신용장에서 특정한 위험의 부보를 요구한 경우, 보험서류는 요구된 위험에 대한 면책약관없이 모든 위험을 담보하여야 한다.
신용장에서 "전위험"(all risks) 담보를 요구한 경우, 특정위험에 대한 면책약관의 유무와 관계없이 전위험담보약관 또는 협회적화약관(ICC)(A) 조건으로 부보된 보험서류는 수리될 수 있다(ISBP 186).

② 보험서류에 분할담보(partial cover)가 명시되지 않는 한, 동일한 위험은 단일의 서류로 부보되어야 한다. 분할담보가 명시된 경우, 보험자의 공동책임(joint liability) 또는 주보험자(leading insurer)의 전액담보가 기재되어 있는 보험서류는 수리될 수 있다.(ISBP 187).

③ 보험서류는 신용장에 요구된 선적지, 발송지 또는 수탁지와 양화지 또는 최종목적지간의 운송에 대한 위험을 부보하여야 한다.(ISBP 188).

- 일자

① 보험서류에 담보가 물품의 본선적재일, 발송일 또는 수탁일로부터 유효하다고 명시되지 않는 한 보험서류의 발행일은 물품의 본선적재일, 발송일 또는 수탁일 이전이어야 한다(ISBP 189).

② 보험서류에 유효기일이 명시되어 있는 경우, 이는 보험금청구에 관련된 것이 아니라 물품의 본선적재, 발송 또는 수탁을 위한 최종일에 관련된 것임이 명시되어야 한다(ISBP 190).

- 통화 및 금액

① 보험서류는 반드시 신용장에 표시된 통화로 발행되어야 하며, 신용장에 요구된 부보금액 이상으로 발행되어야 하며, 최저부보금액이 있는 경우에는 이에 따라야 하나 최저부보금액이 없는 경우에는 CIF 또는 CIP가액의 110% 이상으로 발행되어야 한다.(ISBP 191).

② 원칙적으로 소손해면책률조항이 포함된 보험서류는 수리가능하나, 신용장이 면책률 불적용조건으로 부보할 것을 요구한 경우에는 면책률 조항이 포함된 보험서류는 수리될 수 없다(ISBP 192).

③ 최종송장금액이 신용장에 기재된 물품의 총가액보다 적은 경우, 보험부보의 계산은 물품의 총가액을 기준으로 한다(ISBP 193).

- 피보험자 및 배서

① 보험서류는 신용장에 요구된 양식으로 발행되고 필요한 경우 보험금청구권을 가진 자에 의하여 적절한 배서가 있어야 한다. 신용장이 백지배서를 요구하는 경우 소지인식의 보험서류는 수리가능하며, 소지인식을 요구하는 경우 백지배서된 보험서류는 수리가능하다(ISBP 194).

② 신용장이 피보험자를 명시하지 않은 경우 지시식의 보험서류에는 반드시 배서가 있어야 한다. 보험서류는 지급청구권이 서류의 양도시점 또는 그 이전에 이전될 수 있도록 발행되거나 배서되어야 한다(ISBP 195).

(5) 원산지증명서에 관한 ISBP의 내용

- 기본요건

① 신용장에서 원산지증명서를 요구하는 경우, 물품의 원산지를 증명하고 서명과 일자가 기재된 서류를 제시하여야 한다(ISBP 196).

- 발행인

① 원산지증명서는 신용장에 지정된 당사자가 발행하여야 한다. 신용장이 수익자, 수출업자 또는 제조업자에 의하여 발행된 원산지증명서를 요구하는 경우, 수익자, 수출업자 또는 제조업자가 문면으로 판명된다면 상업회의소(Chamber of Commerce)에 의하여 발행된 원산지증명서는 수리될 수 있다. 신용장에서 원산지증명서의 발행인을 지정하지 않은 경우, 발행인에 관계없이 수리가능하다(ISBP 197).

- 원산지증명서의 내용

① 원산지증명서는 송장에 기재된 물품과 연관성이 있어야 한다. 원산지증명서의 물품명세는 신용장의 물품명세와 모순되지 않는 일반용어로 기재될 수 있으며, 신용장의 다른 요구서류에 기재된 물품과의 연관성을 나타내는 참조사항이 표시될 수 있다(ISBP 198).

② 원산지증명서의 수화인은 운송서류의 수화인과 동일하여야 한다. 신용장이 단순지시식, 송화인 지시식, 발행은행 지시식 또는 발행은행 기명식의 운송서류를 요구하는 경우, 원산지증명서의 수화인으로 발행의뢰인 또는 제3자가 기재되어도 수리될 수 있다. 신용장이 양도되는 경우 제1수익자가 수화인으로 기재된 원산지증명서는 수리될 수 있다(ISBP 199).

③ 원산지증명서에는 신용장의 수익자 또는 운송서류의 송화인이 아닌 당사자를 송화인 또는 수출업자로 기재될 수 있다(ISBP 200).

제6절 전자신용장통일규칙(eUCP)

1. eUCP의 의의

전자무역의 발전은 신용장거래에서 서류의 전자적 제시(electronic presentation)와 무역에 사용되는 서류의 전자적 메시지화를 촉진시키고 있다.

이에 국제상업회의소(ICC)의 은행기술실무위원회는 2000년 5월 24일 파리에서 개최된 회의에서 전자무역의 활성화에 따라 화환신용장통일규칙(UCP 600)과 종이서류에 상응하는 전자적 자료처리를 위한 국제적 통일규칙의 필요성을 확인하고 2001년 11월 7일 eUCP를 제정하여 2002년 4월 1일부터 시행되었다.

이것은 eUCP 1.0판이며, 제1차 개정으로서 2007년 7월 1일부터 eUCP 1.1판을 시행하고 있다.

eUCP의 정식명칭은 "전자적 제시를 위한 화환신용장통일규칙 및 관례의 보칙 1.1판"(Supplement to the Uniform and Practice for Documentary Credits for Electronic Presentation-Version 1.1)이다.

eUCP는 화환신용장통일규칙(UCP 600)과 함께 사용되면서 신용장거래에서 무역서류로서의 전자적 기록 또는 종이서류와 함께 이루어지는 전자서류의 제시를 수용하기 위하여 화환신용장통일규칙(UCP 600)을 보충하는 보칙이다.

즉, eUCP는 신용장거래에서 수익자는 신용장의 조건과 일치하는 선적서류를 제시하여야 하는데, 이러한 무역서류를 기존의 종이서류를 대신하여 전자적 기록으로만 제시하거나 또는 일부의 서류는 종이서류로 그리고 나머지 서류는 전자적 기록을 제시하는 경우 이러한 전자적 제시에 대하여 적용하기 위한 국제규칙이다.

2. eUCP의 특징

eUCP는 다음과 같은 특징을 갖고 있다.

첫째, eUCP는 화환신용장통일규칙(UCP 600)의 개정이 아니며, 어디까지나 전자기록의 제시에 대한 불확실성을 제거하기 위해 제정한 화환신용장통일규칙(UCP 600)의 보칙이다. 따라서 eUCP가 적용되는 신용장에는 화환신용장통일규칙(UCP 600)에 대한 준거문언이 명시되어 있지 않더라도 화환신용장통일규칙(UCP 600)이 적용된다.

둘째, eUCP는 완전히 전자적으로 제시하거나 또는 종이문서와 전자적 제시를 혼용할 수 있도록 하고 있다.

셋째, eUCP는 신용장의 전자적 발행 또는 전자적 통지와 관련하여 아무 것도 제시하지 않고 있다. 그 이유는 현 시장관행과 화환신용장통일규칙(UCP 600)이 오랫동안 신용장의 발행 또는 통지를 전자적으로 행할 수 있도록 허용하고 있기 때문이다.

넷째, eUCP는 기술적 발전에 따라 필요시 개정 또는 후속 버전이 나올 수 있도록 그 버전 번호를 부여하여 제정되었다.

다섯째, 화환신용장통일규칙(UCP 600)의 조항과 혼란을 방지하기 위하여 eUCP 각 조 번호 앞에 'e'가 표시되어 있다.

여섯째, 신용장이 전자문서 또는 종이와 전자문서의 혼용을 허용하도록 하고자 하거나 또는 당사자들이 eUCP를 적용하기를 원할 경우 eUCP를 명시적으로 삽입하여야 한다는 점이다. 그러나 eUCP와 화환신용장통일규칙(UCP 600) 모두를 삽입할 필요는 없는 것으로 하고 있다.

일곱째, eUCP는 무역서류의 전자적 제시에 적용될 수 있는 적절한 기술적 보안이나 표준에 대한 지침을 제공하고 있지 않다. 따라서 거래당사자들은 그들 자신들의 기술적 표준을 결정하여야 하며, 또한 기술적 발전에 따라서 지속적으로 재검토하여야 한다.

여덟째, eUCP는 특정기술 및 개발되고 있는 전자상거래시스템과 독립적으로 초안되고 또한 특정기술이나 전자적 제시를 촉진시키기 위하여 필요한 시스템을 제시하거나 정의하고 있지는 않다.

3. eUCP의 적용범위

eUCP에서는 eUCP의 적용범위에 관해서 다음과 같이 규정하고 있다.

첫째, "전자적 제시(electronic presentation)를 위한 화환신용장통일규칙 및 관례(2007 개정 UCP 600)의 보칙(supplement)은 전자기록 자체만의 또는 종이문서와 결합된 제시에 적용할 목적으로 화환신용장통일규칙을 보충한다"라고 하여 eUCP의 목적과 역할을 명시하고 있다. eUCP는 완전히 온라인상에서의 전자적 거래뿐만 아니라 전통적인 종이문서에 기반을 둔 거래와 혼합하여 적용할 수 있으며, 화환신용장통일규칙(UCP 600)을 보충하는 것을 목적으로 하고 있다.

둘째, "eUCP는 신용장이 eUCP에 따른다는 명시가 있는 경우 화환신용장통일규칙(UCP 600)의 보칙을 적용한다."고 하여 신용장의 본문에 eUCP를 적용한다는 문언, 즉 ".....Subject to the Supplement to Uniform Customs and Practice for Electronic Presentation(eUCP) Version 1.1"과 같이 명시가 있어야 적용된다.

즉, 회환신용장통일규칙(UCP 600)은 강행법규가 아니고 임의규칙이기 때문에 법적 구속력을 갖기 위해서는 신용장 본문에 준거문언을 삽입하여야 당사자를 구속할 수 있다.

셋째, "이 버전은 1.1이다. 신용장은 적용하는 eUCP의 버전을 반드시 명시하여야 한다. 신용장이 버전을 명시하지 아니할 경우 신용장이 발행된 일자에 시행되는 버전을 따르고 또는 수익자가 승낙한 조건변경이 eUCP에 따르도록 되어 있을 경우 조건변경일자에 시행되는 버전에 따른다"라고 규정하여 eUCP를 적용하는 신용장은 그 본문에 "eUCP Version 1.1"과 같이 eUCP를 적용한다는 문언이 명시되어 있어야 한다.

이와 같이 eUCP에 적용되는 버전은 특정할 경우와 특정하지 아니한 경우를 구분하여 신용장 발행과 조건변경시의 적용 버전에 관하여 규정하고 있다.

4. eUCP와 신용장통일규칙과의 관계

eUCP가 화환신용장통일규칙(UCP 600)을 대체하는 것은 아니다. 즉, eUCP는 오직 화환신용장통일규칙(UCP 600)의 보칙으로 eUCP와 화환신용장통일규칙(UCP 600)을 상호 보완하여 사용하도록 하고 있다.

"eUCP를 준거로 하는 eUCP 신용장은 화환신용장통일규칙(UCP 600)의 적용을 명시하지 아니하더라도 또한 화환신용장통일규칙(UCP 600)을 적용한다."고 규정하고 있다.

따라서 eUCP에 준거하는 것으로 명시된 신용장의 경우 화환신용장통일규칙(UCP 600)의 준거문언이 명시되지 아니하여도 화환신용장통일규칙(UCP 600)을 적용할 수 있다. "eUCP가 적용되는 경우 그 조항은 화환신용장통일규칙(UCP 600)의 적용과 다른 결과를 발생시키는 범위 내에서 우선한다."고 규정하여 eUCP와 화환신용장통일규칙(UCP 600) 적용이 상충될 경우에는 eUCP를 우선 적용하는 것으로 하고 있다.

"eUCP신용장이 수익자가 종이문서 또는 전자적 기록의 제시 또는 종이문서 제시만을 선택하는 것을 허용하는 경우 수익자가 종이서류의 제시만을 선택한다면 그 종이서류의 제시에 대해서는 UCP만 적용하며, eUCP 신용장이 종이서류만을 허용한 경우 화환신용장통일규칙(UCP 600)만 적용한다.

5. 전자기록의 제시에 대한 수리요건

◎ 전자기록의 제시에 대한 추가적인 면책사항

은행은 전자기록의 외관상의 진정성(apparent authenticity)을 확인하는 것 외에 전자기록의 수취(receipt), 인증(authentication) 그리고 확인(identifi- cation)을 위하여 상업적으로 수용가능한 자료처리 방법의 이용에 의하여 수취된 전자기록에 명백하게 나타나는 것을 제외한 송신사의 신원(identity of the sender), 정보의 출처(source of the information) 또는 그러한 전자기록의 완전성과 무변조성에 대한 책임을 부담하지 않는다.

◎ eUCP에 의하여 제시된 전자기록에 전자서명을 포함

eUCP에서는 eUCP에 의하여 제시된 전자기록에 화환신용장통일규칙(UCP 600)

을 적용할 목적으로, 화환신용장통일규칙(UCP 600)에서 사용되고 있는 '서명하다'(sign)라는 용어는 전자서명을 포함하여야 한다고 규정하고 있다.

이 규정은 화환신용장통일규칙(UCP 600)에 사용하고 있는 '서명하다'라는 용어가 전자서명을 포함한다는 것을 eUCP에서 다시 확인하고 있는 규정이라고 할 수 있다.

여기서 전자서명(electronic signature)이란 어떠한 사실을 확인하기 위하여 그리고 전자기록에 대한 인증을 표시하기 위하여 전자기록에 첨부되거나 논리적으로 관련되고, 실행되거나 채용된 데이터의 처리과정(data process)을 의미한다.

◎ 운송서류에는 물품이 지정선박에 선적되었음을 명시

해상운송, 항공운송 등의 운송을 증명하는 서류가 전자기록으로 제시되는 경우 그러한 운송을 증명하는 전자기록에 선적일이 표기되어 있지 않다면 전자기록의 발행일이 선적일로 간주된다. 그러나 만약 전자기록에 선적일 또는 발송일을 증명하는 부기가 포함되어 있는 경우 그러한 부기일자(date of notation)는 선적일 또는 발송일로 간주되며, 그러한 추가적인 데이터 내용을 보여주는 부기표시는 별도로 서명되거나 인증될 필요가 없다. 라고 규정하고 있다.

제8장
해상보험

제1절 해상보험의 이해

1. 해상보험(Marine Insurance)

1) 해상보험의 의의

선박의 운항 또는 선박에 의한 화물의 운송 중에 일어나는 사고에 대하여 보험자가 보험금의 지급을 통해 손해를 보상하여 줄 것을 약속하고 피보험자는 그 대가로서 보험료를 지불함으로써 경제상의 불안을 제거 또는 경감을 목적으로 하는 손해보험의 일종이다.

해상보험은 보험의 목적에 따라 선박보험과 적하보험으로 구분되며, 보험회사가 위험을 인수하고 이에 대한 손해가 발생하는 경우 화주나 선주에게 그 손해를 보상해 줄 것을 약속하는 계약으로 성립이 이루어진다.

보험은 상법의 구분상 손해보험(損害保險)과 인보험(人保險)으로 구분되고, 다시 손해보험은 화재보험(火災保險), 운송보험(運送保險), 해상보험, 책임보험(責任保險) 등으로 구분된다. 인보험은 생명보험(生命保險), 상해보험(傷害保險)이다.

2) 해상보험의 기능

국제간의 거래는 해운, 금융, 보험 등의 3요소에 의하여 성사된다. 운송은 물류운송회사가, 금융은 은행이, 운송과 금융에 수반되는 사고에 대한 보상은 보험회사가 담당한다.

해상보험은 해운업과 무역거래의 활발한 발전과 기업의 안정성을 보장할 뿐 아니라 세계 경제의 분업화와 자국 경제에 미치는 효용이 크다.

2. 해상보험계약의 당사자

1) 보험자(Insurer)

보험계약자로부터 보험료를 받는 대가로 보험기간 중에 발생한 담보위험에 대하여 보험금을 지급할 것을 약속한 보험회사 또는 개인보험업자를 의미한다.

2) 보험계약자(Policy holder)

보험계약의 당사자로서 보험자와 계약을 체결하고 보험료를 지급하기로 약속한 자로 무역거래에서는 수출자 또는 수입자가 된다.

3) 피보험자(Insured, assured)

보험사고 발생시 보험금을 지급받을 권리를 갖는자를 의미한다. 무역계약상 FOB와 CFR 조건은 보험계약자와 피보험자가 동일하나 CIF와 CIP 조건은 수출자가 보험계약자가 되고 수입자가 피보험자가 되어 상이하다.

3. 해상보험의 기본용어

1) 보험료(Premium)

보험자의 보험목적물에 대한 위험부담에 대하여 보험계약자가 지급하는 금액.

2) 보험금(Claim amount)

담보위험으로 피보험자가 입은 재산상의 손해에 대해 보험자가 지급하는 보상금.

3) 보험목적물(Subject-matter insured)

위험발생의 객체가 되는 대상으로 무역보험에서의 화물 또는 선박, 항공기 등.

4) 피보험이익(Insurable interest)

보험의 목적에 사고가 발생함으로써 피보험자에게 경제상의 손해를 입힐 우려가 있는 경우에 이러한 보험의 목적과 피보험자와의 이해관계를 의미.

5) 보험가액(Insurable value)

피보험이익의 평가액으로서 일정한 피보험이익에 대하여 발생할 수 있는 경제적 손해의 최고한도.

6) 보험금액(insured amount)

실제 보험가입금액으로 보험자가 보험계약상 부담하는 손해배상책임의 최고한도액을 의미한다. 보험금액은 보험가액 범위 내에서 결정된다.

보험가입금액의 차이에 따라 전부보험, 초과보험, 일부보험 등으로 구분된다.

- 전부보험(Full Insurance) : 보험가액=보험금액
- 초과보험(Over Insurance) : 보험가액<보험금액
- 일부보험(Under Insurance) : 보험가액>보험금액

4. 해상위험

1) 해상위험의 종류

해상보험에서 보험자가 담보(Warranty)하는 위험은 항해에 관한 우연한 사고인 해상위험으로 해상보험계약에서는 보험자가 담보하는 위험의 범위를 보험약관에서 정하게 된다. 해상위험은 위험발생의 기회를 항해로 하고 위험발생의 장소를 해상으로 함을 원칙으로 하기 때문에 보험계약에 있어 보험자가 부담하는 위험은 다양하나 해상보험증권상 위험약관에서 담보하는 위험은 다음과 같다.

표 8-1 해상위험의 종류

구 분	종 류	비 고
해상고유의 위험 (Perils of the seas)	침몰(Sinking) 좌초(Stranding) 충돌(Collision) 악천후(Heavy weather)	자연적 위험
해상위험 (Perils on the seas)	화재(Fire or burning) 투하(Jettison) 선원의 악행(Barratry of mariners) 해적, 절도, 강도(Pirates, rovers, thieves)	자연적, 인위적 위험 인위적 위험 인위적 위험 인위적 위험
전쟁위험 (War risks)	군함(Men of war) 외적(Enemies) 습격 및 포획(Surprisals and capture) 해상탈취와 나포(Taking at sea & seizure)	인위적 위험
기타 일체의 위험 (All other perils)		자연적, 인위적 위험

2) 해상위험과 보험기간

보험자가 해상위험을 부담하는 것은 시간적인 제한을 전제로 한 것으로 보험기간은 위험부담의 개시일로부터 종료되는 날까지의 위험부담기간에 한정되어 있다.

협회화물약관에 의한 보험기간의 개시는 해상보험화물이 보험증권에 명시된 지역의 보관창고 또는 장치장을 떠날 때부터 개시되어 다음 중 그 하나가 먼저 이루어졌을 때 종료되게 된다.

첫째, 보험증권에 명시된 목적지에서 화주 또는 기타 최종 창고나 보관장소에 화물이 인도된 때이다.

둘째, 보험증권에 명시된 목적지나 그 이전을 불문하고 피보험자가 통상운송과정 이외의 보관이나 할당 또는 분배를 위하여 선택한 창고 또는 보관소에 인도된 때이다.

셋째, 최종 양륙항에 하역 후 60일(한국은 30일 적용)이 경과한 때 그러나 피보험자가 통제할 수 없는 사정으로 항로를 이탈하는 이로(deviation), 지연, 양화, 재선적, 환적 등의 경우는 보험자의 위험부담책임이 따른다.

표 8-2 문자에 의한 주의 표시

① WITH CARE, HANDLE WITH CARE	① 취급주의
② FRAGILE HANDLE WITH CARE	② 파손주의
③ KEEP UPRIGHT	③ 바로 세워 둘 것
④ DO NOT DROP	④ 떨어뜨리지 말 것
⑤ KEEP DRY, GUARD AGAINST WET	⑤ 습기를 피할 것
⑥ USE NO HOOK, NO HOOK	⑥ 갈구리 사용금지
⑦ THIS SIDE UP, THIS END UP	⑦ 이쪽을 위로 할 것
⑧ TOP	⑧ 위쪽 표시
⑨ POISON	⑨ 유독성물
⑩ EXPLOSION	⑩ 폭발위험물
⑪ CENTER OF BALANCE	⑪ 무게중심
⑫ INFLAMMABLE	⑫ 가연물질
⑬ KEEP COOL, STOW COOL	⑬ 찬 곳에 보관할 것
⑭ SLING HERE	⑭ 줄을 걸치는 곳

제2절 해상보험의 손해 유형

손해라 함은 보험의 목적인 선박, 적하, 운임 등에 해상위험이 발생하여 보험의 목적이 멸실, 손상, 점유 등을 상실함으로써 생기는 피보험자의 재산상의 불이익 등이다.

해상손해는 보험목적물 자체의 직접손해인 물적손해와 그 밖의 간접손해인 비용손해, 배상책임손해로 구분된다.

1. 직접손해

1) 물적손해(Physical loss)

물적손해는 실체적 손해라고도 하며 보험목적물에 위험이 작용하여 멸실 또는 손상이 발생된 것을 의미한다. 물적손해는 피보험이익의 멸실 정도에 따라 전손(全損)과 분손(分損)으로 구분된다.

[그림 8-1] 해상위험의 종류

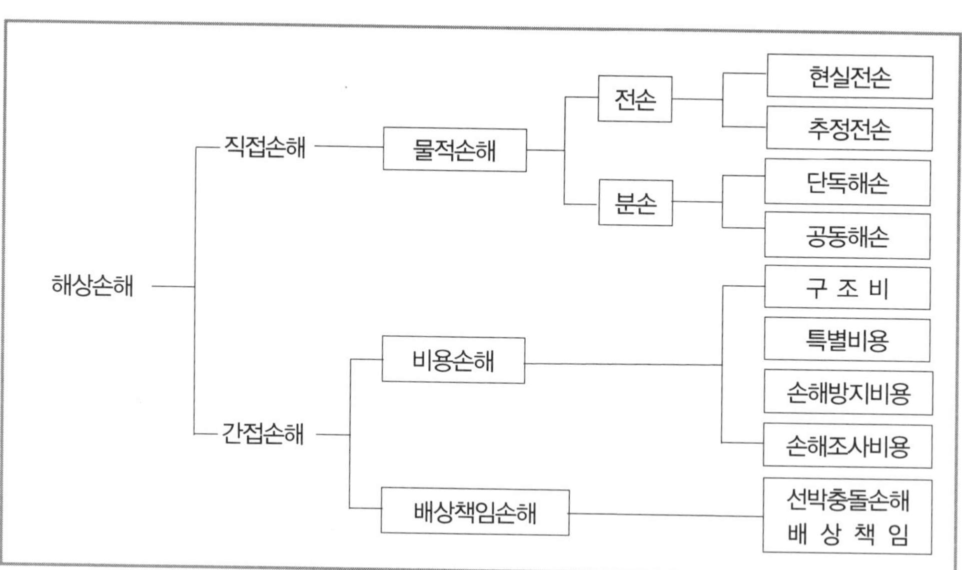

(1) 전손(Total loss)

보험사고에 의하여 피보험목적물 또는 피보험이익이 전부 멸실된 경우로 그 손해의 발생이 실질적인지 또는 경제적인지에 따라 현실전손과 추정전손으로 구분된다.

① 현실전손(Actual total loss) : 현실전손은 보험목적물이 멸실되었거나 원래의 성질을 상실하여 상품가치가 전혀 없게 된 경우를 의미한다.

보험의 목적에는 전혀 물적손해가 발생하지 않았으나 그에 대한 피보험자의 지배력이 상실되었거나 선박의 행방이 상당기간 동안 불명확한 경우 등이다.

② 추정전손(Constructive total loss) : 보험목적을 보험자에게 정당하게 위부(Abandonment) 함으로써 성립되며, 위부를 하지 않을 경우에는 분손으로 처리된다.

첫째, 현실적으로 해상보험의 목적물이 멸실한 것은 아니지만 현실전손으로 보는 것이 불가피하다고 인정되는 경우이다.

둘째, 보험목적에 대한 피보험자의 지배력이 상실되어 회복 가능성이 없는 경우이다.

셋째, 회복비용이 회복되었을 때의 물품의 가액을 초과할 것으로 예상될 경우이다.

넷째, 화물을 수선 또는 수리하여 목적지까지 운송함에 소요되는 비용이 도착 후의 물품의 가액을 초과하게 되는 경우이다.

(2) 분손(Partial loss)

보험사고가 발생하여 피보험이익의 일부분이 멸실 또는 손상이 발생한 경우로 손해발생 원인에 따라 피보험자가 단독으로 부담하여야 하는 단독해손(Particular average)과 이해관계인이 공동으로 부담하는 공동해손(General average)으로 구분되어 진다.

① 단독해손(Particular average) : 보험목적물이 보통의 해난에 의하여 일부 멸실되었거나 손상되어 발생된 비용에 대하여 피보험자가 단독으로 부담하는 손해를 말한다.

② 공동해손(General average) : 선박, 적하, 침몰, 화재 등에 대한 공동위험으로부터 벗어나거나 손해를 경감시키기 위하여 취해진 공동해손행위로 인하여 발생한 손해 및 비용 등을 이해관계자가 공동으로 부담하는 손해를 말한다.

공동해손에 의한 손해는 공동위험단체 참가구성원 모두가 공평하게 부담한다.

이 분담액의 정산은 공동해손정산인(General average adjuster)에 의하여 이루어진다. 공동해손의 일반적인 정산원칙과 기준은 요크/엔트워프 규칙(York/Antwerp Rules)이나 별도의 합의된 정산기준이 있는 경우 그에 따라 처리되고 있다.

③ 대위권(Right of subrogation)과 위부(Abandonment) : 보험자가 피보험자에게 보험금을 지급한 경우 보험자는 피보험자를 대신하여 피보험이익에 대한 권리 및 제3자에 대한 권리를 취득하게 된다.

보험자가 취득한 권리를 대위권이라고 한다. 대위권은 피보험자가 발행한 대위권 양도서에 의하여 보험금을 지급함으로써 그 효력이 발생한다. 보험자가 취득한 대위권은 보험자가 지급한 보상한도 내에서만 유효하다.

위부는 보험의 목적이 전부 멸실한 것이 확실하지만 이를 입증하기가 곤란한 경우 또는 선박의 행방불명 등과 같이 전부 멸실한 것과 동등시되는 경우, 즉 추정전손이 인정될 수 있는 사유가 발생하였을 때 피보험자가 그 피보험목적에 대하여 갖는 일체의 권리를 보험자에게 이전하고, 대신 전손에 해당하는 보험금을 청구하게 되는데, 이것을 위부라고 한다.

피보험자가 보험손해를 추정전손으로 처리하기 위하여 피보험자가 갖고 있는 피보험이익의 일체를 보험자에 대하여 포기하는 행위가 위부이다.

2. 간접손해

1) 비용손해

피보험목적물이 해상보험증권 상에 담보되는 위험에 처해 있을 때 손해를 경감 혹은 방지하기 위하여 피보험자가 자신 또는 제3자의 도움을 받아 취해진 조치에 따르는 경비 혹은 보수를 의미한다.

(1) 구조비(Salvage charge)

해난에 봉착한 재산에 발생할 가능성이 있는 손해를 방지하기 위하여 구조계약에 의하지 않고 구조한 자에게 해상법에 의하여 지불하는 보수를 의미한다.

(2) **특별비용**(Particular charge)

보험목적물의 안전 또는 보존을 위하여 피보험자에 의하여 또는 피보험자를 위하여 지출된 비용으로 공동해손비용과 구조비 이외의 비용을 의미한다.

특별비용에는 손해검사비 또는 화물판매비 등이 포함된다. 손해액과 특별비용을 합하여 보험금액을 한도로 보상하게 된다.

(3) **손해방지비용**(Sue and labour charge)

피보험목적물에 위험이 발생하였을 경우 이로 인한 보험목적물의 손해를 방지 또는 경감하기 위하여 피보험자 또는 그의 사용인 및 대리인이 지출한 비용을 의미한다.

(4) **손해조사비용**(Loss survey charge)

손해발생의 원인과 정도를 조사하는데 소요되는 비용을 의미한다.

2) 배상책임손해

피보험선박이 그의 과실로 다른 선박과 충돌하고 상대 선박에 손해를 입혔을 경우에 보험증권상의 특별약관(Running down clause)에 의하여 보험자가 부담하는 손해를 말한다.

제3절 해상보험의 배상 범위

1. 적하보험의 기본조건

구협회적하약관상 전위험담보조건(A/R), 분손담보조건(W.A.), 단독해손부담보조건(F.P.A.) 조건과 신협회적하약관상 구약관의 A/R과 담보범위가 같은 ICC(A), W.A.와 유사한 ICC(B), F.P.A.와 유사한 ICC(C)의 3가지 조건이 있다.

▮ 표 8-3 신/구협회적하약관의 비교

구협회적하약관	신협회적하약관
전위험담보조건 : ICC A/R	Institute Cargo Clause(A)[ICC(A)] : A Clause
분손담보조건 : ICC W.A.	Institute Cargo Clause(B)[ICC(B)] : B Clause
단독해손부담보조건 : ICC F.P.A.	Institute Cargo Clause(C)[ICC(C)] : C Clause

1) 구협회적하약관상 보험조건

(1) 전위험담보조건(All Risks : A/R)

일반면책위험, 선박 및 운송용구의 불내항 및 부적합, 전쟁위험, 동맹파업위험 등의 손해를 제외한 모든 외부적 우발요인에 의한 손해를 면책한도의 적용 없이 보상하는 조건으로 손해보상의 범위가 높고 보험료가 비싸다.

▮ 표 8-4 구협회약관상 보험조건

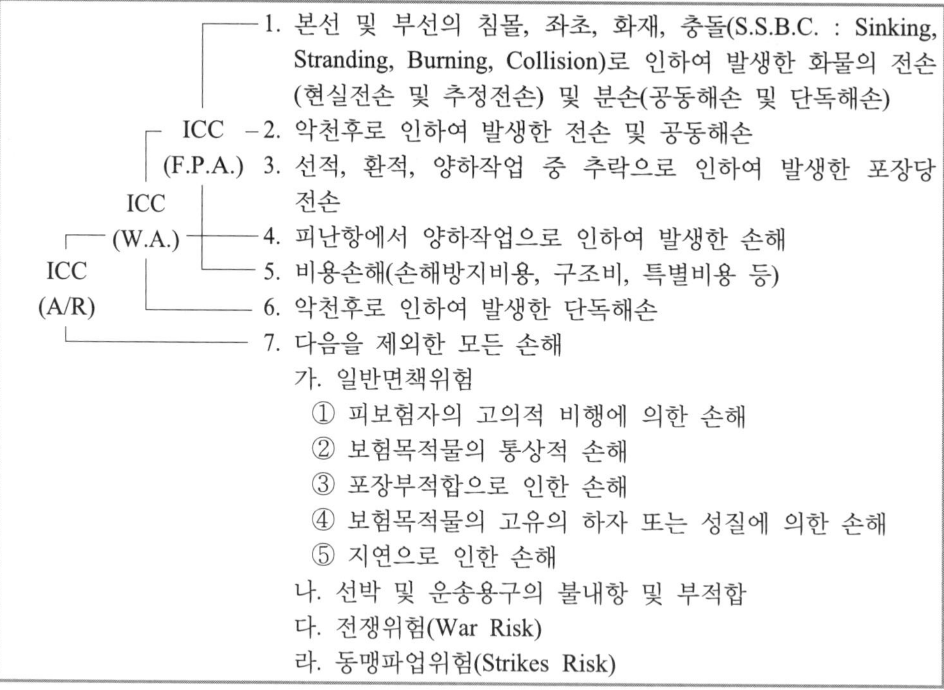
ICC (A/R) — ICC (W.A.) — ICC (F.P.A.)

1. 본선 및 부선의 침몰, 좌초, 화재, 충돌(S.S.B.C. : Sinking, Stranding, Burning, Collision)로 인하여 발생한 화물의 전손(현실전손 및 추정전손) 및 분손(공동해손 및 단독해손)
2. 악천후로 인하여 발생한 전손 및 공동해손
3. 선적, 환적, 양하작업 중 추락으로 인하여 발생한 포장당 전손
4. 피난항에서 양하작업으로 인하여 발생한 손해
5. 비용손해(손해방지비용, 구조비, 특별비용 등)
6. 악천후로 인하여 발생한 단독해손
7. 다음을 제외한 모든 손해
   가. 일반면책위험
      ① 피보험자의 고의적 비행에 의한 손해
      ② 보험목적물의 통상적 손해
      ③ 포장부적합으로 인한 손해
      ④ 보험목적물의 고유의 하자 또는 성질에 의한 손해
      ⑤ 지연으로 인한 손해
   나. 선박 및 운송용구의 불내항 및 부적합
   다. 전쟁위험(War Risk)
   라. 동맹파업위험(Strikes Risk)

(2) 분손담보조건(With Average : W.A.)

법률의 규정 또는 보험증권의 약관에서 제외된 것이 아닌 한 전손과 공동해손은

물론 단독해손에 의한 손해까지 보상해 주는 조건이다.

(3) 단독해손부담보조건(Free from Particular Average : F.P.A.)

전손 및 공동해손의 경우와 손해방지비용, 구조비, 특별비용, 특정분손 등의 손해를 보상하는 조건으로서 단독해손 이외의 모든 손해를 보상하는 조건이다.

2) 신협회적하약관상 보험조건

(1) ICC(A)조건

전위험담보조건(A/R)과 유사한 것으로 보험자는 일반면책위험, 불내항, 부적합, 전쟁위험, 동맹파업 등을 제외한 피보험목적물에 발생한 멸실, 손상, 비용일체를 담보하는 조건이다.

(2) ICC(B)조건

ICC(A)의 면책위험을 제외한 멸실과 손상을 담보하는 조건이다.

(3) ICC(C)조건

보험조건 중 가장 제한된 것으로 ICC(A), ICC(B)를 제외한 멸실과 손상을 담보하는 조건이다.

3) 구협회적하약관(1963년 ICC) 및 신협회적하약관(1982년 ICC)의 비교

첫째, 신약관이 단순화되었다.

담보위험에 관한 내용을 증권의 본문약관에서 삭제함으로써 신증권 자체가 단순화되었고, 담보위험의 내용은 협회약관에 집중되어 피보험자는 협회약관의 내용을 보고 계약을 체결할 수 있으므로 보험계약 업무가 간편해졌다.

둘째, 담보 및 면책위험의 내용이 더욱 명확해졌다.

신 ICC(B) 및 (C)에서는 구체적인 담보위험은 제1조에 열거하고, 면책위험은 제 4, 5, 6, 7조에 열거함으로써 담보 및 면책위험의 내용이 명확해졌다. 구 ICC도 기본적으로는 보험증권의 본문약관의 열거담보위험에 기초를 두고 있지만 신 ICC가 더욱 간결한 열거책임 및 열거위험주의를 채택하고 있다.

셋째, 신 ICC는 손해의 발생원인을 담보기준으로 하고 있다.

구 ICC는 WA, FPA 약관에서와 같이 손해의 형태를 담보의 기준으로 하고 있으나 신 ICC는 손해의 발생원인을 기준으로 담보여부를 규정하고 있다.

넷째, 신 ICC(C) 및 (B)는 구 ICC의 FPA 및 WA의 개념에서 탈피하고 있다.
구 ICC의 FPA, WA는 보험증권 본문상의 담보위험(특히 해상 고유의 위험, 기타)을 기초로 하면서 침몰, 좌초, 대화재 등의 특정 분손이 없는 한 FPA에서는 단독해손으로서의 분손을 담보하고 있지 않고 또한 WA에서는 일정률 이하의 소액을 담보하지 않음으로써 각각 보상범위에 차이를 두고 있다.
그러나 신 ICC에서는 보험증권의 본문약관에서 이탈함으로써 복잡하고 애매한 「해상 고유의 위험」의 개념이나 소손해면책의 규정을 폐지하고 이것에 기초를 둔 「특정분손」의 개념에서 탈피하고 있다.
즉, FPA에서는 특정분순(침몰, 좌초, 대화재 등의 발생을 전제로 함)만을 담보하고 통상의 분손을 담보하지 않고 WA에서는 통상의 분손도 담보한다는 원칙이 소멸되었다.

다섯째, 신 ICC(B)조건 및 (C)조건과의 차이가 WA, FPA와의 차이보다 크다. 선박, 부선에의 적재 또는 양하 중에 있어서 해수침몰 또는 낙하에 의한 1포장당 전손은 WA조건에는 물론 FPA조건에서도 담보되고 있는데 (C)조건에서는 담보되지 않는다.

2. 부가위험담보조건

운송화물에 대한 보험은 전위험담보조건으로 부보하는 경우 부가조건을 부보할 필요가 없으나 보험료가 고율이다. 그러므로 제한적인 조건인 W.A.나 F.P.A. 또는 ICC(B)나 ICC(C)로 부보하는 경우 화물이 통상적인 운송과정 중 입을 수 있는 모든 손실 및 손상을 담보하기에는 불충분하다. 화물의 종류, 포장방법, 운송방법 등을 고려하여 부가조건 들을 추가함으로써 위험에 대한 대비와 저렴한 보험료로써 동일한 효과를 기대할 수 있다. 다음 부가위험들은 추가보험료를 납입하고 특별약관에 의하여 담보되는 조건들이다.

표 8-5 신협회적하약관상 보험조건

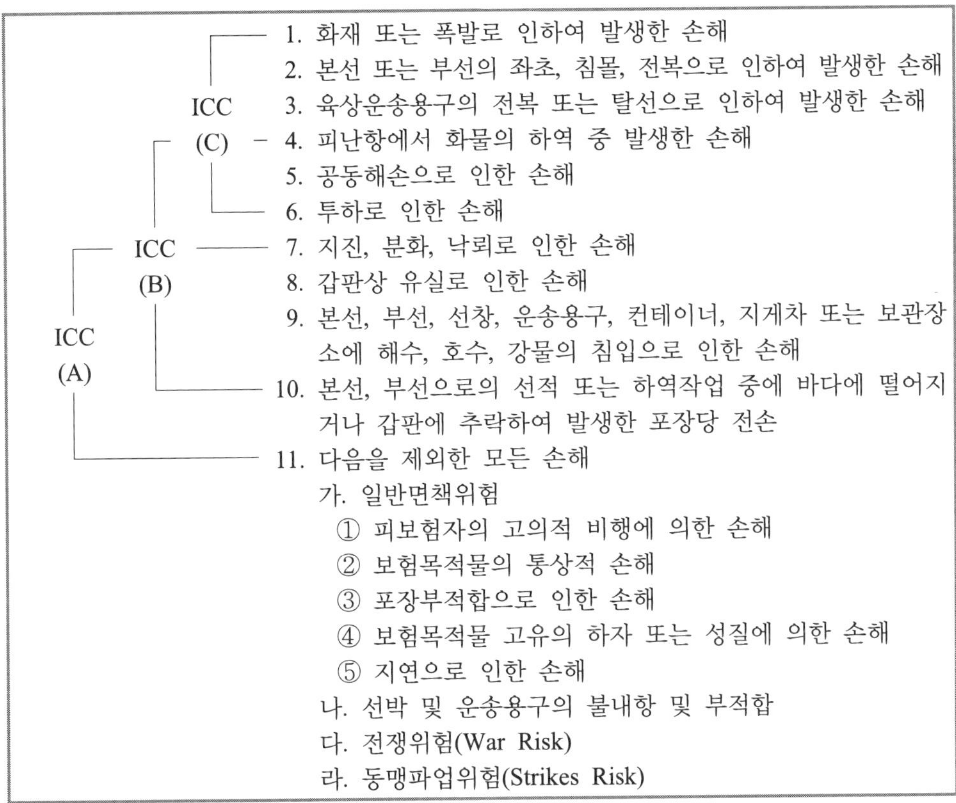
ICC (A)
ICC (B)
ICC (C)
1. 화재 또는 폭발로 인하여 발생한 손해
2. 본선 또는 부선의 좌초, 침몰, 전복으로 인하여 발생한 손해
3. 육상운송용구의 전복 또는 탈선으로 인하여 발생한 손해
4. 피난항에서 화물의 하역 중 발생한 손해
5. 공동해손으로 인한 손해
6. 투하로 인한 손해
7. 지진, 분화, 낙뢰로 인한 손해
8. 갑판상 유실로 인한 손해
9. 본선, 부선, 선창, 운송용구, 컨테이너, 지게차 또는 보관장소에 해수, 호수, 강물의 침입으로 인한 손해
10. 본선, 부선으로의 선적 또는 하역작업 중에 바다에 떨어지거나 갑판에 추락하여 발생한 포장당 전손
11. 다음을 제외한 모든 손해
가. 일반면책위험
① 피보험자의 고의적 비행에 의한 손해
② 보험목적물의 통상적 손해
③ 포장부적합으로 인한 손해
④ 보험목적물 고유의 하자 또는 성질에 의한 손해
⑤ 지연으로 인한 손해
나. 선박 및 운송용구의 불내항 및 부적합
다. 전쟁위험(War Risk)
라. 동맹파업위험(Strikes Risk)

표 8-6 부가위험담보조건

- TPND(theft, pilferage & non-delivery) : 도난, 발하 및 불착
- RFWD(rain and/or fresh water damage) : 빗물 및 또는 청수에 의한 손해
- COOC(contact with oil & other cargo) : 유류 및 또는 다른 화물과의 접촉
- JWOB(jettison & washing over-board) : 투하 및 갑판 유실
- Leakage and/or shortage : 누손, 중량부족
- Hook and hole : 갈고리에 의한 손해
- Breakage : 파손
- Denting and bending : 패이거나 구부러지는 것
- Sweat and heating : 습기와 발열
- Rats and vermin : 쥐와 벌레
- Mould and midew : 곰팡이
- Rust, Oxidation, Discolouration : 녹, 산화, 변색
- Contamination : 오염손
- Spontaneous Combustion : 자연발화

3. 확장담보조건

1) 내륙운송확장담보조건(Inland Transit Extension : I.T.E.)

송화주나 수화주의 창고가 내륙에 위치하는 경우 송화주의 창고나 보관창고로부터 선적항 또는 양화항으로부터 내륙의 수화주의 창고까지 내륙운송중의 위험을 신협회적하약관 및 기타 특별약관에 따라 당초의 적하보험증권에 추가하여 확장담보하는 조건이다.

이 조건의 보험요율은 선적 전과 양화 후로 구분하여 각기 별도로 적용되며, 수출/수입시 보험요율은 ICC(A)는 0.09%(0.15%), ICC(B)와 ICC(C)는 0.048% (0.08%)이다.

2) 내륙보관확장담보조건(Inland Storage Extension : I.S.E.)

본선으로부터 하역되어 중간창고에 입고, 장치중인 화물에 대하여 통관업무상 문제점이 발생하여 장기간 장치가 필요하거나, 원매자를 찾기 위하여 보관해 두어야 할 경우 60일이 경과하면 적하보험의 효력이 종료됨으로 별도의 담보조치를 하여야 한다.

내륙보관확장담보조건은 중간창고나 보세창고에 보관중의 위험을 적하보험증권에 명시된 기간 이상으로 연장할 경우 신협회적하약관 및 기타 특별약관에 따라 확장담보하는 조건이다.

수출/수입시 보험요율은 ICC(A)의 경우 I.S.E. 30일은 0.048%(0.08%), I.S.E. 60일은 0.096%(0.15%), I.S.E. 90일은 0.144%(0.23%)이고 90일 초과시는 10일 단위로 0.016%(0.08%)씩 할증된다.

4. 보험증권과 보험약관

1) 해상보험증권의 개정

해상보험증권이란 보험계약을 증명하는 문서로 1779년 영국의 로이드 보험증권 양식(Lloyd's S.G.Policy Form) 이 채택된 이래 200년간 사용되어 왔다.

그러나 S.G.Policy의 담보위험과 약관의 내용은 해상무역 발달 등의 시대적 흐름에 부적합하여 런던의 보험업자와 로이드보험업자 및 해손정산인 등으로 구성된

ILU(Institute of London Underwriters)의 기술 및 약관위원회(Technical & Clause Committe)에서는 1912년 적하보험특별약관을 제정하여 사용하여 왔다.

이러한 특별약관을 일반화/특별화하여 S.G.Policy 에 첨부하여 사용한 것이 구협회약관이라 불리는 협회적하약관(institute cargo clause : ICC) 이다.

이 약관은 수차에 걸쳐 개정되었으며 현재 사용되고 있는 것은 1963년 개정된 것으로 이 역시 내용이 어렵고 현실에 맞지 않아 1982년 국제연합무역개발회의(United Nations Conference for Trade and Development : UNCTAD)에서 보험증권양식과 특별약관을 대폭 수정하여 간단하고 이해하기 쉽게 개정하게 된 것이 신협회약관이다.

한국은 현재 1983년 4월 1일부터 보험계약자의 선택에 따라 신보험증권과 함께 신협회약관을 구협회약관과 병행하여 사용하고 있으나 점차 신협회약관의 사용이 늘고 있다.

2) 보험약관해석의 원칙

(1) 당사자 존중의 원칙

계약 당사자의 의사가 우선적으로 적용되어야 한다는 원칙으로 약관의 해석은 계약에 따른 당사자의 의사를 최대한 반영하여야 한다.

(2) 문언 위주의 원칙

보험증권의 어구는 계약 당사자가 그 의사를 표명하기 위하여 선택한 것이기 때문에 보험증권이 해석의 기준이 되며 증권문언 이외의 증거의 인용은 인정되지 않는다.

(3) 수기문언 우선의 원칙

동일한 내용의 각 약관 내용과 기타 문언이 서로 상충될 경우 수기문언이 우선적으로 적용된다. 이는 수기문언이 당사자의 특별한 의사표시이기 때문이다.

구협회약관의 경우에는 본문약관 → 이태리서체약관 → 난외약관 → ICC약관 → 기타 특별약관 → 스탬프 약관 → 타자약관 → 수기약관 순으로 해석하며, 신협회약관의 경우에는 본문약관 → ICC약관 → 특별약관 → 스탬프 약관 → 인쇄약관 → 타자약관 → 수기약관 순으로 해석된다.

(4) 작성자 불이익의 원칙

해상보험약관은 어구를 보험자가 선택하여 제정한 것이므로 그 말의 의미를 명백히 하는 것은 보험자의 의무이므로 문언의 해석상 여러 해석이 가능할 경우에는 작성책임자, 즉 보험자에게 불리하게 해석하여야 한다.

(5) 통상해석의 원칙

보험증권의 어구는 피보험자가 보험증권의 어구를 보통 평이한 의미로 이해하고 평이한 의미가 피보험자의 참된 의사를 표명한 것으로 보기 때문에 평이(plain)하게, 통례(ordinary)에 의한 통속(popular)한 일상(everyday)의 의미로 해석되어야 한다.

(6) 숫자 우선의 원칙

증권의 금액 또는 번호가 문자와 숫자로 기술되어 있으나 그 문자와 숫자가 일치하지 않을 경우에는 숫자를 풀어 쓴 문자가 우선한다.

(7) 합리적 해석의 원칙

계약당사자의 일방에 불리하게 해석되어서는 안되며, 특정용어나 그 용어의 기술적 해석에 국한되어서는 안된다.

3) 구협회약관과 신협회약관의 구성

(1) 구협회약관의 구성

구협회약관은 S.G.Policy와 특별약관인 협회적하약관을 합쳐서 하나의 보험증권을 구성하고 있다.

① S.G.Policy : S.G.Policy 약관은 본문약관(20개 조항), 이태리서체약관(3개 조항), 난외약관으로 구성되어 있다.
② **협회적하약관** : 협회적하약관은 14개 조항으로 구성되어 있으며 이 중 위험약관(제5조)을 제외한 13개 조항은 그 내용이 동일하며 위험약관은 그 내용에 따라 전위험담보(A/R)조건, 분손담보(W.A.)조건, 단독해손부담보(F.P.A.)조건으로 구분하고 있다.

(2) 신협회약관의 구성

신협회약관은 구협회약관의 S.G.Policy와 협회약관에서 채택된 약관 및 신설약관으로 구성되어 있으며 여기에 한국에서 제정한 본문약관과 난외약관을 추가하여 하나의 보험증권을 이루고 있다.

① 본문약관 : 준거법약관, 타보험약관, 약인약관, 선언약관
② 난외약관 : 중요사항약관, 손해사정지침약관, 보상청구서류에 관한 약관
③ 협회적하약관 : 신협회적하약관은 8개로 구분하여 19개 약관으로 구성되어 있으며, 담보위험은 구협회적하약관과는 달리 A, B, C 조건으로 구분하고 있다.

표 8-7 신협회적하약관의 구성

구 분	약관번호	ICC(A) 신약관	ICC(A/R) 구약관			
		약 관 내 용	약관번호	동일표현	표현변경	신설
담보위험	1	위험약관(risks clause)	5		○	
	2	공동해손약관(general average clause)	5		○	
	3	쌍방과실충돌약관(both to blame clause)	11	○		
면책위험	4	일반면책약관(general exclusion clause)	5		○	
	5	불내항성 및 부적합성면책약관 (unseaworth iness and unfitness exclusion clause)	8		○	
	6	전쟁면책약관(war exclusion clause)	12		○	
	7	동맹파업면책약관(strikes exclusion clause)	13		○	
보험기간	8	운송약관(transit clause)	1	○		
	9	운송계약종료약관(termination of contract of carriage clause)	2		○	
	10	항해변경약관(change of voyage clause)	4		○	
보험금청구	11	피보험이익약관(insurable interest clause)				○
	12	제반비용약관(forwarding charge clause)				○
	13	추정전손약관(constructive total loss clause)	6	○		
	14	증액약관(increased value clause)				○
보험이익	15	보험이익불공여약관(not to insure clause)	10	○		
손해경감	16	피보험자의무약관(duty of assured clause)	9		○	
	17	포기약관(waiver clause)				○
지연방지	18	신속조치약관(reasonable despatch clause)	14	○		
법률 및 관습	19	준거법약관(english law and practice clause)			○	

5. 협회적하약관 2009년 개정내용

영국에서는 협회약관을 공표 하였던 「런던보험자협회」가 「국제보험인수협회(International Underwriting Association of London; IUA)」로 개편되어 「로이즈시장협회(Lloyd's Market Association; LMA)」와 합동으로 3년 동안의 준비과정을 거쳐 2009년 1월 1일자 개정 협회적하약관(ICC)을 공표하였다.

1) 주요 개정 내용

첫째, 면책조항들의 적용범위가 축소되어 피보험자에게 유리하도록 개정하였다.

둘째, 포장 불충분 면책조항에서는 liftvan(지게차)에의 적부가 삭제되고 보험개시 전 독립계약자에 의해 컨테이너의 적부가 이루어진 경우에도 면책이 적용되지 않는다.

셋째, 선주 등의 파산면책에서도 ICC(1982)에서는 어느 경우이든 운송인의 파산의 결과로 발생하는 손해는 면책되었으나, ICC(2009)에서는 보험의 목적의 적재시에 그러한 파산이 정상적인 항해수행을 중단시킬 수 있다는 사실을 피보험자가 알고 있는 경우에 한하여 면책이다.

파산면책은 부적합면책과 함께 1983년 협회상품 동업자약관(Institute Commodity Trades Clauses)의 면책을 채용하여 보험증권의 선의의 양수인에게는 적용하지 않는다.

2) 운송조항의 개정으로 보험기간 확장

보험자의 책임 개시시점이 화물이 "창고를 떠날 때(leave the warehouse)"에서 "창고에서 보험의 목적이 맨 처음 이동할 때(first moved)"로 개정되고, "인도될 때(on delivery)"가 아닌 "양하 완료될 때(on completion of unloading)" 책임이 종료한다.

3) 테러리즘과 테러리스트의 정의 규정

종교적 동기에서 행동하는 자를 추가하여 테러리즘과 테러리스트에 대해서 규정하였다.

4) 항해변경조항 내용 수정

항해변경조항에서 "held covered"라는 말을 삭제하고 "유령선(phantom ship)"상황에 처한, 즉 다른 목적지를 향하여 출항한 사실을 알지 못한 피보험자를 보장하도록 개정하였다.

5) 기타

"underwriters"라는 말 대신에 "Insurers"로, "Servants"라는 말 대신에 "Employees"로 표준화하였다.

제4절 해상보험과 Incoterms 2010

1. 인코텀즈(Incoterms)의 개념

글로벌경제에 의하여 기업들은 어느 때보다 널리 전세계 시장에 접근할 수 있게 되었다. 물품은 보다 많은 국가에서, 보다 많이, 보다 다양하게 매매되고 있다.

그러나 글로벌매매의 수량이 증가하고 보다 복잡하게 됨에 따라, 매매계약서가 적절히 작성되지 않는 때에는 오해의 가능성과 고비용의 분쟁이 발생할 가능성이 증가한다.

인코텀즈는 International Commercial Terms의 약칭으로 '국내 및 국제거래조건의 사용에 관한 ICC규칙'이다.

프랑스 파리에 본부를 두고 있는 국제상업회의소(ICC : International Chamber of Commerce)가 중심이 되어 1936년에 처음 제정된 이후로 범세계적으로 계약적 표준으로 수용되었고, 국제무역의 발전에 부응하고자 정기적으로 경신되어 왔다.

Incoterms 2010 규칙은 관세자유지역(customs-free zone)의 지속적 확대와 상거래에서 전자적 통신의 사용증대, 물류상 보안에 관한 우려의 증대, 운송관행의 변화를 고려한다.

Incoterms 2010은 도착지인도규칙을 경신하고 통합하여, 규칙의 총수를 13개에서 11개로 줄이고, 또한 모든 규칙을 보다 간단하고 명료하게 제공한다.

Incoterms 규정은 물품매매계약에 있어 기업간의 관행을 반영한 3개의 약자로 구성된 정형거래조건을 설명하고 있으며, 매도인으로부터 매수인에게 물품을 인도하면서 발생하는 의무, 비용, 위험을 주로 설명하고 있다.

Incoterms 규칙은 국내·국제거래조건의 사용에 관한 ICC 규칙으로서 글로벌무역의 수행을 활성화한다. 매매계약에서 Incoterms 2010 규칙에 준거하도록 하는 경우에는 당사자들의 각 의무가 명확하게 규정되고 법적 복잡성의 위험이 감소한다.

2. Incoterm 2010의 활용

1) Incoterms 2010 규칙이 매매계약에 편입되도록 할 것

당해 계약에 Incoterms 2010 규칙을 적용하고자 하는 경우에, 그러한 취지를 계약에서 명확히 하여야 하며, 그 방법으로 "[여기에 선택된 Incoterms 규칙과 지정장소를 표시함] Incoterms 2010"과 같은 문구를 삽입한다[1].

2) 적절한 Incoterms 규칙을 선택할 것

선택된 Incoterms 규칙은 당해 물품과 그 운송방법에 적합하여야 하고, 무엇보다도 예컨대 운송계약이나 보험계약의 체결에 관한 의무와 같은 추가적 의무를 매도인 또는 매수인 중에서 누가 부담하도록 의도하는지에 적합하여야 한다.

각 Incoterms 규칙의 사용지침(Guidance Note)에서는 특히 이러한 선택을 하는데 유익한 정보가 담겨있다.

그러나 어떠한 Incoterms 규칙이 선택되든지 간에, 당사자들은 당해 계약에서 이용되는 항구나 장소에 특유한 관행에 의하여 계약의 해석이 영향을 받을 수 있다는 것을 명심하여야 한다[2].

3) 당해 장소나 항구를 가급적 정확하게 명시할 것

선택된 Incoterms 규칙은 당사자들이 그에 관한 장소나 항구를 지정하는 때에만 작동할 수 있고, 당사자들이 그러한 장소나 항구를 가급적 정확하게 명시하는 경

---

1) If you want the Incoterms 2010 rules to apply to your contract, you should make this clear in the contract, through such words as, "[the chosen Incoterms rule including the named place, followed by] Incoterms 2010".

2) The chosen Incoterms rule needs to be appropriate to the goods, to the means of their transport, and above all to whether the parties intend to put additional obligations, for example such as the obligation to organize carriage or insurance, on the seller or on the buyer. The Guidance Note to each Incoterms rule contain information that is particularly helpful when making this choice. Whichever Incoterms rule is chosen, the parties should be aware that the interpretation of their contract may well be influenced by customs particular to the port or place being used.

우에 가장 잘 작동 한다[3]. 다음과 같이 정확히 명시하는 것은 좋은 예이다.

공장인도(Ex Works: EXW), 운송인인도(Free Carrier: FCA), 도착터미널인도(Delivered at Terminal: DAT), 도착장소인도(Delivered at Place: DAP), 관세지급인도(Delivered Duty Paid: DDP), 선측인도(Free Alongside Ship: FAS), 본선인도(Free on Board: FOB)의 Incoterms 규칙에서, 지정장소(the named place)는 인도가 일어나는 장소이자 위험이 매도인에게서 매수인에게로 이전하는 장소이다.

운송비지급인도(Carriage Paid To: CPT), 운송비·보험료지급인도(Carriage and Insurance Paid To: CIP), 운임포함인도(Cost and Freight: CFR), 운임·보험료포함인도(Cost, Insurance and Freight: CIF)에서 지정장소는 인도장소와 다르다.

후자의 4 Incoterms 규칙에서, 지정장소는 목적지이고 거기까지의 운임이 지급되어야 한다.

장소나 목적지의 표시는 의문이나 논란을 피할 수 있도록 그러한 장소나 목적지 내의 정확한 지점(point)을 명시하는 것이 좋다[4].

4) Incoterms 규칙이 매매계약을 완벽하게 해주는 것은 아님을 명심할 것

Incoterms 규칙은 매매계약의 어느 당사자가 운송계약이나 보험계약을 체결할 의무를 부담하는지, 매도인은 매수인에게 물품을 언제 인도한 것으로 되는지, 각 당사자는 어떠한 비용을 부담하는지를 규정한다.

그러나 Incoterms 규칙은 매매대금이나 그 지급방법에 대하여는 침묵한다. 또한 Incoterms 규칙은 물품 소유권의 이전이나 계약위반의 효과를 다루지 않는다.

이러한 사항들은 당해 매매계약상의 명시조건이나 그 준거법에 의하여 다루어진

---

3) The chosen Incoterms rule can work only if the parties name a place or port, and will work best if the parties specify the place or port as precisely as possible.

4) "FCA 38 Cours Albert 1er, Paris, France Incoterms 2010". Under the Incoterms rules Ex Works (EXW), Free Carrier (FCA), Delivered at Terminal (DAT), Delivered at Place (DAP), Delivered Duty Paid (DDP), Free Alongside Ship (FAS), and Free on Board (FOB), the named place is the place where delivery takes place and where risk passes from the seller to the buyer. Under the Incoterms rules Carriage Paid To (CPT), Carriage and Insurance Paid To (CIP), Cost and Freight (CFR) and Cost, Insurance and Freight (CIF), the named place differs from the place of delivery. Under these four Incoterms rules, the named place is the place of destination to which carriage is paid. Indications as to place or destination can helpfully be further specified by stating a precise point in that place or destination in order to avoid doubt or argument.

다. 더욱이 당사자들은 매매계약(선택된 Incoterms 규칙 포함)의 어느 측면에서도 국내법의 강행규정이 우선한다는 것을 유의하여야 한다[5].

3. Incoterm 2010의 주요특징

1) 2가지의 새로운 가격조건, 즉, DAT와 DAP가 신설되고, Incoterms 2000 규칙의 DAF, DES, DEQ, DDU가 폐지됨

Incoterms 가격조건의 수가 13개에서 11개로 감소되었다. 이는 합의된 운송방식의 종류에 관계없이 사용될 수 있는 2가지 규칙, 즉, DAT(도착터미널인도, Delivered at Terminal)와 DAP(도착장소인도, Delivered at Place)가 신설되고, Incoterms 2000의 DAF·DES·DEQ·DDU가 그 양자에 의하여 대체되어 폐지되었기 때문이다[6].

신설된 2 규칙에서, 인도는 지정목적지에서 일어나는바, DAT에서는 (종래의 DEQ 규칙과 같이) 도착차량에서 양화된 상태로 매수인의 처분하에 놓인 때, 그리고 DAP에서는 (종래의 DAF, DES, DDU와 같이) 마찬가지로 매수인의 처분하에 놓인 때이지만 양화할 준비가 된 때에 인도가 일어난다[7].

위와 같은 2 규칙이 신설됨에 따라 Incoterms 2000의 DES와 DEQ는 불필요하게 되었다. DAT에서 지정터미널은 항구일 수도 있고, 따라서 DAT는 Incoterms 2000

---

5) Incoterms rules do say which party to the sale contract has the obligation to make carriage or insurance arrangements, when the seller delivers the goods to the buyer, and which costs each party is responsible for. Incoterms rules, however, say nothing about the price to be paid or the method of its payment. Neither do they deal with the transfer of ownership of the goods, or the consequences of a breach of contract. These matters are normally dealt with through express terms in the contract of sale or in the law governing that contract. The parties should be aware that mandatory local law may override any aspect of the sale contract, including the chosen Incoterms rule.

6) The number of Incoterms rules has been reduced from 13 to 11. This has been achieved by substituting two new rules that may be used irrespective of the agreed mode of transport – DAT, Delivered at Terminal, and DAP, Delivered at Place – for the Incoterms 2000 rules DAF, DES, DEQ and DDU.

7) Under both new rules, delivery occurs at a named destination: in DAT, at the buyer's disposal unloaded from the arriving vehicle (as under the former DEQ rule); in DAP, likewise at the buyer's disposal, but ready for unloading (as under the former DAF, DES and DDU rules).

의 DEQ가 사용가능하던 경우에 안전하게 사용될 수 있다.

마찬가지로, DAP에서 도착"차량"(vehicle)은 선박이어도 무방하고, 지정목적지는 항구이어도 무방하므로, DAP는 Incoterms 2000의 DES가 사용가능하던 경우에 안전하게 사용될 수 있다.

신설 DAT와 DAP 규칙은 그에 대체된 종전의 DEQ·DES·DAF·DDU와 마찬가지로 "도착지인도" 규칙인바, 매도인은 물품을 지정목적지까지 운송하는 데 관련되는 모든 비용(해당되는 경우에 발생하는 수입통관에 관한 비용 제외)과 위험을 부담한다)[8].

2) Incoterms 2010의 11개 분류

Incoterms 2010의 11개 규칙은 2 부류로 대별되어 있다.

◎ 어떠한 단일 또는 복수의 운송방식에 사용가능한 규칙(RULES FOR ANY MODE OR MODES OF TRANSPORT)

- EXW : EX WORKS(EXW 공장인도)
- FCA : FREE CARRIER (운송인인도)
- CPT : CARRIAGE PAID TO (운송비지급인도)
- CIP : CARRIAGE AND INSURANCE PAID TO(운송비·보험료지급인도)
- DAT : DELIVERED AT TERMINAL(도착터미널인도)
- DAP : DELIVERED AT PLACE(도착장소인도)
- DDP : DELIVERED DUTY PAID(관세지급인도)

---

8) The new rules make the Incoterms 2000 rules DES and DEQ superfluous. The named terminal in DAT may well be in a port, and DAT can therefore safely be used in cases where the Incoterms 2000 rule DEQ once was. Likewise, the arriving "vehicle" under DAP may well be a ship and the named place of destination may well be a port: consequently, DAP can safely be used in cases where the Incoterms 2000 rule DES once was. These new rules, like their predecessors, are "delivered", with the seller bearing all the costs (other than those related to import clearance, where applicable) and risks involved in bringing the goods to the named place of destination.

◎ 해상운송과 내수로운송에 사용가능한 규칙(RULES FOR SEA AND INLAND WATERWAY TRANSPORT)

- FAS : FREE ALONGSIDE SHIP(선측인도)
- FOB : FREE ON BOARD(본선인도)
- CFR : COST AND FREIGHT(운임포함인도)
- CIF : COST INSURANCE AND FREIGHT(운임·보험료포함인도)

Incoterms 2010의 첫째, 부류는 선택된 운송방식이 어떤 것인지를 불문하고 또한 그 운송방식이 단일운송인지 복합운송인지를 가리지 않고 사용가능한 Incoterms 2010의 7 가지 규칙을 포함한다.

EXW, FCA, CPT, CIP, DAT, DAP, DDP가 여기에 속한다.

이들은 해상운송이 전혀 포함되지 않는 경우에도 사용가능하다.

그러나 중요한 것으로, 이들은 운송의 일부에 선박이 이용되는 경우에도 사용될 있음을 유의하여야 한다[9].

Incoterms 2010의 둘째, 부류에서, 물품의 인도장소와 도착장소는 모두는 항구이며, 이에 "해상운송과 내수로운송" 규칙이라고 명명되었다.

FAS, FOB, CFR, CIF가 여기에 속한다.

그 중 FOB, CFR, CIF 규칙에서 인도지점으로서의 "본선의 난간"(ship's rail)이라는 문구가 전부 삭제되고, 대신에 물품은 "본선에 적재"된 때에 인도되는 것으로 되었다.

이는 현대의 상업적 실무를 면밀히 반영하는 것이자, 가상의 수직선 위에서 위험이 전후로 왕래한다는 구시대의 관념을 폐기하는 것이다[10].

---

9) The first class includes the seven Incoterms® 2010 rules that can be used irrespective of the mode of transport selected and irrespective of whether one or more than one mode of transport is employed. EXW, FCA, CPT, CIP, DAT, DAP and DDP belong to this class. They can be used even when there is no maritime transport at all. It is important to remember, however, that these rules can be used in cases where a ship is used for part of the carriage.

10) In the second class of Incoterms 2010 rules, the point of delivery and the place to which the goods are carried to the buyer are both ports, hence the label "sea and inland waterway" rules. FAS, FOB, CFR and CIF belong to this class. Under the last three Incoterms rules, all mention of the ship's rail as the point of delivery has been omitted in preference for the goods being delivered when they are "on board" the vessel. This more closely reflects modern commercial reality and avoids the rather dated image of the risk swinging to and fro across an imaginary perpendicular

3) 국내거래 및 국제거래에 사용가능한 규칙

Incoterms 규칙은 전통적으로 국제매매계약, 즉, 물품이 국경을 넘어가는 경우에 사용되어 왔다.

그러나 세계 각처에서 유럽연합과 같은 자유무역지대(trade bloc)의 등장으로 국제거래에서 국경의 의미가 퇴색되었다.

그에 따라 Incoterms 2010 규칙은 그 부제(副題)에서 이 규칙이 국제매매계약 및 국내매매계약에 모두 사용가능하다고 공식적으로 인정한다.

따라서 Incoterms 2010 규칙은 여러 곳에서 수출/수입통관을 이행할 의무는 해당되는 경우에 한하여 존재함을 명시한다[11].

ICC가 이러한 방향선회를 시의적절하다고 본 것은 다음 2가지의 변화 때문이다.

첫째, 거래당사자들은 순수한 국내매매계약에서도 Incoterms 규칙을 통상적으로 사용한다.

둘째, 국내거래에서 종래의 통일상법전(Uniform Commercial Code: UCC)의 선적조건과 인도조건 대신에 Incoterms 규칙을 사용하고자 하는 미국의 강한 의지 때문이다[12].

4) 사용지침

각 Incoterms 2010 규칙 앞에는 사용지침(Guidance Note)이 있다.

이는 예컨대, 어떠한 경우에 당해 규칙이 사용되어야 하는지, 위험은 언제 이전

---

line.

11) Incoterms rules have traditionally been used in international sale contracts where goods pass across national borders. In various areas of the world, however, trade blocs, like the European Union, have made border formalities between different countries less significant. Consequently, the subtitle of the Incoterms 2010 rules formally recognizes that they are available for application to both international and domestic sale contracts. As a result, the Incoterms 2010 rules clearly state in a number of places that the obligation to comply with export/import formalities exists only where applicable.

12) Two developments have persuaded ICC that a movement in this direction is timely. Firstly, traders commonly use Incoterms rules for purely domestic sale contracts. The second reason is the greater willingness in the United States to use Incoterms rules in domestic trade rather than the former Uniform Commercial Code shipment and delivery terms.

하는지, 매도인과 매수인 사이에서 비용은 어떻게 분담되는지의 문제와 같은 각 Incoterms 규칙의 근간을 설명한다.

사용지침은 Incoterms 2010의 실질규칙의 일부를 이루지 않으며, 단지 사용자들로 하여금 당해 거래에 적합한 Incoterms 규칙을 정확하고 효율적으로 사용할 수 있도록 유도하고자 하는 목적을 갖는다[13].

5) 전자적 통신

이전의 Incoterms 규칙에서는 EDI 메시지에 의하여 대체가능한 서류를 명시하였다. 그러나 Incoterms 2010의 각 규칙 A1/B1에서는 이제, 당사자 간에 합의되었거나 관행이 있는 범위 내에서, 전자적 형태의 통신이 종이에 의한 통신과 동일한 효력을 부여한다.

이러한 개정은 Incoterms 2010 규칙의 시행기간 중에 새로운 전자적 절차의 개발을 활성화 한다[14].

6) 보험

Incoterms 2010 규칙은 협회적하약관(Institute Cargo Clauses)이 개정된 이후로 치자면 Incoterms 규칙의 최초버전이므로 그 약관에 따른 변동사항을 반영한다.

Incoterms 2010 규칙은 운송계약과 보험계약을 다루는 각 A3/B3에서 보험에 관한 정보제공의무를 부과한다.

이러한 규정은 Incoterms 2000 규칙의 각 A10/B10에 내재하던 일반적 규정에서 여기로 이동한 것이다.

보험에 관하여 A3/B3에 사용된 문구는 이러한 점에 관하여 당사자들의 의무를

---

13) Before each Incoterms 2010 rule you will find a Guidance Note. The Guidance Notes explain the fundamentals of each Incoterms rule, such as when it should be used, when risk passes, and how costs are allocated between seller and buyer. The Guidance Notes are not part of the actual Incoterms® 2010 rules, but are intended to help the user accurately and efficiently steer towards the appropriate Incoterms rule for a particular transaction.

14) Previous versions of Incoterms rules have specified those documents that could be replaced by EDI messages. Articles A1/B1 of the Incoterms 2010 rules, however, now give electronic means of communication the same effect as paper communication, as long as the parties so agree or where customary. This formulation facilitates the evolution of new electronic procedures throughout the lifetime of the Incoterms 2010 rules.

명확히 하기 위하여 조정되었다[15].

7) 보안관련 통관과 그에 필요한 정보

오늘날 물류상 보안에 관한 우려가 증대하였고, 그에 따라 물품이 그 고유한 성격 외의 이유로 생명이나 재산에 위협이 되지 않는다는 확인이 요구되었다.

따라서 Incoterms 2010 규칙에서는 각 Incoterms 규칙의 A2/B2와 A10/B10 규정에서 매도인과 매수인 사이에 보관사슬정보(chain-of-custody information)를 입수하는 것과 같이 보안관련 통관을 완료하거나 그 완료에 협조할 의무를 할당하였다[16].

8) 터미널 이용료

Incoterms의 CPT·CIP·CFR·CIF·DAT·DAP·DDP 규칙에서 매도인은 약정된 목적지까지 물품을 운송하는 계약을 체결하여야 한다.

그 운임은 매도인이 부담하지만, 그러한 운송비용은 통상 매도인의 총 매매가격에 산입되어 있기 때문에, 실제로는 매수인이 부담하게 된다.

운송비용은 간혹 항구나 컨테이너터미널 내에서 물품을 취급하고 운반하는 데 드는 비용을 포함하며, 운송인과 터미널운영자는 으레 이러한 비용을 물품을 수령하는 매수인에게 청구한다.

이러한 상황에서, 매수인은 동일한 서비스에 대한 이중지급, 즉, 총 매매가격의 일부로서 매도인에게 한번 지급하고 그와 별도로 운송인이나 터미널운영자에게 또다시 지급하게 되는 것을 피하고자 한다.

---

15) The Incoterms 2010 rules are the first version of the Incoterms rules since the revision of the Institute Cargo Clauses and take account of alterations made to those clauses. The Incoterms 2010 rules place information duties relating to insurance in articles A3/B3, which deal with contracts of carriage and insurance. These provisions have been moved from the more generic articles found in articles A10/B10 of the Incoterms 2000 rules. The language in articles A3/B3 relating to insurance has also been altered with a view to clarifying the parties' obligations in this regard.

16) There is heightened concern nowadays about security in the movement of goods, requiring verification that the goods do not pose a threat to life or property for reasons other than their inherent nature. Therefore, the Incoterms 2010 rules have allocated obligations between the buyer and seller to obtain or to render assistance in obtaining security-related clearances, such as chain-of custody information, in articles A2/B2 and A10/B10 of various Incoterms rules.

Incoterms 2010 규칙은 A6/B6의 관련 Incoterms 규칙에서 그러한 비용을 할당함으로써 이중지급이 발생하지 않도록 도모 한다[17].

9) 연속매매

제조물매매에 대립되는 일차산품매매(sale of commodity)의 경우에, 흔히 화물은 운송 중에 "연속적으로"(down a string) 수차 전매(轉賣)된다.

이러한 연속매매의 경우에, 그 연속거래의 중간에 있는 매도인은 물품을 "선적" 하지 않는다.

물품은 이미 그 연속거래상의 최초의 매도인에 의하여 선적되었기 때문이다. 따라서 연속거래의 중간에 있는 매도인은 물품을 선적하는 대신에 그렇게 선적된 물품을 "조달"(procure)함으로써 매수인에 대한 의무를 이행한다.

명확하게 할 목적에서, Incoterms 2010 규칙은 관련 Incoterms 규칙에서 물품을 선적할 의무에 대신하는 의무로서 "선적된 물품을 조달"할 의무를 신설 한다[18].

10) Incoterms 규칙의 응용

간혹 당사자들은 Incoterms 규칙을 변경하고자 한다. Incoterms 2010은 그러한 변경사용을 금지하지 않으나, 그렇게 하는 때에는 위험이 따른다.

---

17) Under Incoterms rules CPT, CIP, CFR, CIF, DAT, DAP, and DDP, the seller must make arrangements for the carriage of the goods to the agreed destination. While the freight is paid by the seller, it is actually paid for by the buyer as freight costs are normally included by the seller in the total selling price. The carriage costs will sometimes include the costs of handling and moving the goods within port or container terminal facilities and the carrier or terminal operator may well charge these costs to the buyer who receives the goods. In these circumstances, the buyer will want to avoid paying for the same service twice: once to the seller as part of the total selling price and once independently to the carrier or the terminal operator. The Incoterms 2010 rules seek to avoid this happening by clearly allocating such costs in articles A6/B6 of the relevant Incoterms rules.

18) In the sale of commodities, as opposed to the sale of manufactured goods, cargo is frequently sold several times during transit "down a string". When this happens, a seller in the middle of the string does not "ship" the goods because these have already been shipped by the first seller in the string. The seller in the middle of the string therefore performs its obligations towards its buyer not by shipping the goods, but by "procuring" goods that have been shipped. For clarification purposes, Incoterms 2010 rules include the obligation to "procure goods shipped" as an alternative to the obligation to ship goods in the relevant Incoterms rules.

원하지 않는 의외의 결과를 방지하기 위하여, 당사자들은 계약 내에서 그러한 변경으로 의도하는 효과를 매우 명확하게 밝힐 필요가 있다.

따라서 예컨대, Incoterms 2010의 비용분담규칙을 변경하고자 하는 경우에 당사자들은 위험이 매도인에게서 매수인에게로 이전하는 시점도 변경하고자 의도하는지 여부까지도 명확하게 명시하여야 한다[19].

4. Incoterms 2010 용어의 설명

Incoterms 2000 규칙과 마찬가지로, 매도인과 매수인의 의무는 대칭적으로 규정되어 있으며, A 항목은 매도인의 의무를, B 항목은 매수인의 의무를 다룬다.

각각의 의무는 매도인이나 매수인이 손수 이행하거나, 경우에 따라서는, 당해 계약조건이나 준거법의 제한하에, 운송인이나 운송주선업자 기타 매도인이나 매수인이 특별한 목적으로 지정하는 자와 같은 중간행위자를 통하여 이행할 수 있다.

Incoterms 2010 규칙의 전문(全文)은 자명하도록 작성되어 있다.

그러나 사용상 편의를 위하여, 이 문서에 사용된 일부 용어의 의미에 관하여 다음과 같이 안내한다.

1) 운송인

Incoterms 2010 규칙에서, 운송인은 운송계약을 체결한 당사자이다.

Carrier : For the purposes of the Incoterms 2010 rules, the carrier is the party with whom carriage is contracted.

2) 통관

이는 관련 세관규정을 준수하기 위하여 요구되는 사항이며, 서류나 보안, 정보, 물리적 검사에 관한 의무를 포함한다.

19) Sometimes the parties want to alter an Incoterms rule. The Incoterms 2010 rules do not prohibit such alteration, but there are dangers in so doing. In order to avoid any unwelcome surprises, the parties would need to make the intended effect of such alterations extremely clear in their contract. Thus, for example, if the allocation of costs in the Incoterms 2010 rules is altered in the contract, the parties should also clearly state whether they intend to vary the point at which the risk passes from seller to buyer.

Customs formalities : These are requirements to be met in order to comply with any applicable customs regulations and may include documentary, security, information or physical inspection obligations.

3) 인도

이 개념은 거래법과 실무에서 여러 의미를 갖지만, Incoterms 2010 규칙에서, 이 용어는 물품의 멸실 또는 손상의 위험이 어디에서 매도인에게서 매수인에게로 이전하지를 표시하는 목적으로 사용되어 있다.

Delivery : This concept has multiple meanings in trade law and practice, but in the Incoterms 2010 rules, it is used to indicate where the risk of loss of or damage to the goods passes from the seller to the buyer.

4) 인도서류

이 표현은 이제 A8항의 제목으로 사용되어 있다. 이는 인도가 이루어진 사실을 증명하는 용도의 서류를 의미한다. 다수의 Incoterms 2010 규칙에서, 인도서류는 운송서류나 그에 상당하는 전자기록이다. 그러나 EXW, FCA, FAS, FOB의 경우에, 인도서류는 단순한 영수증일 수도 있다. 인도서류는 또한 예컨대 지급매커니즘의 일부로서 다른 기능을 수행하기도 한다.

Delivery document : This phrase is now used as the heading to article A8. It means a document used to prove that delivery has occurred. For many of the Incoterms 2010 rules, the delivery document is a transport document or correspon- ding electronic record. However, with EXW, FCA, FAS and FOB, the delivery document may simply be a receipt. A delivery document may also have other functions, for example as part of the mechanism for payment.

5) 전자적 기록 또는 절차

하나 또는 그 이상의 전자메시지로 이루어지고, 경우에 따라서는, 종이서류에 상당하는 기능을 하는 일체의 정보.

Electronic record or procedure : A set of information constituted of one or more electronic messages and, where applicable, being functionally equivalent with the corresponding paper document.

6) 포장

이 용어는 다음과 같은 다양한 목적으로 사용된다.

Packaging : This word is used for different purposes.

첫째, 매매계약의 일정한 조건을 준수하기 위하여 물품을 포장하는 것,
둘째, 물품이 운송에 적합하도록 포장하는 것,
셋째, 포장된 물품을 컨테이너 기타 운송수단에 적입하는 것.

Incoterms 2010 규칙에서, 포장은 위의 첫째와 둘째를 의미한다.
Incoterms 2010 규칙은 컨테이너에 적입할 당사자의 의무를 다루지 않으며, 따라서 필요한 경우에 이러한 의무는 당사자들이 매매계약에서 다루어야 한다[20].

제5절 Incoterms 2010 조건 해설

1. 운송방식에 관계없이 사용할 수 있는 조건

Incoterms 2010은 운송방식을 기준으로 정형거래조건을 분류하고 있는데, 11가지 중에서 운송방식과 상관없이 사용가능한 조건(Rules for any mode or modes of transport)은 총 7가지이며, EXW, FCA, CPT, CIP, DAT, DAP, DDP 이다.

◎ EXW : Ex Works(공장 인도조건, Loco, On Spot Terms라고도 함)

매도인이 자신의 공장이나 창고에서 물건을 매수인에게 넘기는 것을 말하며, 매도인에게 가장 작은 부담을 주는 조건(minimum obligation)이며, 반면에, 매수인에

---

20) In the Incoterms 2010 rules, packaging means both the first and second of the above. The Incoterms 2010 rules do not deal with the parties' obligations for stowage within a container and therefore, where relevant, the parties should deal with this in the sale contract.

게는 가장 부담이 큰 조건이다.

무역거래에 익숙하지 않은 수출업자가 이용하기 편리한 조건이기 때문에 국내거래에 적합하고, 국제거래에서는 매수인이 수출절차를 이행할 수 없을 경우가 있을 수 있기 때문에 EXW보다 FCA조건을 사용하는 것이 바람직하다.

만약 매도인이 이 조건하에서 물품을 적재해주었다면 매수인이 그 위험 및 비용을 부담한다.

"공장인도"는 매도인이 그의 영업소 또는 기타 지정장소(예컨대, 작업장, 공장, 창고 등)에서 물품을 매수인의 처분하에 두는 때에 매도인이 인도한 것으로 되는 것을 의미한다.

매도인은 물품을 수취용 차량에 적재하지 않아도 되고, 물품의 수출통관이 요구되더라도 이를 하지 않아도 된다[21].

당사자들은 지정장소 내의 지점을 가급적 명백하게 명시하는 것이 바람직하다.

그러한 지점까지 비용과 위험을 매도인이 부담하기 때문이다.

매수인은 지정인도장소에 합의된 지점이 있는 때에는 그 지점부터 물품의 수령에 수반되는 모든 비용과 위험을 부담한다[22].

◎ FCA : Free Carrier(운송인 인도조건)

- 매도인의 비용 : EXW + 인도 장소까지의 운송비용 + 수출통관비)

매도인이 물건을 수출통관하고, 매수인이 지정한 운송인에게 물건을 인도할 때 매도인의 위험과 비용의 분기점은 종료 된다.

매도인의 구역 내에서 FCA가 이루어지면 매도인은 물건을 매수인의 운송수단에 실어줘야 하지만, 매도인의 구역이 아니라 다른 장소일 경우에는 매도인은 자기 차량에서 물건을 내릴 의무가 없다.

물건을 내리고 다시 새로운 운송수단에 싣는 것은 매수인이 할 의무이다.

"운송인인도"는 매도인이 물품을 그의 영업소 또는 기타 지정장소에서 매수인이

21) "Ex Works" means that the seller delivers when it places the goods at the disposal of the buyer at the seller's premises or at another named place (i.e., works, factory, warehouse, etc.). The seller does not need to load the goods on any collecting vehicle, nor does it need to clear the goods for export, where such clearance is applicable.

22) The parties are well advised to specify as clearly as possible the point within the named place of delivery, as the costs and risks to that point are for the account of the seller. The buyer bears all costs and risks involved in taking the goods from the agreed point, if any, at the named place of delivery.

지정한 운송인이나 제3자에게 인도하는 것을 의미한다.

당사자들은 지정인도장소 내의 지점을 가급적 명백하게 명시하는 것이 바람직하다. 그러한 지점에서 위험이 매수인에게 이전하기 때문이다[23].

매도인의 영업구내에서 물품을 인도하고자 하는 경우에, 당사자들은 영업장의 주소를 지정인도장소로 명시하여야 한다.

그러나 다른 어떤 장소에서 물품을 인도하고자 하는 경우에 당사자들은 그러한 다른 인도장소를 명시하여야 한다[24].

FCA에서 해당되는 경우에 물품의 수출통관은 매도인이 하여야 한다.

그러나 매도인은 물품의 수입통관하거나, 수입관세를 지급하거나 수입통관절차를 수행할 의무가 없다[25].

◎ CPT : Carriage Paid To(운송비 지급 인도조건)

- 매도인의 비용 : FCA + 지정 목적지까지의 운송비용(여기서 목적지는 해상이 아니라 내륙의 합의된 지점임)

매도인은 운송계약을 체결해야 한다. 매도인은 운송인에게 물품을 인도할 때 위험의 분기점만 종료되는 것이고, 비용의 분기점은 물건이 수출지의 지정목적지에 도착해야만 종료된다. 위험과 비용의 분기점이 다르다.

해상운송조건인 CFR을 복합운송방식으로 바꾸면 이 CPT가 되며, 수출통관은 매도인이 해야 하지만, 수입통관 및 관세를 지급해야할 의무는 매도인에게 없다.

"운송비지급인도"는 매도인이 합의된 장소(당사자간에 이러한 장소의 합의가 있는 경우)에서 물품을 자신이 지정한 운송인이나 제3자에게 인도하고 매도인이 물품을 지정목적지까지 운송하는 데 필요한 계약을 체결하고 그 운송비용을 부담하여야 하는 것을 의미한다[26].

---

23) Free Carrier" means that the seller delivers the goods to the carrier or another person nominated by the buyer at the seller's premises or another named place. The parties are well advised to specify as clearly as possible the point within the named place of delivery, as the risk passes to the buyer at that point.

24) If the parties intend to deliver the goods at the seller's premises, they should identify the address of those premises as the named place of delivery. If, on the other hand, the parties intend the goods to be delivered at another place, they must identify a different specific place of delivery.

25) FCA requires the seller to clear the goods for export, where applicable. However, the seller has no obligation to clear the goods for import, pay any import duty or carry out any import customs formalities.

CPT, CIP, CFR 또는 CIF가 사용되는 경우에, 매도인은 물품이 목적지에 도착한 때가 아니라 운송인에게 물품을 인계하는 때에 그의 인도의무를 이행한 것으로 된다[27].

이 규칙은 두 가지의 분기점을 갖는다. 왜냐하면 위험과 비용이 상이한 장소에서 이전되기 때문이다.

당사자들은 위험이 매수인에게 이전되는 장소인 인도장소 및 매도인이 체결하는 운송계약의 목적지인 지정목적지를 계약 내에서 가급적 정확하게 지정하는 것이 좋다.

합의된 목적지까지 운송하는 데 여러 운송인이 사용되고 당사자들이 특정한 인도지점에 관하여 합의하지 않은 경우에, 위험은 전적으로 매도인에 의하여 선택되어 매수인으로서는 아무런 통제도 할 수 없는 지점에서 물품이 최초운송인에게 인도되는 때에 이전되는 것이 기본규칙이다.

그 후의 어느 단계(예컨대, 항구 또는 공항)에서 위험이 이전하기를 원하는 경우에, 당사자들은 이를 매매계약에 명시하여야 한다[28].

또한 당사자들은 합의된 목적지 내의 지점을 가급적 정확하게 특정하는 것이 바람직하다. 그러한 지점까지의 비용은 매도인이 부담하기 때문이다. 매도인은 이러한 선택을 정확하게 만족하는 내용으로 운송계약을 체결하는 것이 좋다.

매도인이 그의 운송계약에 따라 지정목적지에서 양화와 관련한 비용을 지출한 경우에, 당사자간에 달리 합의되지 않았다면 매도인은 그러한 비용을 매수인에게

26) "Carriage Paid To" means that the seller delivers the goods to the carrier or another person nominated by the seller at an agreed place (if any such place is agreed between the parties) and that the seller must contract for and pay the costs of carriage necessary to bring the goods to the named place of destination.

27) When CPT, CIP, CFR or CIF are used, the seller fulfils its obligation to deliver when it hands the goods over to the carrier and not when the goods reach the place of destination.

28) This rule has two critical points, because risk passes and costs are transferred at different places. The parties are well advised to identify as precisely as possible in the contract both the place of delivery, where the risk passes to the buyer, and the named place of destination to which the seller must contract for the carriage. If several carriers are used for the carriage to the agreed destination and the parties do not agree on a specific point of delivery, the default position is that risk passes when the goods have been delivered to the first carrier at a point entirely of the seller's choosing and over which the buyer has no control. Should the parties wish the risk to pass at a later stage (e.g., at an ocean port or airport), they need to specify this in their contract of sale.

구상할 수 없다[29].

CPT에서 매도인은 해당되는 경우에 물품의 수출통관을 하여야 한다.

그러나 매도인은 물품을 수입통관하거나 수입관세를 부담하거나 수입통관절차를 수행할 의무가 없다[30].

◎ CIP : Carriage and Insurance Paid to(운송비-보험료 지급 인도조건)

- 매도인의 비용 : CPT + 보험계약체결의무

해상운송조건인 CIF을 복합운송방식으로 바꾸면 이 CIP가 되며, CPT와 동일한데 비용에서 지정목적지까지 가는 데에 필요한 운송료와 추가로 보험료를 매도인이 지급해야 하는 조건이다. 위험의 분기점은 CPT와 마찬가지로 운송인에게 물건을 인도하면 종료된다.

"운송비·보험료지급인도"는 매도인이 합의된 장소(당사자 간에 이러한 장소의 합의가 있는 경우)에서 물품을 자신이 지정한 운송인이나 제3자에게 인도하고 매도인이 물품을 지정목적지까지 운송하는 데 필요한 계약을 체결하고 그 운송비용을 부담하여야 하는 것을 의미 한다[31].

매도인은 또한 운송중 매수인의 물품의 멸실 또는 손상의 위험에 대비하여 보험계약을 체결한다.

매수인이 유의할 것으로, CIP에서 매도인은 단지 최소 조건으로 부보 하도록 요구될 뿐이다.

보다 넓은 보험의 보호를 원한다면 매수인은 매도인과 명시적으로 그렇게 합의하든지 아니면 스스로 자신의 추가보험을 들어야 한다[32].

---

29) The parties are also well advised to identify as precisely as possible the point within the agreed place of destination, as the costs to that point are for the account of the seller. The seller is advised to procure contracts of carriage that match this choice precisely. If the seller incurs costs under its contract of carriage related to unloading at the named place of destination, the seller is not entitled to recover such costs from the buyer unless otherwise agreed between the parties.

30) CPT requires the seller to clear the goods for export, where applicable. However, the seller has no obligation to clear the goods for import, pay any import duty or carry out any import customs formalities.

31) "Carriage and Insurance Paid to" means that the seller delivers the goods to the carrier or another person nominated by the seller at an agreed place (if any such place is agreed between the parties) and that the seller must contract for and pay the costs of carriage necessary to bring the goods to the named place of destination.

32) The seller also contracts for insurance cover against the buyer's risk of loss of or

CPT, CIP, CFR 또는 CIF가 사용되는 경우에, 매도인은 물품이 목적지에 도착한 때가 아니라 운송인에게 물품을 인계하는 때에 그의 인도의무를 이행한 것으로 된다[33].

이 규칙은 두 가지의 분기점을 갖는다. 왜냐하면 위험과 비용이 상이한 장소에서 이전되기 때문이다.

당사자들은 위험이 매수인에게 이전되는 장소인 인도장소 및 매도인이 체결하는 운송계약의 목적지인 지정목적지를 계약 내에서 가급적 정확하게 지정하는 것이 좋다.

합의된 목적지까지 운송하는 데 여러 운송인이 사용되고 당사자들이 특정한 인도지점에 관하여 합의하지 않은 경우에, 위험은 전적으로 매도인에 의하여 선택되어 매수인으로서는 아무런 통제도 할 수 없는 지점에서 물품이 최초운송인에게 인도되는 때에 이전되는 것이 기본규칙이다.

그 후의 어느 단계(예컨대, 항구 또는 공항)에서 위험이 이전하기를 원하는 경우에, 당사자들은 이를 매매계약에 명시하여야 한다[34].

또한 당사자들은 합의된 목적지 내의 지점을 가급적 정확하게 특정 하는 것이 바람직하다. 그러한 지점까지의 비용은 매도인이 부담하기 때문이다.

매도인은 이러한 선택을 정확하게 만족하는 내용으로 운송계약을 체결하는 것이 좋다. 매도인이 그의 운송계약에 따라 지정목적지에서 양화와 관련한 비용을 지출한 경우에, 당사자간에 달리 합의되지 않았다면 매도인은 그러한 비용을 매수인에

---

damage to the goods during the carriage. The buyer should note that under CIP the seller is required to obtain insurance only on minimum cover. Should the buyer wish to have more insurance protection, it will need either to agree as much expressly with the seller or to make its own extra insurance arrangements.

33) When CPT, CIP, CFR or CIF are used, the seller fulfils its obligation to deliver when it hands the goods over to the carrier and not when the goods reach the place of destination.

34) This rule has two critical points, because risk passes and costs are transferred at different places. The parties are well advised to identify as precisely as possible in the contract both the place of delivery, where the risk passes to the buyer, and the named place of destination to which the seller must contract for the carriage. If several carriers are used for the carriage to the agreed destination and the parties do not agree on a specific point of delivery, the default position is that risk passes when the goods have been delivered to the first carrier at a point entirely of the seller's choosing and over which the buyer has no control. Should the parties wish the risk to pass at a later stage (e.g., at an ocean port or airport), they need to specify this in their contract of sale.

게 구상할 수 없다[35].

CPT에서 매도인은 해당되는 경우에 물품의 수출통관을 하여야 한다.

그러나 매도인은 물품을 수입통관하거나 수입관세를 부담하거나 수입통관절차를 수행할 의무가 없다[36].

◎ DAT : Dilivered At Terminal(도착 터미널 인도조건)

위험과 비용의 분기점이 같으며, 수출지의 터미널에서 물건을 내린 뒤 매수인의 임의처분상태로 두면 매도인의 위험과 비용의 분기점이 종료된다.

유일하게 매도인이 물건을 내리기(양하)까지 해야 할 의무가 있는 조건이며, DAT에서도 매도인은 자국을 출발할 때 수출통관을 하여야 하지만, 수출지에서 수입통관이나 관세를 부담하는 수입통관절차를 진행 할 의무는 없다.

"도착터미널인도"란 물품이 도착운송수단으로부터 양화된 상태로 지정목적항이나 지정목적지의 지정터미널에서 매수인의 처분하에 놓이는 때에 매도인이 인도한 것으로 되는 것을 말한다.

"터미널"은 부두, 창고, 컨테이너장치장(CY) 또는 도로·철도·항공화물의 터미널과 같은 장소를 포함하며, 지붕의 유무를 불문한다.

매도인은 지정목적항이나 지정목적지까지 물품을 운송하고 거기서 양화하는 데 수반하는 모든 위험을 부담 한다[37].

당사자들은 터미널 및, 가능하다면, 합의된 목적항이나 목적지의 터미널 내의 지

---

35) The parties are also well advised to identify as precisely as possible the point within the agreed place of destination, as the costs to that point are for the account of the seller. The seller is advised to procure contracts of carriage that match this choice precisely. If the seller incurs costs under its contract of carriage related to unloading at the named place of destination, the seller is not entitled to recover such costs from the buyer unless otherwise agreed between the parties.

36) CIP requires the seller to clear the goods for export, where applicable. However, the seller has no obligation to clear the goods for import, pay any import duty or carry out any import customs formalities.

37) "Delivered at Terminal" means that the seller delivers when the goods, once unloaded from the arriving means of transport, are placed at the disposal of the buyer at a named terminal at the named port or place of destination. "Terminal" includes any place, whether covered or not, such as a quay, warehouse, container yard or road, rail or air cargo terminal. The seller bears all risks involved in bringing the goods to and unloading them at the terminal at the named port or place of destination.

점을 가급적 명확하게 명시하는 것이 바람직하다.

그러한 지점까지의 위험은 매도인이 부담하기 때문이다. 매도인은 이러한 선택을 정확하게 만족하는 내용으로 운송계약을 체결하는 것이 좋다[38].

더구나, 당사자들이 터미널에서 다른 장소까지 물품을 운송하고 취급하는 데 수반하는 위험과 비용을 매도인이 부담하도록 의도하는 때에는, DAP 또는 DDP가 사용되어야 한다[39].

DAT에서 매도인은 해당되는 경우에 물품의 수출통관을 하여야 한다.

그러나 매도인은 물품을 수입통관하거나 수입관세를 부담하거나 수입통관절차를 수행할 의무가 없다[40].

◈ DAP : Delivered At Place(도착 장소 인도조건)

- 매도인의 비용 : DAT + 지정목적지에서 물건을 내리지 않은 채로 매수인의 임의처분하에 둘 때 매도인의 위험과 비용의 분기점은 종료되며, 도착한 운송수단은 선박이 될 수도 있고, 지정목적지는 항구가 될 수도 있다.

"도착장소인도"란 물품이 지정목적지에서 도착운송수단에 실린 채 양화준비된 상태로 매수인의 처분하에 놓이는 때에 매도인이 인도한 것으로 되는 것을 말한다. 매도인은 그러한 지정장소까지 물품을 운송하는 데 수반하는 모든 위험을 부담한다[41].

당사자들은 합의된 목적지 내의 지점을 가급적 명확하게 명시하는 것이 바람직하다. 그러한 지점까지의 위험은 매도인이 부담하기 때문이다.

매도인은 이러한 선택을 정확하게 만족하는 내용으로 운송계약을 체결하는 것이

---

38) The parties are well advised to specify as clearly as possible the terminal and, if possible, a specific point within the terminal at the agreed port or place of destination, as the risks to that point are for the account of the seller. The seller is advised to procure a contract of carriage that matches this choice precisely.

39) Moreover, if the parties intend the seller to bear the risks and costs involved in transporting and handling the goods from the terminal to another place, then the DAP or DDP rules should be used.

40) DAT requires the seller to clear the goods for export, where applicable. However, the seller has no obligation to clear the goods for import, pay any import duty or carry out any import customs formalities.

41) "Delivered at Place" means that the seller delivers when the goods are placed at the disposal of the buyer on the arriving means of transport ready for unloading at the named place of destination. The seller bears all risks involved in bringing the goods to the named place.

좋다. 매도인이 그의 운송계약에 따라 목적지에서 양화에 관한 비용을 지출한 경우에, 당사자간에 달리 합의되지 않았다면 매도인은 이를 매수인에게 구상할 수 없다[42].

DAP에서 매도인은 해당되는 경우에 물품의 수출통관을 하여야 한다.

그러나 매도인은 물품을 수입통관하거나 수입관세를 부담하거나 수입통관절차를 수행할 의무가 없다.

당사자 간에 매도인이 물품을 수입통관하고 수입관세를 부담하며 수입통관절차를 수행하도록 원하는 때에는, DDP가 사용되어야 한다[43].

◎ DDP : Delivered Duty Paid(관세 지급 인도조건)

- 매도인의 비용 : DAP + 수입관세 및 어떠한 부가가치세나 기타 세금 등의 지급

매도인은 지정목적지에서 수입통관 및 관세 등을 모두 부담해야 하는 조건이며, 매도인이 매수인의 구역이나 창고까지 물건을 인도해 주어야 한다.

EXW가 매도인의 최소 의무조건인 반면에, DDP는 매도인의 최대 의무조건이다.

"관세지급인도"는 수출통관된 물품이 지정목적지에서 도착운송수단에 실린 채 양화 준비 된 상태로 매수인의 처분 하에 놓이는 때에 매도인이 인도한 것으로 되는 것을 말한다.

매도인은 그러한 목적지까지 물품을 운송하는 데 수반하는 모든 위험을 부담하고, 또한 물품의 수출통관 및 수입 통관을 모두 하여야 하고, 수출 관세 및 수입 관세를 모두 부담하여야 하며, 모든 통관 절차를 수행하여야 하는 의무를 부담 한다[44].

---

42) The parties are well advised to specify as clearly as possible the point within the agreed place of destination, as the risks to that point are for the account of the seller. The seller is advised to procure contracts of carriage that match this choice precisely. If the seller incurs costs under its contract of carriage related to unloading at the place of destination, the seller is not entitled to recover such costs from the buyer unless otherwise agreed between the parties.

43) DAP requires the seller to clear the goods for export, where applicable. However, the seller has no obligation to clear the goods for import, pay any import duty or carry out any import customs formalities. If the parties wish the seller to clear the goods for import, pay any import duty and carry out any import customs formalities, the DDP term should be used.

44) "Delivered Duty Paid" means that the seller delivers the goods when the goods are placed at the disposal of the buyer, cleared for import on the arriving means of transport ready for unloading at the named place of destination. The seller bears all

DDP는 매도인의 최소의무를 표방한다. 당사자들은 합의된 목적지 내의 지점을 가급적 명확하게 명시하는 것이 바람직하다.

그러한 지점까지의 위험은 매도인이 부담하기 때문이다. 매도인은 이러한 선택을 정확하게 만족하는 내용으로 운송계약을 체결하는 것이 좋다.

매도인이 그의 운송계약에 따라 목적지에서 양화에 관한 비용을 지출한 경우에, 당사자간에 달리 합의되지 않았다면 매도인은 이를 매수인에게 구상할 수 없다[45].

매도인이 직접 또는 간접으로 수입통관을 수행할 수 없는 경우에는 DDP를 사용하지 않는 것이 좋다.

만약 당사자들이 수입통관에 관한 모든 비용과 위험을 매수인이 부담하기를 원하는 때에는 DAP 규칙이 사용되어야 한다.

수입시에 부과되는 부가가치세 기타 세금은 매도인이 부담하되, 다만 매매계약에서 명시적으로 달리 합의된 때에는 그에 따른다[46].

2. 해상 및 내수로 운송에서만 사용되는 조건

◎ FAS : Free Alongside Ship(선측 인도조건)

- 매도인의 비용 : 항구까지의 내륙운임 + 선측까지의 부두운임

선측에서 본선으로 적재되는 선적비용은 매수인이 부담한다. 즉, 물건을 배 옆에 갖다놓기만 하면 매도인의 위험과 비용의 분기점은 종료된다.

산적화물[bulk cargo, ex)곡물, 석탄, 원목 등]에 주로 이용되며, 물품이 컨테이너

---

the costs and risks involved in bringing the goods to the place of destination and has an obligation to clear the goods not only for export but also for import, to pay any duty for both export and import and to carry out all customs formalities.

45) DDP represents the maximum obligation for the seller. The parties are well advised to specify as clearly as possible the point within the agreed place of destination, as the risks to that point are for the account of the seller. The seller is advised to procure contracts of carriage that match this choice precisely. If the seller incurs costs under its contract of carriage related to unloading at the place of destination, the seller is not entitled to recover such costs from the buyer unless otherwise agreed between the parties.

46) The parties are well advised not to use DDP if the seller is unable directly or indirectly to obtain import clearance. If the parties wish the buyer to bear all risks and costs of import clearance, the DAP rule should be used. Any VAT or other taxes payable upon import are for the seller's account unless expressly agreed otherwise in the sales contract.

에 들어있는 경우에는 FAS보다 FCA를 사용하는 것이 좋다.

"선측인도"는 물품이 지정선적항에서 매수인에 의하여 지정된 본선의 선측(예컨대, 부두 혹은 바지선)에 놓이는 때에 매도인이 인도한 것으로 되는 것을 의미한다.

물품의 멸실 또는 손상의 위험은 물품이 선측에 놓인 때에 이전하며 매수인은 그러한 시점 이후의 모든 비용을 부담 한다[47].

당사자들은 지정선적항 내의 적재지점을 가급적 명확하게 명시하는 것이 바람직하다. 그러한 지점까지 비용과 위험을 매도인이 부담하고 또한 그러한 비용 및 관련 화물취급비용이 그 항구의 관행에 따라 다양하기 때문이다[48].

매도인은 물품을 선측에 인도하거나 이미 선적을 위하여 그렇게 인도된 물품을 조달하여야 한다.

여기에 "조달"(procure)을 규정한 것은 특히 일차산품거래(commodity trade)에서 보편적인 복수의 연속적 매매("연속매매")에 대응하기 위함이다[49].

물품이 컨테이너에 적재되는 경우에는 매도인이 물품을 선측이 아니라 터미널에서 운송인에게 인계하는 것이 전형적이다.

이러한 경우에, FAS 조건은 부적절하며, FCA 조건이 사용되어야 한다[50].

FAS 조건에서 매도인은 해당되는 경우에 물품의 수출통관을 하여야 한다.

그러나 매도인은 물품의 수입통관을 하거나 수입관세를 부담하거나 수입통관절차를 수행할 의무가 없다[51].

---

47) "Free Alongside Ship" means that the seller delivers when the goods are placed alongside the vessel (e.g., on a quay or a barge) nominated by the buyer at the named port of shipment. The risk of loss of or damage to the goods passes when the goods are alongside the ship, and the buyer bears all costs from that moment onwards.

48) The parties are well advised to specify as clearly as possible the loading point at the named port of shipment, as the costs and risks to that point are for the account of the seller and these costs and associated handling charges may vary according to the practice of the port.

49) The seller is required either to deliver the goods alongside the ship or to procure goods already so delivered for shipment. The reference to "procure" here caters for multiple sales down a chain ('string sales'), particularly common in the commodity trades.

50) Where the goods are in containers, it is typical for the seller to hand the goods over to the carrier at a terminal and not alongside the vessel. In such situations, the FAS rule would be inappropriate, and the FCA rule should be used.

51) FAS requires the seller to clear the goods for export, where applicable. However, the seller has no obligation to clear the goods for import, pay any import duty or

FOB : Free On Board(본선 인도조건)

실무적으로 CIF와 가장 많이 쓰이는 조건이다. 매도인은 매수인의 선박의 갑판에 물건을 올려둘 때(on board) 위험과 비용의 분기점이 종료된다.

이후의 위험과 추가비용은 모두 매수인의 몫이다.

매수인은 선박의 지정(nomination of vessel)과 운송계약 체결권을 갖고 있으며, 동시에 목적지(항)까지의 운임과 보험 등의 비용을 모두 부담해야 한다.

"본선인도"는 매도인이 물품을 지정선적항에서 매수인에 의하여 지정된 본선에 적재하여 인도하거나 이미 그렇게 인도된 물품을 조달하는 것을 의미한다.

물품의 멸실 또는 손상의 위험은 물품이 본선에 적재된 때에 이전하며, 매수인은 그러한 시점 이후의 모든 비용을 부담 한다[52].

매도인은 물품을 본선에 적재하여 인도하거나 이미 선적을 위하여 그렇게 인도된 물품을 조달하여야 한다.

여기에 "조달"(procure)을 규정한 것은 특히 일차산품거래(commodity trade)에서 보편적인 복수의 연속적 매매("연속매매")에 대응하기 위함이다[53].

FOB는 예컨대 전형적으로 터미널에서 인도되는 컨테이너화물과 같이 물품이 본선에 적재되기 전에 운송인에게 인계되는 경우에는 적절하지 않다.

이러한 경우에는 FCA 규칙이 사용되어야 한다[54].

FOB에서 매도인은 해당되는 경우에 물품의 수출통관을 하여야 한다.

그러나 매도인은 물품을 수입통관하거나 수입관세를 부담하거나 수입통관절차를 수행할 의무가 없다[55].

---

carry out any import customs formalities.

52) "Free on Board" means that the seller delivers the goods on board the vessel nominated by the buyer at the named port of shipment or procures the goods already so delivered. The risk of loss of or damage to the goods passes when the goods are on board the vessel, and the buyer bears all costs from that moment onwards.

53) The seller is required either to deliver the goods on board the vessel or to procure goods already so delivered for shipment. The reference to "procure" here caters for multiple sales down a chain ('string sales'), particularly common in the commodity trades.

54) FOB may not be appropriate where goods are handed over to the carrier before they are on board the vessel, for example goods in containers, which are typically delivered at a terminal. In such situations, the FCA rule should be used.

55) FOB requires the seller to clear the goods for export, where applicable. However, the seller has no obligation to clear the goods for import, pay any import duty or

◎ CFR : Cost and Freight(운임포함 인도조건)

- 매도인의 비용 : FOB + 지정 목적항까지의 운임을 매도인이 부담

매도인은 선박의 갑판에 물품이 안전하게 적재 되었을때 위험 분기점은 종료가 되지만, 매도인은 수출통관과 목적항까지의 운송비용(운임)을 부담해야 한다.

즉, 위험과 비용의 분기점의 종료시점이 서로 다르다. CFR을 복합운송방식으로 바꾸면 CPT가 된다.

"운임포함인도"는 매도인이 물품을 본선에 적재하여 인도하거나 이미 그렇게 인도된 물품을 조달하는 것을 의미한다.

물품의 멸실 또는 손상의 위험은 물품이 본선에 적재된 때에 이전한다.

매도인은 물품을 지정목적항까지 운송하는 데 필요한 계약을 체결하고 그에 따른 비용과 운임을 부담하여야 한다[56].

CPT, CIP, CFR 또는 CIF가 사용되는 경우에, 매도인은 물품이 목적지에 도착한 때가 아니라 선택된 당해 규칙에 명시된 방법으로 운송인에게 물품을 인계하는 때에 그의 인도의무를 이행한 것으로 된다[57].

이 규칙은 두 가지의 분기점을 갖는다. 왜냐하면 위험과 비용이 상이한 장소에서 이전되기 때문이다. 계약에서 항상 목적항을 명시하면서도 선적항은 명시하지 않지만, 위험은 선적항에서 매수인에게 이전한다.

선적항에 대하여 매수인이 특별한 이해관계를 갖는 경우에, 당사자들은 계약에서 이를 가급적 정확하게 특정하는 것이 바람직하다[58].

당사자들은 합의된 목적항 내의 지점을 가급적 정확하게 특정하는 것이 바람직하다. 그러한 지점까지의 비용은 매도인이 부담하기 때문이다.

---

carry out any import customs formalities.

56) "Cost and Freight" means that the seller delivers the goods on board the vessel or procures the goods already so delivered. The risk of loss of or damage to the goods passes when the goods are on board the vessel. The seller must contract for and pay the costs and freight necessary to bring the goods to the named port of destination.

57) When CPT, CIP, CFR or CIF are used, the seller fulfils its obligation to deliver when it hands the goods over to the carrier in the manner specified in the chosen rule and not when the goods reach the place of destination.

58) This rule has two critical points, because risk passes and costs are transferred at different places. While the contract will always specify a destination port, it might not specify the port of shipment, which is where risk passes to the buyer. If the shipment port is of particular interest to the buyer, the parties are well advised to identify it as precisely as possible in the contract.

매도인은 이러한 선택을 정확하게 만족하는 내용으로 운송계약을 체결하는 것이 좋다. 매도인이 그의 운송계약에 따라 목적항 내의 명시된 지점에서 양륙비용을 지출한 경우에, 당사자간에 달리 합의되지 않았다면 매도인은 이를 매수인에게 구상할 수 없다[59].

매도인은 물품을 본선에 적재하여 인도하거나 이미 목적항까지 선적을 위하여 그렇게 인도된 물품을 조달하여야 한다.

또한 매도인은 운송계약을 체결하거나 그러한 계약을 조달하여야 한다. 여기에 "조달"(procure)을 규정한 것은 특히 일차산품거래(commodity trade)에서 보편적인 복수의 연속적 매매("연속매매")에 대응하기 위함이다[60].

CFR은 예컨대 전형적으로 터미널에서 인도되는 컨테이너화물과 같이 물품이 본선에 적재되기 전에 운송인에게 인계되는 경우에는 적절하지 않다.

이러한 경우에는 CPT 규칙이 사용되어야 한다. CFR에서 매도인은 해당되는 경우에 물품의 수출통관을 하여야 한다.

그러나 매도인은 물품을 수입통관하거나 수입관세를 부담하거나 수입통관절차를 수행할 의무가 없다[61].

◎ CIF : Cost, Insurance and Freight(운임-보험료포함 인도조건)

- 매도인의 비용 : CFR + 해상보험료

CIF 조건에서 보험에 대해서 양자간에 아무런 약정이 없다면, 통상 ICC조건으

---

59) The parties are well advised to identify as precisely as possible the point at the agreed port of destination, as the costs to that point are for the account of the seller. The seller is advised to procure contracts of carriage that match this choice precisely. If the seller incurs costs under its contract of carriage related to unloading at the specified point at the port of destination, the seller is not entitled to recover such costs from the buyer unless otherwise agreed between the parties.

60) The seller is required either to deliver the goods on board the vessel or to procure goods already so delivered for shipment to the destination. In addition, the seller is required either to make a contract of carriage or to procure such a contract. The reference to "procure" here caters for multiple sales down a chain ('string sales'), particularly common in the commodity trades.

61) CFR may not be appropriate where goods are handed over to the carrier before they are on board the vessel, for example goods in containers, which are typically delivered at a terminal. In such circumstances, the CPT rule should be used. CFR requires the seller to clear the goods for export, where applicable. However, the seller has no obligation to clear the goods for import, pay any import duty or carry out any import customs formalities.

로 매도인이 부보 즉, 보험가입을 해야 한다.

보험계약을 체결할 때는 보험계약자와 피보험자가 매도인이지만, 거래가 시작되고 물건이 선적되고 나면 피보험자는 매수인이 된다.

CIF 조건하에서 당사자들의 권리와 의무를 다루고 있는 규칙은 Warsaw-Oxford Rule와루소-옥스퍼드 규칙이다.

CIF 조건을 복합운송방식으로 바꾸면 CIP가 된다.

"운임·보험료포함인도"는 매도인이 물품을 본선에 적재하여 인도하거나 이미 그렇게 인도된 물품을 조달하는 것을 의미한다.

물품의 멸실 또는 손상의 위험은 물품이 본선에 적재된 때에 이전한다.

매도인은 물품을 지정목적항까지 운송하는 데 필요한 계약을 체결하고 그에 따른 비용과 운임을 부담하여야 한다[62].

매도인은 또한 운송중 매수인의 물품의 멸실 또는 손상의 위험에 대비하여 보험계약을 체결한다. 매수인이 유의할 것으로, CIF에서 매도인은 단지 최소조건으로 부보하도록 요구될 뿐이다.

보다 넓은 보험의 보호를 원한다면 매수인은 매도인과 명시적으로 그렇게 합의하든지 아니면 스스로 자신의 추가보험을 들어야 한다[63].

CPT, CIP, CFR 또는 CIF가 사용되는 경우에, 매도인은 물품이 목적지에 도착한 때가 아니라 선택된 당해 규칙에 명시된 방법으로 운송인에게 물품을 인계하는 때에 그의 인도의무를 이행한 것으로 된다[64]. 이 규칙은 2개의 분기점을 갖는다. 왜냐하면 위험과 비용이 상이한 장소에서 이전되기 때문이다. 계약에서 항상 목적항을 명시하면서도 선적항은 명시하지 않지만, 위험은 선적항에서 매수인에게 이전한다.

---

62) "Cost, Insurance and Freight" means that the seller delivers the goods on board the vessel or procures the goods already so delivered. The risk of loss of or damage to the goods passes when the goods are on board the vessel. The seller must contract for and pay the costs and freight necessary to bring the goods to the named port of destination.

63) The seller also contracts for insurance cover against the buyer's risk of loss of or damage to the goods during the carriage. The buyer should note that under CIF the seller is required to obtain insurance only on minimum cover. Should the buyer wish to have more insurance protection, it will need either to agree as much expressly with the seller or to make its own extra insurance arrangements.

64) When CPT, CIP, CFR, or CIF are used, the seller fulfils its obligation to deliver when it hands the goods over to the carrier in the manner specified in the chosen rule and not when the goods reach the place of destination.

선적항에 대하여 매수인이 특별한 이해관계를 갖는 경우에, 당사자들은 계약에서 이를 가급적 정확하게 특정하는 것이 바람직하다[65].

당사자들은 합의된 목적항 내의 지점을 가급적 정확하게 특정하는 것이 바람직하다. 그러한 지점까지의 비용은 매도인이 부담하기 때문이다.

매도인은 이러한 선택을 정확하게 만족하는 내용으로 운송계약을 체결하는 것이 좋다.

매도인이 그의 운송계약에 따라 목적항 내의 명시된 지점에서 양륙비용을 지출한 경우에, 당사자간에 달리 합의되지 않았다면 매도인은 이를 매수인에게 구상할 수 없다[66].

매도인은 물품을 본선에 적재하여 인도하거나 이미 목적항까지 선적을 위하여 그렇게 인도된 물품을 조달하여야 한다. 또한 매도인은 운송계약을 체결하거나 그러한 계약을 조달하여야 한다.

여기에 "조달"(procure)을 규정한 것은 특히 일차산품거래(commodity trade)에서 보편적인 복수의 연속적 매매("연속매매")에 대응하기 위함이다[67].

CIF는 예컨대 전형적으로 터미널에서 인도되는 컨테이너화물과 같이 물품이 본선에 적재되기 전에 운송인에게 인계되는 경우에는 적절하지 않다.

이러한 경우에는 CIP 규칙이 사용되어야 한다[68]. CFR에서 매도인은 해당되는

---

65) This rule has two critical points, because risk passes and costs are transferred at different places. While the contract will always specify a destination port, it might not specify the port of shipment, which is where risk passes to the buyer. If the shipment port is of particular interest to the buyer, the parties are well advised to identify it as precisely as possible in the contract.

66) The parties are well advised to identify as precisely as possible the point at the agreed port of destination, as the costs to that point are for the account of the seller. The seller is advised to procure contracts of carriage that match this choice precisely. If the seller incurs costs under its contract of carriage related to unloading at the specified point at the port of destination, the seller is not entitled to recover such costs from the buyer unless otherwise agreed between the parties.

67) The seller is required either to deliver the goods on board the vessel or to procure goods already so delivered for shipment to the destination. In addition the seller is required either to make a contract of carriage or to procure such a contract. The reference to "procure" here caters for multiple sales down a chain ('string sales'), particularly common in the commodity trades.

68) CIF may not be appropriate where goods are handed over to the carrier before they are on board the vessel, for example goods in containers, which are typically delivered at a terminal. In such circumstances, the CIP rule should be used.

경우에 물품의 수출통관을 하여야 한다.

그러나 매도인은 물품을 수입통관하거나 수입관세를 부담하거나 수입통관절차를 수행할 의무가 없다[69].

69) CIF requires the seller to clear the goods for export, where applicable. However, the seller has no obligation to clear the goods for import, pay any import duty or carry out any import customs formalities.

제9장

무역계약

제1절 무역계약의 이해

1. 무역계약의 의의

국적을 달리하는 당사자들 사이에 매도인이 물품의 소유권(property in goods)을 양도하여 물품을 인도할 것을 약속하고, 매수인은 이를 수령하여 물품의 대금을 지급할 것을 약속함으로써 성립하는 국제간의 매매계약을 말한다.

무역계약은 국제간에 복수 당사자간의 서로 대립되는 의사표시가 합의되어 일정한 채권관계의 발생을 목적으로 성립되는 법률행위이다.

국내상거래와는 달리 독특한 무역용어, 무역거래조건, 국제관습 등이 적용되게 된다.

2. 무역계약의 특수성

무역계약은 거리와 시간의 원격성, 상이한 법률제도, 문화, 풍습, 언어차이 등으로 인하여 국내계약과 다른 다음과 같은 특성을 가지고 있다.

1) 국가간 거래로 법적용상 불확실성의 내재
2) 당사자의 상관습 존중
3) 무역계약이 당사국 경제질서에 영향, 주권적 간섭 내재
4) 분쟁발생시 재판관할권의 장소적 문제발생
5) 영미법원칙 적용 추세
6) 국제적인 정형계약의 통일화

3. 무역계약의 적용규범

무역의 매매계약에 있어 일반적으로 적용되는 규범은 다음과 같다.

1) 당사자 약정의 우선

무역은 나라별로 언어, 관습, 법제 등이 상이하므로 계약체결시 획일적인 당사국

법적용의 불합리성을 배제하기 위하여 당사자의 합의를 최우선으로 하는 원칙이 적용된다.

① 계약자유의 원칙(principles of the freedom of contract)
② 당사자 자치의 원칙(doctrine of the autonomy of parties)

2) 국제상관습법의 묵시적 해석기준

국제상관습과 국제상관습법이 계약의 묵시조항(implied terms)으로서 계약내용의 해석기준이 된다.

3) 지정준거법의 적용

당사자가 준거법을 지정하는 경우에는 지정된 준거법이 적용되나 지정 준거법이 없을 경우 한국의 섭외사법에서는 행위지법을 따르도록 규정하고 있다.

4) 법정준거법 및 국제조약

법정준거법이 없거나 당사자의 의사가 불분명할 때에는 약정의 성질에 따라 법정지의 섭외사법이 정하는 준거법이 적용되며, 국제조약도 계약의 규범으로 적용될 수 있다.

5) 법적용 국가의 강행규정

당사자의 유효한 약정, 관습 및 관습법, 지정준거법, 국제조약 등이 있어도 관련 국가의 경제 및 법질서에 강행규정이 있는 경우에는 이 규정이 우선적으로 적용된다.

4. 무역계약의 법적성격

1) 합의계약(consensual contract)

무역계약은 당사자의 합의에 의하여 계약이 성립되기 때문에 일방의 청약(offer)에 대해 타방의 승낙(acceptance)으로서 계약이 성립된다.

2) 쌍무계약(bilateral contract)

무역계약은 계약의 성립에 따라 매도인은 물품인도의무, 매수인은 대금지급의무를 쌍방이 각각 부담하게 된다.

3) 유상계약(remunerative contract)

무역계약은 계약 당사자가 상호 대가관계에 있는 급부를 목적으로 설립되는 계약이다. 따라서 매도인의 물품인도에 대하여 매수인이 대금을 지급하는 상호보상이 이루어지게 된다.

4) 불요식계약(informal contract)

무역계약은 특정한 요식을 필수조건으로 하는 것은 아니다. 즉 매매 당사자의 합의가 있으면 그 자체로 계약이 성립되는 것으로 문서의 작성이나 교부가 계약성립의 요건이 되는 것은 아니다. 다만 추후 발생할 클레임 등에 대한 근거로서 계약서의 작성이 권장되고 있다.

제2절 무역계약의 성립

1. 무역계약 성립의 의의

계약은 2인 이상의 당사자간에 법률에 의해 강행이 가능한 합의로서 계약이 성립되기 위해서는 대립되는 2개 이상의 의사표시의 합치를 필요로 한다. 무역계약이 성립되기 위해서는 일방의 당사자가 다른 당사자에 대하여 청약이라는 계약체결의 의사표시에 대하여 다른 당사자가 이 청약에 응하는 승낙을 함으로써 성립된다.

그러나, 구두로 합의된 의사표시나 물품매도확약서(offer sheet)만으로는 완전한 계약으로 보기 어렵기 때문에 구체적인 거래조건을 명기한 서면계약서의 작성과 서명 및 인증을 통하여 클레임에 대처하여야 한다.

2. 구매문의(Inquiry)

구매문의는 청약의 전 단계로서 매수인이 매도인에게 상품구입의 의사를 표시하고 상품의 구체적인 내용, 가격, 조건, 기타 거래에 관한 내용 등을 매도인에게 제시할 것을 요구하는 것이다. 구매문의는 물품매매에 관련된 제반사항에 대하여 제의하는 서한으로 실질적인 무역거래가 시작된다.

3. 청약(offer)

1) 청약의 의의

청약이란 승낙(acceptance)과 결합하여 계약을 성립시키려는 일방적인 의사표시로서 매매 당사자의 일방이 상대방에게 어떤 물품을 일정한 조건으로 사거나 팔겠다는 의사표시이다. 청약은 일정한 형식을 필요로 하지는 않으나 일정한 형식을 갖춘 청약서(offer sheet) 가 사용된다.

청약은 그 성격이나 내용으로 보아 수출입허가 및 승인과 이에 따른 각종 허가서 및 증명서의 필수서류인 물품매도확약서(offer sheet)와는 다르며, 단지 매매의 사표시, 조회, 확인 등에만 그치는 성격을 가진다.

청약이 물품매도확약서를 포함하는 개념이지만 법에서 요구하는 기재사항을 갖춘 청약이 유효기간 내에 발행자를 구속하여 철회할 수 없을 때 이를 한정하여 물품매도확약서라 한다.

물품매도확약서의 발행은 외국 수출자의 위임을 받은 자이거나 국내지사 또는 대리점으로서 한국무역대리점협회에 등록된 갑류무역대리업자만이 할 수 있다.

2) 청약의 효력발생

청약은 일반적으로 피청약자에게 도달하였을 때 그 효력이 발생한다.

따라서 도달하기 전에 철회하면 그 청약은 무효가 되며, 청약의 조건으로 승낙기간을 정하고 있는 경우에는 그 기간 내에 승낙이 없으면 그 청약은 효력을 상실한다.

3) 청약의 효력소멸

(1) 청약자의 청약철회

청약은 청약자의 청약철회(revocation)에 의하여 효력이 소멸된다. 청약을 철회할 수 있는 시기와 그 효력발생에 대해서는 각국법이나 협약에 따라 상이하다.

(2) 피청약자의 청약거절과 반대청약

청약의 거절(rejection)이란 청약을 승낙하지 않는다는 피청약자의 적극적인 의사표시로 그 효력이 소멸된다.

반대청약(counter offer)이란 원청약에 대하여 조건을 변경하거나 추가적인 피청약자의 의사표시로서 일종의 청약거절에 해당되며, 새로운 청약이 되어 그 효력을 상실한다.

(3) 청약기간의 경과

승낙기간이 정해진 청약은 승낙기간의 경과에 의하여 효력이 소멸된다.

그러나 승낙기간이 정해지지 않은 청약은 청약자가 철회하지 않는 경우 상당기간(reasonable time)이 경과 후 청약의 효력이 소멸하는 것으로 본다.

(4) 당사자의 사망 또는 능력상실

청약자가 사망하거나 능력상실이 된 경우 당사자가 합의에 도달할 수 없기 때문에 청약은 소멸된다.

그러나 청약이 승낙된 후 청약자가 사망한 경우에는 청약이 이미 승낙에 의하여 합의가 성립된 것이므로 유효하다.

(5) 불가항력이나 이행불능의 발생

청약은 천재지변 등 불가항력이나 법적 조치 및 특수한 사정이 발생되어 목적을 달성할 수 없게 되었을 경우 그 효력을 상실한다.

또한 청약이 이루어진 후 계약의 이행이 위법이 되면 그 청약의 효력은 소멸된다.

4) 청약의 종류

(1) 발행주체에 따른 구분

① 매도청약(selling offer) : 매도인이 매수인에게 어떠한 가격과 조건으로 특정 물품을 판매하고 싶다는 매도의사로서 무역거래에서 일반적인 의미의 청약을 의미한다.

② 매수청약(buying offer) : 매도청약과 반대의 개념으로 매수인이 매도인에게 어떤 조건과 가격으로 특정 물품을 매입하고 싶다는 매입의사를 표시한 청약을 의미한다.

(2) 발행지에 따른 구분

① 국내발행청약 : 거래상대국의 물품공급자나 본사를 대리하여 국내에서 발행 또는 의사표시한 매도청약을 의미한다.

② 국외발행청약 : 거래상대국의 물품공급자나 제3자가 국외에서 발행 또는 의사표시한 매도청약을 의미한다.

(3) 확정력에 따른 구분

① 확정청약(firm offer) : 청약자가 청약회답의 유효기간(validity)을 정하고 그 기간 내에 청약자를 구속하여 조건변경이나 철회를 할 수 없는 청약을 의미한다.

② 불확정청약(free offer) : 확정청약과는 달리 승낙기간이나 확정적인 표시를 하지 않은 청약으로 상대방의 승낙 전에 청약자가 일방적으로 변경이나 철회가 불가하다.

③ 반대청약(counter offer) : 매도인의 청약에 대하여 매수인이 가격, 수량, 선적시기 등의 청약내용 일부를 변경하거나 추가를 제의해 오는 것으로 원래의 청약에 대한 거절이면서 새로운 청약으로 간주 한다.

④ 교차청약(cross offer) : 청약자와 피청약자 쌍방이 동일한 내용을 청약하는 것으로 이 경우 양 청약이 상대방에 도착한 때 계약이 성립된다.

(4) 단서유무에 따른 구분

① 조건부청약(conditional offer) : 청약내용에 단서가 있어 피청약자의 승낙만으로 계약이 성립되지 않고 청약자의 최종확인이 있어야 계약이 성립되는 청약을 의미한다.

조건부청약의 종류에는 재고잔류조건 오퍼, 최종확인조건 오퍼, 무확약오퍼, 반품허용조건오퍼, 점검매매오퍼 등이 있다.

5) 물품매도확약서의 내용과 작성방법

물품매도확약서에 기재되는 내용에는 품명, 규격, 상표, 단위, 단가, 원산지, 수량, 금액, 선적지, 인도조건, 물품매도확약서의 유효기간, 대금지급조건, 발행자 및 등록번호, 상대자명이 기재된다.

① 품명(commodity name) : 물품에 대한 혼돈이 발생하지 않도록 종류별, 규격별

로 기재한다.

② 원산지(origin) : 원산지 판정에 따른 국제적 기준에 따라 물품을 생산한 국가명을 기재한다.

③ 규격(grade or specification) : 규격에 따라 가격차이가 발생하므로 정확하게 기재한다.

④ 상표(brand name) : 국제관습상 상표를 필요로 하는 물품에 한하여 기재한다.

⑤ 단위(unit) : 물품의 성질에 따라 사용하는 단위를 기재한다.

⑥ 단가(unit price) : 단위당 가격을 표시하되 사용하는 통화를 기재한다.

⑦ 수량(quantity) : 수량의 기준은 개수, 무게, 길이, 용적 등의 여러 가지가 있고 이에 따라 단위가 다양하므로 주의하여 기재하여야 한다.

⑧ 금액(amount) : 수량과 단가를 곱한 가격을 기재한다.

⑨ 선적지(shipping port) : 물품을 선적하는 국가나 항구 또는 공항의 이름을 기재한다.

⑩ 인도일(shipping date) : 물품의 선적이 가능한 선적일을 기재한다.

⑪ 유효기간(validity) : 계약의 이행 가능한 기간을 기재한다.

⑫ 대금지급조건(payment condition) : 신용장, D/P, D/A, 송금 등 대금결제방법 및 결제기간을 기재한다.

⑬ 발행자 및 등록번호(issuer and registered No.) : 물품매도확약서를 발행한 무역대리업체의 상호와 한국무역대리점협회에 등록된 번호를 기재한다.

⑭ 상대자명 : 물품매도확약서를 받는 거래 상대방의 주소, 상호, 성명을 기재한다.

⑮ 기타 : 통지은행, 포장방법, 참조번호, 환적, 검사, 품질, 분할선적, 클레임, 할인율 등 계약체결내용, 신용장개설시 필요한 부수조건 등을 기재한다.

4. 승낙

1) 승낙(acceptance)의 의의

상대방의 확정청약에 대한 동의의 확정적인 의사표시로서 승낙에 의하여 계약이 성립된다. 승낙은 원칙적으로 청약의 모든 내용과 일치하여야 하며 새로운 내용의 추가나 제한 또는 기타의 변경에 의한 승낙은 청약에 대한 거절이며 새로운 청약으로 간주된다. 따라서 승낙은 다음의 조건을 따라야 한다.

(1) 승낙은 유효기간 내에 이루어져야 한다.
(2) 청약의 모든 조건에 대한 무조건의 완전한 승낙이어야 한다.
(3) 청약에 대한 승낙의 방법이 명기된 경우에는 그 방법에 따라야 한다.

2) 승낙방법

청약에 별도의 지정이 있는 경우를 제외하고 지정이 없는 경우는 합리적인 방법으로 승낙하면 된다. 승낙방법이 지정되어 있는 경우에는 청약자가 승인하지 않는 한 무효가 되어 계약이 성립되지 않는다.

일반적인 승낙방법은 청약에 승낙방법이 지정되어 있는 경우에는 지정에 따르며, 승낙방법이 지정되어 있지 않은 경우에는 청약방법에 준하여 합리적인 방법으로 승낙하면 된다.

3) 승낙의 효력발생시기

무역거래는 청약자와 피청약자가 공간적으로 떨어져 있기 때문에 승낙의 의사표시가 피청약자로부터 발송되어 청약자에게 도달하기까지 어느 시점에서 계약이 성립하는가 하는 문제가 발생된다.

승낙의 효력발생시기는 이론적으로 피청약자가 승낙의 의사표시를 한 때에 계약이 성립되는 발신주의, 피청약자의 승낙의 의사표시가 도달한 때에 계약이 성립되는 도달주의, 승낙의 의사표시가 물리적으로 청약자에게 도달한 뿐만 아니라 현실적으로 청약자에게 그 내용을 인지한 때에 계약이 성립되는 요지주의로 구분된다.

5. 계약의 체결

1) 계약의 체결방법

무역계약은 합의계약이므로 계약서 작성이 계약 성립의 필수요건은 아니다.

그러나 당사자가 의도하는 것을 법률적으로 명확히 하고 이행과정에서 발생하는 문제(이행의 구체적 방법, 불이행 및 이행 불능시 처리 등)에 관하여 계약 당사자를 구속하는 규범을 설정함으로써 불필요한 분쟁을 방지하고 분쟁발생시 조속하고 합리적인 해결을 위해서 계약서의 작성이 필요하다.

계약을 문서화하는 방법에는 3가지 방법이 활용된다.

(1) 청약서에 의한 방법

매도인이 발행한 청약서에 매수인이 승낙서명을 한 후 각기 1통씩 보관하는 방법으로 내용이 간단하나 사전에 일반거래조건에 대한 협정이 없는 경우에는 이용이 곤란하다.

(2) 전신이나 서신에 의한 방법

매도인이 확정청약의 전신이나 서신을 상대방에 보내고 상대방이 이에 대한 합리적인 방법으로 회신을 보냄으로써 서면계약서(written contract)의 법적 효력을 갖도록 하는 방법이다.

(3) 계약서에 의한 방법

성립된 계약의 내용을 어느 일방이 2통을 작성하여 서명한 후 상대방에 송부하고 상대방은 이를 검토 서명함으로써 각기 1통씩 보관하는 방법이다.

계약서의 명칭으로는 매도인이 작성할 경우에는 sales contract(매도계약서), sales note(매약서) 또는 confirmation of order(구매계약서)로, 매수인이 작성할 경우에는 purchase contract(구매계약서), purchase note(매약서) 또는 purchase order(주문서)로 부른다.

2) 계약의 종류

(1) 개별계약(case by case contract)

거래가 성립되면 건별로 계약서가 작성되고 거래가 종료되면 그것으로 계약이 종료되는 계약이다.

(2) 포괄계약(master contract)

동일한 품목에 대하여 계속적·반복적으로 거래가 이루어지는 경우 개별계약의 불편을 해소하기 위하여 활용되는 계약이다.

(3) 독점계약(exclusive contract)

매도인이 수입국의 지정수입자 외에는 같은 품목을 청약하지 않으며, 매수인은 같은 품목을 수출국의 다른 매도인으로부터 수입하지 않는다는 조건으로 이루어지는 계약을 말한다.

3) 계약서의 내용

무역계약서의 내용은 물품의 성질이나 거래상황에 따라 상이하여 통일된 계약서식을 제시하기 어려우나 일반적으로 다음과 같은 기본조건들과 기타 필요한 조항이 포함되게 된다.

(1) 계약서번호
(2) 계약체결일자
(3) 매수인의 명칭과 주소
(4) 매매계약성립의 확인문언
(5) 선적일
(6) 상품명세
(7) 수량
(8) 단가
(9) 대금결제방법
(10) 보험조건
(11) 포장방법
(12) 목적지
(13) 참조번호
(14) 화인표시
(15) 주의사항
(16) 서명

4) 계약서 작성시 유의사항

계약서를 작성할 때에는 다음 사항을 유의하여야 한다.

(1) 계약서상 당사자간 합의된 조건의 포함 여부 확인
(2) 계약서 내용이 준거법 또는 강행법규에 적법여부 검토
(3) 계약서 내용상 논리적 일관성의 유지 및 상충부분 검토
(4) 계약서에 사용된 용어의 정확성 검토
(5) 계약성립 일자의 정확성 여부 확인
(6) 계약서상 서명 또는 날인의 유효성 검토

6. 계약의 효력발생

계약은 청약과 승낙으로 성립되지만 법적 구속력을 갖기 위해서는 매매 당사자 간 자유의사에 의한 합의로 계약의 성립과 당사자가 이행능력의 보유, 허위계약(false contract)의 회피 그리고 거래목적 및 방법에 있어 합법성을 보유하고 있어야 한다.

제3절 무역계약의 조건

무역계약조건은 계약이행시 계약당사자가 지켜야할 조건으로 계약조건에는 계약서에 명시된 명시조건과 계약서에는 명시되지 않았으나 당연히 지켜야 되는 묵시조건이 있다.

무역계약조건은 거래건별로 적용되는 개별거래조건과 거래에 있어 공통적으로 적용되는 일반거래조건으로 구분된다.

개별거래조건의 기본조건으로는 품질, 수량, 가격, 선적, 포장, 결제, 보험조건 등이 있으며, 일반거래조건으로는 불가항력, 클레임, 준거법, 재판관할, 중재조항 등이 있다.

1. 개별거래조건

1) 품질조건(quality terms)

무역거래에서 당사자간 분쟁이 많이 발생되는 부분으로 품질은 수출국 상품의 국제경쟁력의 평가 기준이 된다. 상품의 품질문제는 거래 당사자 간에 중요 관심사항으로 품질불량(inferior quality), 규격상이(different type), 품질상이(different quality) 등이 주요 분쟁의 원인이 된다.

(1) 품질의 결정방법

① 실견매매(sales by inspection) : 매수인이 거래물품의 품질을 직접확인 후 거

래가 이루어지는 방식으로 무역거래에서는 매매 당사자의 한쪽이 외국에서 거주하고 있으므로 거의 활용되지 않고 있다.

다만 보세창고인도조건(BWT : bonded warehouse transaction) 거래에서 한정적으로 이용된다.

② **견본매매**(sale by sample) : 오늘날 대부분의 무역거래에서 사용되고 있는 방법으로 매매의 당사자가 제시한 견본에 의하여 물품의 품질을 결정하는 방법을 말한다.

견본매매가 이루어지는 경우는 견본에 의하지 않고는 품질판단이 어려운 경우, 간단히 송부할 수 있는 상품 또는 고가가 아닌 상품으로 견본에 의한 것이 바람직한 경우, 입찰 혹은 상대방의 국가사정에 의하여 견본제출이 필요한 경우 등이다.

③ **표준품 매매** : 농수산물과 같이 동일한 규칙의 품질을 생산할 수 없는 경우 표준품에 의해 품질을 결정하는 방법으로 표준품을 기준으로 계약 체결후 인도물품과 차이가 있는 경우 합의나 거래관습에 따라 가격을 조정하는 방식이다.

④ **상표매매**(sales by trade mark) : 생산자의 상표(trade mark)나 브랜드(brand)가 국제적으로 알려진 경우 그 상표나 브랜드에 의하여 거래가 이루어지는 품질조건을 말한다.

⑤ **규격매매**(sale by type or grade) : 국제적으로 물품의 규격이 정해져 있거나 수출국의 공적 규정에 의하여 상품의 규격이 정해져 있는 경우 이용되는 품질결정방법이다.

국제규격의 예로, 국제표준화기구 ISO(International Organization for Standardization), 영국의 BSS(British Standard Specification), 일본의 JIS(Japan Industrial Standard), 한국의 KS(Korean Standard) 등이 있다.

⑥ **명세서 매매**(sale by specification) : 기계류, 선박 및 의료기구 등과 같이 거래물품의 성격상 견본의 이용이 곤란한 경우 물품의 성질, 재료구조 및 성능 등에 관한 명세서, 카탈로그, 설명서(description), 설계도(plan), 청사진(blue print) 등을 통하여 거래가 이루어지는 경우를 말한다.

(2) 품질의 결정시기

무역거래에서 물품의 운송은 장시간에 걸쳐 이루어짐에 따라 운송 중에 물품의 품질변화가 발생할 가능성이 높다. 따라서 품질의 변화가 가능한 상품에 대하여 어느 시점의 품질을 기준으로 거래를 할 것인가에 대하여 합의하여야 한다.

2) 수량조건

수량은 국가에 따라 해석기준이 상이하기 때문에 품질조건 다음으로 분쟁이 발생하기 쉬운 조건으로 그 원인은 수량부족, 중량부족, 중량계산방법의 상이 등이다.

(1) 수량단위

상품의 종류와 상관습에 따라 거의 일정한 것이 많으며, 국가에 따라 거래 단위와 기준이 다른 경우가 있으므로 사전에 명확히 해두어야 한다.

(2) 수량결정시기

운송 중에 수량의 변화가능성과 거래물품의 성질에 따른 선적시 수량의 정확한 측정이 곤란한 점 등으로 선적시 수량을 최종적으로 하는 선적수량(shipped quality term)과 양륙시의 수량을 최종적으로 하는 양륙수량조건(landed quality term)으로 구분된다.

일반적으로 공산품은 선적수량조건으로 농산물, 광물 등 산적화물(bulk cargo)은 양륙수량조건이 적용된다. 수량은 매수인이 인정한 공인검량인(public weighter) 또는 검정인(surveyor)의 중량증명서(certificate of weight)에 의하여 결정된다.

(3) 수량의 과부족용인조건

장기간 운송도중 중량변화가 예상되는 화물의 경우 일정비율의 과부족에 대하여 매수인이 인정하는 조건을 과부족용인조건(more or less clause)이라 한다.

약정된 과부족수량의 범위내에서 매수인측이 인도 수량에 따라 결제하게 된다.

3) 가격조건

가격이란 시장에서의 물품의 교환가치(exchange value)를 화폐가치로 표시한 것으로 무역계약의 기본조건은 서로 관련이 있지만 가격조건은 모든 조건을 고려하여 결정되며 거래조건에서 가장 핵심이 된다.

가격은 매수인에게는 상품매입을 결정하는 주요한 요인이 되며, 매도인에게는 그 가격에 판매할 의사발생의 요인이 된다.

(1) 거래통화

물품의 수출입대금을 결제하는 데는 통화가 필요하며, 이러한 통화의 결정은 자국통화, 상대통화 또는 제3국 통화중에서 선택하게 된다.

통화의 결정에는 교환성, 안정성, 유용성을 고려하여야 하며 특히 환위험(exchange risk)을 회피할 수 있는 안정된 통화이어야 한다.

한국은 현행 지정통화로서 영수통화는 국제통화기금(IMF) 8조국통화, 홍콩통화, 중국통화로 한정하고 있으며, 지급통화에는 제한이 없다.

(2) 가격의 구성요소

매매가격은 매도인과 매수인이 부담하여야 할 여러 원가요소와 물품의 인도장소 등을 감안하여 결정하게 된다.

이러한 매매가격을 매거래시마다 구체적으로 나열하여 결정하는 것은 불편한 일로서 국제거래에서는 가격산정의 기초가 되는 무역거래조건들에 대하여 국제상업회의소에서 무역조건의 해석에 관한 국제규칙(Incoterms : International Rules for the Interpretation of Trade Terms)을 제정하여 적용하고 있다.

4) 결제조건

무역계약은 쌍무계약이면서 유상계약으로 계약조건에 따라 매도인은 약정품을 인도하여야 하며, 매수인은 수령한 약정품에 대한 반대급부로서 대금을 지급하여야 한다.

무역거래에서 거래 당사자는 서로 입장이 상이하여 매도인은 선불(cash in advance)이나 가능하면 약정물품을 인도와 동시에 대금회수를 바라는 반면 매수인은 물품을 인수한 후 지불하게 되는 후불(deferred payment)을 바라게 된다.

이러한 거래 당사자의 상반된 이해관계를 균형화할 수 있는 결제방법으로서 화환어음과 신용장부화환어음에 의한 결제방법이 많이 이용되고 있다.

(1) 대금결제방법

① 신용장방식에 의한 결제 : 신용장이란 국제무역거래에서 대금결제의 원활을 기하기 위하여 수입자의 요청에 따라 수입자의 거래은행이 수입자를 위하여 개설은행의 신용을 제공하여 일정한 조건 아래 소정의 서류와 상환으로 수출자가 발행한 환어음을 지급, 인수, 매입하겠다는 일종의 은행의 조건부 대금지급확약서(conditional undertaking instrument for payment)이다.

신용장에 의한 결제는 추심방식이나 송금방식에 비하여 금융기능과 지급보증기능을 갖고 있어 금융적 불편이나 신용위험을 감소시킬 수 있는 편리성으로 가장 많이 이용되고 있다.

② **선수출계약서방식** : 신용장거래방식이 불확실한 수입자의 신용을 확실한 은행의 신용으로 전환하여 줌으로써 대금지급에 대한 책임을 은행이 지는 데 반하여 본 방식은 수출입거래 당사자간의 무역계약만으로 거래가 이루어지며 은행은 이에 대한 책임을 지지 않는 거래방법이다. 결제방법에 따라 추심결제방식과 송금환방식으로 구분된다.

추심결제방식

신용장을 통한 은행의 수출자에 대한 대금지급확약이 없이 수출자는 계약조건에 따라 약정품을 선적하고 이에 따라 발급되는 선적서류를 첨부한 환어음(bill of exchange)을 발행하여 자신의 거래은행에 추심을 의뢰하면 거래은행은 수입자의 거래은행(추심은행 : collecting bank)에 추심을 의뢰하여 선적서류와 상환으로 수입자의 대금을 결제하는 방법이다.

☞ **지급도방식(documents against payment; D/P)**

수입자가 은행으로부터 선적서류를 인수할 때 어음금액을 은행에 지급(payment)함으로써 선적서류를 인도받는 방법을 말한다.

☞ **인수도방식(documents against acceptance; D/A)**

수입자가 은행으로부터 선적서류를 인수할 때 어음금액을 은행에 지급하지 않고 단지 이를 인수(acceptance)함으로써 선적서류를 인도받은 후 만기일에 대금을 지급하는 거래방식이다.

송금환방식

수입자가 거래은행에 수입대금에 상당하는 대금을 지불하고 수출자에게 대금을 지급할 것을 위탁하여 거래은행이 수출지의 수출자의 거래은행에 전신 또는 서신으로 대금지급을 지시함으로써 수출자에게 대금을 지급하는 방법과 수입자가 거래은행으로부터 대금지급 후 환어음 또는 송금수표를 발행하여 이를 수출자에게 송부함으로써 수출자가 지급인에게 제시하여 대금을 회수하는 방법이 있다.

(2) 대금결제시기

① **선불**(payment in advance) : 물품이 인도되기 전에 수출입대금을 결제하는 방법으로 주문과 동시에 현금을 지급하는 주문불(cash with order), 송금수표나

우편환 또는 전신환 등을 송금하는 방식(remittance basis), 수출자가 신용장접수와 함께 미리 대금을 결제하는 선대신용장(red clause L/C) 등과 같은 형태가 있다.

② **동시불**(concurrent payment) : 현물 또는 현물과 동일시되어 대체될 수 있는 선적서류와 상환으로 대금을 지급하는 방법으로 현금지급방식(cash on delivery ; COD), 서류상환불(cash against document ; CAD), 지급도방식(documents against payment ; D/P), 일람불어음(at sight) 등이 있다.

③ **후불**(deferred payment) : 선불과 대조적인 결제방식으로 대금결제가 물품의 선적이나 인도 또는 어음의 일람 후 일정기간 내에 이루어지는 방식으로는 신용장조건에 의한 기한부어음(usance bill), 인수도방식(document against acceptance ; D/A), 청산계정결제(open account)등이 있다.

단기지불방식으로 신용장방식의 거래에서 어음이 매수인에게 제시된 후 일정기간이 경과해야 어음대금이 지불되는 방식을 말한다.

중장기연불조건(deferred payment on long or medium term basis) 등이 있다.

5) 보험조건

수출입물품은 일반적으로 장거리에 걸친 운송을 필요로 하므로 수출자로부터 수입자로 인도되기까지에는 여러 가지 위험이 따른다.

이러한 만일의 손해발생에 대비하여 위험의 발생시 그 손해 또는 손실을 보상받기 위해서는 적하보험(cargo insurance)에 부보하여야 한다.

적하보험은 육상보험이나 항공운송 또는 복합운송의 경우 운송보험(Transport insurance), 항공운송보험(Air transport insurance), 통과보험(Through insurance)이라 한다.

해상운송에 의한 보험을 해상보험(Marine insurance)이라 하며 이를 통틀어 무역보험(Trade insurance)이라 한다.

(1) 부보자

보험계약에서 부보는 보통 가격조건에 따라 결정된다. 선적지 조건에서는 매수인이, 양륙지 조건에서는 매도인이 부보하는 것이 원칙이다.

CIF나 CIP 조건을 채택하여 계약을 체결한 경우에는 매도인이, CIF, CIP 및 DES와 같은 양륙지 조건을 제외한 FOB 및 CFR 조건에서는 매수인이 적하보험계약을 체결하여 부보를 하여야 한다.

(2) 보험금액

보험금액은 보험사고 또는 소정의 손해가 발생한 경우 보험자가 지급하여야 하는 금액 또는 그 최고한도의 금액으로 보험계약자간에 약정된 금액이다.

보험금액은 보통 최소부보금액으로 CIF 송장금액에 10%를 가산하여 부보하는 것이 일반적이나 가산비율에 따라 보험료(insurance premium)가 달라진다.

(3) 손해보상범위

적하보험의 범위는 피보험자가 부보한 조건에 따라 보험자가 담보한 위험에 기인하여 발생한 손해만을 보상하며 약관상 특별히 제외되어 있는 위험은 보상받지 못한다. 따라서 피보험자는 어떠한 조건으로 부보할 것인지 보험계약의 체결시 결정하여야 한다.

제10장

무역의 수출입 및 승인

제1절 무역수출절차

계약의 체결, 대금회수, 사후관리까지 이루어지는 국제간의 거래이기 때문에 국내거래에 비하여 그 절차나 실무내용이 다소 전문적이고 복잡하다. 수출절차는 수출행위를 할 수 있는 자격을 취득한 자가 수출이 허용된 물품을 외국의 수입자와 수출계약을 체결하고, 물품수출에 관한 기본사항을 관리하는 대외무역법과 통관절차 등을 규정한 관세법에 따른 통관절차를 거쳐 운송수단 등에 적재하고, 최종적으로는 물품대금을 회수하기까지의 일련의 행정적, 법률적, 상관습적 흐름을 의미한다.

수출자는 국내 무역관련 법규와 국제 상관습을 명확히 이해하여 수출거래의 형태나 수출절차의 각 단계에서 필요한 가장 적합한 법규 및 상관습을 선택함으로써 수출에 따른 제반 애로사항을 극복하여야 한다.

수출의 일반적인 절차는, 인터넷을 이용한 시장정보 검색과정, 인터넷 마케팅을 통한 자사 제품의 홍보, 인터넷을 이용한 비즈니스 파트너와의 효율적인 커뮤니케이션을 통한 수출계약의 체결, EDI를 이용한 수출신용장의 수취와 수출승인(E/L), 무역금융 지원에 의한 수출용 원자재의 구매와 수입, 수출품의 생산 또는 수출물품의 확보, 운송과 해상보험계약의 체결, 수출검사, 수출통관, 물품의 선적, 수출대금의 회수(NEGO) 그리고 관세환급 및 사후관리를 포함하는 등 많은 절차를 거치게 된다.

1. 수출계약의 체결과 신용장의 수취

인터넷을 이용해서 바이어를 찾아 그 바이어와 수출거래를 시작하려면, 수출자는 자신이 취급하고자 하는 물품에 대해 국내 무역관련 법규를 검토하여 수출의 허용 여부를 확인하여야 한다.

해외시장조사 단계를 거쳐 그 시장에서 가장 적절한 거래처를 물색한 후 신용조사를 하게 된다. 이러한 신용조사의 결과 양호한 신규 수입대상자로 선정되면 이들과 수출상담을 진행하게 된다.

상대방과의 수출교섭과정을 통하여 상대방의 동의를 얻게 되면 원활한 거래관계를 만들기 위해 먼저, 수출계약을 체결하게 된다.

수출계약은 수출자가 수입자에게 계약한 물품의 소유권을 양도하여 물품을 인도할 것을 약속하고 수입자는 그에 상응하는 대금을 지급할 것을 약정하는 것이다.

수출계약이 체결되면 무역계약의 조건에 따라, 수입자는 수출자에게 신용장 등을 수출자 앞으로 발행하고 신용장 등을 수취한 수출자는 동 신용장이 계약내용과 일치하는지 여부를 검토한 다음 수출물품을 계약조건 및 신용장 조건에 따라 수입자에게 인도하기 위해 국내에서 수출승인 등 수출이행을 절차에 따라 진행하게 된다.

신용장을 통지은행에서 수취한 수출자는 다음 절차에 들어가기에 앞서 반드시 신용장의 조건들이 계약내용과 일치하는지 여부 등에 대하여 엄격하게 검토하여야 한다.

첫째, 매매계약서의 내용과 일치하는지를 검토하여야 한다.

둘째, 신용장의 진위성 여부를 확인하여야 한다.

셋째, 신용장 개설은행의 신용도를 검토하여야 한다.

넷째, 신용장통일규칙 준거문언의 유무, 지급확약문언의 유무 등을 우선 확인하여 신용장의 기본적인 요건을 갖추었는지를 확인하여야 한다.

다섯째, 수출에 지장을 초래할 수 있는 내용이 있는가의 문구의 위해성를 확인하여야 한다.

2. 수출승인

거의 모든 제품에 대한 수출은 일반적으로 자유롭게 할 수 있지만 특정 물품에 대해서는 수출승인을 빈드시 받아야 하는 품목이 있다. 당해 품목의 수출승인 이전에 해당품목의 수출이 규제되었는지 사전에 점검해야 한다.

수출계약을 체결한 자가 물품을 수출하기 위해서는 우선적으로 수출하고자 하는 품목이 수출입공고 등에서 수출이 제한되는 품목인지를 파악해야하고, 규제조치에 해당할 경우는 규제를 해제할 수 있는 요건을 갖추어야 합법적으로 수출승인을 받을 수 있다.

수출입공고 등이라 함은 수출입공고, 수출입별도공고, 통합공고 등을 말하는데, 수출입품목관리의 공고체계는 대외무역법에 근거한 수출입공고, 수출입별도공고 등과 기타 개별법에 의한 제한내용을 취합해서 공고하는 통합공고로 이루어져 있다.

수출승인은 대금결제사항이 제외된 상태로 수출입공고, 수출입별도공고, 통합공고 등에 의해 수출이 제한되는 물품을 수출이 가능하게 되도록 허가해 주는 절차이다.

수출승인제도는 1997년 3월 1일 대외무역관리규정의 개정으로 수출입공고상 제한품목에 대해서만 승인을 얻도록 하고 기타 품목에 대해서는 승인제도를 폐지하는 원칙허용 및 예외규제인 네거티브 시스템(Negative system)로 전환되었다.

특정거래형태의 수출입에 대하여는 종전과 똑같이 시행하고 있다.

1) 수출승인기관

수출물품 승인권한은 산업통상자원부장관에게 있지만, 산업통상자원부장관은 수출승인에 관한 권한을 수출입행정의 신속화와 효율화를 도모하기 위하여 일부 특수한 거래를 제외하고는 수출승인에 관한 권한을 행정기관 또는 단체의 장에게 위임하고 있다.

2) 수출승인요건

첫째, 신청인은 승인을 얻을 수 있는 자격이 있어야 한다.

둘째, 수출물품은 대외관리규정 및 수출입공고 등의 제한요건을 충족시키는 품목이어야 한다.

셋째, 품목분류번호의 적용이 정확하여야 한다.

넷째, 상품분류는 한국관세협회에서 발간한 관세율해설서와 산업통상자원부 품목분류공고와 일치하여야 한다. 신규 개발품으로 품목분류번호가 명확하지 않을 경우에는 관세청에 품목분류를 의뢰하여야 한다.

3) 수출승인 유효기간

수출승인의 유효기간은 수출을 승인한 날로부터 1년 이내로 한다. 다만, 산업통상자원부장관은 물품인도조건, 국내의 물가안정, 수급조정, 기타 거래상의 특성 등에 의하여 필요하다고 인정되는 경우에 한하여 1년 이내 또는 20년의 범위 내에서 유효기간을 단축 또는 초과 설정할 수 있다.

3. 수출물품의 확보

수출자의 자금 부담을 덜어주고 수출을 촉진하기 위하여 수출물품제조를 위해 국내에서 물품을 구매할 경우 원자재구매자금, 수출물품제조를 위해 물품을 수입할 경우 원자재수입자금, 제조·생산에 소요되는 자금으로 생산자금을 지원하고 있다.

수출자는 수출신용장을 근거로 무역어음을 발행하여 필요한 자금을 조달할 수도 있다.

수출물품을 확보하는 방법에는 수출물품을 수출업자의 자기공장에서 직접 제조 및 생산하는 방법, 수출물품 자체를 국내에서 구매하는 방법 등이 있다.

수출물품을 제조 및 생산하기 위해서는 당해 물품 생산에 소요되는 원료를 확보하여야 한다. 그 원료를 확보하는 방법도 외국에서 원료를 수입하는 방법과 국내에서 구매하는 방법 등이 있다. 원자재를 국내에서 확보하는 방법은 내국신용장에 의한 방법과 구매승인서에 의한 방법 등이 있다.

1) 내국신용장에 의한 방법

수출자는 수출용완제품이나 소요원료를 공급하는 국내생산업체 또는 유통업자와 물품공급계약을 체결하고 자신의 거래외국환은행을 통하여 공급업자를 수혜자로 하는 내국신용장을 개설하여 당해 물품을 공급받게 된다.

생산업체 또는 유통업체는 물품을 공급한 후 내국신용장 및 물품수령증명서를 근거로 환어음을 발행하여 대금을 회수한다.

2) 구매승인서에 의한 방법

무역금융한도가 부족하거나 단순송금방식에 의한 수출 등 내국신용장의 개설이 어려운 상황에서 외화획득용 원료 및 완제품 구매를 원활히 하기 위하여 내국신용장에 준하여 발급하는 증서를 이용하는 방법이다. 내국신용장과 구매승인서에 의한 공급실적은 대외무역법상 수출실적으로 인정되고, 부가가치세 영세율의 적용 그리고 관세환급 등의 혜택을 받을 수 있다.

3) 소요량증명제도

수출지원금융제도를 이용하여 외화획득용 원자재를 조달하는 경우에는 금융, 세제상으로 여러 가지 특혜가 부여되고 있으므로 원료의 양을 정확히 산출할 필요가 있다.

이러한 필요에 따라 도입된 제도가 소요량증명제도이다. 소요량증명제도에는 소요량증명서와 소요량계산서가 있다. 소요량증명서는 소요량증명서 발급기관이 외화획득을 이행하는데 소요되는 원자재의 양을 계산하고 내용을 확인한 증명서이다. 소요량계산서는 소요량 자체관리 기업 및 소요량계산서 발급 기업이 외화획득을 이행하는데 소요된 원자재의 양을 자체 계산한 서류로서 소요량증명서와 동일한 효력을 갖게 된다.

4. 무역운송과 해상보험 계약의 체결

수출자는 수출물품에 대한 확보 또는 생산이 완료되면, 수출계약조건이나 신용장 등에서 정한 소정의 선적 기일 내에 물품을 선적하여야 하므로 당사자는 적합한 선박회사를 선정하여 운송계약을 체결하고 동 계약에 따라 수출화물을 선적할 준비를 하여야 한다.

특히 가격조건이 FOB조건일 경우에는 수입업자가 지정하는 선박에 수출화물을 선적할 준비를 하여야 하며, CIF조건일 경우에는 수출업자가 수출계약서 및 수출물품의 특성들을 감안하여 운송계약과 적합한 해상보험약관을 선택하여 해상보험계약을 체결하여야 한다.

모든 절차가 끝나게 되면 수출자는 관세법에 의한 수출통관절차를 거쳐 당해 수출물품을 선박(항공기)에 적재하고, 선하증권(항공운송장)을 수취하게 된다.

1) 수출화물의 운송

수출화물의 운송이란 수출화물의 운송계약 체결일로부터 생산이 완료된 수출화물을 수출 통관하여 해당 수출지에서 운송수단에 적재한 후 운송업자로부터 운송서류(선하증권 또는 항공운송장)를 발급 받음으로써 적재가 완료되고 해당 목적지에 수출물품이 무사히 도착하기까지의 과정을 말한다. 운송회사와 접촉하기에 앞서 기본적으로 이해하고 있어야 할 사전지식은 다음과 같다.

첫째, 무역거래조건이 CIF(또는 CFR)조건일 때는 수출자가, FOB조건 일 때는 수입자가 운송선박을 수배하여야 한다. 물론 수출자와 수입자의 거래관계, 상황에 따라 상대의 요청에 의해 선박수배를 주선해 주는 경우도 있다.

둘째, 선박을 수배하는 경우 상품의 수량, 종류에 따라 운송선박이 다를 수 있다. 주로 컨테이너전용선(Full Container Ship)과 Bulk Cargo운반 전용선으로 구분된다.

셋째, 한국을 중심으로 기존에 형성되어 있는 항로를 일정한 주기를 유지하며 취항하는 정기선(Liner)과 화물에 따라 그때그때 원하는 곳까지 화물을 운송하는 부정기선(Tramper)이 있다.

넷째, 운임(Freight)은 해당화물의 중량과 용적을 비교하여 많이 산출되는 톤 수를 운임의 기준으로 한다. 이것을 Revenue Ton이라고 한다.

다섯째, 일반적으로 정기선의 경우는 개품운송계약으로 선하증권(B/L)이 통상 발급되고, 부정기선의 경우는 송하인이 선박회로부터 선복의 전부 또는 일부를 빌려 화물을 운송하는 계약을 체결하며 이 경우에는 용선계약서(Charter Party)가 작성된다.

정기선이 취항하지 않는 지역으로 물품을 보내고자 할 때에는, 보다 충분한 시간을 두고 선박회사와 접촉을 하여야 한다. 정기선의 경우는 지역에 따라 다르겠으나 부정기선 편으로 선적 운송할 경우는 가급적 1~2개월 전부터 선박을 물색하여야 한다.

2) 해상보험 계약의 체결

선박이나 항공기로 운송되는 화물이 통상적인 운송과정에서 사고를 당할 우려가 있는 재산권을 가지는 여러 사람들이 위험의 정도에 따라 합리적인 기금을 각출하여 공동 준비 재산을 형성(Pooling)하고 사고가 발생하여 손해를 입었을 때 이를 보상함으로써 경제상의 불안을 제거, 경감하기 위한 것이 해상보험 제도이다.

모든 해상 및 항공운송화물은 적하보험의 가입대상이 되지만, 수출입화물에 있어서는 특히 무역조건에 따라 해상보험계약의 체결자가 달라지게 된다. 즉, 무역조건이 CIF인 경우에는 수출자가, FOB 및 CFR의 경우에는 수입자가 적하보험에 부보하여야 한다. 보험체결당사자는 사전에 보험가입조건, 보험료율을 충분히 검토한 후에 보험청약서를 작성하여야 한다. CIF조건의 경우 수출자는 보험회사에 해당 적하보험 가입을 요청하고 보험료를 지급하면 보험회사는 보험증권을 발행함으로써 보험계약이 성립된다.

현재 무역거래에서 수출자가 유의해야할 것은 개발도상국에서 자국보험회사의 보호육성과 국제수지 개선을 목적으로 자국의 수출입 화물에 대해 외국의 보험업자와의 보험계약을 금지하도록 하는 정책들이다.

콜럼비아, 나이지리아, 이란, 등을 비롯한 상당수의 국가에서는 원칙적으로 CIF조건에 의한 수입을 인정하고 있지 않기 때문에 주의를 하여야 한다.

5. 수출통관과 화물의 선적

수출물품을 확보한 수출자는 당해 수출물품을 지정된 선박(항공기)에 선(기)적하기 전에 수출검사대상 품목이면 수출검사 완료 후에 관세법에 의한 수출통관 절차를 밟아야 한다.

수출통관절차는 수출시 반드시 이행하여야 할 법적 절차로서 수출물품을 세관검사를 받고자 하는 장소에 장치하고 세관에 수출신고를 필한 후, 필요한 세관수출검사를 거쳐 수출면허를 받아 당해 수출물품을 선박(항공기)에 선적하게 되는 과정까지 일련의 절차를 말한다.

수출통관은 관세사에 의뢰하여 대리통관을 하던가, 자사 내에 관세사가 있으면 자가통관을 하게 된다. 그리고 통관은 선적지의 세관에서 할 수도 있으며, 수출품 생산지에 있는 내륙지의 세관에서 통관절차를 거친 후 운송을 하여 선적을 할 수도 있다.

수출통관의 목적은 이러한 통관절차를 통하여 세관당국이 관세법, 대외무역법 및 외국환거래법 등의 각종의 수출규제에 대한 법규의 이행사항을 수출물품과 대조·확인하여 수출물품의 실제확인과 부정수출방지 등을 최종적으로 확인하는 절차이다.

1) 수출신고

수출자는 물품의 장치장소 또는 장치 예정장소를 관할하는 세관장에게 수출신고를 해야 한다. 그리고 수출신고인은 화주(완제품공급자 포함), 관세사, 통관법인 또는 관세사법인의 명의로 하여야 한다. 또한 화주는 법에 의하여 등록된 관세사를 채용하여 관세사 명의로 수출신고를 할 수 있다.

2) 수출심사

수출신고 수리를 받은 물품은 선적항으로 운송되어 선적되며, 세관에서는 당해 물품의 선적을 확인함으로서 수출통관 절차를 완료하게 된다.

수출심사의 주요사항은, 수출승인사항과 수출신고사항의 일치 여부, 대외무역법령 및 기타 법령에 의한 조건의 구비여부, 수출물품에 대한 품목분류의 정확성 그리고 기타 수출물품 통관을 위하여 필요한 사항 등을 심사한다.

6. 수출대금의 회수

세관의 수출통관 과정을 거쳐 선적이 완료되면 수출자는 제반 운송서류를 갖추어 수출대금을 회수하게 된다. 수출자가 수출대금을 회수하기 위해서는 먼저 거래외국환은행과 외국환거래약정을 체결하고 선적을 이행한 후, 수출신용장 또는 계약서의 조건에 따라 환어음과 운송서류를 작성하여 이의 매입 또는 추심을 거래은행에 의뢰하게 된다. 의뢰를 받은 외국환은행인 매입은행 및 추심의뢰은행 등은 환어음을 지급인 앞으로 송부함으로써 수출대금의 회수가 이루어진다.

1) 외국환거래약정체결

외국환거래약정은 외국환은행이 화환어음을 수출자로부터 매입하기 전에 매입의뢰자인 수출자와 체결하는데, 이는 수출환어음의 매입행위가 일종의 여신행위이므로 수출환어음의 매입에 관해서 담보, 책임 등에 한계를 명확히 하기 위한 것이다. 이러한 외국환거래약정체결은 최초의 거래시에 이루어지며 외국환거래약정의 방법은 외국환은행이 작성한 일정한 서식에 수출자가 서명날인 함으로써 성립된다.

2) 환어음 및 운송서류

신용장에 의한 대금결제에서 수출자는 신용장 조건에 일치하는 환어음과 운송서류를 준비하여야 한다. 환어음(Bill of exchange)은 국제무역거래에서 수출자가 수입자에게 채권액을 지명인 또는 소지인에게 일정한 기일 및 장소에서 무조건 지급할 것을 위탁하는 요식의 유가증권으로 통상 2통을 한 조로 발행한다.

운송서류(Transport documents)는 화물의 선적을 증명하는 선하증권 등의 제반서류를 말한다. 일반적으로 수입자가 요구하는 운송서류에는 기본서류인 선하증권(B/L : Bill of lading), 보험증권(Insurance policy), 상업송장(Commercial invoice), 포장명세서(Packing list) 이외에 영사송장(Consular invoice), 원산지증명서(Certificate of origin), 세관송장(Customs invoice), 검사증명서(Certificate of inspection), 중량용적증명서(List of weight and measurement) 등이 있다.

운송서류는 신용장이나 계약서를 면밀히 검토한 후 정확하게 작성하여야 한다.

특히 신용장에 의한 수출대금은 신용장에서 요구하는 대로 운송서류가 완벽하게 작성되지 않아서, 부도처리가 되는 경우가 있으므로 신용장통일규칙(UCP500)을 잘 숙지하여 명확히 작성되어야 한다.

3) 운송서류의 매입의뢰

선적을 마친 후 환어음과 운송서류를 준비한 수출자는 수출대금을 가능한 빨리 회수하려 한다. 수출자는 서류를 추심 의뢰하여 대금결제를 기다리는 방법도 있으나 통상적으로 서류를 거래 외국환은행에 제출하여 매입(Negotiation)을 받는 방법을 택하게 된다. 이렇게 환어음과 운송서류를 준비한 수출자가 신용장원본, 운송서류 등을 갖추어 거래 외국환은행에 환어음의 매입을 의뢰하면, 은행은 신용장조건과 제출한 서류의 일치여부 등을 심사한 후 매입을 결정하게 된다.

서류의 매입은 매입은행이 개설은행으로부터 신용장 대금을 상환 받기 전에 서류를 매입하여 매입은행의 자금으로 수출자에게 신용장대금을 지급하는 일종의 여신행위가 된다. 신용장통일규칙의 제10조에 의하면 매입(Negotiation)이란 대가를 지급하는 것을 의미하며 단순한 서류심사는 매입이 아니라고 규정하고 있다. 매입이 결정되면 외국환은행은 제반 수수료 및 기 취급한 무역금융대출금 등을 공제한 후 수출대금을 수출자에게 지급하게 된다.

7. 관세환급

수출용원자재를 수입할 때에 납부한 관세 및 내국세 등을 당해 원자재를 사용하여 제조한 물품을 수출한 경우에 특정한 요건에 해당하는 경우에는 그 전부 또는 일부를 되돌려 주는 제도를 의미한다.

관세법 상에는 납세의무의 형평과 징세 행정의 공평을 기하기 위한 관세법상의 환급(과오납환급과 위약물품환급)과 수출지원을 위한 "수출용 원재료에 대한 관세 등 환급에 관한 특례법" 상의 환급이 있는데 통상적으로 관세환급은 후자의 경우를 의미한다.

1) 관세환급 요건

관세환급의 요건 중에서 수출의 요건과 수입의 요건은 다음과 같다.

첫째, 환급대상 수출의 요건에 대해서 알아보면, 관세환급은 수출용원재료를 수입하는 때에 납부한 관세 등을 일정 기간 내에 수출 등에 제공한 때에 수출업자 등에게 되돌려 주는 것이기 때문에, 환급대상이 되기 위해서는 우선 제품을 수출 등에 제공하여야 한다.

환급대상수출의 범위와 요건을 어디까지로 할 것이냐는 정책적 판단에 속하는 것이나, 현행 법령에서는 정상수출 이외에 산업통상자원부령이 정하는 승인면제수출, 국내에서의 외화판매·외화공사 중 산업통상자원부령이 정하는 것과 보세공장 등에의 물품 공급까지를 포함하고 있다.

둘째, 환급대상 수입의 요건을 알아보면, 환급대상수입의 요건은 수출용원재료에 해당하여야 하고, 외국으로부터 수입하는 때에 관세 등을 납부한 물품이어야 하고, 수입면허일로부터 일정한 기간 내에 수출 등에 제공해야 한다.

2) 관세환급 방법

관세환급액의 산출방법은 정액환급률표의 적용여부에 따라 개별환급과 정액환급 등이 있다.

개별환급은 정액환급률표에 기재되어 있지 않은 수출물품 등에 소요된 원재료를 수입하였을 때 납부한 관세 등을 소요량증명서, 수입신고필증 등에 의해 일일이 환급액을 산정하여 환급하는 방법이다. 환급세액은 정확하게 산출할 수는 있지만 구비서류가 복잡하고 환급금 산출에 많은 시일이 소요되는 것이 특징이다.

간이 정액환급은 수출물품별로 환급해야 할 금액을 사전에 정하여 정액환급률표에 기재해 놓고 그러한 물품이 수출되었을 때 수출신고필증만 제시받아 환급금액을 그대로 환급해 주는 방법이다.

중소기업에 대한 관세환급절차를 간소화하기 위해 수출신고수리시 간이 정액환급률표에 기재되어 있는 품목에 대해서 매 건별 관세 등의 납부액을 확인하지 않고 일정액을 환급해 준다. 그런데, 관세환급이란 수출물품 제조에 소요된 원재료의 수입시 납부세액을 수출 등에 제공한 때에 되돌려 주는 것이므로, 환급세액을 정확하게 산출하기 위해서는 개별환급방법에 의하는 것이 합리적이다.

3) 관세환급 신청기한

물품을 수출 등에 제공한 날(수출한 때에는 수출신고필증 상의 수출신고 수리일)로부터 2년 이내에 신청하여야 한다. 이 기간이 경과되면 환급신청권이 소멸된다.

4) 관세환급 신청기관

유상으로 수출하는 물품에 대하여는 관세청장이 지정한 세관 중 수출업체에서 임의로 선택하여 신청할 수 있는 것이 원칙이다. 수출업체에서 임의로 선택한 환급기관은 수출신고서에 표시되어야 한다. 수출신고필증에 표시된 환급기관에 신청하여야 하며, 환급기관을 변경하거나 새로 지정하는 때에는 수출신고필증에 세관장의 정정 승인을 받아야 가능하다.

5) 사후정산제도

1997년 7월 1일부터 관세환급특례법의 개편 시 새로이 도입한 제도로서 일정한 요건을 갖추어 일괄납부업체로 지정을 받은 자가 수출용원재료를 수입할 때에 일정기간 이내에 수출 등에 제공할 것을 조건으로 관세 등을 부과는 하되 징수는 하지 아니한 상태에서 통관하여 물품을 생산하도록 하고, 그 물품이 수출된 후 환급받아야 할 금액과 관세 등을 상계 처리하도록 함으로써 수출용원재료 수입에 따른 관세부담을 완전히 면제시켜 수출을 촉진시키기 위한 제도이다.

수입신고 시 유의할 사항은 수입신고서 상에 관세 등의 일괄납부대상 수출용원재료임을 반드시 표시하게 되어있다.

제2절 무역수입절차

수입절차는 수입 가능한 품목에 대해 대외무역법의 수입승인을 받아 국내로 수입할 경우에 관세법에 근거한 수입통관절차를 거쳐 최종적으로 물품을 수취하는 일련의 절차를 의미한다.

통상적인 수입절차는 국내의 무역관련법규(대외무역법, 외국환거래법, 관세법 등)와 국제무역관습규정(INCOTERMS 2010, UCP 600 등) 등이 상호 관련되어 각 절차에 적용되고 있다. 그러므로 수입자는 각 단계별로 적용할 가장 적합한 법률 및 규범 등을 신중하게 검토해야 한다.

1. 수입계약의 체결

수입계약이란 국제간에 발생되는 물품매매계약으로서 매수인이 물품대금을 매도인에게 지급할 것을 약속하고 매도인은 매수인에게 상품의 소유권을 양도하여 인도할 것을 약정하는 계약이다.

수입계약은 매수인이 매도인으로부터 오퍼를 받고 매수인이 이에 대한 승낙을 하게 되면 계약이 성립되게 되는데, 오퍼는 그에 상응하는 승낙을 받음으로서 계약이 성립되는 일방적인 표시이다.

통상적으로 수출자가 수입자에게 물품의 품명, 가격, 품질, 결제조건 등으로 매도하겠다는 의사표시를 말한다.

1) 물품매도확약서 종류

물품매도확약서(Offer sheet)는 발행지, 유효기간의 유무, 발행의 목적 및 조건의 유무에 따라 다음과 같이 분류할 수 있다.

첫째, 동일한 국내에서 발행한 국내발행오퍼와 외국에서 발행되어 오는 국외발행오퍼가 있다.

둘째, 수출자가 판매조건을 제시하는 매도오퍼(Selling offer)와 수입자가 먼저 구매조건을 제시하여 수입의사를 표시하는 구매오퍼(Buying offer)가 있다.

셋째, 오퍼의 유효기간이 명시되고 그 기간 내에 수락할 것을 조건으로 하는 확정오퍼(Firm offer)와 오퍼의 유효기간을 명시하지 않아 청약자가 일방적으로 오퍼를 철회하거나 그 내용을 변경할 수 있는 미확정오퍼(Free offer)가 있다.

일정한 조건을 붙여서 오퍼를 발행하고 그러한 조건이 충족되면 오퍼가 유효한 것으로 인정하는 조건부오퍼 등이 있다.

2) 물품매도확약서 내용

오퍼는 특별히 정해진 형식이나 방식이 있는 것이 아니라 거래대상물품, 거래방식 등에 따라 다양한 형태를 가지고 있다. 오퍼의 기재사항은 거래특성에 따라 다양하지만, 가장 전형적인 오퍼에 기재되는 사항은 품명(Commodity Name), 수량(Quantity), 단가(Unit Price), 대금결제방법(Payment Condition), 보험(Insurance), 원산지(Origin), 유효기간(Validity), 선적기일(Shippingdate), 포장방법(Packing Method) 그리고 발행일자(Offer Date) 등이다.

3) 수입계약체결

수출자와 교섭하여 의견이 일치하면 매매계약을 체결하기 전에 향후 거래 기준이 되는 일반거래조건(General terms and conditions)을 협정하여 향후 분쟁에 대비하여야 한다. 이러한 조건들은 오퍼의 내용에 포함시킬 수도 있지만, 별도의 계약서를 작성하는 경우도 많이 있다.

2. 수입승인

수입하고자 하는 당해 물품이 수입제한품목인 경우에는 별도의 수입승인을 취득해야 한다. 수출입공고, 수출입별도공고 등에 제한이 없으면 수입승인을 받을 필요가 없다. 수입승인은 수출입공고 및 수출입별도공고 등에 의해 수입에 제한되는 물품을 수입이 가능하게 되도록 허가하여 주는 절차로 유효기간은 승인한 날로부터 1년이며 필요한 경우 20년 범위 내에서 연장이 가능하다.

종전의 수입승인제도는 원칙적으로 모든 물품에 대하여 승인대상으로 하고 있었다.

현재에는 수입승인대상의 관리체계를 Positive System(원칙규제, 예외허용)에서 Negative System(원칙허용, 예외규제)으로 전환함으로써 수출입공고 및 수출입별도공고 대상품목에 대해서만 승인대상으로 하고 있다.

종전의 통합공고상의 요건확인물품을 승인대상에서 제외함으로써 수입승인 시 통합공고상의 요건을 확인하지 않는다. 또한 특정거래형태의 수출입에 대하여는 종전과 동일하게 시행하고 있음에 유의하여야 한다.

수입승인 대상물품을 수입하고자 하는 자는 매 계약 건별로 구비서류를 갖추어 산업통상자원부장관에게 승인을 신청해야 한다.

산업통상자원부장관은 대금결제에 관한 사항이 승인 및 사후관리대상에서 제외됨에 따라 수입승인 권한을 외국환은행에서 각 품목별 추천기관으로 변경하여 위탁하고 있다.

1) 품명표시

수입승인 신청시 품목명은 관세청장이 상품명을 표준화하여 공고한 품명인 경우에는 원칙적으로 같은 품명이 표시되어야 한다. 품목명은 정확하게 표시되어야 한다.

따라서, 품목명은 해당품목에 대해 가장 좁은 의미로 표현하여야 한다.

수입물품의 확인에 필요한 규격을 정확히 기재하여야 하며, 특정 제조회사의 상표명이나 고유제조번호를 기재할 수 없다.

2) 품목분류

품목분류의 확인 사항은,

첫째, HS번호는 현행 관세율표상의 세번분류(10단위)와 일치 여부를 확인해야 한다.

둘째, 품목분류가 확실하지 않은 경우는 수입물품의 용도설명서, 카탈로그 등을 참조하여 정확하게 분류되었는지 확인해야 한다.

셋째, 용도별 구분은 세관의 사실판단에 따라야 한다.

넷째, HS분류가 애매한 품목과 신규개발품목은 관세청에서 품목분류 공고가 되었는지를 확인하고, 고시되지 아니한 경우는 관세청 또는 통관예정세관에 분류를 의뢰해야 한다.

다섯째, 기타 일반적인 사항은 한국관세협회에서 발간한 「관세율표 해설서」와 관세청의 「물품분류공고」를 참고해야 한다.

3) 수출입공고

수출입공고 등의 확인 사항은,

첫째, 수출입공고상 해당 품목의 제한조치에 대한 합당한 절차를 이행해야 한다.

둘째, 다음에 열거하는 경우에 해당하는 물품의 수입승인은 수출입공고에도 불구하고 산업통상자원부장관이 별도로 정하여 공고하는 별도공고의 승인요령에 따라 승인을 받아야 한다.

수출입절차 간소화를 위한 수출입 추천 등의 별도조치, 방위산업용 원료와 기재의 수입, 중고품의 수입, 항공기 및 동 부분품의 수입, 통상정책상 필요한 물품의 수입, 산업피해조사품목의 수입 등이 해당된다.

셋째, 수출입공고상, 수출 또는 수입요령에 「산업통상자원부장관이 별도 공고하는 수입요령에 의함」으로 게재된 품목 중 「수출입별도공고」에 게재되어 있지 않으면 수입이 불가능하다.

3. 신용장 개설

무역대금결제를 신용장방식으로 체결한 경우에 수입자는 수입승인을 받은 후 자기의 거래외국환은행에 신용장발행을 신청해야 한다.

신용장 발행을 수락한 개설은행은 신용장을 발행한 후, 이를 수출국에 위치하는 환거래은행(Correspondent Bank)인 통지은행으로 신용장의 통지를 요청하고, 통지은행은 수출자에게 신용장발행을 통지하여 신용장을 전달하게 된다.

신용장의 개설은 개설은행이 해외 수출업자에게 신용장 조건과 일치하는 서류가 제시되면 수입화물의 대금을 지급하겠다는 조건부 지급확약으로서, 개설시점부터 결제시점까지 개설은행이 수익자 또는 제3자에게 최종적인 지급책임을 부담하는 일종의 여신행위이다.

개설은행은 개설의뢰인(수입자)의 신용도, 수입화물의 환가성 등을 면밀히 검토할 뿐만 아니라 장래에 발생할지도 모르는 채무에 대비하여 수입신용장 개설 전에 외화지급보증약정의 체결이나 전액 담보금을 요구하기도 한다.

이러한 절차는 일반적인 신용장 거래에 불과하지만 이러한 모델을 기본으로 하여 모든 무역거래에 변형하여 적용되기 때문에 원활한 수입업무의 진행을 위해서는 각 절차별 필요한 실무사항을 사전에 숙지해야 한다.

1) 수입신용장 개설방법

수입자는 수입물품에 대한 수입승인을 받은 다음 그 유효 기간 내에 신용장개설을 신청해야 한다. 신용장 개설은행은 신용장개설에 관한 심사 및 기타 절차를 완료하고 개설의뢰인이 제출한 의뢰서의 내용을 점검하여 타당하다고 인정되면 신용장을 개설한다.

신용장 개설방법은 선적기일, 시황, 자금사정 등을 고려하여 우편이나 전신에 의한 방법 등이 있으나, 최근에는 통신수단과 과학의 발달로 대부분의 외국환은행에서는 SWIFT방식을 이용하여 신용장을 개설하여 통지하고 있다.

2) 신용장 개설 필요한 서류

수입자는 자신의 거래 외국환은행에 수입신용장개설을 신청한다. 신청서류는 각 외국환은행별로 다를 수 있으나, 일반적으로 신용장개설신청서, 외국환거래약정서(최초 거래시 한 번만 제출한다), 수입승인서, 물품매도확약서(Offer sheet), 가격조건이 FOB 또는 CFR인 경우에는 수입상이 수입물품에 대하여 해상보험에 부보한 후 해상보험증권을 제출해야 한다.

3) 신용장 개설 기재내용

신용장개설신청서에 기재되는 내용은 곧 신용장의 조건이 되므로 신청서에 기재하는 모든 사항은 수출자와 수입자간에 체결한 계약서를 근거로 하여 간단하고 명료하게 정확하게 기재하여야 한다.

이 신청서에는 신용장에 기재된 모든 요건을 기입하여야 하며 매매계약에 약정된 내용 및 수입승인서(I/L)상 허락된 내용과 반드시 일치하여야 한다.

신용장개설신청서에 기재되는 주요사항은 다음과 같다.

첫째, 신용장 자체에 관한 사항으로 수익자, 개설의뢰인, 신용장 금액 및 유효기간을 기재하여야 한다.

둘째, 환어음에 관한 사항으로는 어음의 종류 및 어음의 지급기일을 기재해야 한다.

셋째, 선적서류에 관한 사항으로 선하증권(또는 항공운송장), 상업송장, 포장명세서, 영사송장, 검사증명서 그리고 원산지증명서 등 기타 수입통관에 특별히 필요한 서류가 있으면 여기에 표시해야 한다.

넷째, 상품과 선적에 관한 사항으로 상품명, 단가, 수량, 가격조건, 금액 등 상품의 명세를 기재하고, 선적항, 도착항 및 선적기일 그리고 분할선적 및 환적의 가능 여부를 표시해야 한다.

4. 수입대금 결제와 운송서류

수출자는 수입자의 개설요청에 의하여 신용장개설은행이 발행한 신용장을 통지은행을 통해서 받은 후에 신용장 조건에 일치되는 상품을 선적기일 내에 계약물품을 선적하고 환어음과 운송서류를 준비하여 수출자의 거래 외국환은행에 매입을 의뢰하여 수출대금을 회수할 수 있다.

환어음과 운송서류 등을 매입한 수출국의 매입은행은 개설은행 앞으로 매입한 서류들을 송부하며, 수입국의 개설은행은 접수한 서류를 심사하여 신용장조건과의 일치가 확인되면 개설의뢰인(수입자)에게 운송서류가 도착했음을 통지한다.

신용장 개설은행은 개설의뢰인에게 운송서류를 인도하기 위하여 환어음의 제시 및 지급인수의 청구를 하게되며 개설의뢰인은 이에 따라 수입대금을 결제해야 한다.

운송서류를 인수받은 수입업자는 자기자금이나 일반수출입금융 및 거래약정시 제공한 담보 등을 처분하여 수입대금(관계 수수료 포함)을 공제한 후 운송서류를 인도 받아 수입통관절차를 밟게 된다. 만일 개설은행이 운송서류를 심사한 결과 운송서류와 신용장조건이 불일치한 점이 발견되면 발행의뢰인에게 「신용장조건 불일치에 따른 조회」를 보내서 동 서류의 인수여부를 조회하게 된다.

이 경우 수입업자가 동 서류를 인수할 의사가 없거나, 인수가 불가능한 경우에는 즉시 이를 개설은행에 통고하여 거래상대방 매입은행에 이의를 신청하도록 해야 한다. 서류 심사결과 하자가 발견되어 수리를 거절하는 경우에는 다음과 같은 사항을 이행하여야 한다.

첫째, 개설은행은 운송서류의 수리거절 사실을 늦어도 서류접수 익일로부터 5영업일 이내에 전신 또는 기타 신속한 방법으로 서류송부은행 또는 수익자에게 통보해야 한다.

둘째, 해당 서류를 서류송부은행 또는 수익자의 지시를 기다리며 보관하고 있다든지 또는 그들에게 반송하고 있다는 것을 전신에 명시해야 한다.

셋째, 부도사유 전부를 명시하여야 한다. 최초에 제기한 부도사유를 보완했을 경우에 또 다른 사유로 부도 처리할 수 없다.

수입업무와 관련하여 발생할 수 있는 즉, 수입물품은 도착항에 도착하였으나 관련 선적서류의 송달 지연으로 수입화물의 인수지연에 대한 해결방법과 개설은행의 무역금융을 이용하여 수입물품을 인수하는 절차는 다음과 같다.

1) 수입화물선취보증서(Letter of Guarantee : L/G)

수입업자가 수입물품을 선박회사로부터 수령하여 통관시키기 위해서는 선적서류를 선박회사에 제출해야 한다. 그러나 수입화물은 도착항에 도착하였는데 선적서류가 개설은행에 도착하지 않은 경우가 있다. 이럴 경우 수입업자인 신용장개설의뢰인은 물품을 통관하지 못하므로 체선료, 창고료, 화재보험료 등을 부담해야 한다. 물품의 판매시기를 놓칠 수도 있다. 이와 같은 경우에 수입상은 선적서류가 도착하기 전에 수입물품을 인도 받기 위하여 개설은행으로부터 보증서를 발급 받아 선박회사에 선하증권의 원본대신 제출하고 수입화물을 인도 받을 수 있다.

이 때 사용되는 개설은행의 보증서가 바로 수입화물선취보증서(Letter of Guarantee: L/G)이다. L/G의 발급은 선적서류 도착 전 물품의 인도로부터 발생하는 모든 문제를 개설은행이 책임지고 차후에 선하증권 원본이 도착하면 이를 선박회사에 제출할 것을 보증하는 개설은행의 보증서이므로 선적서류의 원본을 인도하는 것과 동일한 효과를 가져오게 된다. 수입상은 L/G발급시 수입보증금으로 L/G금액 전액을 반드시 현금 예치하여야 한다. 주의할 사항은 외국환은행이 L/G를 발급하게 되면 신용장조건과 일치하지 않는 선적서류가 도착하여도, 화물이 이미 수입자에게 인도된 후이므로 매입은행에 대하여 수입어음의 인수를 거절할 수 없다.

2) 수입화물대도(Trust Receipt : T/R)

수입결제대금의 적립 없이 발행된 수입화물선취보증서(L/G)의 경우 수입업자가 물품을 통관하고 추후 도착한 선적서류 원본을 결제하거나, 기한부 수입 및 대출이 예정된 수입의 경우에 수입업자는 수입대금의 결제 없이 선적서류를 인수하고 일정 기간 후 또는 만기일에 대금을 결제하게 된다.

이 경우 은행은 물품의 소유권을 가진 신탁자로써 수입상을 수탁자로 하여 물품을 은행과 체결한 일정한 계약목적 범위 내에서 사용 수익하도록 인도하므로, 수입화물선취보증서 또는 선적서류 인도 후부터 대금 결제일까지 기간동안 신용공여에 대한 담보권을 확보하려는 일종의 신탁계약으로 이것을 수입화물대도(Trust Receipt)라고 한다.

이러한 수입화물대도(Trust Receipt)에는 수입결제대금의 적립 없이 수입화물선취보증서 발행에 따른 T/R과 기한부 수입에 따른 T/R이 있다.

5. 수입통관과 물품 인수

외국으로부터 수입되는 물품이 수입국에 도착하면 수입업자는 동 물품을 하역하여 보세구역에 반입하여 장치한 후 수입통관을 하기 위하여 세관에 수입신고를 해야 한다. 부두 직통관화물 등은 수입화물이 수입지에 도착하기 전에 사전수입신고가 가능하다. 수입신고는 수입되는 물품에 대하여 수입하겠다는 의사표시를 세관장에게 하는 것으로 수입신고를 함으로써 적용법령 및 과세물건, 납세의무자가 확정된다.

수입신고와 관련하여 적용법령의 확정, 과세물건의 확정, 납세의무자의 확정, 수입신고자 및 수입신고기간은 다음과 같다.

첫째, 수입물품을 통관하고 있는 도중에 관세율의 변경, 환율의 변경 또는 감면기타 관련법령의 개정이 있을 수 있다. 이와 같은 때에는 원칙적으로 수입신고한 날의 법령에 의하여 관세를 부과한다.

둘째, 관세는 원칙적으로 수입신고를 한 때의 물품의 성질과 그 수량에 의해서 부과된다.

셋째, 관세의 납세의무자는 그 물품을 수입하는 화주이다. 그러나 수입대행의 경우는 수입을 위탁한 자가 화주이며, 수입통관 전에 외국물품을 보세구역에 장치한 채 양도한 경우에는 양수인이 화주로서 납세의무자가 된다.

넷째, 수입신고는 화주, 관세사, 통관법인 또는 관세사법인의 명의로 해야 한다. 여기서 화주라 함은 수입신고할 물품을 수입한자(대행수입의 경우에는 수입위탁자)를 말한다. 실제로 수입신고는 대부분 관세사에게 대행시키고 있으나 화주가 직접 신고할 수도 있다.

다섯째, 수입신고는 수입물품의 운송형태와 수단 등에 따라 수입물품이 수출국 선적항에서 출항하기 전부터 수입지에 도착하여 보세구역에 장치한 후까지 수입화주가 임의 선택이 가능하며, 수입신고시기에 따른 통관절차 구분은 출항전 신고, 입항전 신고, 보세구역도착전 신고, 보세구역 장치후 신고 등의 4단계가 있다.

수입업자는 보세구역에서 수입물품을 인수하고자 하는 때에는 수입신고필증을 제시하고 장치수수료를 납부해야 한다.

신고수리 전 반출물품은 신고수리 전 반출승인서를 제시해야 하고, 물품을 보세구역으로부터 반출한 후 세관에서 세액심사를 받으며, 납세의무자는 제반세금을 신고납부하고 수입면장을 교부받아 보세구역에서 그 물품을 반출할 수 있다.

제3절 무역 수출입 승인의 이해

1. 수출입 승인

물품을 수출입하고자 하는 자는 대통령령이 정하는 바에 따라 당해 물품, 거래형태 및 대금결제방법에 관하여 산업통상자원부장관이 정하는 서류를 갖추어 산업통상자원부장관의 권한을 위임받은 기관장의 승인을 받아야 한다.

2. 수출입승인의 요건

수출입승인기관의 장은 수출입을 승인하고자 하는 경우 다음 각 요건에 합당한지 여부를 확인하여야 한다.

■ 표 10-1 무역 수출입품목의 관리체계

구 분	내 용
수출입 자동승인 품목	수출입공고, 수출입별도공고 및 통합공고상 제한 또는 금지 품목이 아닌 품목
수출입 제한승인 품목	수출입공고, 수출입별도공고 및 통합공고상 관련 협회, 조합, 기관이 추천이나 사전허가를 받아야 수출입 가능한 품목
수출입 금지 품목	수출입공고, 수출입별도공고 및 통합공고상 수출입이 금지된 품목

1) 승인신청인에 대한 무역업자의 자격여부
2) 수출입공고 및 규정에 따라 수출입허용 물품인지 여부
3) 수출입거래지역이 관계 법령상 금지 또는 제한지역인지 여부
4) 수출입대금의 결제통화나 방법이 외국환거래법령에 의하여 적합한지 여부
5) 품목분류번호(HS)의 적용이 적합한 지 여부
6) 수입의 경우 수입부담금의 납부 여부
7) 물품매도확약서의 인정여부
8) 기타 대외무역법 동법 시행령 및 무역관리규정에서 정한 요건 및 절차의 합당여부

■ 표 10-2 무역 수출입 대금결제

구 분	내 용
지급통화(수입)	모든 외국통화, 대한민국 원화(U$ 20만 이하)
영수통화(수출)	지정영수통화 : IMF 8조국통화, 홍콩통화, 중국원화, ECU(유럽통화단위), 대한민국 원화(U$20만이하)
결 제 시 기	일람불조건(기한부조건은 예외로 인정)
결 제 기 관	외국환은행 경유
결 제 원 칙	전액결제원칙(수출), 원화결제원칙(수입)

3. 수출입승인의 면제

물품을 수출입하고자 하는 자는 수출입의 승인을 받아야 하나 거래형태나 대금

결제 방법상 위험이 없는 소액거래, 특정 용도에 따라 사용되는 물품, 기타 견본류 등 아래와 같은 특정 물품의 수입은 수출입의 원활한 거래를 위하여 수출입승인을 면제하고 세관장의 확인만으로 거래가 가능하도록 하고 있다.

1) 긴급물품
2) 무역거래의 원활화를 위한 부수적 거래
3) 무상 수출입 물품
4) 특정지역 물품(산업통상자원부장관이 고시)
5) 공공용품으로서 별도의 수출업관리가 요구되지 않는 물품
6) 기타 상행위 목적이외의 물품
7) 외국환 거래가 수반되지 않는 물품(세관장이 타당하다고 인정하는 물품을 말하며, 과세가격이 500만원을 초과하는 수업에 대하여는 수입승인서 제출을 요구할 수 있음)
8) 해외이주자용 물품

4. 특정거래형태의 수출입승인

특정거래형태의 수출입이란 대외무역법상 특정거래형태에 대해 산업보호목적상 필요한 사항 및 대금결제에 관한 사항을 별도로 관리하여 거래가 원활하게 이루어질 수 있도록 거래형태의 인정절차, 인정유효기간, 기타 필요사항을 산업통상자원부장관이 고시하는 거래 형태를 말한다.

특정거래형태의 수출입에는 특정거래형태의 수출, 특정거래형태의 수입 및 특정거래형태의 수출입이 있으며, 인정받을 수 있는 범위의 결정기준은 다음과 같다.

1) 수출입제한품목으로 지정, 고시한 목적을 해칠 우려가 있는 거래 또는 산업보호상 인정하기 곤란한 거래
2) 외국에서 외국으로 물품의 이동이 있고 대금의 지급 또는 영수가 국내에서 이루어지는 거래로 대금결제 사항의 확인이 곤란하다고 인정되는 거래
3) 대금결제가 수반되지 않고 물품의 이동만 이루어지는 거래

■ 표 10-3 무역의 특정거래형태 수출

거래방식	내 용	대 상 요 건
위탁판매수출	물품을 무환으로 수출하여 당해 물품이 판매된 범위내에서 대금을 결제하는 계약에 의한 수출이다.	판매, 계약기간의 종료후 판매되지 않은 물품을 기간만료 후 6월을 초과하여 재수입하는 경우이다.
임대수출	생산시설과 새로운 기술 확보를 위한 자금소요에 대응하고 생산제품의 시장개척을 위하여 임대차 계약에 의하여 물품을 수출하여 계약기간 만료시 당해 물품을 수입하거나 또는 그 소유권을 이전하는 수출이다.	임대차계약기간 만료 후에 3월을 초과하여 수출하는 경우이다.
외국인도수출	수출대금은 국내에서 영수하지만 국내에서 통관되지 않은 수출물품으로서 외국으로 인도하는 수출이다.	① 외국인수물품으로서 해외에서 사용 후 외국에서 판매하는 물품 ② 항해 또는 어로작업 중 현지에서 매각하는 선박 ③ 해외에서 각종 사업에 사용 한 후 외국에 판매하고자 하는 중고시설 기자재, 또는 원자재 ④ 해외투자 사업에서의 현물 회수분으로 외국에 판매하고자 하는 물품 이외의 경우

■ 표 10-4 무역의 특정거래형태 수입

거래방식	내 용	대 상 요 건
수탁판매수입	물품을 무환으로 수입하여 당해 물품이 판매된 범위내에서 대금을 결제토록 계약을 체결하는 수입이다.	판매, 계약기간 종료 후 판매잔량을 6월을 경과하여 재수출하는 경우이다.
임차수입	임차(사용임차 포함)계약에 의해 경과한 물품을 수입하여 일정기간 후 재수출하거나 그 기간의 만료 전 또는 만료 후 당해물품의 소유권을 이전받는 수입이다.	임대차계약기간 만료 후 3월을 초과하여 재수출하는 경우이다,
외국인수수입	수입대금은 국내에서 지급되지만 수입물품은 외국에서 인수하는 수입이다.	산업설비 수출관련 외국기자재, 위탁가공용 원자재, 해외투자목적물 등 자동인정대상에 해당하지 않은 경우이다.

5. 무역의 특정거래형태 수출입

1) 위탁가공무역에 의한 수출입

가공임을 지급하는 조건으로 가공할 원자재의 전부 또는 일부를 거래상대방에게 수출하여 이를 가공한 후 재수입하는 형태의 무역을 의미한다.

수입되는 가공물품이 법 제14조 제2항의 규정에 의한 품목인 경우는 수출물품과 수입물품의 HS10단위가 동일한 경우와 승인요건을 충족하는 경우는 제외한다.

법 제14조 제2항의 규정에 의한 승인대상 품목의 제한요건을 충족하지 않고 외국에 판매하는 경우이다.

최종 가공물품을 가공기간 종료 후 6월을 초과하여 재수입하는 경우는 수출신용장, 수출계약서 등으로 외국에 판매하는 사실을 확인할 수 있는 경우 제외한다.

2) 수탁가공무역에 의한 수출입

가득액을 획득하기 위하여 원자재의 전부 또는 일부를 거래상대방의 위탁에 의하여 수입하고 이를 가공한 후 위탁자 또는 위탁자가 지정한 자에게 가공물품을 수출하는 무역방식을 의미한다. 가공물품을 가공기간 종료 후 6월을 초과하여 수출하는 경우이다.

3) 중계무역에 의한 수출입

물품을 수출할 것을 목적으로 수입하여 원형 그대로 가공하지 않고 제3국으로 수출하여 일정한 중계수수료를 취득하는 거래방식이다. 수출입물품을 보세구역 또는 특정 장치장 이외의 국내에 반입하고자 하는 경우이다. 선적서류를 하나의 외국환은행을 통하여 인수 및 송부하지 않는 거래를 의미한다.

4) 연계무역에 의한 수출입

수출과 수입이 연계된 무역거래로서 수출입을 균형시킬 목적으로 실시되며 물물교환, 대응구매, 구상무역 등의 형태의 무역이다. 수출과 수입이 하나의 계약서로 작성되거나 별도로 작성된 경우에는 상호관계가 있어야 한다. 수출입대상품목의 가격차이가 외환관리법령에서 인정하는 방식에 의하여 상계되어져야 한다. 수출 및 수입 통관일로부터 30일 이내에 수출 및 수입된 사실을 증명할 수 있다고 인정되어야 한다.

선적서류를 하나의 외국환은행을 통하여 인수 및 송부하지 않는 거래이다.

제4절 무역 수출입 승인 업무

1. 수출승인

1) 수출승인시 구비서류와 유효기간

◎ 수출승인신청시 필요한 서류

(1) 수출승인신청서 4부(업체용, 승인기관용, 세관용, 사본)
(2) 수출신용장, 수출계약서 또는 주문서
(3) 대행계약서(수출자 또는 수입자와 위탁자가 다른 경우)
(4) 수출입공고, 통합공고상의 제한 요건을 충족하는 서류
(5) 수출이행계약서(산업설비수출의 경우에 한함)
(6) 수입부담금납입확인서(내수용 수입의 경우)

수출승인의 유효기간은 원칙적으로 승인일로부터 1년이나 물품의 인도조건, 대금결제기간, 기타 거래 특성상 필요하다고 인정되는 다음의 경우에는 20년 범위내에서 초과하여 설정할 수 있다.

(1) 물품의 제조, 가공기간이 1년을 초과하는 경우
(2) 물품의 선적기일과 대금결제기간을 감안하여 1년 이내에 선적이나 대금결제가 어려울 것으로 인정되는 경우
(3) 수출·수입이 혼합된 거래로서 수출입승인기관장이 부득이하다고 인정하는 경우

2) 수출신청서류의 작성

(1) 수출신청서류 작성시 검토사항

① 수출승인신청서와 신용장의 검토 : 수출승인신청서의 상품명세, 가격조건, 대금지급방법 등은 발급근거가 되는 신용장 또는 계약서의 내용과 일치하여야 한다.

신용장이나 계약서상의 상품명이나 규격, 단위, 가격조건 등이 포괄적으로 명시되어 있는 경우에는 해당계약서, 물품매도확약서, 주문서 등과 일치하도록 하여야 한다.

② **수입품목분류 검토** : 수출물품의 품목분류는 정확히 이루어져야 한다. 품목분류가 잘못된 경우 수출입공고상 수출허용품목인지 여부의 판단에 어려움이 있기 때문이다.

상품분류는 산업통상자원부의 수출입공고와 재무부의 관세율표해설서를 참조하여 분류한다.

③ **수출입공고 검토** : 수출품목은 수출입공고 및 대외무역관리규정에 의한 수출허용품목이어야 한다. 따라서 수출제한품목이거나 통합공고에 의하여 허가가 필요한 경우에는 제한조치에 합당한 추천이나 허가를 받아야 한다.

④ **대금결제 검토** : 수출대금의 결제와 관련 결제통화, 결제기간, 결제방식 등 결제조건이 외국환거래법령에 따라 지급 등의 방법에 관한 인증 또는 허가대상인지를 검토하여야 한다.

수출승인을 받았더라도 대금결제방법이 정상결제방법인 경우에는 별도의 허가가 필요 없지만 정상 외 결제 방법인 경우에는 외국환은행장의 인증이나 한국은행총재로부터 허가를 받아야 한다.

(2) 수출신청서류의 작성

① **수출자 및 무역업고유번호** : 수출자의 상호, 주소, 대표자 성명을 기재한다. 또한 무역업 고유번호를 기재한다.

② **위탁자 및 사업자등록번호** : 수입상의 주소·상호를 기재한다. 다만 추심결제방식(D/P, D/A)에 의한 수출의 경우에는 계약상대자의 주소·상호를 기재한다.

③ **원산지** : 수출물품의 원산지를 기재한다.

④ **구매자 또는 계약대상자** : 구매자 또는 계약대상자를 기재한다.

⑤ **신용장 또는 계약서번호** : 신용장에 의한 수출의 경우 내도된 L/C 번호, 추심결제방식에 의한 수출의 경우에는 계약서 번호를 기재한다.

⑥ **금액** : 수출승인신청 총금액을 기재한다.

⑦ **대금결제기간** : 대금결제기간란의 표시는 예를 들어, 결제가 ㉮ 일람출급조건이면 at sight, ㉯ 일람 후 정기출급조건이면 at ×× days after sight, ㉰ 발행일자 후 정기출급이면 at ×× days after May 5, 20×× ㉱ 확정일출급이면 August 20, 20××로 기재한다.

⑧ 가격조건 : 인코텀스 조건 등에 지정목적지 또는 항구명에 가격을 기재한다.

⑨ 도착항 : 계약서나 물품매도확약서상의 도착항을 기재한다.

⑩ HS부호 : 수출품의 해당 HS 부호를 기재한다.

⑪ 품명과 규격 : 수출품명과 수출품의 규격을 기재한다.

⑫ 단위와 수량 : 수출품에 따른 단위와 수량을 기재한다.

⑬ 단가 : 가격조건과 단가를 기재한다.

⑭ 금액 : 수량을 단가로 곱한 금액, 즉 수출금액을 기재한다.

⑮ 승인기관 기재란

▶ 유효기간 : 수출승인기간은 원칙적으로 1년이나 경우에 따라 20년 범위내에서 유효기간을 승인할 수 있다.

▶ 승인기관 관리번호 : 수출승인시 승인기관에서 승인번호를 부여한다.

▌표 10-5 수출승인신청서

처리기간 : 1일
Handling Time : 1Day

<table>
<tr><td colspan="2">① 수출자 (Exporter) 무역업고유번호 (Notification No.)
상호, 주소, 성명
(Name of firm, Address, Name of Representative)
(서명 또는 인)
(Signature)</td><td colspan="3">④ 구매자 또는 계약당사자
(Buyer or Principal of Contract)

⑤ 신용장 또는 계약서 번호(L/C or Contract No.)</td></tr>
<tr><td colspan="2" rowspan="3">② 위탁자 (Requester) 사업자등록번호 (Business No.)
상호, 주소, 성명
(Name of firm, Address, Name of Representative)
(서명 또는 인)
(Signature)</td><td colspan="3">⑥ 금액(Total Amount)</td></tr>
<tr><td colspan="3">⑦ 결제기간(Period of Payment)</td></tr>
<tr><td colspan="3">⑧ 가격조건(Terms of Price)</td></tr>
<tr><td colspan="2">③ 원산지(Origin)</td><td colspan="3">⑨ 도착항(Port of Arrival)</td></tr>
<tr><td>⑩ Hs부호
(HS Code)</td><td>⑪ 품명 및 규격
(Description/Size)</td><td>⑫ 단위 및 수량
(Unit/Quantity)</td><td>⑬ 단가
(Unit Price)</td><td>⑭ 금액
(Amount)</td></tr>
<tr><td></td><td></td><td></td><td></td><td></td></tr>
<tr><td colspan="5">⑮ 승인기관기재란(Remarks to be filled out by an Approval Agency)</td></tr>
<tr><td colspan="5">* 유효기간(Period of Approval)</td></tr>
<tr><td colspan="5">* 승인번호(Approval No.)</td></tr>
<tr><td colspan="5">* 승인기관 관리번호(No. of Approval Agency)</td></tr>
<tr><td colspan="5">* 위의 신청사항을 대외무역법 제14조제2항 및 동법 시행령 제26조제1항의 규정에 의하여 승인합니다.
(The undersigned hereby approves the above-mentioned goods in accordance with Article 14(2) of the Foreign Trade Act and Article 26(1) of the Enforcement Decree of the said Act..)

년 월 일

승인권자 (인)</td></tr>
<tr><td colspan="5">※ 승인기관이 2이상인 경우 기재사항은 이면에 기재하도록 합니다.
※ 이 서식에 의한 승인과는 별도로 대금결제에 관한 사항에 대하여는 외국환거래법령이 정하는 바에 따라야 합니다.</td></tr>
</table>

2. 수입승인의 신청과 절차

1) 수입승인시 구비서류와 유효기간

◎ 수입승인신청시 필요한 서류

(1) 수입승인신청서 4부(업체용, 승인기관용, 세관용, 사본)
(2) 수입계약서 또는 물품매도확약서
(3) 수입대행계약서(수입자와 실수요자가 다른 경우)
(4) 수출입공고 등에서 규정한 요건을 충족하는 서류
(5) 전략물자의 경우 전략물자 수입증명서
(6) 폐기물 회수, 처리예치금 또는 부담금 납부영수증

수입승인을 받은 자는 유효기간 내에 물품의 수입과 수입대금의 지급을 이행하여야 한다. 수입유효기간은 원칙적으로 1년이나 다음의 경우는 20년의 범위 내에서 초과하여 설정할 수 있다.

첫째, 산업통상자원부장관이 물가안정 또는 수급조정을 위해 1년 이내로 유효기간의 단축이 필요하다고 인정하는 경우이다.

둘째, 물품의 제조와 가공기간이 1년을 초과하는 경우와 물품의 선적 또는 도착기일을 감안하여 1년 이내에 물품의 선적이나 도착이 어려울 것으로 수출입 승인기관의 장이 인정하는 경우이다.

셋째, 수출과 수입이 혼합된 거래로서 수출입승인 기관장이 부득이 하다고 인정하는 경우이다.

2) 수입신청서류의 작성

(1) 수입신청서류 작성시 검토사항

첫째, 수입승인서와 물품매도확약서를 대조하고 검토하여야 한다.

수입승인신청시에는 수입계약서나 물품매도확약서가 첨부되어야 하며 이때 물품매도확약서는 무역대리업자가 거래상대국 공급자와 체결한 합의서 또는 계약서에 따라 발행한 것이어야 한다.

둘째, 수입품목을 분류하고 검토하여야 한다.

수입승인서상의 물품은 관세통계 통합분류표(HSK : Harmonized System Korea)에 따라 엄격히 분류되어야 한다. 관세청 훈령 품목분류 사무처리요령에 의거 수

입물품에 적용할 세번(稅番)부호가 다음에 해당하는 경우에는 원칙적으로 당해 물품에 적용한 세번부호를 결정한다.

- 당해 물품이 관세율표에 특별금 게재되어 있거나 관세율표상 별도의 통제품목으로 구분되어 있는 품목에 해당하는 것이 명백한 경우
- 당해 물품이 관세율표해설서에 구체적으로 예시 또는 설명되어 있는 경우
- 관세청장이 당해 물품과 동일한 물품에 대하여 적용할 세번부호를 이미 시달한 경우
- 관세청장이 관세법 제7조의 2에 의거 품목분류세번회시한 물품과 동일한 물품에 해당하는 경우
- 세관장이 세번회시한 물품과 동일한 물품에 해당하는 경우
- 적용세번 통보신청서상의 물품과 동일한 물품에 해당하는 경우

그러나 적용할 세번부호를 위 규정에 의하여 정할 수 없는 경우에는 관세율표해석에 관한 통칙에 의거 세번부호를 결정하여야 한다.

셋째, 수출입공고 내용을 검토하여야 한다.

수입승인신청서상의 물품은 수출입 공고상 수입 자동승인 품목이어야 한다.

만약 수입제한 승인품목인 경우 그 제한 조치에 합당한 허가서나 추천서를 첨부하여 신청하여야 한다.

넷째, 별도공고를 검토하여야 한다.

품목분류결과 별도공고에 의한 대상물품인 경우 별도공고에 따라 수입승인을 받아야 한다.

별도공고에 의한 수입추천의 유효기간은 특별한 규정이 없는 한 추천을 받은 날로부터 30일까지이다.

추천유효기간이 경과한 후 수입승인신청을 하거나 동 품목에 대한 변경승인신청을 하는 경우에는 다시 추천을 받아야 한다.

다섯째, 통합공고를 검토하여야 한다.

대외무역법 이외의 법령에 의하여 별도의 요건과 절차에 의한 수입요령이 정한 것이 있는 경우 수출입공고상의 제한요건은 물론 통합공고상의 제한요건도 반드시 충족하여야 한다.

여섯째, 대금결제를 검토하여야 한다.

수입대금의 결제와 관련 결제통화·결제기간·결제방식 등 결제조건이 외국환거래법령에 따라 지급 등의 방법에 관한 인증 또는 허가대상인지를 검토하여야 한다.

정상결제방법인 경우에는 별도의 허가가 필요 없지만 정상외 결제방법인 경우에

는 관련법규에 의하여 당해 거래의 원인행위에 대하여 허가 등을 받았다 하더라도 외국환은행장 또는 한국은행총재로부터 다시 결제방법에 대한 허가를 받아야 한다.

(2) 수입신청서류의 작성

① **수입자 및 무역업고유번호** : 수입자의 상호, 주소, 성명 및 무역업고유번호를 기재한다.

② **위탁자 및 사업자등록번호** : 위탁자의 상호, 주소, 성명 및 사업자등록번호를 기재한다. 무역업고유번호를 받은 자라도 특수한 제품이나 특정한 거래로서 전문적인 지식과 경험이 있는 자에게 대행시키는 것이 유리할 경우에는 대행을 위탁할 수 있다.

이때는 소정의 인지를 첨부한 수입대행계약서를 구비하고 대행위탁자(실수요자)를 이 위탁자란에 기재한다.

③ **원산지** : 수입물품의 원산지를 기재한다.

④ **선적항** : 계약서나 물품매도확약서상의 선적항을 기재한다.

⑤ **송화인** : 계약서나 물품매도확약서상 물품공급자의 상호, 주소, 성명 등을 기재한다.

⑥ **금액** : 수입할 금액의 총액을 기재한다.

⑦ **결제조건**

㉮ 신용장 : 화환수입신용장에 의하여 대금을 결제하는 조건으로 일람불수입신용장조건인 경우 “at sight”로 기재하고, 기한부수입신용장조건인 경우 어음의 만기일에 따라 “at xx days after sight” 또는 “at xx days after B/L date(draft date)” 등으로 기재한다.

분할지급수입조건은 수입대금의 일부를 선적서류나 물품인수 전에 분할하여 지급하고 그 잔액을 선적서류나 물품인수 후 분할하여 지급하는 거래로서 계약서나 물품매도확약서상 지급방법별로 기재한다.

㉯ 추심어음 : 추심결제방법에 의한 수입은 선적서류의 인도가 어음의 지급조건인가 인수조건인가에 따라 지급도조건(D/P)과 인수도조건(D/A)으로 구분된다.

D/P 조건은 “at sight”로 D/A 조건은 결제기간란에 어음의 만기일에 따라 “at xx days after sight” 또는 “at xx days after B/L date(draft date)” 등으로 기재한다.

㉰ 송금환 : 선적서류나 물품을 인수하기 전이나 인수와 동시에 또는 인수

후에 수입대금을 지급하는 방식으로 단순송금방식인 경우 “payment to advance”, 현금결제방식인 경우 COD(cash on delivery), 서류상환방식인 경우 CAD (cash against documents)로 기재한다.

㉱ 기타 방식 : 상기 언급한 것 이외의 것으로서 계약서나 신용장상의 대금결제방식에 의거 기재한다.

⑧ 가격조건 : 인코텀스상의 조건에 따라 FOB, CIF 등에 지정목적지 또는 항구명에 가격을 기재한다.

⑨ HS 부호 : 수입품의 해당 HS 부호를 기재한다.

⑩ 품명 및 규격 : 수입품명과 수입품의 규격을 기재한다.

⑪ 단위 및 수량 : 수입품에 따른 단위와 수량을 기재한다.

⑫ 단가 : 가격조건과 단가를 기재한다.

⑬ 금액 : 수량을 단가로 곱한 금액, 즉 수입금액을 기재한다.

⑭ 승인기관 기재란

⑮ 유효기관 : 수입승인기간은 원칙적으로 1년이나 경우에 따라 20년의 범위 내에서 유효기간을 승인할 수 있다.

▶ 승인번호

▶ 승인기관 관리번호

▶ 승인권자의 서명날인

표 10-6 수입승인신청서

처리기간 : 1일
Handling Time : 1Day

<table>
<tr><td colspan="2">① 수입자 (Importer)　무역업고유번호 (Notification No.)

상호, 주소, 성명
(Name of firm, Address, Name of Representative)

(서명 또는 인)
(Signature)</td><td colspan="3">⑤ 송화인(Consignor)

상호, 주소, 성명
(Name of firm, Address, Name of Representative)</td></tr>
<tr><td colspan="2" rowspan="3">② 위탁자 (Requester)　사업자등록번호 (Business No.)

상호, 주소, 성명
(Name of firm, Address, Name of Representative)
(서명 또는 인)
(Signature)</td><td colspan="3">⑥ 금액(Total Amount)</td></tr>
<tr><td colspan="3">⑦ 결제기간(Period of Payment)</td></tr>
<tr><td colspan="3">⑧ 가격조건(Terms of Price)</td></tr>
<tr><td colspan="2">③ 원산지(Origin)</td><td colspan="3">④ 선적항(Port of Loading)</td></tr>
<tr><td>⑨ Hs부호
(HS Code)</td><td>⑩ 품명 및 규격
(Description/Size)</td><td>⑪ 단위 및 수량
(Unit/Quantity)</td><td>⑫ 단가
(Unit Price)</td><td>⑬ 금액
(Amount)</td></tr>
<tr><td colspan="5">⑭ 승인기관기재란(Remarks to be filled out by an Approval Agency)</td></tr>
<tr><td colspan="5">⑮ 유효기간(Period of Approval)</td></tr>
<tr><td colspan="5">⑯ 승인번호(Approval No.)</td></tr>
<tr><td colspan="5">⑰ 승인기관 관리번호(No. of Approval Agency)</td></tr>
<tr><td colspan="5">⑱ 위의 신청사항을 대외무역법 제14조제2항 및 동법 시행령 제26조제1항의 규정에 의하여 승인합니다.
(The undersigned hereby approves the above-mentioned goods in accordance with Article 14(2) of the Foreign Trade Act and Article 26(1) of the Enforcement Decree of the said Act..)

년　월　일

승인권자　(인)</td></tr>
<tr><td colspan="5">※ 승인기관이 2이상인 경우 ⑭~⑱의 기재사항은 이면에 기재하도록 합니다.
※ 이 서식에 의한 승인과는 별도로 대금결제에 관한 사항에 대하여는 외국환거래법령이 정하는 바에 따라야 합니다.</td></tr>
</table>

제5절 수출입승인의 변경 및 유효기간의 연장

1. 수출입승인의 변경

1) 수출입승인변경의 의의

수출입승인을 받은 자는 최초 승인을 얻은 내용에 따라 수출입을 이행하여야 하지만 수출입업자의 계약변경 등으로 인하여 기 승인내용의 변경사유가 발생한 경우에는 수출입승인 유효기간내에 최초 승인기관의 장으로부터 수출입승인사항의 변경승인을 받아야 한다. 수출입승인사항의 변경을 위한 구비서류는 다음과 같다.

(1) 수출입승인사항 변경승인
(2) 당초 수출입승인서(기 수출입승인사항 변경승인서 포함)
(3) 사항변경사유 입증서류(변경된 계약서, 물품매도확약서 등)
(4) 기타 필요한 서류

2) 수출입승인사항의 변경승인요건

(1) 변경승인 요건

수출입승인 사항의 변경승인 기관의 장은 수출입승인 사항을 변경하고자 할 경우에는 다음의 각 요건에 합당한지 여부를 확인하여야 한다.

변경승인 기관의 장은 수출·수입 승인사항에 관하여 변경신고가 있는 경우 이를 확인한 후 신고를 수리하여야 한다.

첫째, 수출입 승인을 얻은 후에 수출입공고 등에 수출·수입을 제한하는 사항이 추가된 품목으로서 관계기관의 장의 허가 등을 추가로 요하는 품목일 때에는 그 허가 등을 받아야 한다.

둘째, 수출물품의 단가를 인하하거나 수입물품의 단가를 인상하는 내용의 수출 또는 수입승인 사항 변경은 다음의 하나에 해당하는 경우일 때이다.

☞ 거래상대방의 파산 또는 지급거절 등 현지의 거래은행, 상공회의소 또는 공공기관에 의하여 객관적으로 확인되는 경우에 수출물품을 제3자에게 전매하는 경우

☞ 물품의 성질과 국제거래 관행상 승인시점에 단가를 확정할 수 없는 경우
☞ 기타 급격한 시장상황의 변화 등 변경사유가 불가피하다고 인정되는 경우

셋째, 변경하고자 하는 내용이 수출신용장, 수출입계약서, 주문서, 물품매도확약서 등에 명시되어 있을 것. 다만, 수출신용장 등에 명시가 필요 없는 경미한 사항일 경우에는 그러하지 아니하다.

넷째, 수출대상국가의 변경은 수출제한사유 등을 고려할 때 타국으로 변경하여도 지장이 없을 것

(2) 변경 신고수리 요건

수출입 승인사항의 변경승인기관의 장은 수출입승인사항에 관하여 변경신고가 있는 경우에는 이를 확인한 후 신고를 수리하여야 한다.

3) 수출입승인의 변경승인기관

수출입승인 사항의 변경은 당초 승인한 기관의 장이 승인한다. 다만, 다음의 하나에 해당하는 사항에 대하여는 당초 승인한 기관의 장에게 변경신고를 하여야 한다.

표 10-7 수출입승인사항의 변경승인요건

구 분	변 경 승 인 사 항
품목변경	제한승인품목(통합공고, 수입선다변화품목 포함)의 경우 제한조치에 합당한 허가나 추천필요
단가변경	수출입물품의 단가인상은 선적 이전에 승인신청
결제방법변경	결제, 기간, 방법의 변경은 외국환거래법령에 합당하여야 하며, 필요시 한국은행총재 또는 외국환은행장의 별도의 정상외 결제허가 필요
목적지변경	쿼타제도의 운영이나 무역 관리상 지장이 없는 경우 가능 쿼타품목의 경우 추천기관의 추천사항의 변경 승인시 가능
용도변경	수출입공고에 위배되지 않는 범위 내에서 가능
거래당사자변경	수출 : 선적과 대금결제 전 가능 수입 : 대금지급 전 가능
거래방식변경	외국환거래법에 위배되지 않는 범위 내에서 가능

4) 변경승인, 신고의 신청

수출입승인의 변경신청은 원칙적으로 당초 수출입승인기관에 신청하여야 하나

변경사항이 경미한 다음 사항은 세관장에게 직접 변경승인을 신청할 수 있다.

(1) 품목분류번호 및 품명

수출입공고나 통합공고에서 제한되지 않는 품목 또는 동 품목으로 변경되는 경우 변경승인 절차 없이 변경된 사실을 확인한 세관공무원이 승인서상에 변경된 부분을 정정표기함으로서 수출입할 수 있다.

수입제한품목이거나 수입금지품목으로 변경되는 경우로서 제한요건에 충족되는 경우에는 세관장의 승인을 받아 수입할 수 있다.

(2) 규격 및 중량

수출입이 제한되지 않는 품목 또는 동 품목으로 변경되어 관계법규에 의한 제한조치에 저촉되지 않으며, 금액 및 기본세율이 변경되지 않는 경우 변경승인 절차 없이 변경된 사실을 확인한 세관공무원이 승인서상에 변경된 부분을 정정 표기함으로써 수입할 수 있다.

수입제한품목이나 수입금지품목으로 변경되는 경우로서 동 제한요건에 충족되는 경우에는 세관장의 승인을 받아 수입할 수 있다.

2. 수입승인 유효기간의 연장

1) 수입승인 유효기간연장의 의의

수입승인을 받은 자는 수입승인서의 유효기간 내에 물품의 수입신고와 수입대금의 지급이 완료되어야 하나 동 기간 내 이행을 할 수 없어 연장이 필요한 경우에는 유효기간 내 승인기관의 장은 유효기간 연장승인을 할 수 있으며, 예외적으로 1개월 범위 내에서 세관장도 연장 승인할 수 있다.

수입승인의 연장은 수입신고와 수입대금지급에 따라 업무처리방법이 상이하다.

2) 수입승인 유효기간연장 불요대상

수입승인의 유효기간연장은 수입승인 후 연장사유가 발생하면 연장승인이 이루어져야 하나 다음의 경우에는 예외로 한다.

첫째, 수입승인 유효기간 내에 거래외국환은행에 수입대금을 지급하고 선적서류를 인수한 경우이다.

둘째, 수입승인 유효기간 내에 선적서류의 사본을 외국환은행으로부터 확인받고 수입대금에 해당하는 금액을 수입승인은행에 예치한 후 수입신고를 한 경우

3) 수입승인 유효기간연장 신청서류

(1) 수입승인 유효기간연장 승인(신청)서
(2) 최초 수입승인서
(3) 물품매도확약서 또는 계약서 사본
(4) 유효기간 연장사유 설명서

제6절 수출입승인의 사후관리

1. 사후관리 제도의 의의

수출입의 승인제는 수출입거래 자체에 대한 사전관리제도이다. 이러한 사전관리제도의 실효성을 확보하기 위하여 수출입승인 이후부터 그 거래가 완전한 의미에서 종결될 때까지의 관리, 즉 사후관리도 매우 중요하다.

사후관리는 무역관리의 목적 달성과 수출입의 이행사항에 대한 확인 그리고 수출입관리의 실효성 확보뿐만 아니라 수출입동향의 분석과 통상 및 무역정책 수립의 기초자료로 활용하기 위해서 필요하다. 산업통상자원부장관은 대외무역법에 의거 다음 각호의 수출입 이행사항을 확인하게 된다.

1) 물품의 수출 또는 수입의 승인이나 변경승인을 얻은 자가 승인된 내용대로 수출 또는 수입이행 여부를 확인 한다.
2) 승인을 얻지 아니하고 수출 또는 수입되는 물품(수출·수입승인 대상물품에 한함)이 승인면제 대상물품인지의 여부를 확인 한다.
3) 특정거래형태의 수출입인정을 받은 자가 인정받은 내용대로 물품을 수출 또는 수입하는지의 여부를 확인 한다.

2. 사후관리 내용

1) 수출 및 수입 이행사항 확인조치

수출입승인기관의 장은 수출·수입승인을 얻은 자가 승인의 내용대로 이행하였는지를 내용별로 확인하고 그 결과를 정리하여야 하며, 그 확인 결과에 따라 필요한 조치를 하여야 한다.

다만, 수출 또는 수입승인을 얻은 자 또는 그 거래상대방이 파산, 행방불명 기타 이에 준하는 사유로 수출 또는 수입의 이행이 불가능하다고 인정되는 경우에는 사후관리를 하지 아니한다.

2) 승인사항의 이행신고

수출입승인을 얻은 자는 유효기간내에 당해 수출 및 수입을 이행하고 이를 입증할 수 있는 다음 각호의 서류를 당해 승인기관의 장에게 제출하여야 한다.

1) 수출입신고필증 또는 관세법에 의한 컨테이너 반입확인서 등 수출입이행사항을 확인할 수 있는 서류 사본 1부
2) 조건부승인인 경우 그 조건의 충족을 입증할 수 있는 서류 1부

전산관리체제로 이를 확인할 수 있는 경우에는 서류를 제출 할 필요가 없다.

제11장
외환관리

제1절 외환관리

1. 환율(Foreign exchange rate)

각 국에서 거래되는 재화와 용역의 가격을 그 나라의 국내통화로 표시하는 것과 같이 외국통화의 가격도 국내통화로 표시할 수 있다. 이와 같이 일국 통화의 가격을 다른 나라의 통화단위로 나타낸 것이 환율이다.

그러므로 환율은 한 나라의 통화가치를 다른 나라의 통화로 표시한 것으로 양국 통화간의 교환비율을 말한다.

환율을 자국통화의 입장에서 보면 자국통화의 대외가치가 되고, 외국통화의 입장에서 보면 외국통화의 국내시장가치가 된다.

기본적으로 환율은 외국통화라는 금융자산의 가격이므로 해당 통화들의 수요와 공급에 의하여 결정된다.

2. 환율의 표시방법

환율을 자국통화와 외국통화의 교환비율이라고 하면, 환율의 표시방법은 자국통화를 기준으로 하여 표시하는 방법과 외국통화를 기준으로 하여 표시하는 방법 등 두 가지 방법이 있다.

1) 자국통화표시법(직접표시법)

외국통화의 국내가격, 즉 외국통화의 1단위와 교환될 수 있는 자국통화 단위수로서의 환율을 표시하는 방법을 직접표시법(Direct quotation), 지급계정표시법(Giving quotation), 자국통화표시법(Rate in home currency)이라고 한다.

한국의 경우 U$1=1,100원이나 또는 ₩/U$=1,100의 환율고시방법은 미 달러화 1단위에 대한 국내통화인 원화의 교환비율이므로, 이는 자국통화표시법 또는 직접표시법에 의한 환율표시법이다.

자국통화표시법에서 환율이 상승 또는 하락 하였을 경우에 변동환율제도하에서는 이를 자국통화가 평가절하 또는 평가절상 되었다고 표현한다.

미국에서 외국통화 1단위에 대한 미 달러화의 교환비율인 ￡1=U$1.3217 또는

U$/￡=1.3217 등은 자국통화표시법인데, 이 표시방법을 보통 American terms라고 한다.

2) 외국통화표시법(간접표시법)

자국통화 1단위와 교환될 수 있는 외국통화의 단위수로서의 환율을 표시하는 방법을 간접표시법(Indirect quotation), 수취계정표시법(Receiving quotation), 외국통화표시법(Rate on foreign currency)이라고 한다.

영국파운드화의 대미달러화 환율 표시방법(￡1=U$1.3217 또는 U$/￡=1.3217)은 외국통화표시법이다. 한국의 경우 원화의 대미달러화 환율을 1원=0.0012 달러 또는 U$/₩=0.0012로 표시하였다면 이는 외국통화표시법이 된다.

미국 외환시장에서 달러 1단위에 대한 외국통화단위의 교환비율인 U$=DM1.4152 또는 DM./U$=1.4152는 간접표시법 또는 외국통화표시법에 의한 것이며 이를 European terms라고 한다.

3. 환율의 변동요인

외환거래에 대한 규제가 전혀 없는 자유외환시장에서 환율은 외환의 수요와 공급에 의해 결정된다. 각 국들의 외환수급상황은 경상수지와 자본수지의 영향을 받게 된다.

외환수지는 장기적으로 각 국 경제의 기초적 요인에 의하여 결정되고 단기적으로는 시장의 투기적 및 기술석 요인, 제도변학 등에 영향을 받게 된다.

환율변동에 영향을 미치는 요인으로서는 물가, 경제성장, 금리수준, 통화량 능과 같은 기초적 요인과 시장분위기, 중앙은행의 외환시장개입, 시장의 추세적 및 순환적 국면 등과 같은 기술적 요인이 있다.

이들 환율변동요인 가운데에는 경제성징이나 물가 등과 같이 상품시장의 수급을 통하여 주로 경상수지에 영향을 미치는 장기적인 환율변동요인들이 있는가 하면, 금리나 시장기대의 변동 등은 주로 자산시장의 수급조정을 통하여 단기적으로 환율변동에 큰 영향을 미칠 수 있다.

4. 외환포지션(Exchange position)

일정시점에 있어서 은행 및 기업 등이 보유라고 있는 외화표시자산과 부채와의 차액을 의미한다. 외환시장에서 포지션이라고 하면 흔히 외환거래에 따른 일정 외환의 매도액과 매입액의 차액으로서 환 리스크에 노출된 부분을 말한다.

외환포지션의 형태는 매입초과포지션, 매도초과포지션, 스퀘어포지션 등이 있다.

1) 매입초과포지션(Overbought Position 또는 Long Position)

외환매매거래의 결과 매입액이 매도액을 초과함으로써 일전시점에서 외화표시 보유자산이 부채를 초과하는 상태를 의미한다.

특정통화가 매입초과포지션 하에서 강세를 나타내면 환차익을 실현하고, 반대로 약세를 나타내면 환차손이 발생하게 된다.

2) 매도초과포지션(Oversold position 또는 Short position)

매도초과포지션은 일전기간 중 외환매매거래 결과 외환매도액이 매입액을 상회하여 일정시점에서 외화부채가 외화자산을 초과하는 상태를 의미한다.

특정통화가 매도초과포지션 하에서 강세를 나타내면 환차손이 발생하고 반대로 약세를 나타내면 환차익이 발생하게 된다.

3) 스퀘어포지션(Square position)

외환매입액과 매도액이 균형을 이루어 일정시점에서 외화자산과 부채규모가 일치하는 경우의 환 포지션을 의미한다.

환율변동에 따른 환 리스크를 회피할 수 있는 이점이 있다.

은행의 경우 환율전망이나 자금수급사정 그리고 고객들과의 지속적인 거래결과 실제로 스퀘어포지션이 이루어지는 경우는 거의 없다.

환 딜러(Dealer)들의 입장에서 환율전망이 극히 불투명한 경우에는 환 리스크를 회피하기 위하여 의도적으로 스퀘어포지션을 유지하기도 한다.

제2절 환 리스크 관리

1. 환 리스크 관리기법

1) 선물환시장의 헤징(Hedging)

선물환거래는 외환거래 쌍방이 미래 일정시점에서 특정 외환의 가격을 현재 시점에서 미리 약정하는 거래를 의미한다.

거래시점 간에 발생하는 환율변동에서 초래되는 환 리스크를 회피하는 방법으로 널리 이용되고 있다. 선물환거래를 통하여 환 리스크를 회피하는 데에는 일정비용이 소요되는데, 이를 선물환 헤징 비용이라고 한다.

통상 현물환율과 선물환율의 격차인 스왑 레이트(Swap rate)로서 계산된다.

선물환 헤징은 상품의 수출·입 거래에 수반되는 환 리스크뿐만 아니라 자본거래 특히 해외 포트폴리오(Portfolio) 투자에서 발생하는 환 리스크를 효율적으로 방어하는 수단으로서도 광범위하게 활용되고 있다.

선물환 헤징은 일반적으로 단기거래가 주종을 이루고 있고, 중, 장기적인 환리스크 헤징을 위해서 단기 선물계약의 회전이용(Rollover)방법도 이용되고 있다.

(1) 단기금융시장 헤징

외화자금의 대차가 개재되는 거래이다. 수출업자가 선물환거래를 이용하는 대신에 금융시장에서 연불수출대전 상당의 외화를 미리 차입하여 현물환시장에서 매각, 자국통화로 전환한다. 그런 후 이를 예금형태 또는 채권 투자 등으로 운용하고 만기에는 수취 수출대전으로 차입자금을 상환함으로써 수출계약체결에서 수출대전 입금 시까지 환율변동에 의해 초래되는 환 리스크를 회피한다.

(2) 통화스왑(Currency Swap)

거래 당사자들끼리 계약된 일정에 약정된 환율에 따라 해당 통화를 일정 시점에서 상호 교환하는 외환거래를 의미한다.

통화스왑은 오늘날 단기적인 환 리스크의 헤징이라기보다는 주로 중, 장기적인 환 리스크 헤징 수단으로 이용되고 있다.

(3) 통화선물(Currency Futures)

선물환거래와 같이 일정통화를 미래의 일정시점에서 약정가격으로 매입, 매도하기로 한 금융선물거래의 일종이다.

통화선물거래는 거래형태나 방법에 있어 선물환거래와는 전혀 다른 성격을 갖고 있다.

특히 거래동기에 있어서 통화선물거래는 일정통화를 장래에 실제로 인수, 인도하기 위한 것보다 현물환포지션과 대칭되는 통화선물포지션을 보유함으로써 환 리스크의 헤징수단으로 널리 활용되고 있다.

(4) 통화옵션(Currency Options)

환율변동이 불확실한 외환시장에서 외환거래에 수반되는 환 리스크를 방어하거나, 또는 재정거래를 통하여 추가이익을 실현할 수 있는 매매선택권부 외환거래를 의미한다. 통화옵션거래에서는 환 리스크 회피를 위해 강세 예상통화의 콜옵션 매입과 약세예상통화의 풋옵션 매입, 외화자금수지의 불확실성에 대비한 통화옵션매입거래 등이 활용되고 있다.

프리미엄 수입인 추가이익의 실현을 위해서는 콜/풋옵션의 매도거래 등이 이용된다.

(5) 할인(Discounting)

수출업자가 수출환어음을 어음의 만기일 이전에 은행에 할인 매각하여 수출대전을 조기에 회수할 수 있는 방법이다.

자국통화의 평가절상이 예상되거나 또는 만기 전에 자금이 필요한 경우에 흔히 이용되는 방법이다.

(6) 팩토링(Factoring)

원래 외상매출채권을 상환청구권 없이 매입하여 동 채권을 대가로 전대금융을 실행하며 채권만기일에 채무자로부터 직접 회수하는 단기금융의 한 형식이다.

환 리스크 관리를 위한 팩토링은 수출상이 수출환어음을 은행에 매입 추심 결제하는 방법 대신에 팩터(Factor : 팩토링 업무를 주요 업무로 하는 금융기관)에게 외상매출채권을 매각하고 팩터가 동 대전을 수입상으로부터 직접 회수하는 방법이다.

2) 대내적 관리기법

주로 기업외적인 면에서 관리를 중점으로 하는 반면, 대내적 관리기법은 주로 기업내 거래를 통해서 환 리스크를 관리하는 방법이다.

(1) 매칭(Matching)

외화자금의 흐름, 즉 자금의 유입과 지급을 통화별, 만기별로 일치(Matching)시킴으로써 외화자금흐름의 불일치에서 발생할 수 있는 환차손위험을 원천적으로 제거하는 환 리스크 관리기법을 의미한다.

매칭은 다국적 기업, 본사와 지사간, 제3자와의 환거래에서 이용되는 환 리스크 관리기법이다. 이 기법은 거래 쌍방간에 이종통화거래가 지속적으로 이루어지고 환 노출 관리체제가 중앙 집중 관리 형식을 취하고 있는 경우에 보다 용이하게 활용될 수 있다. 매칭방법에는 통화별로 자금의 수입과 지출을 일치시키는 자연매칭(Natural matching) 방법과 동일 통화 대신에 환율변동추세가 유사한 여타 통화의 현금수지와 일치시키는 평행적매칭(Parallel matching)의 두 가지 방법들이 있다.

자연매칭은 환 리스크의 헤징이 거의 완전하게 이루어질 수 있다. 그러나 평행적매칭은 두 통화의 환율변동이 상이할 경우 완전한 헤징은 불가능하다.

(2) 리딩(Leading), 래깅(Lagging)

환율변동에 대비하여 외화자금흐름의 결제시기를 의도적으로 앞당기거나(Leading) 또는 지연(Lagging)시킴으로써 환율변동에 따른 환차손을 극소화하거나 환차익을 극대화하기 위한 환 노출 관리기법이다.

리딩과 래깅은 본, 지사간, 그룹 기업간 거래와 수출업자 또는 외화자금관리자들의 환리스크 헤징수단으로 널리 이용되고 있다.

리딩과 래깅은 그룹 내 기업간에 용이하게 일어 날 수 있다.

이는 제3자와의 거래에서는 매매쌍방의 이해관계가 상충하여 어느 일방이 이익을 실현하면 타방은 손실을 보게 되기 때문이다.

그러므로 그룹 내 기업간 리딩과 래깅은 그룹 전체의 이익을 추구하는 전략에서 보다 용이하게 실행될 수 있다.

(3) 네팅(Netting)

다국적 기업의 본, 지점간 또는 지사 상호간에 발생하는 채권, 채무관계를 개별적으로 결제하지 아니하고 일정기간 경과 후에 이들 채권, 채무 등을 상계한 후 그 차액만을 정기적으로 결제하는 제도이다.

단순한 형태로는 두 자회사간에 일어나는 양자간 네팅(Bilateral netting)이 있다.

이것은 쌍방간에 순채권, 채무 포지션만을 일정시점에서 상호 결제하는 제도이다.

양자간 네팅은 두 회사간의 채권, 채무의 청산에 있어 결제자금 규모를 축소시키는 효과를 가져 오게 된다.

그러나, 환 리스크 관리측면에서 채권, 채무를 상계한 순포지션을 어떤 통화로 어느 시점에서 결제할 것인가 하는 문제점을 가지고 있다.

(4) 가격정책(Pricing Policy)

원래 기업의 판매관리와 구매관리 정책의 일환으로서 판매수익의 극대화 또는 구매비용의 극소화를 위한 가격결정 및 가격선택정책을 의미한다.

환 리스크 관리수단으로서 가격정책은 수출입상품가격의 조정시점과 조정 폭을 결정하는 가격조정(Price variation), 수출입상품가격을 어떤 통화로 표시하여 거래할 것인가를 결정하는 거래통화의 선택(Currency of invoicing) 문제로 요약된다.

환 리스크 관리를 위한 가격정책은, 먼저 가격조정의 경우 자국통화의 절상시에는 자국통화표시 수출대전이 감소할 것이므로, 이때 수출업자는 수출에 의한 자국통화 현금수입액이 환율변동 전과 동일한 수준을 유지하도록 하기 위해서는 수출상품가격을 절상 폭만큼 즉시 인상하여야 하나 현실적으로 이러한 수출가격조성은 해당 상품의 수출시장에서의 가격경쟁력, 소비자의 기호, 수요의 가격탄력성, 수입국의 가격통제여부 등을 고려하여 적정수준에서 이루어지게 된다.

거래통화의 선택에 있어서는 거래상품가격의 표시통화를 신축적으로 선택함으로써 환 리스크를 회피하는 방법이다.

환 리스크를 적극적으로 관리하고자 하는 기업들은 수출의 경우 거래표시통화를 강세 예상통화로, 수입의 경우에는 약세 예상통화로 거래계약을 체결하고자 시도한다.

제12장
무역금융

제1절 무역금융의 개요

1. 외화획득용 원자재의 구매

국산 원자재의 사용촉진과 수출물품의 원활한 국내 공급을 위하여 외화획득용 원자재를 국내에서 조달하는 방법으로서 내국신용장에 의한 방법과 구매승인서에 의한 방법이 있다.

1) 내국신용장에 의한 구매

(1) 내국신용장(Local Credit)

내국신용장제도는 수출용원자재의 국내수입을 촉진하기 위해 도입, 운용되고 있는 제도이다. 내국신용장이란 수출용원자재나 수출용완제품의 국내거래와 관련하여 수출자가 수취한 수출신용장을 근거로 수출이행에 필요한 원자재 또는 완제품을 국내에서 원활히 조달하기 위하여 국내 공급업자를 수익자로 하여 개설된 국내신용장을 말한다.

수출자의 경우 수출용원자재를 내국신용장에 의하여 조달하면 당해 물품의 대금을 자기자금의 부담 없이 원자재구매자금의 융자를 통하여 결제할 수 있으며, 은행의 공급대금지급보증으로 원활하게 원자재를 조달받을 수 있다.

내국신용장의 수익자는 당해 내국신용장을 근거로 물품의 제조에 소요되는 자금을 융자받을 수 있으며, 내국신용장의 물품공급 실적을 수출실적으로 인정 및 관세환급, 부가가치세 영세율 전용 등의 혜택을 받게 된다.

(2) 내국신용장의 발행근거

내국신용장의 발행신청은 당해 업체가 보유하고 있는 무역금융의 융자대상증빙서류인 수출신용장, D/P 및 D/A 계약서, 외화표시 물품 공급계약서, 외화표시 건설 및 용역공급 계약서 또는 내국신용장을 근거로 하거나 당해 업체의 과거수출실적을 근거로 할 수 있다.

외국환은행의 장은 국내에서 수출용원자재를 구매하는 자의 의뢰에 의하여 원수출신용장(master L/C) 등을 견질로 1차 또는 2차 내국신용장을 개설할 수 있다. 이때 2차 내국신용장의 개설 근거인 1차 내국신용장이 완제품구매를 위한 신용장인 경우에는 3차까지 가능하다.

(3) 내국신용장의 종류

내국신용장은 대상물품, 단계, 표시통화, 금융수혜여부에 따라 분류되어 진다.

■ 표 12-1 내국신용장의 종류

분 류 기 준	내국신용장의 종류
공급대상물품별	① 원자재 내국신용장 : 수출용원자재를 공급대상으로 하여 개설된 내국신용장 ② 임가공내국신용장 : 수출용원자재 또는 수출용완제품을 위탁 가공하기 위한 가공임을 대상으로 하여 개설된 내국신용장 ③ 완제품내국신용장 : 수출용완제품을 공급대상으로 하여 개설된 내국신용장
개설단계별 (제조공정관련)	① 제1차 내국신용장 : 신용장기준금융수혜업체를 개설의뢰인으로 하여 수출신용장, 선수출계약서, 외화표시 물품공급 계약서를 근거로 개설하거나 실적기준금융수혜업체를 개설의뢰인으로 하여 과거수출실적을 근거로 개설된 최초의 완제품 내국신용장 또는 원자재내국신용장 ② 제2차 내국신용장 : 제1차 내국신용장 수혜자를 개설의뢰인으로 하여 개설된 원자재내국신용장 ③ 제3차 내국신용장 : 제1차 내국신용장의 공급대상물품이 수출완제품인 경우로서 제2차 내국신용장 수혜자를 개설의뢰인으로 하여 개설된 원자재내국신용장
표시통화별	① 원화표시내국신용장 : 내국신용장에 의한 물품대금이 부기외화금액을 기준으로 환산된 원화금액에 의하여 결제되는 내국신용장 ② 외화표시내국신용장 : 내국신용장에 의한 물품대금이 거주자 계정간 이체결제방식에 의거 외화금액에 의하여 결제되는 내국신용장
금융수혜대상여부	① 금융용내국신용장 : 원자재금융 또는 완제품내국신용장 개설업체가 소정융자(개설)한도 범위 내에서 개설한 내국신용장으로서 내국신용장수혜자가 이를 근거로 생산자금 및 원자재금융의 수혜가 가능한 내국신용장 ② 비금융용내국신용장 : 원자재금융수혜업체가 소정융자한도를 초과하여 자기자금결제조건부로 개설한 내국신용장[용도표시문언 : "융자대상외", "융자대상외(실적)"]으로서 내국신용장 개설의뢰인은 물론 수혜자도 무역금융의 수혜가 불가능한 내국신용장

(4) 내국신용장수익자의 요건

내국신용장의 개설대상은 원칙적으로 국내에서 1차이상의 가공과정을 거치는 원자재, 반제품 또는 완제품으로서 수출에 사용되는 물품을 공급하는 거래이다.

신용장 수익자인 수출물품공급자는 내국신용장상의 공급물품을 내국신용장 수익자의 생산, 가공, 보유를 입증하기 위해 기관이 발행하는 서류를 내국신용장발행은행에 제출하여야 한다.

(5) 내국신용장의 개설한도

내국신용장의 개설한도는 원자재내국신용장과 완제품내국신용장이 다르며, 원자재내국신용장인 경우에는 개설의뢰인의 금융수혜형태에 따라 다르다.

표 12-2 내국신용장 수익자 입증서류

구분 제품별	발 행 기 관	서 류 내 용
공 산 품	신용보증기금 또는 수익자 거래은행	해당 제품의 생산설비 및 생산실적 조사서 고철공급의 경우에는 고철처리시설 및 수집 판매실적 조사서에 의거한다.
광 산 물	대한광업협회장	해당 품목에 대한 광산시설 보유 및 생산실적증명서
수 산 물	관할수산업협동조합장 또는 그 지정기관	해당 품목에 대한 위탁판매필증 또는 어업허가증
농축산물	농림부장관 또는 그 지정기관	해당 품목에 대한 생산 또는 수집자 증명서
임 산 물	산림청장 또는 그 지정기관	해당 품목에 대한 생산 또는 수집자 증명서

① 실적기준 원자재금융 : 실적기준 원자재 수혜업체가 원자재 국내구매를 위해 내국신용장 개설시 개설한도는 다음과 같다.
- 융자취급승인 전월부터 3개월간 수출실적 × 1.5 × 평균원자재의존율
- 개설신청 9개월전 3개월간 자사제품 수출실적 × 1.5 × 평균원자재의존율
- 과거 1년간 자사제품 수출실적 × 1/3 × 평균원자재의존율

② 신용장기준 원자재금융
- 과거 1년간 자사제품 수출실적 × 1/2 × 신용장별 원자재의존율
- 과거 6개월간 자사제품수출실적 × 신용장별 원자재의존율

③ 완제품금융
- 수출용 완제품을 구매하기 위한 내국신용장의 개설한도는 다음과 같다.
- 신용장기준완제품 내국신용장 : 당해 업체보유 수출신용장의 금액범위 내
- 실적기준 완제품 내국신용장 : 과거 1년간 타사제품수출실적 × 1/6범위 내

(6) 내국신용장의 조건과 개설신청서류

① 내국신용장의 조건 : 내국신용장의 주요 기능은 무역금융에 있으므로 내국신용장거래와 관련 국내규정인 무역금융관련규정이 우선 적용된다.
- 양도불능 및 취소불능일람불신용장일 것.
- 신용장금액은 "원"화로 표시하고 개설일 현재 대고객전신환 매입률로 환산한 의뢰금액을 부기한 것일 것.
- 어음의 형식은 개설의뢰인을 지급인으로 개설은행을 지급장소로 하는 일람출급환어음일 것.
- 물품인도기일은 대응수출(또는 공급)을 이행하는데 지장이 없는 범위이내일 것.
- 서류제시기일은 물품수령증명서 발급일로부터 5 영업일 이내 이어야 하며, 원격지인 경우 7 영업일 이내일 것.
- 유효기일은 물품인도기일 10일 이내로 하되 원수출신용장 등을 근거로 개설시 선적 또는 인도기일 이전일 것.

② 개설신청서류 : 내국신용장을 개설하고자 하는 경우 개설의뢰인은 다음의 서류를 구비하여 신청하여야 한다.

표 12-3 내국신용장 개설신청 서류

구 분	신 청 서 류
공통구비서류	• 신용장개설신청서 • 발급근거서류 : 신용장, 수출계약서(D/P, D/A), 외화표시물품공급계약서, 과거 수출실적 • 물품매도확약서 • 소요량 증명서(또는 소요량 계산서) • 생산능력 보유 입증서류 : 자사제품 수출실적 증명서, 신용보증기금의 생산시설 조사서
무역금융수혜서류	• 수출지원금융차입금 신청서 • 약속어음 • 담보제공서

(7) 대금결제

① **어음의 매입 및 추심의뢰** : 내국신용장수익자는 내국신용장 조건에 따라 내국신용장 발행신청인(물품구매자)에게 물품을 공급한 후 물품수령증명서를 발급받아 내국신용장 발행은행에 직접 지급 의뢰하거나 거래외국환은행에서 추심 의뢰하여 물품대금을 결제 받게 된다.

내국신용장에 의한 환어음 매입은 내국신용장의 조건을 충족하는 물품수령증명서, 공급자발행 세금계산서에 환어음을 발행하여 매입신청을 한다.

내국신용장발행은행은 지급 거절 사유가 없는 한, 내국신용장 부기외화액을 매입 당일의 전신환 매입률로 환산한 금액을 지급 제시를 받은 날로부터 3영업일 이내에 결제하여야 한다.

이때 동 결제자금은 일반적으로 수출용원자재의 경우에는 원자재 구매자금으로 무역금융을 융자받아 결제하게 되지만 자기자금으로 융자 수혜 없이 결제하기도 한다.

② **환어음의 지급거절사유** : 내국신용장발행은 발행된 내국신용장에 의하여 제시된 환어음과 첨부된 서류를 점검하여 신용장조건과 부합되지 않을 경우에는 동 어음에 대하여 지급 거절 할 수 있다. 환어음의 지급거절사유는 다음과 같다.

- 지급지가 상이한 경우
- 제시된 어음이 사고신고서가 접수된 어음
- 위조, 변조된 경우
- 어음의 지급제시일이 내국신용장의 유효기일을 경과한 경우
- 물품수령증명서상의 수령인의 인감 또는 서명이 내국신용장 발행 신청시 신고한 인감 또는 서명과 상이한 경우
- 물품수령증명서상의 물품명세가 내국신용장의 물품 명세와 불일치한 경우
- 제시된 어음이 내국신용장의 기타 조건과 불일치한 경우

2) 구매승인서에 의한 구매

(1) 구매승인서의 의의

구매승인서는 국내에서 생산된 물품을 외화획득용 원료 또는 물품으로 구매하는 경우 외국환은행의 장이 내국신용장에 준하여 발급하는 증서이다.

구매승인서제도는 내국신용장을 개설할 수 없는 상황, 내국신용장 발급규정상 무역업자의 금융한도 부족 등의 사유로 인하여 원자재 등의 공급을 받기 어려운

수출자를 지원하기 위하여 마련된 제도로 공급자에 대한 수출실적 인정혜택, 부가가치세 영세율적용, 수출용원자재 사후관리상 공급이행인정, 수출용원자재 수입허용 등의 용도에 사용되고 있다.

(2) 구매승인서의 발행근거

구매승인서 발급과 관련 대외무역관리규정에서는 구매승인서의 남발을 방지하기 위하여 수출신용장, 수출계약서(D/P, D/A), 외화매입증명서, 내국신용장, 구매승인서, 대외무역법 시행령의 수출, 군납, 관광·용역 및 건설의 해외진출, 해당 규정에 의한 외화획득에 제공하는 물품을 생산하기 위한 경우 중 어느 한 가지로 제한하고 수당도 소요량 범위내로 한정하고 있다.

(3) 구매승인서 발급과 대금결제

구매승인서는 외화획득용 원료 구매자의 거래외국환은행장이 수출자와 공급자 앞으로 발급하며, 구매승인서는 구매승인서 소지자의 거래외국환은행장이 구매승인서소지자와 공급자 앞으로 발급한다.

구매승인서는 내국신용장과는 달리 외화획득용 원료 또는 물품의 제조과정이 여러 단계인 경우에는 각 단계별로 순차로 발급할 수 있다.

구매승인서의 대금결제는 은행이 내국신용장에 준하여 발급한 증서이지만 대금지급을 보증한 것이 아니므로 대금지급에 관해서는 계약자유의 원칙에 따라 거래당사자간에 이루어지게 된다.

(4) 구매승인서 발급신청서류

구매승인서 발급 신청시 구비하여야 할 서류

- 외화획득용 물품구매승인신청서 3부.
- 외화획득용 물품공급계약서 또는 물품매도확약서 1부.
- 발급근거서류 : 수출신용장, 수출계약서, 외환매입증명서, 내국신용장, 구매승인서 등
- 소요량 증명서
- 공급자의 생산 가공 능력보유 입증서류 : 자사제품수출실적증명서, 거래은행 또는 신용보증기금의 생산시설조사서
- 공급자, 인수자의 인감증명서

2. 외화획득용 원자재의 수입

1) 외화획득용 원자재수입의 의의

외화획득용 원자재란 외화획득을 위한 물품의 제조, 가공, 조립, 수리, 재생, 개조 등에 필요한 원자재, 부자재, 부품, 구성품 등을 말한다.

외화획득용 원료의 범위는 수출실적으로 인정되는 수출품의 생산에 소요되는 원료, 외화가득률이 30% 이상인 군납용 물품의 생산에 소요되는 원료, 해외에서 건설 및 용역사업용 원료, 외화획득용 물품생산에 소요되는 원료 및 외화획득이 완료된 물품의 하자 및 유지보수용 원료 등이다.

한국은 수출상품의 국제경쟁력을 제고시키기 위하여 외화획득용 원료에 대하여 일반내수용과 비교하여 행정, 금융, 관세 등에서 차별적 혜택을 부여하고 있다.

외화획득용으로 국내구매 또는 해외수입 원자재는 원래의 목적 외에 사용되지 못하도록 사후관리를 철저히 하고 있다.

2) 외화획득용 원자재의 수입절차

외화획득용 원자재의 수입절차는 일반수입절차와 차이가 없으나 일반내수용 수입보다 특혜가 주어지므로 대응수출 이행여부를 확인하는 사후관리가 뒤따른다.

외화획득용 원자재의 수입절차는 완제품 수출신용장(master L/C)내도를 근거로 하여 수입계약체결, 수입승인, 금융절차 및 통관절차를 거쳐 최종적으로 완제품에 의한 대응수출의 이행과 관세환급의 일련의 과정을 거치게 된다.

(1) 수입계약체결

수출신용장이 도착하면 수출자는 수출품 생산에 소요되는 원자재를 해외에서 수입하기 위해서 해외의 물품공급자인 수출자와 수입계약을 체결하거나 국내의 오퍼상이라고 불리는 갑류무역대리업자를 통하여 청약을 받고 승낙과정을 거쳐 계약을 체결한다.

(2) 수입추천과 수입승인

내수용이 아닌 수출용원자재를 수입할 경우에는 보통 수출신용장이나 D/P, D/A 계약서 등을 근거로 하여 소요량증명서를 발급받아 인정되는 범위 내에서 수입하여야 한다.

수출용원자재는 수입시 수출입공고상의 품목제한규정 적용이 배제되어 우선 수입할 수 있지만, 수입대체산업의 육성 등이 필요한 일부 품목에 대해서는 수입을 억제하기 위한 제도적 장치로서 대외무역관리규정상 지정된 품목은 수입추천을 받아 수입하도록 하고 있다.

산업폐기물이나 소관중앙행정기관의 장이 별도로 정하는 농림수산물 또는 마약류, 대마 등 특별법으로 수입을 제한하고 있는 경우에는 특별법 우선적용의 원칙에 따라 그 제한내용을 충족한 경우에만 수입할 수 있다.

(3) 거래약정과 신용장 개설

수입신용장을 개설하기 위해서는 이상과 같은 조건을 충족하고 외국환은행의 장으로부터 수입승인(Import Licence : I/L)을 받아야 하며, 수입신용장은 수입승인서상의 유효기간 내에 발행신청이 이루어져야 한다.

신용장발행의뢰인인 수입자는 자기의 거래은행에 수입거래약정서 및 담보 등을 제공하고, 소정의 신용장발행신청서에 신용장조건을 기재하여 해외의 수출자를 수익자(beneficiary)로 하여 매매계약상 약정된 기간 이내에 신용장을 발행·통지하도록 함으로써 수입물품을 조달하게 된다.

신용장 발행은행과 발행의뢰인(수입자) 사이에는 일종의 신용장발행계약을 신용장거래약정서(Agreement for Commercial Letter of Credit)라는 소정의 서식에 의하여 체결함으로써 법률관계가 성립된다.

(4) 수입대금결제

선적서류가 도착하면 수입환어음대금을 결제하고 선적서류를 인수하여야 한다.

수입대금의 결제는 선적서류 내도일로부터 7일 이내에 이루어져야 한다.

8일째 되는 날로부터는 개설은행의 지급보증대지급으로 처리된다. 수입화물선취보증서(L/G)외 수입화물대도(T/R)에 관한 절차는 일반재 수입의 경우와 동일하게 처리된다.

(5) 수입통관과 관세환급

외화획득용 원료의 수입통관 절차는 일반재 수입통관과 동일한 절차로 이루어지나 원산지 표시와 세관 검사가 면제 및 사전수입신고 허용, 부두 직통관, 면허 전 반출허용 등의 혜택이 주어진다.

외화획득용 원료를 수입할 시점에 납부한 관세는 징수한 물품이 수입 면허일로부터 1년 6개월 이내에 수출 등에 제공되었을 경우 수출신고 수리일로부터 2년 이내에 관세환급 신청을 통하여 환급받을 수 있다.

(6) 사후관리

외화획득용 원료의 수입은 수입시 여러 가지 혜택이 주어지므로 수출입공고상 제한승인품목과 수입금지품목, 산업피해조사에 의한 조치에 따라 수입이 제한되는 품목을 수입하는 자는 수입면허일로부터 2년 이내에 대응 수출을 완료하고 사후관리기관의 장에게 보고하여야 한다.

수입 승인 전 수입추천을 받아야 하는 물품, 내국신용장 또는 구매승인서에 의해 구매한 경우의 수입자용 승인품목 및 보세공장에 반입되는 외화획득용 원료는 사후관리가 면제된다.

제2절 무역금융제도

1. 무역금융의 의의

무역금융이란 수출물품의 제조 또는 조달과 관련 금융지원을 원활히 하여 수출증대에 기여함을 목적으로 취급되는 선적 전 금융이면서 무역금융을 융자 취급한 외국환은행은 융자금의 일정 비율을 중앙은행으로부터 총액한도 대출제도에 의하여 다시 융자받을 수 있는 정책금융이다.

무역금융은 넓은 의미로는 대외무역거래와 관련하여 필요한 자금의 융통 및 금융기관의 지급까지를 모두 포함하나 좁은 의미로 물품의 수출 및 용역의 제공을 통한 외화획득을 위하여 수출업체 등에게 수출물품의 생산 등에 소요되는 자금을 지원해주는 융자기간 1년 이내의 단기원화자금 대출 및 관련 지급보증을 의미한다.

2. 무역금융의 융자대상

무역금융의 융자대상으로는 수출신용장, 선수출계약서(D/P, D/A), 외화표시 물품공급계약서(산업설비 수출계약서 등), 내국신용장 등 융자대상증빙의 보유자와 단순송금방식 수출(대금영수 후 30일 이내에 수출된 분), 대금교환도(COD, CAD 조건 수출방식에 의한 수출), 국내 보세판매장을 통한 내국수출, 팩토링(factoring) 방식에 의한 수출거래에 의한 과거 실적을 보유한 자이다.

3. 무역금융의 특징

무역금융은 일반금융과 달리 정책금융이므로 수혜자가 이를 악용하는 사례를 사전에 봉쇄하고 효율적인 수출지원을 도모할 수 있도록 다음과 같은 특징을 가지고 있다.

1) 양적인 우대

일반금융의 경우 여신공급계획에 따라 지원 폭에 제한을 가하여 통화량을 조절하나 무역금융은 정책금융으로서 융자의 적격성만 인정되면 무제한 지원되고 있다.

수출업체의 경우 무역금융수혜 자격만 구비하면 쉽게 무역금융을 받을 수 있다.

이는 자금이용 측면에서 외국환은행의 무역금융 융자취급액에 대해서는 50% 해당액을 중앙은행인 한국은행이 연리 적용의 재할인율로 자동지원하기 때문이다.

2) 우대금리적용

무역금융은 수출업체에 대하여 금융 부담을 적게하여 국제경쟁력을 향상시키는 데 있다. 무역금융의 금리는 일반 자금대출금리보다 낮은 수준으로 지원되고 있다.

3) 선적 전 금융

무역금융은 수출물품을 제조·가공하기 위하여 소요되는 수출용원자재의 조달에 소요되는 자금이다. 수출용 원자재 조달자금으로 융자받은 자금은 반드시 당해 연도에만 사용되어야 하며, 그 융자금은 당해 원자재를 사용하여 생산된 수출물품을 선적하고 수출대금을 회수하는 과정에서 수출환어음 매입 대전으로 상환되어야 한다.

무역금융 융자금을 보유할 수 있는 기간은 수출용 원자재를 조달하는 시점부터 대응 수출물품이 선적되는 시기까지이므로 이를 선적 전 금융이라 한다.

4) 대응수출의 의무화

무역금융을 융자받은 업체는 동 융자금을 수출용 원자재 확보자금 또는 수출품 생산자금으로만 사용하여야 한다. 이를 위해 융자금에 상응하는 대응수출을 이행하도록 의무를 부여하고 있다. 따라서 수출이행을 못한 경우 소정의 제재조치를 받음과 동시에 금융수혜자격이 정지된다.

5) 자금의 소요시기별 지원

무역금융은 수출물품확보 단계로 각 단계마다 소요시기에 따라 필요한 자금을 분할 지원하고 있다.

4. 무역금융의 종류

무역금융의 종류는 지원대상자금에 따라 다음과 같이 생산자금, 원자재금융 및 포괄금융으로 나누어진다.

1) 생산자금

수출품생산업체가 수출용 완제품 또는 원자재의 직접 제조, 가공에 필요한 자금으로 신용장 등의 금액(FOB 기준)에서 원자재 수입액(CIF 기준) 및 국제원자재 구매액을 차감한 가득액을 지원하게 된다.

신용장기준금융은 소요원자재의 확보가 확실한 경우 융자되며, 실적기준금융은 원자재 확보와 관계없이 거래 외국환은행이 과거 수출실적에 의하여 융자된다.

2) 원자재금융

(1) 원자재 수입자금

수출용 원자재를 해외에서 수입하는 데 필요한 자금, 즉 수출신용장이나 실적기준 원자재금융한도에 의하여 수출용원자재를 수입하기 위하여 수입신용장을 발행 후 선적서류가 내도하였을 때 동 수입대금이나 수입어음을 결제하기 위하여 지원되는 자금을 말한다.

(2) 원자재 구매자금

수출이행에 필요한 국산원자재를 국내에서 구매하는데 소요되는 자금, 즉 수출신용장이나 실적기준 원자재 금융한도에 의하여 수출용원자재 구매를 위한 내국신용장 개설 후 대금회수를 위해 발행한 어음의 결제를 위하여 지원되는 자금을 말한다.

3) 포괄금융

기업규모가 작은 중소기업(전년도 수출실적이 1,000만불 미만)에 대하여 수출물품의 제조에 필요한 자금용도의 구분 없이 포괄적으로 융자 취급하는 금융취급방식이다.

포괄금융은 수출신용장 등 금액의 일정비율 또는 과거 수출실적의 일정비율에 대하여 현금으로 융자된다.

5. 무역금융의 융자방법

무역금융의 융자방법에는 신용장기준 금융과 실적기준 금융이 있으며 수출업체는 원자재금융과 생산자금의 경우 임의로 선택하여 이용할 수 있다.

1) 신용장기준 금융

과거 수출실적에 관계없이 매 신용장건별로 적정금액을 산출하여 소유자금범위내에서 융자하고 당해 수출대금으로 융자금을 회수하는 방법이다. 신용장기준 무역금융을 수혜할 수 있는 업체는 금융수혜지점에 수출신용장 등 융자대상증빙서류를 보유하여야 한다.

2) 실적기준 금융

과거 일정기간 동안의 수출실적을 기준으로 산정된 융자한도 범위 내에서 대출 및 지급보증을 수혜 받을 수 있는 방법이다.

실적기준금융의 수혜자격, 이용방법, 융자취급제한 등은 별도로 정하고 있다.

6. 무역금융의 융자기간

1) 자금별 융자기간

실적기준 금융의 융자기간은 90일 이내이나 실적기준 원자재금융 수혜업체가 표준 항해일수 10일 이내 지역인 일본, 홍콩, 필리핀, 대만 등으로부터 원자재를 수입하는 경우에는 60일 이내이다. 신용장기준 금융의 융자기간은 180일 이내, 동시에 당해 수출신용장 등의 유효기일 범위내에서 선적기일 또는 인도기일에 7일을 가산한 기일 이내이다.

2) 융자기산일

생산자금 및 원자재 수입자금은 융자 취급일부터 기산하며 원자재 구매자금은 물품인수일로부터 기산한다. 다만, 원자재 수입자금의 경우 화물선취보증서(L/G)가 발급된 경우에는 보증서 발급일로부터 기산한다.

제3절 무역어음제도

1. 무역어음의 의의

무역어음이란 수출업체의 자금융통을 원활히 하기 위하여 수출신용장, 실수출계약서(D/P, D/A), 외화표시 물품공급계약서, 내국신용장 등을 근거로 발행한 환어음을 금융기관이 인수하고 인수된 환어음을 은행 또는 단자회사를 통해 할인 유통시킴으로써 자금을 조달하는 선적 전 무역금융이다.

무역어음은 무역금융과 같은 정책금융이 아니라 취급기관이 자체적인 재원을 바탕으로 무역업체가 발행한 어음을 인수, 할인 매입하여 일반투자가에게 매출하고 어음 만기시 수출네고대전으로 대금을 상환하는 제도이다.

2. 무역어음의 유통과정

무역어음은 선적 전 금융지원제도로서 동 제도는 자금조달을 위하여 무역어음을 발행하는 수출업체와 동 어음을 지급 보증함으로써 안정성을 높여주는 인수기관, 그리고 인수어음의 할인 및 매출을 담당하는 중개기관과 할인된 무역어음 투자상품으로 매입하는 일반투자 등 4개 부문의 유기적 구성으로 이루어진다.

무역어음의 유통과정은 먼저 수출업체는 수출이행에 소요되는 자금을 지원받기 위하여 융자대상 증빙인 수출신용장 등을 근거로 환어음을 발행하고 동 어음의 지급능력을 보완하기 위하여 금융기관의 지급보증을 받게 된다.

다음에 수출업체는 은행이 지급 보증한 환어음을 중개기관에 매입시켜 수출에 필요한 자금을 조달하고 어음대금은 수출상품의 선적 후 수출환어음의 매입 또는 추심대금으로 결제하게 된다.

어음을 할인 매입한 중개기관은 할인어음을 그대로 보유할 수도 있지만 수출업체의 만기 결제 전에 일반 투자자에게 동 어음을 매출함으로써 할인에 따른 자금압박의 완화 및 매매수익을 취득하게 된다.

이 때 어음발행자인 수출업자가 어음 결제일에 대금 지급을 하지 못하게 될 경우에는 동 어음의 인수기관이 대신 결제하게 된다.

3. 무역어음의 인수

1) 무역어음의 발행

무역어음을 발행할 수 있는 자는 신용장방식에 의하여 물품을 직접 제조 및 가공하여 수출하거나 국내에 공급하는 자 및 무신용장방식인 경우 무역어음을 발행할 수 있다. 무역어음의 어음형식은 인수기관을 지급자로 하는 기한부어음이다.

2) 인수금융기관

무역어음은 동 어음을 발행한 수출업체가 수출물품 선적 후 수출환어음의 매입 또는 추심대전으로 인수기관이 지급한 어음대금의 상환을 보장하는 제도이다.

수출환어음의 매입 등 외국환어음의 취급이 현재로서는 불가능한 회사는 사실상 인수업무에 제약이 있지만 외국환은행과 무역어음결제를 위한 수출환어음의 매입 또는 추심에 관련된 약정을 별도 체결하여 인수업무를 영위하고 있다.

3) 인수어음의 요건

인수어음은 다음의 요건을 구비하여야 한다.

(1) 어음형식 : 지급자가 인수기관인 환어음
(2) 만기일 : 발행일로부터 180일 이내로서 수출신용장 등의 유효기일내에서 최종선적기일에 10일을 가산한 날짜를 초과하지 않을 것.
(3) 어음금액 : 수출신용장 등의 금액(FOB 기준)에 10%를 가산한 금액을 초과하지 않을 것.
(4) 발행단위 : 5백만원을 최소금액으로 하여 10만원을 단위로 하여 발행
(5) 어음의 통합 및 분할 : 신용장 1건이 5백만원이상으로 발생될 수 없는 신용장은 수개의 신용장을 통합하여 산출한 어음금액으로 발행할 수 있다.

어음기간은 선적기일이 가장 늦게 도래하는 신용장을 근거로 산정하고 신용장의 금액이 과다하여 무역어음의 분할발행이 부득이 하다고 판단될 경우에는 분할하여 발행할 수 있다.

4. 무역어음의 할인

수출업체는 자사가 발행한 무역어음에 대하여 인수기관의 지급보증(인수)을 받게 되면 무역어음 할인기관에 동 어음을 할인 및 매입시켜 수출물품 생산에 소요되는 자금을 조달하게 된다.

할인기관은 할인대상어음이 인수기관에서 인수한 어음이므로 별도의 채권보존가치가 필요 없게 된다.

1) 무역어음 할인기관

무역어음을 인수한 금융기관이 해당 어음에 대한 할인업무도 같이 취급하나, 인수금융기관의 자금사정이 어려운 경우에는 타 기관에의 할인을 전제로 인수업무만을 취급할 수 있다.

2) 할인의뢰인과 대상어음

할인의뢰인은 당해 무역어음의 발행인에 한하며 할인대상 어음은 전술한 바와 같이 발행되고 어음법상 요건을 구비한 환어음으로서 인수기관이 인수한 무역어음이다.

3) 할인한도 및 할인요율

할인기간이 대상업체의 거래실적, 자금사정, 매출전망 등을 고려하여 적정한도를 설정한다. 할인요율은 할인기관이 여타 여신금리수집 등을 감안하여 자율적으로 결정한다.

4) 할인금액 및 할인료계산

할인료는 할인일에 선취하며, 실제 할인기간이 90일 이내인 경우에는 한편 넣기로 계산한다.

- 할인금액(어음금액-할인료)
- 할 인 료(어음금액×할인요율×할인기간(할인일-지급기일)/365)

5. 무역어음의 매출

무역어음의 중개기관은 할인한 무역어음을 만기일 이전에 일반 투자자에게 매출함으로써 일반 투자자에게는 새로운 금융 투자 상품을 제공함은 물론, 자금의 조기회수로 할인능력을 제고할 수 있게 된다. 어음의 매출형식은 무담보부 배서할인 형식으로 이루어진다.

이것은 어음의 양도시 배서를 하여야만 법적 효력을 가지게 되므로 무역어음 매출시 중개기관의 배서는 불가결하고 또한 무역어음매출에 있어서는 이미 인수기관이 지급보증을 하여 은행의 신용력에 의한 채권보전이 강화되었기 때문이다. 그러므로 어음매출의 경우 별도의 담보가 불필요하다.

6. 무역어음 결제대금의 회수

중개기관의 할인어음 보유분과 일반 투자자 매입어음의 결제기일 도래시 결제대금은 무역어음 발행인으로 부터 당해 수출신용장 등의 조건에 따라 발행된 수출환어음 및 선적서류의 매입 또는 추심을 통하여 입금된 대금으로 회수하게 된다.

할인기관이 외국환은행일 경우에는 수출환어음의 추심 및 매입대전을 동 은행에서 하도록 인수시 규정하고 있으며, 현재 외국환업무를 할 수 없는 단자회사는 수출환어음 등 서류를 지정 외국환은행에 매입 또는 추심 의뢰하여 무역어음 대금을 회수하고 있다.

7. 무역금융과의 관계

무역어음 발생근거가 되는 수출신용장 등은 현재의 무역금융 융자대상 증빙요건과 동일함으로 수출자는 양 금융제도를 적절히 활용하여 수출관련 금융자금을 조달할 수 있다.

수출자는 수출신용장 등을 근거로 무역어음의 발행을 통하여 생산자금을 조달하는 한편, 수출신용장 등의 금액에서 무역어음 발생금액을 차감한 잔여분은 내국수출업체로부터의 원자재를 구입하기 위한 내국신용장을 개설하여 원자재금융을 사용할 수 있다.

제13장

무역클레임과 상사중재

제1절 무역클레임

1. 무역클레임 개요

클레임은 단순한 불평(complain)이나 경고(warning) 그리고 분쟁(dispute) 등을 총칭하지만 좁은 의미에서 클레임은 계약 당사자 일방이 계약위반으로 상대방에 손해를 끼쳤을 때 피해자가 가해자에게 자기의 권리 회복을 요구하거나 손해배상을 요구하는 적극적인 행위를 말한다.

국가간에 이루어지는 무역은 언어, 관습, 법률, 경제 등이 다른 이국간에 이루어지므로 국내거래와는 다른 여러 분쟁이 발생하기 쉽다.

무역클레임의 당사자 형태는 단순히 계약당사자에 국한되지 않고 거래과정에서 관련되는 선박회사, 보험회사, 외국환은행, 창고회사 등과 클레임이 발생하는 경우가 많다.

2. 클레임의 내용

1) 금전상의 청구를 내용으로 하는 클레임

(1) 대금의 지급거절
(2) 손해 배상금의 청구
(3) 대금의 감액청구

2) 금전이외의 청구를 내용으로 하는 클레임

(1) 물품의 인수거절
(2) 계약 이행의 청구
(3) 계약 잔여분의 해제
(4) 기타

3) 금전 및 기타 청구를 병행하는 클레임

클레임에 따라 반송 후 대체품을 요구하되 지연인도에 따른 손해배상을 청구하는 경우 이에 해당된다.

3. 무역클레임의 원인과 종류

1) 무역클레임의 발생원인

(1) 무역클레임의 직접적인 원인

첫째, 상담에 원인이 있는 경우이다.

청약·승낙과 관련 중요한 조건이 누락되어 있거나 인식부족으로 인한 상담시의 과실, 오해, 착오, 부주의 등의 원인으로 발생되는 경우가 많다.

둘째, 계약에 원인이 있는 경우이다.

계약의 주요 조건이 완전한 합의가 이루어지지 못한 채 계약이 이행되는 경우 발생하게 된다.

셋째, 계약의 이행에 원인이 있는 경우이다.

- 선적지연 클레임(claim on delay shipment)
- 품질클레임(claim on quality)
- 수량클레임(claim on quantity)
- 검량 및 검품 클레임(claim on inspection of quantity and quality)
- 포장클레임(claim on packing)
- 적재클레임(claim on ship's stowage)
- 대금미지급클레임(claim on non-payment)
- 신용장의 미발행, 발행지연 또는 부당한 신용장에 관한 글레임(claim on L/C being not issued, delayed or on inappropriate)
- 보험클레임(claim on insurance)
- 수수료미지급클레임(claim on commission being not paid)

(2) 무역클레임의 간접적인 원인

첫째, 언어, 상관습 및 법률의 상이

둘째, 신용조사의 불충분

셋째, 무역상무와 국제상관습에 대한 지식부족

넷째, 운송중의 위험

다섯째, 가격의 변동

여섯째, 불가항력

2) 무역클레임의 종류

(1) 발생원인에 따른 분류

☞ 상품과 직접적 관계가 있는 클레임

표 13-1 상품과 직접적 관계가 있는 클레임

구 분	종 류
품질에 관한 클레임	품질불량, 품질상위, 형식상이, 등급저하, 불량품혼입, 품질상이품 혼입, 사용불능품질, 품질결함, 변질 등
색상에 관한 클레임	변색, 색의 상위, 색조의 상위 등
치수에 관한 클레임	치수의 부족, 치수의 상위, 치수의 불량, 치수의 초과 등
수량/중량에 관한 클레임	수량부족, 중량부족, 감량, 중량계산상위 등
손상에 관한 클레임	멸실, 손상, 파손 등

☞ 상품과 간접적 관계가 있는 클레임

표 13-2 상품과 간접적 관계가 있는 클레임

구 분	종 류
포장에 관한 클레임	포장불량, 불완전포장, 부정한 포장, 포장파손 등
화인에 관한 클레임	화인누락, 화인의 혼합, 화인상이, 화인소멸 등
선적에 관한 클레임	선적지연, 선적불이행, 하역손상, 선적상이, 과다선적 등
운송에 관한 클레임	운송중 파손, 환적, 분실, 도난, 초과운임, 난폭취급 등
가격/결제에 관한 클레임	가격조정, 초과지불, 과잉징수, 반송비, 재포장비, 수선비, 창고비, 검증료, 체선비, 벌금 또는 과료, 결산대금 외의 청산, 어음부정할인, 어음할인거부 등
서류에 관한 클레임	송장상의 과오, 부정송장, 잘못 작성된 송장, 계산착오, 기재사항의 상위, 서류미흡 등
계약에 관한 클레임	계약불이행, 계약취소, 용선계약파기, 계약거절, 부당한 계약해제 등

(2) 성격에 따른 분류

① 일반적 클레임 : 거래의 수행상 발생하는 통상의 클레임을 말하며 거래 당사자간에 어느 일방의 과실이나 태만에 따라 계약 위반시 발생하는 클레임이다.

② 마켓 클레임 : 보통의 경우 클레임 대상이 아니나 계약 성립 후 시세가 하락한 경우 발생한 손실을 보충할 목적으로 사소한 실수, 외환시세 변동, 시황의 악화 등을 이유로 가격인하나 물품인수거부 등 의도적으로 제기하는 악덕 클레임이다.

③ 계획적 클레임 : 고의적 클레임으로 처음부터 교묘한 방법으로 상대방으로 하여금 계약 이행에 지장을 초래하게 하여 제기하는 클레임이다.

제2절 무역클레임의 업무처리

1. 무역클레임의 방지

클레임의 발생은 경제적 손실 및 문제 해결에 많은 시간을 낭비하게 되며 나아가 이에 따른 기회이익의 상실을 가져온다. 따라서 클레임은 해결방안의 강구보다 발생가능성의 최소화를 위한 노력이 중요하다.

그러므로 불가피한 클레임 발생을 방지하기 위해서는 아래 사항들을 준수하도록 한다.

1) 신의성실의 원칙을 준수한다.

신의성실의 원칙은 모든 거래의 기본으로 무역거래에 있어 상호 신뢰와 신용을 준수하는 것으로 클레임의 방지를 위해서는 신용 있는 거래처의 선정과 동시에 자신도 상대방에 대하여 우수한 거래처가 될 수 있도록 항상 신의와 성실을 바탕으로 행동하도록 하여야 한다.

2) 거래처의 엄선과 철저한 신용을 조사한다.

(1) 거래처의 엄선

무역거래는 국내의 현물거래와는 달리 상품과 대금의 수수가 동시에 이루어지지 않기 때문에 거래를 하기 전에 상대방의 신용을 철저히 조사하고 이를 통해 거래처를 엄선하는 것이 중요하다.

(2) 철저한 신용조사

신용이란 상대방에 대한 경제적 평가 특히 지급능력을 말하지만 이 외에도 인격적·도덕적인 면도 무시할 수 없다.

일반적으로 신용조사를 해야 할 내용은 재정상태(capital), 거래능력(business ability), 도의심(character) 등이 기본요건이며 여기에 국가(country), 통화(currency) 등이 추가된다. 상대방의 신용상태는 시일이 경과함에 따라 변하므로 정기적인 조사가 이루어져야 한다.

3) 무역상담시 유의사항

당사자들이 신의성실의 원칙에 입각하여 거래를 한다 하더라도 상담시에 주의를 다하지 못하는 경우 클레임이 발생하게 된다.

그러므로 상담과정에서 견적, 확정청약, 반대청약, 승낙에 대하여 세밀한 주의를 하여야 한다.

4) 계약서의 완비

무역계약은 분쟁을 미연에 방지하고 분쟁이 발생되었을 때 합리적인 해결 방안을 마련하기 위해 계약서의 작성이 필수적이다.

무역계약에는 상담 내용을 근거로 당사자 간에 합의한 내용을 정확하고 간결하며 능동형 표현으로 작성하여야 한다.

계약서에는 기본적인 조항 외에 분쟁을 효율적으로 관리하기 위한 조항과 계약의 성격과 과거 경험을 토대로 한 추가조항 등이 포함되어야 한다.

5) 국제상관습의 이해

무역계약에는 당사자가 의도하는 바를 모두 명기한다는 것은 불가능하므로 이에 대한 보완으로 국제상관습을 원용하게 되고 또한 이러한 국제상관습은 언어·관습·법률 등이 상이한 무역거래에 있어 해석상의 국제적인 기준이 되고 있다. 이러한 국제상관습은 복잡하고 기술적인 성격을 지니고 있으므로 이에 대한 충분한 연구와 이해를 통한 정확한 활용이 요구된다.

6) 신용장의 철저한 검토

신용장은 계약내용에 따라 개설이 되지만 일단 개설이 되면 그 자체의 독립추상성으로 인하여 무역계약과는 별개로 효력이 발생 된다.

매매계약서와 신용장조건의 일치 여부, 선적기한과 유효기간의 확인, 신용장조건과 선적서류와의 일치 등을 세심하게 검토하여야 한다.

2. 무역클레임의 처리

1) 클레임의 제기

(1) 클레임의 원인조사

첫째, 선적서류의 조사

매도인은 물품을 선적완료하고 선적통보 또는 은행을 통하여 매수인에게 선적서류를 보내게 된다.

선적지와 목적지의 거리, 운송 편에 따라 다르지만 일반적으로 물품의 도착에 앞서 선적서류가 도착된다.

선적서류가 도착하면 이를 검토하여 현품을 보기 이전에 확인할 수 있는 각종 클레임의 원인을 조사하여 필요시 물품 및 매도인에게 적절한 조치를 하여야 한다.

둘째, 도착 후의 조사

화물이 도착된 후 제일 먼저 보는 것이 포징으로 포장에 파손이나 변형이 있는 경우 화물손상을 예상할 수 있다. 특히 물품이 도착되기 전에 사고가 있었다거나 선하증권상 특기사항이 있는 경우 매도자, 선박회사, 보험회사의 동의를 얻어 공인 검정기관으로 하여금 검사하도록 조치하여야 한다.

(2) 클레임의 제기

첫째, 클레임제기 당사자의 확정

클레임이 발생하면 발생원인과 책임소재를 검토하여 클레임을 청구할 당사자를 결정하여야 한다.

클레임의 당사자는 일반적으로 계약 당사자가 되지만 예외적으로 계약 당사자의 책임 없는 사유로 발생된 손해에 대해서는 계약이행과정에서 관련되는 제3자인 신용장 관련 은행, 운송회사, 보험회사 등에게 제기되는 경우도 있다.

둘째, 클레임의 제기기간

클레임의 제기시기를 놓치면 증거를 상실하게 되어 해결에 어려움이 따르므로 신속히 제기하여야 한다.

클레임제기 기간을 약정한 경우에는 그 계약조항에 따라야 하나 약정이 없는 경우에는 법률 또는 관습에 따라 합리적으로 결정하여야 한다.

표 13-3 클레임제기기간

입 법	제 기 기 간
한국 상법	• 하자 사항 발견 즉시 통지 • 발견 할 수 없는 하자 6개월 이내
영국 물품매매법	• 합리적인 기간내
CIF에 관한 Warsaw-Oxford 규칙	• 인도 물품 도착 후 3일 이내
비엔나협약	• 합리적인 기간내

셋째, 클레임의 통지

매수인은 물품이 도착하면 클레임의 원인조사에 명시된 사항을 조사하여 이상이 있으면 우선 가장 빠른 방법으로 그 개요에 대한 클레임통지서(claim notice) 를 전신이나 팩시밀리 등을 이용하여 발송한 후 즉시 클레임 제기서를 서면으로 정식 송부 한다.

클레임통지서는 매도인 뿐만 아니라 클레임의 최종적인 해결은 보험회사에 대한 보험금 지급 및 선박회사에 대한 운송 책임구상과 밀접한 관련이 있기 때문에 보험회사와 운송회사에 대해서도 별도로 발송하여야 한다.

넷째, 클레임제기를 위한 준비

정식 클레임을 제기하고자 하는 경우 필요한 준비는 다음과 같다.

- 감정서류(survey report) 준비 : 클레임제기의 정당성을 주장하기 위해서는 객관적인 증거를 통하여 입증할 필요가 있으며, 그 증빙자료로서 제3자에 의한 공인감정보고서(survey report)가 이용되고 있다.
- 클레임원인에 대한 조사
- 현품, 매매계약 및 신용장의 대조
- 클레임제기에 필요한 서류구비 : 클레임제기에 필요한 서류로는 클레임내용을

기재한 클레임진술서(statement of claim), 손실명세서(particulars of loss sustained), 검사보고서(survey report), 청구서 및 기타 증빙서류 등이다.

다섯째, 위약물품의 반송

2) 클레임의 접수

(1) 제기시기의 검토

클레임통지는 국제간의 거래에 있어서 매우 중요하다. 분쟁이 발생하여 손해가 발생했으나 하자통지를 소홀히 하여 자기의 권리를 찾지 못하기도 하고 심지어는 제기권을 상실하는 경우도 있다.

클레임을 접수하면 우선 계약서, 관련법규 및 상관습에 의한 유효기간 내 클레임이 제기되었는지 검토하여 기간이 지난 제기는 관련계약서나 법규의 조항을 근거로 하여 배척하도록 한다.

(2) 청구서한의 검토

분쟁이 발생되어 손해배상을 받았을 경우에는 아래 사항을 검토한 후 분쟁해결에 대한 입장과 해결방안을 상대방에게 신속하게 제시하여 대처하여야 한다.

- 본인이 본 분쟁의 책임 당사자인지 여부
- 계약조건의 미비에 의한 것인지 여부
- 하자를 입증하는 객관적인 입증자료의 제시 여부
- 물품검사는 합리적인 방법과 기간 내에 이루어졌는지 여부
- 하자의 정도가 계약상 또는 거래관행상 허용비율을 초과하는지 여부
- 당해 계약의 특성을 충분히 감안했는지 여부

(3) 자신의 입장과 해결방안통보

분쟁해결에 관한 입장과 방안에 대하여 상대방에게 신속하게 제시하여 대처하여야 한다. 특히 첫 답변은 향후 분쟁해결의 방향을 설정하는 것이기 때문에 자신의 입장·주장 및 해결방안 등을 명확히 기재하여 상호 오해의 소지를 없애야 한다.

3. 무역클레임의 해결

1) 클레임해결의 기본원칙

무역클레임에 대한 법률상의 구제방법으로는 일반적으로 법원 등의 국가공권력이 계약을 위반한 당사자에게 계약의 내용에 따른 이행을 명하는 방법과 손해배상을 청구하는 방법이 있다.

국제간의 상거래는 국가권력이 외국에 미치지 못하므로 일반적으로 손해배상청구의 방법이 사용되고 있다.

무역클레임을 해결하기 위해서는 고도의 실무지식과 기술이 필요하며 다음과 같은 원칙에서 업무를 추진하여야 할 것이다.

(1) 합리성의 추구

합리적인 해결은 클레임해결의 가장 기본적인 원칙으로 이를 위해서는 상거래상의 평형의 원칙(principle of equity)이 존중되어야 한다. 클레임이 제기되면 거래당사자는 감정과 이해관계가 개입되기 쉬우나 상호간의 신뢰를 바탕으로 노력할 때 원만한 해결이 가능하다.

(2) 전문지식 및 기술의 활용

무역거래는 일반상거래에 비하여 그 절차가 복잡하고 이행과정에서 제3의 당사자가 많이 개입되어 있으며, 이를 규율하는 국제상관습에 대한 이해 없이는 단순한 업무처리에 불과하므로 클레임을 합리적으로 해결하기 위해서는 물품, 국제상관습, 무역절차에 관한 폭넓은 지식이 요구된다.

(3) 당사자의 해결을 위한 노력

상사분쟁의 해결방법에는 당사자의 우호적인 해결과 제3자의 개입에 의한 해결방법이 있다. 모든 클레임은 당사자 간에 해결하는 것이 가장 좋은 방법이며 이를 위하여 당사자는 최선을 다하여야 한다.

불가능할 때에는 제3자의 개입에 의한 해결방법에서도 소송에 의한 방법보다 조정이나 중재를 통하여 해결되도록 노력하여야 한다.

(4) 신속성과 경제성의 추구

클레임의 장기간에 걸친 해결은 시간적·경제적으로 많은 소모를 가져 온다.

클레임은 신속하게 해결되도록 하여야 하며 또한 해결에 소요되는 비용도 최소한도에 그치도록 하는 것이 중요하다.

2) 클레임해결의 형태와 내용

(1) 클레임해결의 형태

첫째, 클레임의 철회(withdrawal of claim) 또는 취소(cancellation of claim)

클레임제기자가 자기가 제기한 클레임을 스스로 철회 또는 취소함으로써 무효화시키는 것을 말한다.

둘째, 클레임의 거절(refusal of claim)

클레임을 제기받은 자가 클레임을 제기한 것을 거절하는 것으로 거절시에는 부당성을 입증할 만한 증거와 이유가 제시되어야 한다.

셋째, 클레임의 수락(acceptance of claim)

클레임을 제기당한 측에서 클레임을 수락하는 것으로 수락 정도에 따라 제기된 클레임을 모두 수락하는 전면수락(total acceptance of claim)과 부분수락(partial acceptance of claim)이 있다.

(2) 클레임해결의 내용

클레임해결의 내용이란 클레임이 해결된 때 당사자에 의하여 취해진 조치내용으로 클레임의 청구내용과는 반드시 일치하지 않는다.

클레임해결의 내용은 다음과 같이 구분된다.

첫째, 손해배상금의 지급

손해배상금의 지급은 제기된 클레임에 대하여 제기당한 측이 상대방에게 계약이 이행된 것과 같은 상태로 회복시킬 목적으로 입힌 손해를 금전으로 보상하는 것을 말한다.

둘째, 대금의 감액

물품대금을 분할하여 지급하는 경우 또는 일정기간 후에 일시불로 지급하는 경우 등에 있어 아직 대금잔액이 남아있는 상태에서 잔액으로부터 감액하는 방법 등이 있다.

셋째, 물품의 반송

물품의 반송이란 매수인이 화물의 인수를 거절함에 따라 그 물품을 다시 선적지로 반송하는 것을 말한다.

넷째, 계약의 이행

매도인의 의무 가운데 가장 중요한 것은 계약기한 내에 정해진 물품을 공급하는 것으로 클레임의 경우 제기하는 측에서 계약이행을 최고하고 이에 대하여 제기당한 측에서 그 의무를 이행함으로써 해결하는 경우를 말한다.

다섯째, 해결불능

클레임을 제기할 상대방 회사의 파산이나 소재불명으로 해결이 불가능한 경우이다.

여섯째, 중재 또는 소송

당사자간 해결이 이루어지지 못했을 때 제3자를 통한 해결방법으로 중재와 소송이 있다.

3) 클레임해결방법의 종류

(1) 당사자간 해결

첫째, 클레임의 포기

클레임 제기자가 구상액이 근소하거나 다른 조건에 만족하는 경우 제기한 클레임을 철회(withdrawal)하는 것을 말한다.

둘째, 타협과 화해

당사자 쌍방이 직접 또는 중개인의 교섭을 통하여 합리적인 선에서 청구액의 범위와 구상방법을 합의 하는 것으로 가장 바람직한 해결방법이다.

화해의 종류는 당사자 간의 교섭에 의하여 이루어지는 재판 외의 화해와 법원의 중개에 의한 소송상의 화해가 있다.

(2) 제3자를 통한 해결

알선(intermediation), 조정(conciliation), 중재(arbitration), 소송(litigation) 등 4가지 방법이 있다.

첫째, 알선

알선은 상공회의소, 대한상사중재원, 대사관, 영사관 등 공정한 제3자의 성격을 갖는 기관이 당사자 일방 또는 쌍방의 의뢰에 의하여 사건에 개입하여 해결을 위한 방안을 제시하거나 조언하는 것을 말한다.

알선은 당사자 일방에 의한 의뢰에 의하여도 가능하나 쌍방의 협력이 없으면 실패하기 쉬우며, 강제력이 없고 다른 제3자에 의한 해결방법인 조정이나 중재와는 달리 형식적인 절차를 필요로 하지 않는다.

둘째, 조정

당사자가 분쟁을 중재에 부탁한 경우 중재절차에 앞서 간편하게 해결하면서 중재판정과 동일한 효력을 갖는 것이 조정이다.

이때 당사자는 조정안을 수락할 의무는 없지만 일단 수락하면 구속력을 갖게 된다. 조정은 조정인 선정일로부터 일정기간 이내에 실패하면 조정절차는 자동적으로 폐기되고 중재단계로 넘어가게 된다.

셋째, 중재

중재는 조정과 같이 당사자가 공정한 제3자를 중재인으로 선임하고 중재인의 판정에 복종함으로써 최종적으로 해결하는 방법이다.

중재는 당사자간의 합의에 의하여 이루어진다. 조정과 유사하나 조정안의 수락여부는 당사자의 임의사항이며, 중재판정은 거부할 수 없을 뿐 아니라 결과는 법원의 확정판결과 동일하여 강제집행력이 있다는 점에서 차이가 있다.

넷째, 소송

당사자 간에 중재합의가 있는 경우에는 중재계약의 당사자는 중재법상 직소금지조항에 따라 중재판정에 따라야 하나 별도의 중재계약이 없거나 중재계약이 무효이거나 효력을 상실하였거나 이행이 불능일 때에 한하여 소송을 제기할 수 있다. 이러한 소송은 국가기관인 법원의 판결에 의하여 분쟁을 강제적으로 해결하는 최후의 방법으로 국제간의 거래에서는 서로 법역을 달리하므로 재판권이 상대국에 미치지 못하는 단점이 있다.

■ 표 13-4 소송과 중재의 비교

소 송	중 재
• 상대방 합의 없이 제소가능 • 항소 및 상고가능 • 해결에 많은 시간과 비용소요 • 공권력에 의한 해결 • 공개로 비밀유지 불가능	• 당사자의 중재합의 필요 • 단심 • 신속하고 경제적인 해결가능 • 제3자 중재인에 의한 해결 • 비공개로 비밀유지 가능

제3절 상사중재

1. 중재의 의의와 중재계약

1) 중재(Arbitration)의 의의

중재는 분쟁 당사자 간의 중재계약에 따라 사법상의 법률관계에 관한 현존 또는 장래에 발생할 분쟁의 전부 또는 일부를 법원의 판결에 의하지 아니하고 사인인 제3자를 중재인으로 선정하여 중재인의 판정에 맡기는 동시에 그 판정에 복종함으로써 분쟁을 해결하는 자주법정제도이다.

국가공권력을 발동하여 강제 집행 할 수 있는 권리가 법적으로 보장이 가능하다.

분쟁의 해결에는 보편적으로 소송이 있지만, 급격히 증대되는 전문적이고 기술적인 분야의 모든 분쟁을 수용하기에는 한계가 있다.

최근에는 신속하고 저렴한 소송외 분쟁해결제도(Alternative Dispute Resolution: ADR)를 활용하는 기업들이 늘어나고 있다. 그 중 가장 대표적인 것이 바로 중재이다.

2) 중재의 특징

(1) 단심제

중재판정은 분쟁당사자간에 있어서는 법원의 확정판결과 동일한 효력이 있다. 다시 말하면 판정에 불만이 있어도 재판처럼 2심 또는 3심 등 항소절차가 없다.

"확정판결과 동일한 효력"이라 함은 불복신청을 할 수 없어 당사자에게 최종적

판단으로 구속력을 갖는다는 뜻이다.

(2) 신속한 분쟁해결

소송은 평균 대법원까지 2~3년이 걸리지만, 중재는 국내중재가 약 4개월, 국제중재가 약 6개월 정도 소요된다. 신속성을 극대화하기 위하여 집중심리로 심리횟수를 줄이고 예비회의 제도를 활성화하여 심리자체의 소요시간도 단축하여 진행한다.

(3) 저렴한 중재비용

중재제도가 단심제이고 신속성에 중점을 둔 당연한 결과라고 할 수 있다. 재판비용보다 저렴하고 특히 대한상사중재원은 외국중재기관에 비하여 보다 저렴한 비용으로 해결이 가능하다.

(4) 국제적인 인정

"뉴욕협약"에 가입한 체약국간에는 외국중재판정을 상호간 승인하고 강제집행도 보장한 다. 따라서 국적을 달리하는 기업인간의 분쟁해결제도로서 각광을 받고 있습니다.

(5) 전문가에 의한 판단

실체적 진실을 정확하게 찾아내기 위하여 분쟁 분야에 대한 해박한 지식과 경험이 있는 전문가로 하여금 사건을 검토하고 판정하도록 한다.

변호사의 법률지식, 기업인의 사업경륜, 교수의 학문적 이론 등이 종합될 때 정확한 판단이 가능하다.

(6) 분쟁당사자가 중재인을 직접 선임 또는 배척

공정성 보장을 위하여 당사자에게 스스로 중재인을 선임할 권리를 부여하며 동시에 중재인 후보를 배척할 수도 있다.

(7) 충분한 변론기회의 부여

중재는 단심제로 운영하기 때문에 일단 내려진 중재판정은 변경될 수 없다.

분쟁당사자는 중재인에게 충분한 변론기회와 변론시간 그리고 증인 또는 증거물 제출기회를 요구할 수 있다.

(8) 심리의 비공개

중재심리는 당사자 간의 분쟁 발생 책임소재에 대한 공격, 방어과정에서 실체적 진실을 파악하는데 있다.

당사자가 허락하지 않는 한 사건과 무관한 제3자의 심문과정 참여를 허용하지 않으며 그 절차도 공개하지 않는다.

(9) 민주적인 절차 진행

중재인은 당사자와 평등한 위치에서 상하 격식 없이 심리를 진행한다. 증인선서를 요구하지 아니하며 관계 당사자의 인격을 최대한 존중한다.

장점이 많은 중재제도를 활용하기 위해서는 무엇보다 계약 체결시 당사자 간에 중재계약/합의 등이 있어야 한다. 중재제도가 미국 등 서방 선진국에는 정착되어 있으나 한국에서는 그 인식의 부족으로 아직까지 활용이 미흡한 실정이다.

중재는 중재가능한 일정한 법률관계의 분쟁을 당사자 간의 합의로 법원의 판결에 의하지 아니하고 제3자에게 부탁하여 그 판정에 복종함으로써 최종적인 해결을 하는 자치법정주의를 말한다.

중재의 본질은 첫째, 당사자의 합의에 의할 것, 둘째, 재판을 받을 권리를 포기할 것, 셋째, 제3자의 판정에 복종할 것 등이다.

이러한 중재는 소송과 비교하여 여러 가지 장점이 있다.

표 13-5 중재제도의 장점과 단점

장 점	단 점
• 분쟁의 신속하고 공정한 해결 • 저렴한 비용 • 절차의 비공개와 평화적 분위기 • 중재인의 전문성 • 단심제 • 법원확정판결과 동일한 효력 • 중재판정에 대한 외국에서의 집행보장	• 법정 안정성 결여 • 상속제도부재로 불안위험 • 중재인의 대리인적 경향 • 중재절차상의 문제 발생소지

3) 중재계약

(1) 중재계약의 법적 성질

중재는 중재 당사자 간의 중재에 대한 합의가 그 본질이 되는 것으로 이때 당사자의 합의는 중재제도의 기초가 되는 것이며 또한 그것은 계약의 성질을 갖고 있다.

중재계약은 당사자가 중재를 합의한 서면에 기명날인 한 것이거나 계약 중에 중재조항이 기재되어 있거나, 교환된 서신 또는 전보에 중재조항이 기재된 것이어야 한다.

(2) 중재계약의 요건

첫째, 중재계약의 성립요건

당사자가 능력이 있고 중재의사에 하자가 없고, 계약내용이 가능, 확정, 적법하고 사회적 타당성이 있어야 한다.

둘째, 중재계약의 유효요건

중재의 성립요건이 구비되었다 하더라도 중재의뢰를 원활하게 하기 위해서는 중재지, 중재기관, 적용할 중재법 등이 명시되어 있어야 한다.

셋째, 중재계약의 절차진행요건

절차진행요건으로 필요한 내용으로는 중재인수, 중재인, 중재비용 부담방법, 중재절차 진행시기, 심문방법 등이 있다.

(3) 중재계약의 종류

중재계약은 체결시기에 따라 중재조항과 중재부탁계약으로 구분된다.

첫째, 중재조항

무역계약체결시 장차 발생할지 모르는 클레임에 대비하여 계약서상에 중재에 관한 조항을 설정해 둔 경우를 말한다. 무역거래에서 일단 분쟁이 발생하면 상대방으로부터 중재동의를 받는 것이 용이하지 않으므로 중재부탁계약(submission to arbitration) 보다는 중재조항(arbitration clause) 을 계약서에 계약조항으로 설정하여 두는 것이 바람직하다.

표 13-6 대한상사중재원의 표준중재조항

All disputes, controversies, or differences which may arise between the parties, out of or in relation to or in connection with this contract, or for the breach thereof, shall be finally settled by arbitration in Seoul, Korea in accordance with the Commercial Arbitration Rules of the Korean Commercial Arbitration Board and under the Law of Korea. The award rendered by the arbitrator(s) shall be final and binding upon both parties concerned.

둘째, 중재부탁계약

중재조항이 없는 상태에서 분쟁이 발생한 경우 당사자가 그 분쟁을 중재에 회부하여 해결하기로 합의한 것을 말한다.

표 13-7 대한상사중재원의 영문중재부탁서

SUBMISSION TO ARBITRATION

We, the undersigned parties, hereby agree to submit the below dispute to the Korean Commercial Arbitration Board for arbitration under the Commercial Arbitration Rules of the Korean Commercial Arbitration Board with impeccable understanding that the arbitral award to be rendered on the dispute shall be final and binding upon all the parties concerned.

(1) Points of Dispute :
(2) Further Reference :

Party(A) Party(B)

Enclosure ; A power of attorney in case where the submission is made by an agent

2. 중재절차

1) 중재절차의 의의

중재절차는 중재사건이 접수되어 판정이 내려질 때까지의 모든 절차로 당사자가 중재계약으로 정할 수 있으나, 만약 당사자들이 절차에 관하여 합의를 하지 아니하였거나 또는 절차에 관한 당사자들의 의사가 분명하지 아니할 때에는 상사중재규칙에 따라 다음과 같이 중재절차가 개시된다.

2) 중재절차의 일반적인 적용순서

- 당사자의 의사
- 중재법규(중재법, 상사중재규칙)
- 중재인

3) 중재신청의 필수요건

중재는 중재계약이 있는 경우에만 가능하며 이 중재계약은 원계약서에 중재조항이 기재되어 있거나 교환된 서신 또는 전보에 중재합의의 의사가 명시되어 있어야 된다.

중재계약은 민법상의 계약의 성립 및 유효요건에 관한 규정의 적용을 받으며, 중재계약 당사자는 중재판정에 따라야 한다. 다만, 중재계약이 무효이거나 효력을 상실하였거나 이행이 불능일 때에 한하여 소송을 제기할 수 있다.

4) 중재절차

(1) 중재계약의 체결

무역분쟁을 중재에 의해 해결하기 위해서는 당사자 간에 계약에 중재조항이 있어야 하며 없는 경우 별도의 중재합의 의사가 명시된 서면이 있어야 한다.

(2) 중재신청 및 조정

무역 분쟁 발생시 클레임을 제기한 당사자는 중재계약에 따라 중재기관에 중재를 신청한다. 중재기관은 양 당사자가 합의한 경우 중재절차 이전에 조정을 시도하며, 조정 실패시에 중재절차를 진행하게 된다.

(3) 중재판정부 구성

중재인은 당사자간 약정에 의하여 선정되거나 별도의 선정방법이 있는 경우 그에 따라 선정된다.

그러나 약정이 없는 경우 중재기관에 비치된 중재인 명부에서 당사자가 희망한 중재인을 근거로 1명 또는 3명을 최종적으로 선임한다.

(4) 중재심문

중재심문은 당사자가 중재인 앞에서 모든 사실을 설명하고 항변하는 것으로 당사자는 심문이나 절차를 변호사나 중재판정부가 허락한 사람에게 대리할 수 있다.

(5) 중재판정

중재판정은 분쟁해결에 있어 중재인들이 내리는 최종결정으로 판정이 확정되면 법원의 확정판결과 동일한 효력을 지니게 된다.

(6) 중재판정문의 송달

중재판정문은 신청인, 피신청인에게 송달하며, 송달증서를 첨부하여 판정문 원본은 법원에 보낸다.

3. 중재판정의 효력과 집행

1) 중재판정의 효력

(1) 국내적 효력

중재판정은 당사자 간에 있어서는 법원의 확정판결과 동일한 효력을 갖는다. 중재판정은 당사자가 미리 이를 존중하고 복종할 것을 합의한 것이므로 판정은 당사자에게 사적인 실체법상의 의무부담의 원인을 주게 된다.

법률은 여기에 다시 공법적인 효과를 주어 중재판정은 당사자 간에 있어서 확정된 법원의 판결과 동일한 효력을 부여하고 있다.

중재판정이 성립 발효 한 경우에는 형식적으로 확정되며 중재인이라 하더라도 자기가 내린 중재판정을 철회할 수 없다.

(2) 국제적 효력

중재의 궁극적인 결과인 중재판정의 승인 및 집행에 관한 각국의 상이한 법제를 통일하기 위한 「외국중재판정의 승인 및 집행에 관한 UN협약」에 의거 동 협약 체약국간에는 외국중재판정의 승인 및 집행이 보장되고 있다.

그러나 협약에 가입한 국가가 아닌 경우에는 섭외법적인 문제를 발생 시키게 된다.

2) 중재판정의 집행

(1) 국내중재판정의 집행

중재판정은 법원의 확정판결과 동일한 효력을 인정받고 있지만 강제집행을 위해서는 그 절차의 기본이 되는 채무명의를 얻어야 한다.

따라서 법원의 집행절차로 그 적법함을 선고받아야 한다. 집행판결에 의하여 중재판정의 적법성이 선언되면 비로소 중재판정에 집행력이 부여된다.

이러한 중재판정에 의하여 한국 무역업자가 패소하면 외국상사의 판정에 따라 손해배상금 등을 외국으로 송금하게 된다.

이 경우 대한상사중재원이 인정하는 위약금, 손해배상금, 보상금, 해약금은 갑류 외국환은행장의 인증을 받아 해외송금이 보장되며 지급인증신청서에 중재판정문을 첨부하면 된다.

(2) 외국중재판정의 집행

외국의 중재판정은 상호주의 원칙에 따라 국내법과 동일한 효력이 있다. 외국판정이 사법상의 과정을 준수한 것이고 관할권이 있는 외국중재기관의 판정으로서 해당 국내에서 판정취소소송이 계류되어 있지 않고 민법 제103조가 규정하는 공서양속을 해하지 않는 것일 경우 체약국간에는 중재판정의 효력이 승인되고 보장을 받게 된다.

협약에 가입하지 않은 국가에서의 집행은 일단 국내판정과 동일한 방법으로 집행될 수 있다.

4. 중재에 관한 국제협약과 2국간 중재협약

1) 국제협약

(1) 제네바협약

중재에 관한 최초의 다국간 협약인 제네바의정서(1923년)의 결함은 장래의 분쟁에 관한 중재계약의 효력을 국제적으로 승인하는 것을 목적으로 하지만 외국 중재판정의 승인과 집행이 보장되고 있지 않다는 점이다.

이러한 결함을 보완하기 위하여 1927년 성립된 다자간협약이「외국중재판정의 집행에 관한 협약(Convention on the Execution of Foreign Arbitral Awards)」이다.

이 협약의 주요 내용은 외국중재판정에 강제집행을 부여하는 것으로 라는 1968년 서명만 하고 가입을 위한 비준은 하지 않았다.

표 13-8 뉴욕협약가입국 현황

Algeria	Czech Republic	Lao People's Democratic rep.	Portugal
Antigua and Barbuda	Denmark*	Latvia	Romania
Argentina	Djibouti	Lebanon	Russian Federation
Armennia	Dominica	Lesotho	San Marino
Australia*	Ecuador	Lithuania	Saudi Arabia
Austria	Egypt	Luxemburg	Senegal
Azerbaijan	El Salvador	Macedonia Rep. of	Singapore
Bahrain	Estonia	Madagascar	Slovakia
Bangladesh	Finland	Malaysia	Slovenia
Barbados	France*	Mali	South Africa
Belarus	Georgia	Malta	Spain
Belgium	Germany	Mauritania	Sri Lanka
Benin	Ghana	Mauritius	Sweden
Bolivia	Greece	Mexico	Switzerland
Bosnia & Herzegovina	Guatemala	Moldova	Syrian Arab Rep.
Botswana	Guinea	Monaco	Thailand
Brunei Darussalam	Haiti	Mongolia	Trinidad and Tobago
Bulgaria	Holy see	Morocco	Tunisia
Burkina Faso	Hungary	Mozambique	Turkey
Cambodia	India	Nepal	Uganda
Cameroon	Indonesia	Netherlands*	Ukraine
Canada	Ireland	New Zealand	United Kingdom*
Central African Rep.	Israel	Niger	United Rep. of Tanzania
Chile	Italy	Nigeria	U.S.A*
China	Japan	Norway	Uruguay
Colombia	Jordan	Oman	Uzbekistan
Costa Rica	Kazakstan	Panama	Venezuela
Cote d' Ivoire	Kenya	Paraguay	Vietnam

Croatia	KOREA	Peru	Yugoslavia
Cuba	Kuwait	Philippines	Zimbabwe
Cyprus	Kyrgyzstan	Poland	

※ 확대적용지역
- Australia : Australian Antarctic Territory, Christmas Island, Cocos(Keeling) Islands, Enderberry Island, Norfolk Island.
- Denmark : Faeroe Islands, Greenland.
- France : Comoro Islands, French Polynesia, New Caledonia, St.Pierre et Miquelon, Wallis and Futuna Islands.
- Netherlands : Netherlands Antilles.
- United Kingdom : Bermuda, Cayman Islands, Gibraltar, Guemsey, Isle of Man.
- U. S. A : American Samoa, Canton Island, Guam, Puerto Rico, Virgin Islands, Wake Island

(2) 뉴욕협약

뉴욕협약은 제네바협약을 발전시켜 1958년 체결된 국제협약으로 제네바협약과는 달리 외국판정은 그 판정의 승인과 집행을 청구 받는 국가 이외의 영토에서 내려진 외국판정과 그 집행지 국법에 의하여 내국판정이 아니라고 인정되는 판정을 모두 포함시켜 그 적용범위를 확대하고 있다. 한국은 1973년 5월 9일에 본 협약의 42번째국으로 가입하였다.

중재판정이 뉴욕협약에 따라 승인 및 집행을 보장받기 위해서는 다음 요건을 구비하여야 한다.

첫째, 유효한 중재합의가 존재하여야 한다.

둘째, 중재판정이 적법한 중재절차에 의해 내려져야 한다.

셋째, 그 판정이 내려진 국가에서 구속력이 있는 판정으로 확정되어야 한다.

넷째, 외국중재제도의 승인 및 집행은 집행국의 공서양속에 반하지 않아야 한다.

2) 2국간 중재협정

국제무역에서 발생하는 클레임을 원활하게 해결하기 위해서는 한 나라의 중재기관 단독의 힘만으로는 어렵기 때문에 2개국 중재기관의 중재협정을 통한 업무협력이 효과적이다.

중재협정은 민간단체인 중재기관간의 협정이므로 2 나라의 무역계약 당사자를 구속하는 것은 아니지만 이들 협정에서 권고하는 중재조항을 계약서에 삽입하면 원활한 분쟁해결을 보장받게 된다.

제14장

전자무역

제1절 전자무역의 이해

1. 인터넷

전 세계에 산재해 있는 해외 거래상대방과 각종 무역정보의 송수신, 해외시장조사, 수출입 계약의 체결, 대금결제 등 무역업무 전반에 걸쳐 인터넷을 활용하고 있다.

인터넷은 거래상대방과 물품에 관한 정보를 검색하는 수단이고 거래상대방과 정보를 송수신하여 거래를 성립시킬 수 있는 도구이다. 시간과 공간의 제약 없이 전 세계의 무역업자, 제조업자, 소비자 등이 인터넷을 통해서 직접 접촉할 수 있다.

인터넷이 전자무역의 주요 수단이 되고 있는 이유로는 글로벌 활동무대로 한 정보의 수집 및 교환의 용이성, 저렴한 비용, 이용자 수의 급증 등을 들 수 있다. 결국 인터넷을 이용하는 전자무역 거래의 규모가 증가하고 있는 것을 의미한다.

21세기 인류 최고의 발명품인 인터넷과 웹의 출현은 기업의 글로벌화를 가속화시키고 있고 무역거래의 방식과 관습을 근본적으로 변화시키고 있다.

웹을 기반으로 하는 전자무역으로의 변화는 국제거래에 있어서의 시장조사를 비롯한 마케팅활동, 수출입거래선 발굴, 무역계약 체결, 운송, 물류 및 유통, 창고관리, 고객관리, 제품관리, 보험계약 체결, 대금결제 등 무역업무의 전반을 사이버 상에서 시간과 공간의 제약 없이 전자적 매체수단을 통하여 모두 수행할 수 있게 한다.

2. 인터넷과 전자무역

1) 전자무역 정의

전자무역은 인터넷과 정보시스템을 이용하여 시간적, 공간적 제약을 받지 않고 24시간 365일 거래가 가능하다. 정보통신기술의 핵심인 인터넷을 통하여 웹상에서 거래가 이루어지기 때문에 네트워크를 구성하는 가상공간 그 자체가 시장이고 무역업무처리의 주요한 공간이다.

가상공간에서 수출업자는 자기 회사의 제조물품 등을 웹상 알선사이트 등에 전자목록을 게시하여 홍보하게 되고 수입업자는 구매오퍼(buying offer)를 제시하여 상호간 전자수단을 통해 거래 상담과 동시에 계약 체결이 이루어지게 된다.

전자무역은 기업의 효과적인 마케팅활동과 새로운 거래선 발굴 및 효율적 거래 이행 등을 가능하도록 한다. 무역절차상의 이행비용이 저렴하고 그 이행절차를 단순화시키고 업무절차가 신속하게 진행된다.

따라서 전자무역의 포괄적 정의는 「전자적 수단을 이용하여 국가 간 이행되는 상거래」를 의미한다.

2) 대외무역법상의 정의

(1) 무역의 정의

「국제간의 무역을 물품과 대통령령이 정하는 용역 또는 전자적 형태의 무체물 등의 수출입을 말한다」라고 정의하고 있다(대외무역법 제2조 제1호).

따라서 물품의 수출입과 같이 새로운 수출입동력으로 디지털, 콘텐츠, 지식서비스 등을 무역의 범위에 포함시키고 있고 포탈전자서비스 수출입에 대해서도 수출입실적으로 인정하여 무역금융 및 수출입보험 등을 지원하고 있다.

전자무역은 거래절차를 간소화하고 거래비용을 절감 할 수 있기 때문에 전자무역 활성화를 위한 수출입지원제도 등은 더욱 활성화 시켜야 할 필요성이 있다.

현재 물품의 수출입과 같이 정보통신망을 통하여 거래되는 소프트웨어 등 전자적형태의 무체물의 수출입은 대외무역법에 의한 수출입의 범위에 모두 포함시키고 있다.

(2) 전자적 형태의 무체물

「소프트웨어, 부호, 문자, 음성, 음향, 이미지, 영상 등을 디지털방식으로 제작하거나 처리한 자료 및 정보 등으로서 주무 부처 장관이 정하여 고시하는 것과 기타 이와 유사한 전자적 형태의 무체물로서 주무 부처 장관이 정하여 고시하는 것」이라고 규정하고 있다.70)

본 조항에서 부호·문자·음성·이미지·영상 등을 디지털방식으로 제작하거나 처리한 자료 또는 정보 등으로서 주무 부처 장관이 정하여 고시하는 것이라 함은 대외무역관리규정에서는 영상물(영화, 게임, 애니메이션, 만화, 캐릭터 등을 포함), 음향·음성, 전자서적, 데이터베이스 등이라고 규정하고 있다.

기타 이와 유사한 전자적 형태의 무체물로서 해당 부처 장관이 정하여 고시하는 것이란 대외무역관리규정에서는 컴퓨터 등 정보처리능력을 가진 장치에 저장한

70) 대외무역법 시행령 제2조 제3호, 소프트웨어산업진흥법 제2조 제1호.

상태로 반출입한 후 인도/인수하는 것이라고 규정하고 있다.

그러나 법률/교육소프트웨어 등을 이용하고 이에 대한 대가를 받는 행위 즉, 순수한 서비스공급에 해당하는 행위는 대외무역법에 의한 수출입범위에 해당되지 아니한다.

(3) 전자무역 정의

「전자무역을 무역의 전부 또는 일부가 컴퓨터 등 정보처리능력을 가진 장치와 정보통신망을 이용하여 이루어지는 거래를 말한다」라고 정의하고 있다.[71]

따라서 전자무역에 대한 정의를 별도로 하고 있다.

3) 수출입 개념의 차이

일반물품의 수출입은 국내(대한민국의 주권이 미치는 지역)와 외국(국내 이외의 지역)간에 물품의 이동이 일어나는 실시간 거래로서 국경의 개념을 사용하고 있다.

그러나 전자적형태의 무체물의 수출입은 국경을 초월한 정보통신시스템을 통하여 실시간 거래되므로 외국환거래법 제3조제12호 및 제13호의 규정에 의한 거주자와 비거주자 간에 소프트웨어 등을 전송 및 인도/인수하는 것을 말한다. 즉, 거래주체를 기준으로 수출입의 개념을 정의하고 있다.

국내에서 거주자와 비거주자 간에 물품을 인도/인수하는 것은 주권이 미치는 영역 내에서의 물품이동이므로 대외무역법에 의한 수출입의 범위에 포함되지 않지만 국내에서 서버 등의 정보통신망을 통하여 전자적형태의 무체물을 외국환거래법에 의한 거주자와 비거주자 간에 인도/인수하는 것은 대외무역법에 의한 수출입의 범위에 포함된다.

따라서 정보통신망을 통하지 않고 국내거주자가 비거주자에게 소프트웨어 프로그램 등을 인도할 목적으로 노트북컴퓨터 등에 내장한 채 휴대하여 반출하는 경우에도 동 소프트웨어는 수출의 범위에 포함된다.

대외무역법에서 전자적형태의 무체물을 수출입의 범위에 포함하는 목적은 물품의 수출입과 동일하게 무역금융 및 세제 등의 제도적인 지원을 받도록 하여 전자무역을 활성화시키는 데 의미가 있다.

이와 같은 제도적인 지원을 하기 위해서는 전자무역에 대한 실시간 거래확인이 필요하다.

---

71) 대외무역법 제2조 제6호.

4) 수출입확인 및 실적인정

대외무역법에서 전자적형태의 무체물을 수출입 범위에 포함하는 목적은 물품의 수출입과 동일하게 무역금융 및 세제 등의 제도적인 지원을 받도록 하여 전자무역을 활성화시키는 데 의의가 있다.

이와 같은 제도적인 지원을 하기 위해서는 전자무역에 대한 거래확인이 필요하다.

일반적인 물품의 수출입은 통관절차를 거치므로 수출입확인 및 실적 인정이 용이하다.

그러나 정보시스템을 통하여 거래되는 전자적형태의 무체물에 대한 수출입 확인은 저장된 파일 검색 등 전문적인 기술을 필요로 하므로 은행에서 수출입 대금을 영수/지급하는 경우 실제 수출입관련 대금여부를 확인하기가 매우 어렵다.

이와 같은 이유로 해당 주무 부처는 전자무역 수출입실적 확인업무를 수행할 수 있는 기술능력을 갖추고 있는 한국무역협회와 한국소프트웨어산업협회에서 수출입확인을 하도록 위탁 규정하고 있다.

대외무역법시행령 제32조의 2에서는 전자적 형태의 무체물에 대한 수출입 확인을 받고자 하는 자는 수출입확인신청서와 계약서 등 거래사실을 확인할 수 있는 증빙서류들을 첨부하여 한국무역협회장 또는 한국소프트웨어협회장에게 신청하여 수출입확인을 받도록 하고 있다.

전자적 형태의 무체물의 수출실적 인정금액은 한국무역협회장 또는 한국소프트웨어산업협회장이 발급한 수출확인서에 의해 외국환은행이 입금 확인한 금액으로 하며, 수입실적 인정금액은 외국환은행의 지급금액으로 한다.

그 인정시점은 외국환은행에 입금일자 또는 지급일사로 한다.

따라서 수출입실적을 확인 받은 거래자는 외국환은행에 제출하여 외국환은행이 입금 확인함으로써 수출 실적으로 인정되어 무역금융을 지원받을 수 있다.

5) 전자무역의 범위

기존 무역거래 프로세스에서 발생되는 방대한 자료/정보를 전자방식 즉, 전자문서로 교환함으로써 무역거래 프로세스를 획기적으로 변화시킨다.

전자무역의 인프라 보편화로 인해 도래되는 새로운 글로벌 환경에서도 창출이 가능하고 다양한 새로운 방식의 사업모델의 개발과 수행활동도 포함한다.

궁극적으로는 관련된 다수의 기업 및 공공기관의 개별 프로세스가 전자무역의 프로세스라는 일관된 프로세스로 융합되는 과정으로서 전자 트랜스포메이션의 핵심부분을 구성한다.

따라서 전자무역은 정보기술 인프라, 전자무역 관련 산업, 전자무역의 기반이 되는 법과 제도 등의 요소와 이를 토대로 하는 전자무역의 행위주체로서 여러 유형의 기업 및 이들 간의 프로세스로 파악이 가능하다.

여기에서 기업 프로세스라고 하는 것은 기업이 수출입 과정에서 수행하는 일련의 전반적인 활동을 말하는 것으로 즉, 통관, 물류/유통, 대금결제, 대금지급 등의 과정에서 관련된 기업들 예컨대 운송회사, 외국환은행, 포워더 등과 주고받는 정보의 흐름으로 정의되며, 전자무역 인프라는 이러한 업무처리를 전자방식으로 처리해 주는 기능을 제공하고, 전자무역 인프라에 포함되는 전자무역 관련법과 제도는 전자무역거래 프로세스 상의 정보 교환행위가 많은 경우에 법과 제도에 의해 규율되기 때문에 중요한 의의를 가진다.

6) 전자무역 플랫폼(Platform)

플랫폼은 웹을 활용한 마켓플레이 상에서 해외시장조사 및 정보수집, 거래처 물색 및 선정, 거래제의, 거래협상 등 계약이전의 단계에서부터 청약과 승낙의 계약체결 과정과 신용장의 개설 및 통지, 통관절차, 대금결제 등의 계약이행 과정, 운송, 보험, 검사, 무역금융 등의 무역서비스에 이르기까지 모든 무역거래의 프로세스를 단절 없이 One-stop으로 처리할 수 있는 공유기반의 단일 업무공간이다.

이는 전자무역 플랫폼에 참여하는 무역거래의 여러 관계당사자가 한 곳에서 상호간에 협력적 무역업무가 가능하도록 산재되어 있는 무역관련 인프라의 통합을 의미한다.

이러한 모든 무역업무 프로세스가 단일의 플랫폼에서 처리된다는 의미는 다양한 무역거래 프로세스 상의 기능별 서비스가 어느 업자에 의해 제공되는지의 여부에 관계없이 실제로 이용자의 입장에서는 「단일의 서비스 창구」를 통해 모든 무역 업무를 처리할 수 있는 업무공간을 뜻한다.

따라서 각지에 산재해 있는 여러 기능별 서비스를 연결, 통합하고 간소화하여 이를 이용자 중심의 인터페이스를 통해 편리한 업무공간을 제공하는데 의의가 있다.

이러한 의미에서 전자무역 플랫폼은 이에 참여하는 여러 기업을 연결하여 하나의 가상기업으로 통합하는 사이버공간 상의 가상네트워크를 구성한다.

7) 기존 무역과 비교

기존무역과 비교해 보면 그 절차상에 있어서는 별다른 차이는 없지만 방법이나 수단에 있어서는 큰 차이가 있다.

해외시장조사, 거래처 발굴, 마케팅 활동 등의 방법이 크게 달라지며, 상담 및 계약체결도 기존과는 전혀 다른 양상을 보이고 있다.

대금결제에 있어서도 전자결제시스템이 이용된다. 기존 무역방식은 서신, 팩스, 전화 등을 이용하였지만 전자무역은 이러한 과다한 문서작성과 수작업이 소요되는 그 이행의 전 과정을 인터넷과 웹에 기반을 둔 정보시스템을 이용하는 무역이다.

따라서 시간적/공간적 제약 없이 사이버공간 상에서 실시간 이루어진다. 즉 기존 무역은 제품의 소개 및 계약체결을 위하여 해외 상대방을 직접 방문하여야 한다.

전자무역은 정보시스템과 인터넷을 이용한 거래선 발굴, 상담, 계약체결 등의 프로세스 전 과정을 전자무역 플랫폼을 활용하고 통관, 물류, 결제 등의 모든 무역절차를 기업내부 ERP(기업자원관리)시스템과 연동시켜 일괄적으로 자동 처리한다.

현재 외국의 주요 기업 ERP시스템들과 빠르게 상호 연계시키고 있고 동시에 무역거래 전 과정을 서류 없는 전자무역으로 실현하고 있다.

표 14-1 무역계약 체결과정의 비교

기존무역거래	전자무역거래
• 거래알선기관 직접방문 등	• 무역 알선사이트 등을 통한 정보검색 등
• 카탈로그, 매체광고전시회 등	• 홈페이지, 카페, 유즈넷, 메일링 리스트 등
• 전화, 팩스, 우편출장 등	• e-mail, 인터넷폰/팩스, XML/EDI활용 등
• L/C, D/A, D/P 등	• Trade card, Escrow, SWIFT 등
• 포워더, 해운, 항공, 운송 등	• 온라인 전송, 특급운송 등

제2절 전자무역의 특징 및 요건

1. 전자무역의 도입

유럽, 미국 등의 주요 선진국 등이 중심이 되어 1980년대 초반부터 「서류 없는 무역거래 실천」을 추진하기 시작하였고, 1987년에 「유엔 행정·상역 및 운송을 위한 전자 자료 교환에 관한 UN표준」[72]을 제정하면서부터 전 세계적으로 전자무역

72) UN/EDIFACT : UN/Electronic Data Interchange For Administration, Commerce and

이 확산되는 계기가 되었다.

1990년에 국제해사위원회73)의 「전자선화 증권에 관한 CMI규칙」74)이 제정되면서 전자무역의 핵심이 되는 전자선화증권의 유통문제를 해결하려 하였으나 신뢰성과 안전성 등의 문제로 진전을 보지 못했다.

1994년 이후 인터넷과 웹의 사용이 급격히 증가하였고, 1996년 유엔국제무역법위원회75)의 전자무역 모델법이 제정되는 등 범세계적으로 전자거래에 대한 법적 기반이 정비되는 한편, 전자메시지의 안전성을 향상시킬 수 있는 암호화의 기법과 보안 시스템도 신속하게 발전되었다.

이러한 전반적인 전자무역 환경의 개선에 따라 그 동안 전통적인 선화증권의 권리증권적 유통기능의 구현문제로 적극적으로 추진하지 못하였던 전통적인 무역서류의 전자화를 비롯한 자동화된 전자무역시스템으로 전환되어 졌다.

2. 전자무역의 발전

전자무역은 1987년 유엔에서 UN/EDIFACT가 제정되면서 전 세계적으로 빠르게 확산되는 계기가 되었으며 1990년 이후 무역자동화 서비스가 제공되면서 빠르게 변화되어 갔다. 따라서 1990년대에는 전통적인 VAN(Value Added Network) EDI를 기반으로 한 무역자동화 서비스 제공시기라고 할 수 있다.

TRANSPORT

73) CMI : Comite Maritime International

74) 전자식 선화증권의 특징

① EDI에 의해 서면형식의 선화증권의 유통과정을 모방하고 있다.

② EDI 메세지에 의한 통지와 그것에 대한 확인시스템이다.

③ 전자식 선화증권의 중앙등록기관으로서 해상운송인이 설정되었다.

④ 개인키 시스템을 도입하여 전자식 선화증권의 유통성을 보증하고 있다.

⑤ CMI 규칙은 조약 또는 강행법규가 아니기 때문에 당사자의 계약자유의 원칙에 기초해 서 해당 규칙에 따라 거래를 한다는 합의가 이루어진 경우 적용된다.

⑥ 전자식선화증권 메세지 전송에는 당사자간 행동규범으로 「전기전송에 의한 무역자료교환의 취급에 관한 통일규칙」 UNCID(Uniforn Rules of Conduct for Interchange of Trade Data by Teletransmission)채택

⑦ 선화증권의 표준문서로 UN/EDIFACT 표준이 적용된다.

75) UNCITRAL : United Nations Commission on International Trade Law

표 14-2 전자무역의 연대별 구분 및 내용

연 대	구 분	내 용
1960년대	거래의 표준화	• 신용장 통일규칙(UCP) • 정형거래조건의 해석에 관한 국제규칙(INCOTERMS)
1970-1980년대	절차의 간소화	• 국가별 무역절차 간소화 위원회 • 국제연합 유럽경제위원회 제4작업부(WP4) • 국제 EDI 표준개발기구
1980-1990년대	업무의 자동화	• EDI국제표준(UN/EDIFACT) • 한국무역정보통신(KTNET)
2000년 이후	e-Hub 추진	• 전자무역시스템자동화 • 전자무역중개기관 • 전자제시를 위한 신용장통일규칙 보칙 - eUCP600 → 2007년

표 14-3 전자무역의 서비스 및 내용

연 대	서 비 스	내 용
1987년대	행정/상역/운송(UN/EDIFACT) 전자문서교환 규칙제정	• 전자무역 확산 계기
1990년대	부가가치통신망(VAN) 전자문서교환(EDI)	• 무역자동화 시도
1990년말	인터넷 EDI 무역포탈서비스 등장	• 웹 사이트에서 물품검색 • 거래처 물색 및 거래제의 등
2000년대	전자무역시스템 개발 전자무역 중개기관 활동	• 무역포탈 활용증가 • 동아시아전자무역네트워크(PAA) • 한·일 전자무역 네트워크 • ASEM 프로젝트 등 • 결제시스템

1994년에 WWW의 상용화로 인터넷 기반의 ebXML/EDI가 개발되고 인터넷 무역포탈 서비스가 등장하였으며 웹 사이트에서 물품검색, 거래처 물색, 거래제의 등 초보적인 국제간 무역업무 등을 할 수 있게 되었다.

2000년 이후 IT기술의 급속한 발전과 더불어 무역포탈의 활용이 범 글로벌적으로 크게 확산/증가하기 시작하였고 ebXML/EDI Architecture[76], OO/EDI[77], ERP,

76) ebXML Architecture은 다음을 지원한다.
① Business Process와 그에 연관된 메시지 및 콘텐츠를 제공한다.

SCM, CRM, WMS 등의 전자무역 자동화시스템 등이 속속 개발/도입되면서 본격적인 전자무역 기반이 마련되어 지게 되었다.

3. 전자무역의 특징

1) 단일시장 형성

전자무역은 웹상에서 인터넷을 이용해 거래상대방과 접촉함으로써 상대방의 소재국은 문제가 되지 않기 때문에 공간적 제약을 받지 않는다.

지금까지는 국가별로 독립적으로 운영되던 시장들이 인터넷과 이를 이용하여 거래의 전 과정을 자동화함으로써 거대한 글로벌 단일시장으로 점차 통합되어지고 있다.

웹상에서 상품홍보, 거래상대 발굴, 무역계약 체결 등을 할 수 있다. 대기업뿐만 아니라 중소기업에게도 세계적인 기업으로 성장할 수 있는 기회를 제공한다.

2) 마케팅활동

전자무역은 웹상에서 마케팅활동을 최소 비용으로 수행한다. 인터넷이라는 새로운 개방형 네트워크로 인하여 문자, 그림, 음성, 동영상 등을 보다 효과적인 방법으로 자사 제품들을 소개하고 판촉 할 수 있다.

제품이나 서비스 홍보 등은 전 세계를 대상으로 한 글로벌 광고 및 마케팅에 중점을 두어야 하며 전자무역에 적합한 신제품의 개발과 함께 효과적인 주문 처리, 고객관리 및 대금회수 등을 위한 내부 체제를 갖추는 것이 필요하다.

3) 중개인 역할

전자무역에서 무역중개인은 효율적으로 무역정보를 통합수집하고 빠르게 접속하고 신속히 처리하여야 하며 분배할 수 있는가의 능력이 중요하다.

소비자가 구매하려는 기준에 맞는 판매자와 상품을 얼마나 많이 그리고 신속하

---

② 관련된 메시지 교환으로 Business Process의 Sequences를 등록한다.
③ 기업 Profile을 정의한다.
④ Trading Partner 계약을 정의한다.
⑤ 일정한 메시지를 전달한다.

77) 객체 지향의 전자문서 교환방식(OO/EDI : Object Oriented/EDI)

게 제공할 수 있는가의 능력을 의미한다.

장기적으로는 지능형 에이전트 소프트웨어가 수입업자와 수출업자를 연결시켜 주는 역할과 물품운송 및 통관절차에서 요구되는 정보처리까지 대신하게 된다.

4) 비용절감 및 기간단축

수입업자, 수출업자, 운송인, 운송주선인 및 은행 등 모든 관계당사자가 안전하고 표준화된 전자무역시스템을 통하여 거래상담, 정보의 취득, 거래체결 및 이를 이행하기 위한 각종의 서류와 자료를 교환할 수 있게 됨에 따라 전통적인 무역에 의한 방법보다 국제무역거래의 이행기간의 단축과 이행비용을 절감시킨다.

저비용과 효율적인 프로세스 기반 구조는 국제무역을 촉진시키고 그 효과를 극대화할 수 있다. 고객관계를 구축하고 유지하는 데 요구되는 기간을 단축할 수도 있다.

효과적인 고객관계 관리와 더욱 신속한 경영정보의 전달, 혁신적이고 직접적인 부가가치, 새로운 비즈니스 프로세스 개발을 위한 혁신적인 접근도 가능하다.

5) 결제시스템

SWIFT, Bolero System, Trade Card, Identrus 등과 같은 전자무역 결제시스템의 개발과 도입으로 마케팅, 무역계약, 무역결제 등 전통적인 무역 업무를 전자적으로 수행할 수 있다.

6) 제품차별화와 가격

인터넷은 정보검색엔진을 이용하여 특정 물품을 쉽고 신속하게 검색할 수 있다.

따라서 특정 물품을 필요로 하는 기업과 소비자들 간에는 철저한 시장원리가 적용되어 가장 경제적이고 합리적인 기준에 의한 거래가 이루어지게 된다.

그러므로 인터넷에서는 가격구조가 평준화되어지고 제품차별화가 확고하게 진행된다. 인터넷이라는 거대한 시장은 유통비용의 하락과 더불어 전반적인 제품 및 서비스 가격의 하락을 유도하게 된다.

지금까지는 수입상들이 해외의 유명 브랜드를 낮은 가격에 구입하여 높은 가격으로 국내에서 판매해 왔지만 인터넷의 등장으로 보다 자유로운 경쟁체제가 도입되어 자연스럽게 가격이 하락될 것이다.

7) 유통 프로세스

유통은 물리적 수송이 요구되며 여러 기관이 참여하는 통관과 무역절차를 거치게 된다. 그러나 무역의 전체과정을 살펴보면 물리적 물품의 이동보다는 무역거래에 관여하는 여러 기관 사이에 송수신되는 정보의 흐름과 교환의 비중이 훨씬 크고 이 과정에서 많은 시간의 지체와 비용이 발생한다.

전자무역의 큰 효과는 적절한 거래상대방을 신속하게 발굴하여 거래를 성사시킬 수 있다는 데에도 있지만 그 것 보다는 무역거래의 과정을 효율적으로 그리고 신속하게 할 수 있다는 점이다.

즉 무역거래에는 제조업자, 무역업자, 운송업자, 은행, 관세청, 항만청, 보험회사 등의 많은 기관들이 관여하며 이들이 주고받는 정보의 양이 많다.

여러 기관들이 많은 양의 정보를 주고받아야 하는 무역거래에서 인터넷 및 시스템을 이용하면 무역정보의 흐름과 교환을 원활히 할 수 있으며, 더불어 정보의 흐름이 신속해짐에 따라 기존의 유통 프로세스에서는 정보교환과 흐름의 지체 때문에 움직이지 못했던 물품의 이동도 원활히 이루어 질 수 있다.

정보흐름의 지체가 해소됨으로써 유통이 정보흐름에 귀속되지 않고 각각 분리되어서 원활히 움직일 수 있는 것이다.

8) 기업의 규모

그 동안 국제 상품정보와 거래선 확보의 어려움, 국제무역에서 국가마다 요구되는 제도와 절차의 상이에 대한 정보부족, 국제무역의 절차와 환경변화에 대한 정보부족으로 대기업에 의존하던 중소기업이 하청관계를 청산하고 인터넷을 이용하여 독자적인 무역활동을 하고 있다.

전자무역에서는 기존의 대기업만이 누릴 수 있었던 정보와 국외의 거점을 통해 얻을 수 있던 이점이 줄어들게 되었고,

따라서 과거 보다는 중소기업과 대기업 모두 동등한 위치에서 차지하는 중요성이 점차 축소된다는 전망이 인터넷 환경에서는 더 확실하다는 것이다.

오히려 여러 나라에서 자제를 조달하여 생산, 공급하는 네트워크를 구축한 중소기업이 변화하는 국제무역 환경에 기동성 있게 대처하는 장점이 있다.

9) 거래정보의 획득

기존에는 거래처 발굴을 위해서 거래알선기관에 찾아가 정보를 얻거나 각국에서 발행하는 무역업체 총람, 제조업체 총람, 기업연감 등의 디렉토리를 검색하였다.

해외로 배포되는 인쇄매체나 현지의 광고매체도 이용하였다. 무역협회 등에서 주관하는 해외시장 개척단 및 국제박람회나 전시회 등에 참가하여 거래처를 발굴해 왔다.

인터넷에서는 각국의 정부와 무역유관기관 그리고 개별 기업들이 올려놓은 무역에 관련된 수많은 정보들을 정보 검색엔진을 이용하여 손쉽게 찾아 볼 수가 있다.

4. 전자무역의 요건

1) 기본요건

전자무역을 수행하기 위해서는 기업의 적극적인 수용 자세와 활용 능력이 매우 중요하다. 기업경영차원의 정보화전략과 인터넷마케팅 전략은 물론 하드웨어, 소프트웨어, 통신망, 홈페이지, 전자우편 등의 인터넷 하부구조와 무역업무 수행능력, 인터넷과 웹의 활용능력 및 언어, 무역관련 법률, 외국환, 문화적 차이, 상관습 등에 관한 기본지식을 갖춘 전문 인력이 필요하다. 정부와 관련 기관의 적극적인 지원도필요하다.

2) 전제조건

첫째, 네트워크 상에서의 연계성을 가로막는 문제점 해결과 동시에 상이한 무역절차를 일관성 있게 재구축함이 필요하다.

둘째, 이에 수반하여 시스템의 호환성을 확보해야 한다.

셋째, 무역서류를 대신할 전자문서의 서명/인증에 필요한 규칙을 재정비해야 한다.

넷째, 네트워크의 보안문제를 해결하여 거래절차에 있어 시스템의 안정적 기반을 제공하여야 한다.

다섯째, 모든 관계당사자가 이용하기 편리한 단일의 통합된 전자무역 플랫폼을 도입하여야 한다.

5. 고려사항

1) 언어

세계 공용어인 영어로 인터넷상에 많은 사이트들이 구성되어 있다. 따라서 비영어권 국가에서는 상대적으로 인터넷 사용에 제한을 받을 수밖에 없다.

각국의 언어로 아무리 웹사이트를 잘 구축하였다고 하더라도 방문자들이 전혀 내용을 파악할 수 없다면 아무 소용이 없기에 세계시장을 상대로 전자무역을 행하기 위해서는 반드시 영어로 된 서브페이지를 삽입 하여야 한다.

2) 환율

일반적으로 환율은 하루에도 몇 번씩 변동하기 때문에 환율의 적용시점에 따라 수출상과 수입상의 판매금액 혹은 구매금액이 크게 달라질 수 있다.

전자무역의 경우 항상 환율의 변동을 감안하여 가격을 새로이 제시해야 한다.

3) 조세

국가별 품목별로 다르겠지만 일반거래에 부과되는 세금 이외에도 무역거래에서 발생하는 특별세로서 통관세, 부가세, 목적세 등이 부과될 수 있다.

어떤 경우에는 수입자가 수입국의 일반 상점에서 구입하는 것보다 훨씬 비싼 가격에 구매하는 경우도 발생할 수 있다.

제품판매에 앞서 이러한 사항들을 소비자에게 명시 해주어야 한다.

4) 문화적 차이

국가마다 다양한 문화적 차이를 보인다는 것은 누구나 다 아는 현실이다. 그렇기에 다양한 소비자의 욕구를 동시에 만족시키는 것은 쉬운 일이 아니다.

특히 전 세계를 대상으로 무역을 할 경우에는 더욱 그렇다. 따라서 전자무역의 경우 소비자를 대상으로 하는 광고나 판매방식을 채택하기에 앞서 수출 혹은 수입하는 국가의 상관습 등을 익혀 문화적 차이를 좁혀 나갈 수 있도록 노력하여야 한다.

5) 관련 법률

어느 국가를 막론하고 인터넷상으로 거래를 하는 것은 기업입장에서나 물건을 사는 소비자의 입장에서 일종의 수출입 행위가 된다.

그러므로 전자무역의 경우에는 그 나라의 해당법률에 의거하여 적절한 수출입 절차가 필요하다. 기존의 종이서류에 의한 무역에서는 무역계약의 체결 시 분쟁의 해결방안을 명시하고 있어 분쟁의 발생에 대해서 대비할 수 있지만, 전자무역의 경우에는 구체적인 분쟁해결 방안을 명시하지 못하고 있는 것이 사실이다.

현실적으로 전자무역상에서 분쟁이 발생할 경우 해결할 수 있는 법적/제도적 장치를 더욱더 구축하여 전자무역의 장애요인을 줄어야 한다.

6) 거래보안 및 안전성

전자무역이 지니는 여러 가지 장점에도 불구하고 전자무역은 아직까지는 해결되어야 할 몇 가지 장벽이 남아 있다.

가장 큰 장애요인으로는 보안사고의 발생으로 인한 거래의 안전성 저해를 들 수 있다.

전자무역이 안전하게 이루어질 수 있도록 하기 위해서는 판매자와 구매자의 신원확인, 불법거래방지, 기밀유지 및 해커 침투방지시스템이 보완·개발되어야 할 것이다. 대개 전자무역의 보안 사고를 예방하기 위해 가장 노력하는 분야는 바로 암호화분야로서 허가받지 않는 제 3자의 정보접근을 차단함으로써 전자무역의 안전성을 높이려는 노력이 가중되고 있다.

7) 관세부과

최근 인터넷을 통한 상품 및 서비스의 구입에 대한 관세부과 문제가 국제적인 쟁점으로 등장하고 있다.

보통 전자적으로 주문되고 전송되는 디지털 상품에 대해서는 현재까지의 기술 및 관리상의 문제로 관세를 부과할 수 없기 때문에 무관세의 원칙을 지키고 있으나, 유형의 상품에 대한 관세부과는 국가별로 입장이 첨예하게 대립되고 있다.

한편 디지털 상품의 경우에도 S/W, 전자출판물, 영상, 음악 등 인터넷을 통해 거래가 될 경우에는 관세부과가 되지 않고, 이러한 상품들이 유형의 상태로 국내외로 수출·입 될 경우에는 관세를 부과한다면 관세의 부과형평에도 문제가 발생할 수 있는 소지가 있다.

8) 지적소유권

인터넷에는 각종의 통계자료, 문서, 논문, 영상 등 다양한 정보가 게재되고 교환될 수 있다. 즉 인터넷에 접속하는 모든 개인, 기업, 정부, 학자 등이 정보의 제공자이며 동시에 사용자가 될 수 있다.

이렇게 무한한 정보의 공급원이 존재하고 무수한 사용자들이 이러한 정보에 접근할 수 있다는 것이 인터넷의 가치를 높여주는 역할을 담당하고 있는 것이 사실이지만, 이러한 과정에서 발생할 수 있는 문제가 바로 저작권과 지적 소유권에 관련된 문제이다.

9) 소비자보호

인터넷 거래에서는 사기거래의 가능성이 높고, 개인의 사생활정보가 유출될 수 있으며, 특히 국경을 넘어선 인터넷 거래의 경우, 소비자 피해구제가 어렵다는 문제가 발생할 수 있다.

최근 유명 인터넷 쇼핑몰에서도 그랬듯이 회원들의 정보를 팔거나 누출시키는 문제가 생기는 경우가 비일비재하다.

하지만 규제가 곤란하고 소비자들이 피해를 보상받기가 곤란하다는 문제점이 대두되고 있다.

10) 물류관리

전자무역이 성공적으로 이루어지기 위해서는 주문된 상품이 전 세계 어느 곳이라도 신속하게 배달될 수 있도록 적절한 물류관리시스템을 갖추는 것이 바람직하다.

미국처럼 체계적인 물류시스템이 정비되어 있는 경우에는 배송의 문제가 크게 대두되고 있지는 않지만, 저개발국가로부터의 소량 주문이 내도하였을 경우 이를 어떻게 신속하고 체계적으로 대응할 수 있겠는가 하는 것도 문제점으로 대두되고 있다.

제3절 MFCS, UNI-Pass

1. 적화목록취합시스템(Manifest Consolidated System ; MFCS)

적화목록취합시스템은 적하목록을 세관에 제출해야 하는 제출 의무자(선사, 항공사)를 대신해 선사와 항공사의 Master M/F와 포워더의 House M/F를 취합하여 세관으로 전송해주는 시스템이다.

적하목록(Manifest)이란 운송수단(선박, 항공기)에 적재된 화물의 총괄목록으로 하선, 운송, 보관, 통관의 각 단계별로 화물정보의 생성에서부터 소멸까지 화물의 총량관리를 위해 생성된 화물관리에서 꼭 필요한 중요한 문서 또는 화물의 정보를 의미한다.

[그림 14-1] MFCS의 업무 흐름도

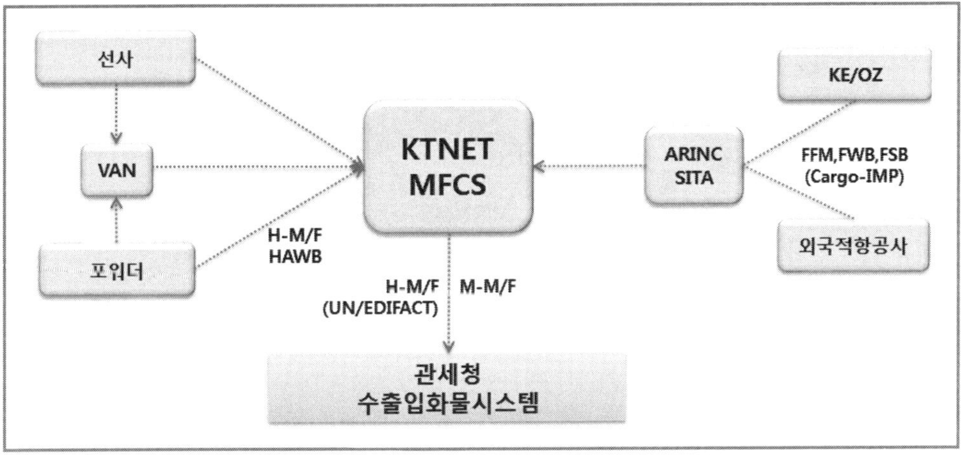

MFCS는 적하목록의 취합기능과 물류업체간 정보공유 기능이 있으며, 적하목록의 취합기능으로는 선사 및 항공사의 Master 적하목록과 포워더의 House 적하목록을 취합한 후 세관에 제출하며, 운송업계간의 개별적 전산환경 구축문제를 해결한다.

전산환경이 열악한 업체를 지원하기 위해서 입력대행소를 운영하여 국제항공망 연계로 중복작업을 배제하기 위한 항공업계 표준문서인 IATA Cargo-IMP 문서를 자동으로 변환하는 기능을 가지고 있다.

정보공유 기능으로는 적하목록 취합과정부터 세관의 적하목록 심사까지 전 과정을 실시간으로 조회가 가능하며, 보세구역, 보세운송사, 검수회사, 하역업체, 관세사 등 적하목록정보를 공유하여 수신 및 활용이 용이하다.

무역업체에 수입화물도착통지를 입항 전에 Fax 및 e-mail로 통지하고 MFCS에서 화물배정장소 및 내역을 입력하여 항공사의 서면분류 업무 자동화 시켜주며, 은행이 MFCS를 통한 선적 확인으로 무역업체와 B/L 없는 무서류 Nego 등이 가능하다.

MFCS시스템을 활용한 컨테이너 차량 위치확인 및 추적 자동화 시뮬레이션으로 물류/유통업무의 생산성을 향상시키고, RFID 기반의 전자물류 수송과 배송, 재고관리 시스템을 향상시켜, GPS, GIS 등의 무선통신기술과 컨버전스하여 전자적 물류/유통을 구현하고 있다.

[그림 14-2] 컨테이너 차량의 위치 추적

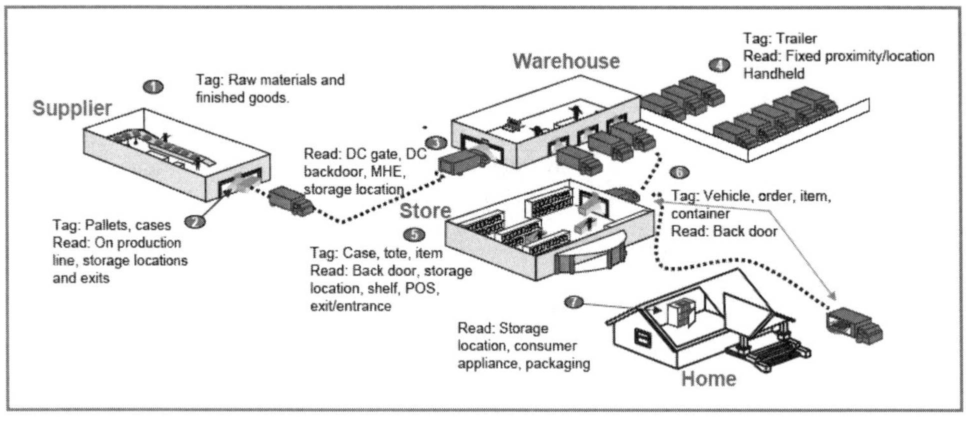

2. 관세청 전자통관시스템(UNI-Pass)

관세청 UNI-Pass의 개발은 통계목적으로 단순히 1974년에 제작된 소프트웨어부터 시작되었다. 하지만 그 후 거의 20년이 지난 1990년대까지는 우리나라 관세청 작업환경에는 많은 불편이 따랐다. 모든 관세행정절차는 종이문서로 이루어지고 있었고 특히 통관절차에서는 그 정도가 더욱 심했다. 발전의 계기가 된 것은 국가행정 전산망 6대 사업의 하나로 통관업무가 선정 된 것이다.

1985년부터 약 5년간에 걸쳐 항공화물 통관관리시스템 개발, 1990년부터 운영에 들어갔고, 1990년 4월 관세청에 전산전문 조직인 자료관리관실이 발족 되면서 관세행정정보화는 비약적인 발전을 이루게 된다.

파일전송방식에 의한 수출입신고서 처리, 세관면허정보관리, 수입물품선별관리 등의 업무가 운영에 들어갔으며, 특히 정부기관으로는 최초로 "서류가 없는 수출통관제도"를 개발하여 시행함으로써 서류가 없는 관세행정을 실현할 수 있게 되었다.

관세 행정의 전자화는 1991년에 파일전송시스템을 도입하면서 시작되었고, 1992년에 "EDI 통관자동화 6개년 종합계획"이 수립되면서 본격적인 EDI 통관시스템 구축이 시작되었다.

수출입통관분야는, 1994년에 EDI수출통관시스템(Export Clearance System), 1996년에 EDI 수입통관시스템(Import Clearance System), 1997년에 관세환급 시스템(Drawback System), 수출입화물관리시스템(Import Cargo System), 우범화물선별시스템(C/S; Cargo Selectivity)이 개발되었다. 조사감시 분야는, 1999년 조사감시시스템(Investigation Information System), 2000년에 사전여행자정보시스템(Advance Passenger Information), 2001년에 사후심사시스템(Post-Auditing System), 2003년에 통합정보시스템(Customs Data Warehouse)을 완성하여 가동해오고 있다.

2002년에 사용자화면을 인터넷 환경의 관세행정정보시스템으로 통합하고, 2003년에 관세청의 58개 업무처리 정보시스템 중에서 수출입 통관절차와 관련된 6개의 시스템을 인터넷 통관포탈 사이트로 통합하였다. 이후 2005년에 수출입에 필요한 각 정부기관별 절차를 통합한 통관단일창구(Single Window) 시스템을 추가 연결하여 전자통관시스템인 "UNI-Pass"를 완성하였다.

관세청은 지속적인 투자로 2000년에는 거의 모든 관세행정이 전산화되었으나 인터넷 기술에 대응하기 위해 2005년 인터넷 기반의 관세통관시스템을 선보였다.

그리고 2006년에 각종 국가 기관과 기타 기관을 연결하는 Single Window가 도입되었고 나서 이 시스템은 세계에서 가장 높은 사용률(97% 이상)을 보이고 있다. 2008년과 2010년 사이 RFID[78] Ubiquitous방식이 도입되어 항공화물 부분에서 사용되고 있고 2011년부터는 전 세계적으로 정보를 공유할 수 있는 시스템을 구축하는 장기프로젝트를 시작하였다.

UNI-Pass는 관세청 전자통관시스템의 브랜드 네임으로 세계 최초로 100% 전자

78) RFID(Radio Frequency Identification: 무선인식)는 라디오주파수를 이용하여 움직이는 물체와 인식 간의 데이터통신을 하는 ADC(Automatic Data Collection) 기술을 이용, 초소형 칩을 부착한 동물이나 사람 등의 객체를 판독-추적-관리하는 기술.

수출입통관, 화물관리, 징수 및 관세 환급, 통계정보, 통관단일창구(S/W)시스템으로 구성된 일괄처리(One-Stop) 전자통관포탈 시스템이다.

UNI-Pass는 운송인(Carrier), 무역업체, 관세사, 보세창고, 은행, 세관 및 다른 정부기관 등 11만 여개의 수출입 물류 관계인을 사이버 공간에서 하나의 컴퓨터로 연결하여 관계자에게 신속하고, 정확한 화물추적 정보를 사전에 제공함으로써 최적의 운송, 입출고, 배송, 통관을 계획할 수 있도록 하는 통합 네트워크 개념이다.

표 14-4 UNI-Pass의 연혁

연 도	주 요 내 용
1974～1992	• 무역 통계 분석은 인터넷을 통해서 이루어졌다.
1992～1998	• 업무 절차의 처리는 전자문서를 통한 EDI 방식으로 작동하기 시작 • 1994년 수출 통관, 1996년 수입 통관, 1997년 수출화물, 수입화물, 관세 환급 시스템이 작동하기 시작
1998	• 정보 관리 시스템이 구축
1999	• 사후 심사 관리 시스템 구축
2000	• 승객 정보 시스템 구축
2003	• 데이터 웨어하우스(CDW)시스템 구축 • 인터넷 통관 서비스를 제공하기 시작
2004～2005	• 수출입 통관 신고 시스템 구축
2005	• 관세환급 및 Single Window 시스템을 구축하고 인터넷을 통한 업무 처리가 시작
2006	• Ubiquitous 통관 서비스를 제공하기 시작

현재 수출입신고를 수행함에 있어 UNI-Pass를 통하여 세관에 제출되는 민원서류를 전자문서이며, 인터넷전송방식과 EDI전송방식이 있다. 1992년부터 관세행정 정보를 추진함에 있어 처음에는 EDI방식으로 시작했으나 2004년부터 인터넷방식을 병행하고 있다.

정보통신기술의 급속한 발전과 정부의 전자정부 구현 시책의 완성으로 인하여 현재 대부분의 문서가 전자문서화 되어 인터넷을 이용한 방식으로의 전송이 일반화되어 통관에 있어 신속화는 더욱 가속화되고 있다.

UNI-Pass는 다양한 업무처리 시스템을 갖추고 있다. 각 시스템마다 고유의 관세행정업무를 관리하며 자체적인 업무처리 기능뿐만 아니라 다른 시스템과의 연계기능도 갖추고 있다.

[그림 14-3] 관세청 UNI-Pass의 홈페이지

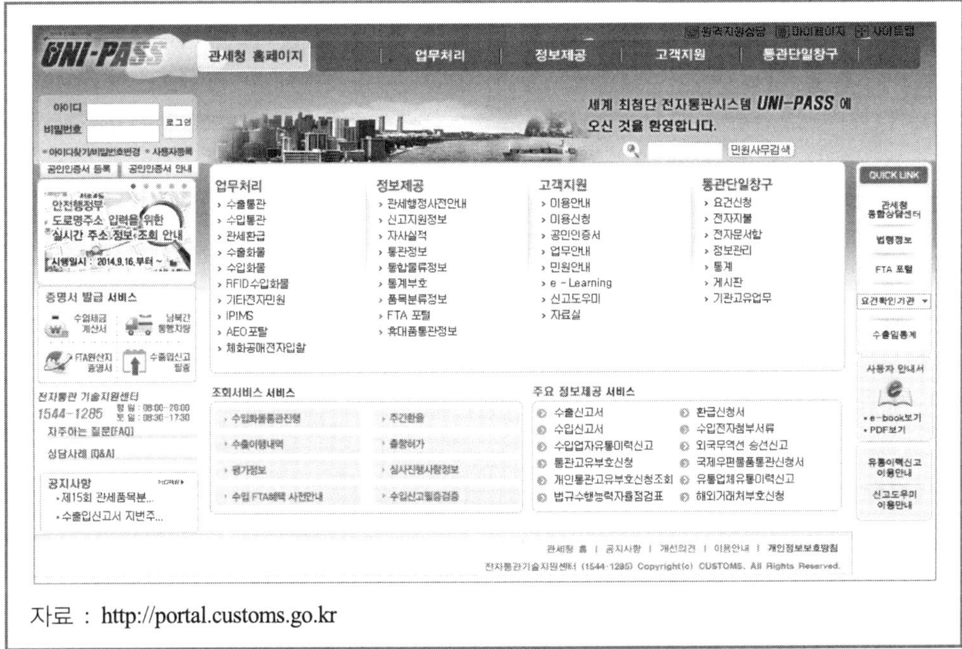

자료 : http://portal.customs.go.kr

[그림 14-4] UNI-Pass의 주요 시스템79)

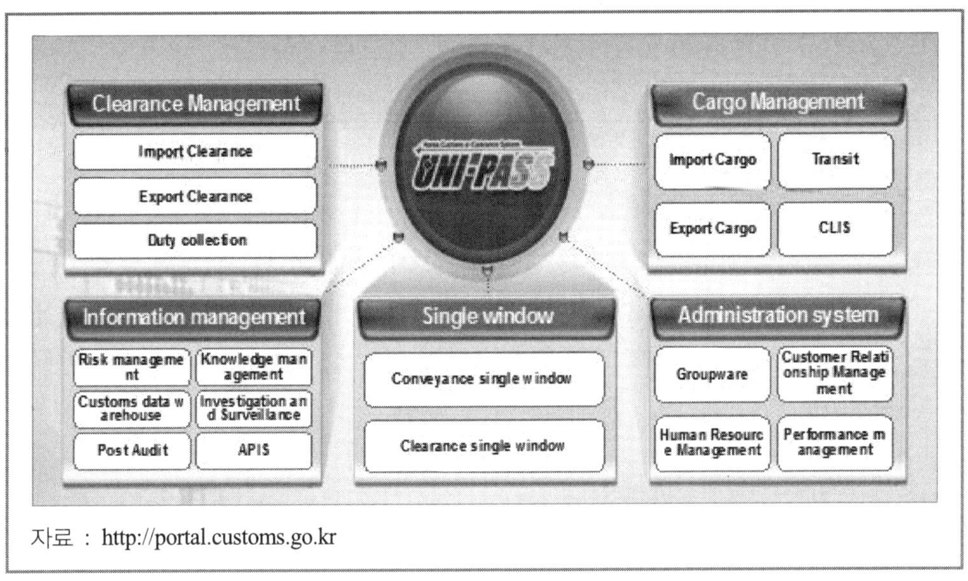

자료 : http://portal.customs.go.kr

79) CUPIA(Korea Customs UNI-PASS Information Association)(2010), "UNI-PASS", 관세청.

UNI-Pass의 모든 시스템은 표준화된 프로토콜을 따르고 있기 때문에 UNI-Pass 각 시스템 간 또는 세관 외부 시스템과의 원활한 정보 공유가 가능하며, 크게 Single Window, 통관관리, 화물관리, 정보관리 및 관련행정 시스템으로 나눌 수 있다.

1) 인터넷 통관 포탈(Internet Clearance Portal)

KCS는 UNI-Pass 시스템과 연결 가능하며 편리성과 비용효율이 높은 솔루션 구축 관련 기술의 중요성을 인식했다. 또한 공공 및 인간 분야 모두 보편적으로 사용하는 인터넷을 통해 이를 실현했다.[80)]

인터넷통관포털 시스템은 인터넷 이용의 보편화, 인터넷 방식의 연계 필요성 등 민간 및 공공부문(물류망, 금융망 등)과 인터넷기반의 업무연계의 대응하기 위하여 EDI시스템을 한 단계 발전시킨 보다 편리한 저비용 구조의 통관시스템인 인터넷 통관포털 시스템을 구축하였다.[81)]

Single Window 시스템의 주요 기능은 다음과 같다.[82)]

① 전자 데이터 및 서류 제출(Electronic data and document submission)
② 데이터 적출(Data extraction)
③ 데이터 처리(Data processing)
④ 통관기관, 정부기관 및 관련기관들 간의 데이터의 공유 및 교환(Data sharing and exchange between customs, government and other related agencies)
⑤ One-Stop 서비스(One-Stop Service).

포탈에는 다양한 무역 관련 기관들이 연계되었으며 여기에는 온라인 관세지불과 관련한 은행, 반출허가서 발급과 관련한 보세화물창고 운영기관 등이 포함되었다.

무역업자, 관세사, 선주, 운송업자, 보세구역 창고 작업자, 보세 운송업자 등과 같은 무역 종사자들은 인터넷 포탈을 이용하여 인터넷을 통해 관세청 시스템에 접근할 수 있다.

---

80) Korea Customs Service(2011), "KCS in 2011. Realizing invisible U-Customs: Providing fast and convenient ubiquitous clearance service regardless of time and place", p.11.
81) http://www.unipass.or.kr/ds3_4_7.html.
82) Korea Customs Service, op. cit., p.12.

[그림 14-5] Single Window 시스템

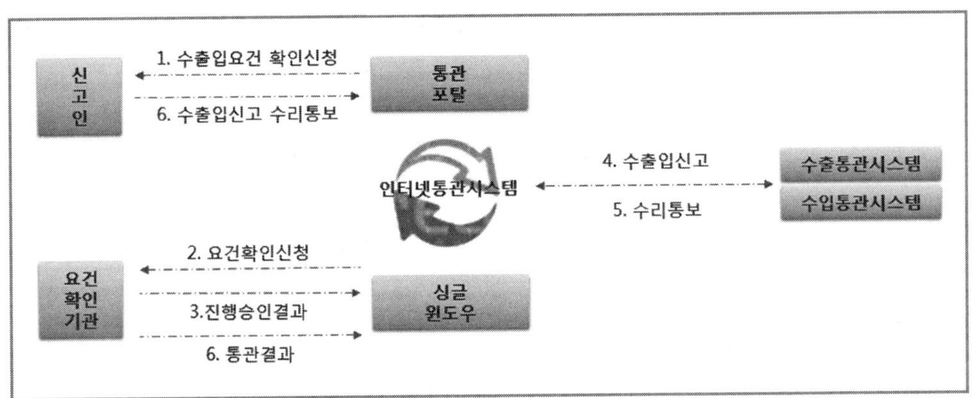

인터넷 포탈에서 제공하는 서비스에는, Single Window, 통관 단일창구 서비스, 정보 서비스(통계, 절차, 진행 사항 등), 고객 관리가 포함된다. 포털 자체는 외부 사용자에게 다양한 정보와 서비스를 제공하기 위해, 외부사용자와 그리고 수출입 통관 시스템, 화물 관리 시스템 및 관세 환급 시스템과 같은 통관 시스템 사이의 통로 역할을 한다. 무역 종사자는 통관 신고서의 작성, 수정 및 취소, Single Window 포털 서비스를 통한 기타 정부 기관의 규제 허가 신청, 관세 환급 신청, 실시간 처리 사항에 대한 정보 수취 등과 같은 인터넷 포털 서비스를 통해 관세청의 모든 절차를 진행할 수 있다.

통관 행정과 관련한 주요 업무와는 별도로, 무역 종사자는 여러 가지 코드 검색(HS 코드), 과거 신고 내용, 통계자료(통관 관련한 일반적인 통계 및 개인 무역과 관련한 개별적 통계), 그리고 외부 사용자와 내부 사용자 사이에 소통 채널 역할을 하는 다양한 통지 사항과 같은 정보 서비스도 받을 수 있다.

2) 통관 관리

(1) 수입 통관(Import Clearance)

수입통관시스템은 관세청 통관망과 무역업체, 관세사, 운송업체, 관련기관 등이 연계되어 서류제출 없이 세관에 신고인이 수입신과와 수리결과를 확인 할 수 있는 시스템으로, 세관신고에서 승인까지의 물품통관 절차를 처리한다.[83)]

100% 전자 문서에 의한 신고가 이루어지며, 수입신고서 접수 및 심사, 수입C/S,

83) http://www.unipass.or.kr/ds3_4_2.html.

상표권관리, 카르네[84] 관리, 정보관리 등으로 구성되어 있다.

은행과 연계되어 인터넷뱅킹으로 전자수납이 가능하며, 요건확인기관과 연계되어 전자문서에 의한 확인 및 처리가 가능하도록 되어 있다.

[그림 14-6] 인터넷통관시스템 업무처리 흐름도

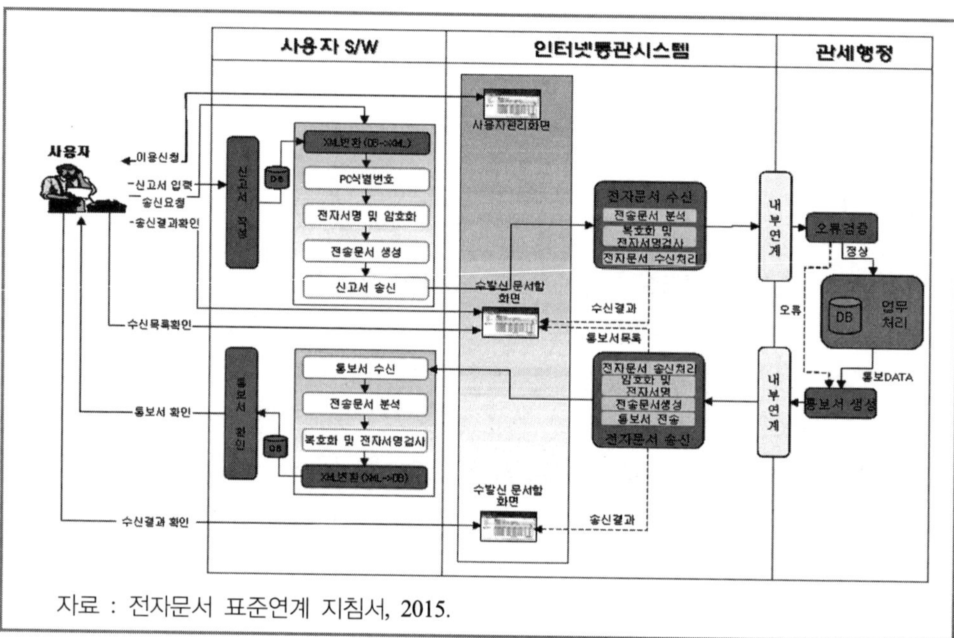

자료 : 전자문서 표준연계 지침서, 2015.

[그림 14-7] 관세청 수입 통관시스템

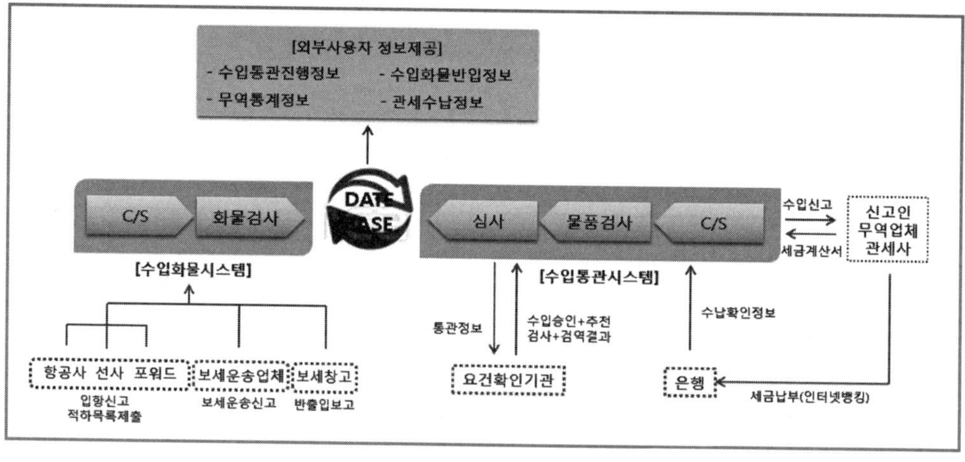

84) 자동차로 유럽 제국을 통과할 때의 무관세 특별 허가증.

수입통관시스템의 기능은 다음과 같다.[85)]

① 수입 신고(Import Declaration)[86)]
② 심사(Screening)
③ 수입 화물 분리(Import Cargo Selectivity)
④ 카르네(무관세 허가증) 통관(Carnet Clearance)
⑤ 요건확인(Requirement Verification)
⑥ 급행 화물 통관(Express Cargo Clearance).

관세사가 세관에 신고서를 제출함과 같은 시스템 게이트웨이는 다양한 업무를 동시에 진행한다. 게이트웨이는 에러검사를 통해 요구되는 신고서 항목들이 잘 기재되었는지를 확인하고, 납부서를 발행하고 화물 C/S는 화물의 위험도를 위한 우범 물품을 선별하여 서류심사 또는 현품검사로 지정하고, 심사자를 자동으로 배부해준다. 신고서 접수일자 및 시간은 시스템에 등록되어 화물관리번호와 연계되어 이해관계자들에게 현황에 대한 정보를 제공한다. 화물 C/S가 서류심사 또는 현품검사로 지정하지 않았을 경우 신고서는 P/L 심사를 거치게 된다. P/L심사는 신고자가 종이 서류를 제출하지 않고서 세관 직원이 모니터로 제출된 전자신고서를 심사하는 방법이다.

P/L 심사, 서류심사, 현품검사가 완료되었을 경우 세관 직원은 결과를 시스템에 등록하여 위험관리 시스템의 위험 프로파일에 피드백을 하게 한다. 심사의결과에 따라 세관 직원은 신고서를 취소, 보류 또는 승인하여 물품 반출허가를 한다.

반출된 물품은 2개의 시스템에 의해 관리되는데 그것은 사후심사와 사후관리이다. 사후관리 시스템은 재수출될 물품을 관리하는데 사용한다. 이러한 물품은 시스템이 관리하여 수출 신고서로 물품이 선적되고 출항할 때까지 추적한다.

(2) 수출 통관(Export Clearance)

수출통관 시스템은 관세청 통관망과 무역업체, 관세사, 운송업체, 관련기관 등이 연계되어 서류제출 없이 세관에 신고인이 수출신과와 수리결과를 확인 할 수 있는 시스템으로, 수출업무시스템, 수출통관정보제공시스템 등으로 구성되어 있다.

수출업무시스템은 신고서 접수-심사, 심사-검사기준 관리, 통관현황 조회 등으로 구성되어 있으며, 수입통관시스템, 화물시스템, 화물시스템 및 환급시스템과 연계

85) Korea Customs Service, op. cit., p.13.
86) Korea Customs Service(2010), “Republic of Korea. Single Window Case”, pp.5-6.

운영 된다. 기존에 수출신고 첨부서류인 수출승인신청서, Invoice, Packing List를 중복하여 작성하지 않고 추가항목만 입력할 수 있도록 하여 시간과 비용을 절감할 수 있게 되었다.

수출통관 시스템의 기능은 다음과 같다.

① 신고서 수령(Receipt of Declaration)
② 심사(Screening)
③ 검서(Inspection)
④ 수정(Modification)
⑤ 승인(Approval)
⑥ 표준 관리(Criteria Management)
⑦ 심사 및 검사를 위한 사례 분석(Case allotment for screening and inspection)
⑧ 상태 조사(Status inquiry).

[그림 14-8] 관세청 수출 통관시스템

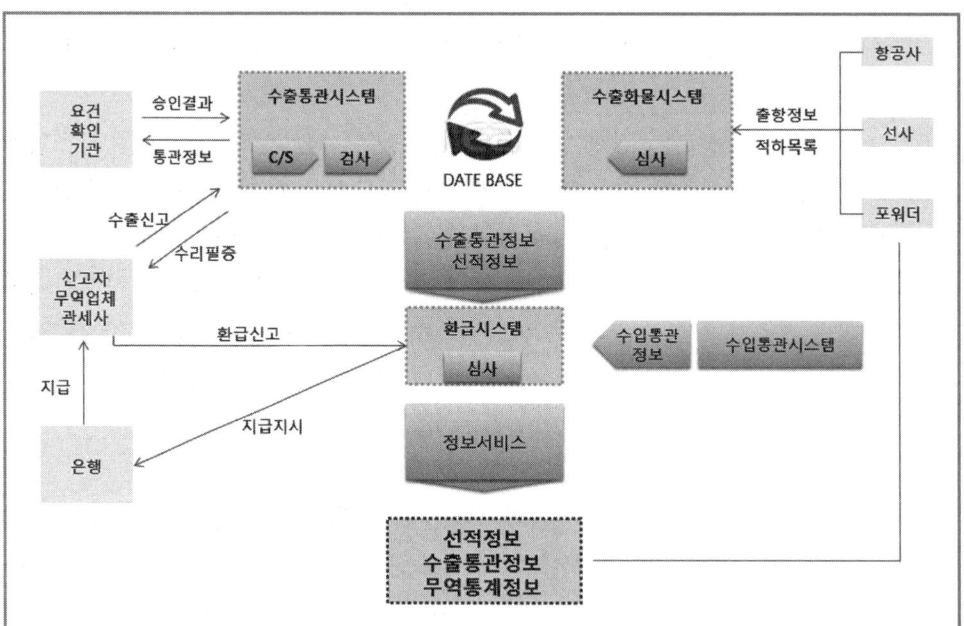

수입 통관과 비슷한 절차를 가지고 있지만 우리나라의 경우는 국가경제를 활성화하기 위해 수출 절차를 원활화하였다. 그리하여 대부분의 수출신고서는 자동으로 시스템에 승인하고 있다. 소수의 수출은 검사를 받게 되지만 이는 수출금지품목이거나 다 기관으로부터 특정 요건이 필요한 물품에 한해서다.

세관이 수출신고서를 승인할 경우 수출업자는 실제 물품을 선적한다. 선적 후 선적확인보고서를 세관에 제출하게 되며 세관은 물품과 수량 등을 확인하여 실제 신고된 물품이 선적이 되는지를 확인한다. 수출통관 시스템은 또한 재수출관리 기능이 있어 재수출 목적으로 수입된 물품을 수출될 때까지 관리한다.

(3) 관세 징수(Duty Collection)

관세 징수 시스템은 수출입 시스템과 연계되어 관세 징수 기능을 전자치불 방식으로 제공한다. 시스템은 또는 모든 납부 사항을 관리하여 국세와 조정을 가능하게 한다. 우범자 관리 기능은 탐세자 중 미납경험이 있는 자들을 관리한다. 재무관은 통합 재무제표를 제공하고 은행 납부 결과를 세관에 제공하여 신고된 금액과 실제 납부한 금액을 확인할 수 있도록 한다. 관세 징수 시스템은 다음과 같은 기능을 한다.

① 지불 청구서 관리(Payment Bill Management)
② 지불 관리(Payment Management)
③ 체납금 관리(Delinquency Management)
④ 관세 징수(Duty Collection)
⑤ 보안 관리(Security Management)
⑥ 관세 징수 보도(Duty Collection Report).

세관의 주요업무 중 하나인 세수를 위해 통계관리도 한다. 세수통계는 다양한 방법으로 정보를 얻을 수 있으며 총세수를 물품과 세관별로, 총세수를 수입국과 연도별 등으로 통계를 확보할 수 있다. 데이터 웨어하우스를 활용함으로 다양한 통계를 뽑아 다양한 보고서를 사용할 수 있다.

(4) 관세 환급(Customs Duty Drawback)

관세 환급시스템은 무역업체, 관세사, 금융기관 등과 연계되어 있어 복잡한 절차와 서류가 요구되는 관세 환급 절차를 편리하게 처리할 수 있도록 구축된 시스템이다.

신고인이 "서류제출 없이" 시스템을 이용하여 세관에 환급신청하면 세관에서 수출입신고 및 관세납부내역 등을 컴퓨터 화면으로 확인하여 심사를 완료하면 신청인이 자기 계좌로 환급을 지급받을 수 있는 편리한 정차로 이루어져 있다.

관세 환급 시스템의 기능은 다음과 같다.

① 환급액의 계산(Calculation of drawback amount)
② 은행을 위한 결과의 온라인 통지(On-line result notification to banks)
③ 수출업체를 위한 자동 통지(Automated notification to exporters)
④ 미래의 분석을 위한 데이터 저장(Data Stored for future analysis).

관세환급시스템은 관세와 관련이 있는 수출입통관 및 화물 관리정보를 공유-재수집-확인하여 자동방식으로 관세를 계산하고 업무를 수행한다.

관세환급시스템은 은행과 연계되어 있어 관세자동환급 및 환급공지가 가능하며 지급 기록은 시스템에 저장된다.

환급이 승인되면 해당 정보가 사후심사시스템으로 전송되어 환급에 대한 타당성이 수차례 검토된다.

[그림 14-9] 관세환급시스템

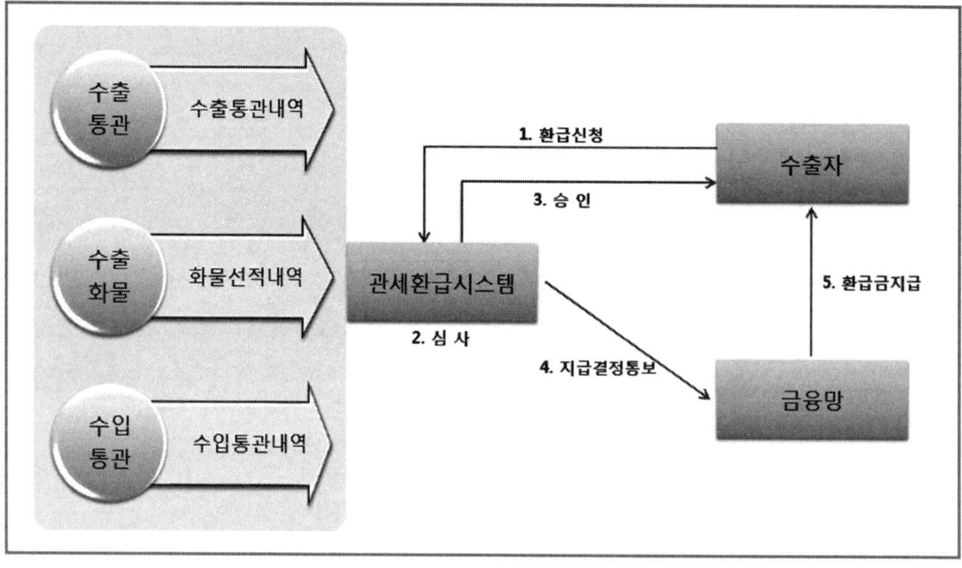

3) 화물 관리(Cargo Management)

화물 관리 시스템은 화물의 이동 장소를 따라 입항, 운송, 반입, 통관, 반출 등 수출입 및 통관절차와 관련한 물류의 전 과정을 모니터한다. 화물 관리 시스템은 외부시스템이나 내부 시스템에 등록되어 있는 정보를 전자문서로 처리하여 통관절차(적하목록 취합 및 제출, 보세운송통보, 반입 및 반출 공지 등)을 수행한다.

MFCS(Manifest Consolidation System)를 통해 항공사-선사 및 운송업자의 적하목록을 자동으로 취합하여 관세청에 제출함으로써 모선 또는 항공기 단위로 적재된 화물의 총량관리를 가능하게 되었다. 이에 따라 세관의 효율적인 화물관리와 물류업체의 업무능률 향상을 동시에 충족할 수 있게 되었다.

화물관리 시스템의 기능은 다음과 같다.

① 적하 목록 신고/수정(Manifest Declaration/Correction)
② 적하 결과 관리(Unloading Result Management)
③ 반입/방출 신고/수정(Carry-in/ Release Declaration/ Correction)
④ 화물 추적 정보(Cargo Tracking information)
⑤ 보세품 운반 신고/ 수정 (Bonded transportation declaration/Correction)
⑥ 창고 관리(Inventory Management)
⑦ 적재 결과 관리(Shipment Result Management)
⑧ 환적 결과 관리(Transshipment Result Management).

[그림 14-10] 화물관리시스템

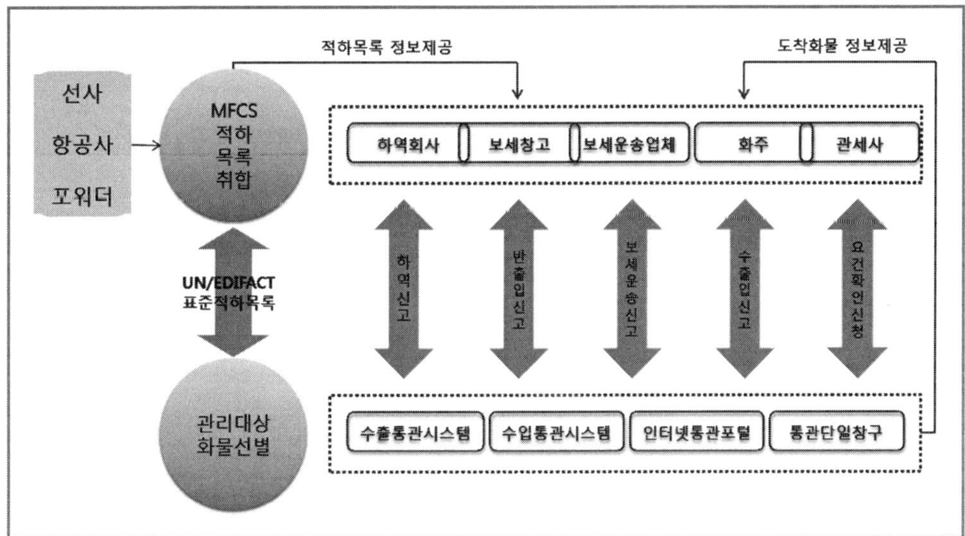

[그림 14-11] 화물추적정보시스템

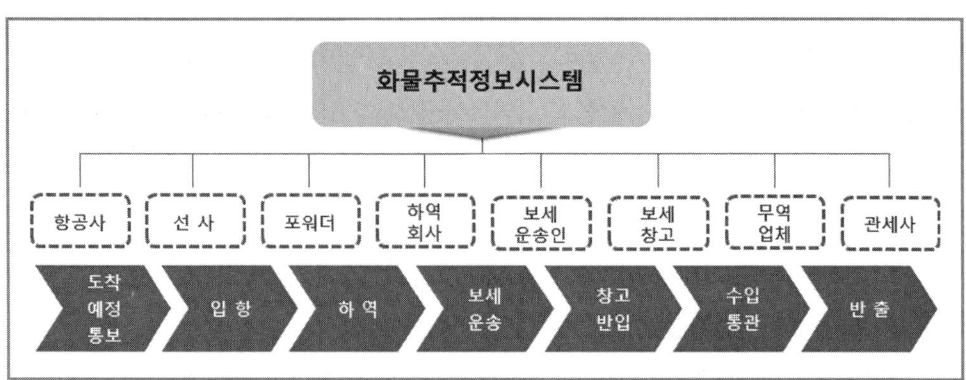

화물관리 시스템은 운송업자, 하역업자, 보세창고운영인, 화주, 관세사, 세관직원(통관 심사자, 조사자) 등 다양한 이해관계자들이 존재한다. 화물관리 시스템을 통해 제공되는 정보는 입항정보, 하역정보, 화물위치정보, 보세반입예고, 반출승인정보, 화물처리정보, B/L 정보 등이 있다.

화물 총량 모니터링과 같은 감시 기술을 사용하여 위험관리를 지원한다. 화물추적 시스템은 화물마다 고유의 숫자를 부여하여 입항부터 반출까지 각 화물이 이동하는 전 경로의 추적정보를 제공하여 무역업자와 관련 기관은 인터넷을 통해 선하증권 번호, 컨테이너 번호 또는 화물에 할당된 식별번호를 사용하여 화물 위치를 알 수 있다.

관련 정보를 사용자의 PC나 모바일 폰 또는 실시간 인터넷 사용 가능한 기기로 전송한다. 모든 정보는 시스템에 저장되어 프로파일로 관리되어 향후 심사과정에서 참조할 수 있도록 한다.

4) 정보 관리

(1) 위험관리(Risk Management)

위험관리 시스템은 고위험 물품 선정, 탈세, 불법 외환거래[87]의 적발을 효과적으로 달성하기 위해 사용되는 도구로서 원활화 측면에서는 모든 물품을 검사하거나 위험물품에 대한 조기 발견과 통제 측면에서 위험물품을 정확하게 선별하여 국가안보를 보호한다.

핵심을 선별률을 최소화하면서 적발률(위험관리가 선별한 물품에서 실제 위험도

87) http://www.unipass.or.kr/ds3_4_8.html.

가 별견될 수)을 최대로 올리는 것이다.

위험관리 시스템은 관세 행정에 있어 필수도구로 자리매김하였으며 특히 물류의 급증과 제한된 인력으로 힘들어하는 관세 당국에는 알맞은 해결책이다.

위험관리 시스템의 기능은 다음과 같다.

① 화물선별(Cargo Selectivity)
② 통관선별(Clearance Selectivity)
③ 우편물 통관선별(Post Clearance Selectivity)
④ 승객 배치(Passenger Selectivity)
⑤ 통관 데이터 웨어하우스에서의 데이터 수집(Data Collection from Customs Data Warehouse(CDW))
⑥ 규정 관리(Rule Management)
⑦ 샘플 관리(Sampling Management)
⑧ 결과 최적화(Result Optimization)
⑨ 결과 분석(Result Analysis)

[그림 14-12] 위험관리 시스템

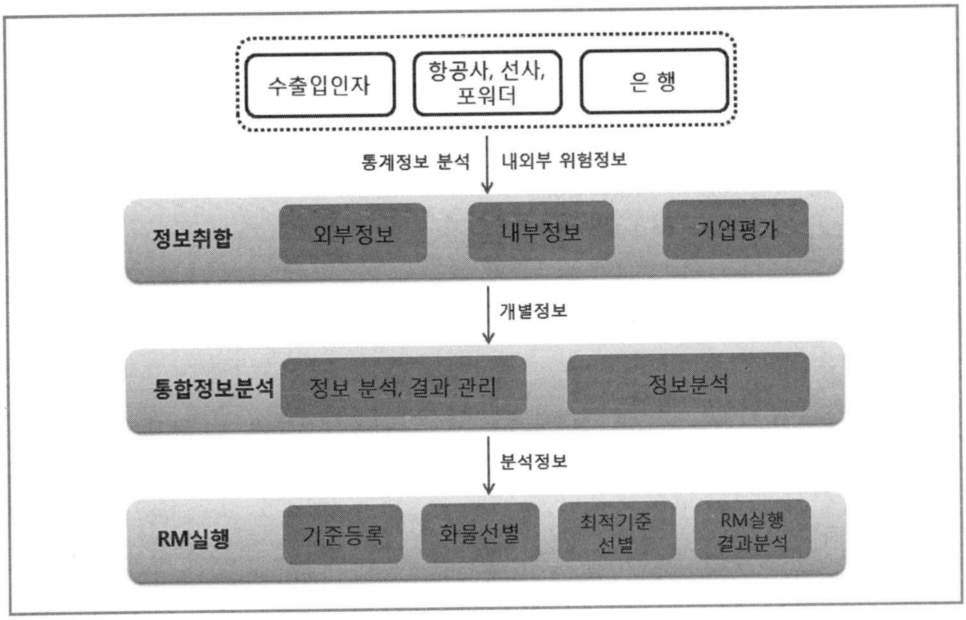

위험관리는 적하목록선별, 화물C/S(신고서 선별), 사후심사선별, APIS(Advanced

Passenger Information System) 선별, 감시선별 등 다양한 분야에서 활용하고 있다. 위험관리 시스템은 데이터 웨어하우스와 상호작용하여 데이터 웨어하우스의 정보를 활용하여 최상의 선별 기준을 만든다.

위험관리에서 사용되는 기술 중 룰 베이스(rule base), 최초수입자 관리, 최초수입물품 관리, 데이터마이닝, 랜덤 등이 있다.

룰 베이스 선별의 경우 기준관리를 바탕으로 하고 있으며 대부분의 신고서 항목을 활용하여 세관직원이 경험과 노하우를 바탕으로 기준을 만들어 특정 위험을 선별하는 것이다. 예를 들자면 특정 물품 A가 국가 B로 수입되었다면 선별률을 60%로 하는 기준을 말한다. 이러한 기준은 시스템이 등록되어 실시간으로 특정 기간 동안 적용한 후 선별률과 적발률 결과를 검토하여 기준을 수정, 삭제, 유지하게 된다. 심사 결과를 피드백 하여 위험관리 시스템이 항상 최적이 기준을 유지시킬 수 있도록 하는 것이 핵심이다.

(2) 사후 심사(Post Audit)

비록 화물이 반출된 이후에 고위험관리 절차가 세관 신고에 적용되더라도 불법 활동 적발을 위한 사후 심사가 진행된다. 사후심사는 크게 신고서 검사와 기업 심사 및 데이터베이스 유지로 분류된다. 상기 데이터베이스는 화물 반출 이후에도 지속적으로 해당 화물을 추적하는데 활용되며 이는 통합적 위험관리를 지원한다.

사후 심사 시스템의 가능은 다음과 같다.

① 지불/관세 변경(Payment/Duty Amendment)
② 지불 평가(Payment Evaluation)
③ 사후 심사 선택(Post Audit Selection).

통관 단계에서 이미 승인된 모든 신고서는 사후심사 선별을 거치게 된다. 통관 이후 모든 신고서는 사후심사 선별 절차를 거쳐 위험도가 높다고 판단되는 신고서를 선별하여 심사하게 된다.

심사자는 심사자 배부 기준을 통해 배부되고 심사자는 데이터 웨어하우스를 통해 정보를 분석하여 신고서의 이상 유무를 찾아낸다. 필요한 경우 세관 직원은 신고자에게 기타 문서를 요구할 수 있다.

심사시 발견된 이상한 점은 시스템에 등록하여 향후 참조하도록 한다. 심사결과에 따른 조치를 취한 후 결과를 신고자에 통보하고 시스템에 결과를 등록하여 데이터 웨어하우스에 등록한다.

위험관리 시스템은 고위험 상품을 선별하고 수입신고서를 이하의 3가지 카테고리로 나눌 수 있도록 다양한 기술을 적용하고 있다.

① P/L review : 무서류 심사, 컴퓨터 모니터를 통해 세관직원들이 전자 신고서 검토
② Document review : 서류심사, 신고서 및 제출 서류를 심사
③ Physical inspection : 실물검사, 상품을 실제로 검사

(3) 세관 데이터 웨어하우스(Customs Data Warehouse)

CDW(세관 데이터 웨어하우스)는 통합 데이터 웨어하우스이며 정보를 통합하는 분석 도구이다. 각기 다른 2천개의 내부와 외부 데이터를 통합하여 해당 데이터의 정렬과 분석을 지원한다.

관세행정 중 특정 분야(통관, 조사 등)에서 요구되는 데이터는 추출 및 통합되어 각 행정 분야의 DM(Data Mart)에 저장된다. DM 데이터는 편리하고 다각적인 분석이 가능하도록 삼차원 "큐브" 형태의 컴퓨터 데이터로 저장된다.

데이터 웨어하우스 시스템의 기능은 다음과 같다.

① 데이터 통합(Integrate Data)
② 데이터 분할(Segment Data)
③ 다차원의 분석(Multi-Dimensional Analysis)
④ 보고 초래(Report Generation).

2000년에는 CDW시스댐이 더욱 개선되었다. 이용자의 데이터 추출 접근성을 제고시키기 위해 CDW가 구축되었고 이용자는 IT부서의 특정한 요청을 하지 않고도 필요한 자료를 추출할 수 있게 되었다. CDW의 핵심 기능은 나열식으로 데이터를 저장하지 않고 이용자 실질적으로 원하는 현태의 데이터를 추출할 수 있도록 하는 것이다. 데이터 마이닝은 CDW역량을 더욱 보완하는 기능이다.

위험관리 시스템의 목적은 검역률을 줄이고 효율성을 제고시키기 위해 고위험군 화물을 집중 관리하는 것이다. CDW는 위험관리 시스템의 일부라고 일컬어지기도 한다. 위험관리 시스템 기능의 핵심은 위범 품목 선별을 위한 최적의 메커니즘 개발을 목적으로 최신식의 데이터 시스템은 공급하는 것이다. 이 과정에서 CDW시스템이 많은 역할을 하게 된다. 데이터 분석은 관세행정에서 필수불가결한 요소로 자리하고 있다.

[그림 14-13] 인터넷 통관포털 시스템

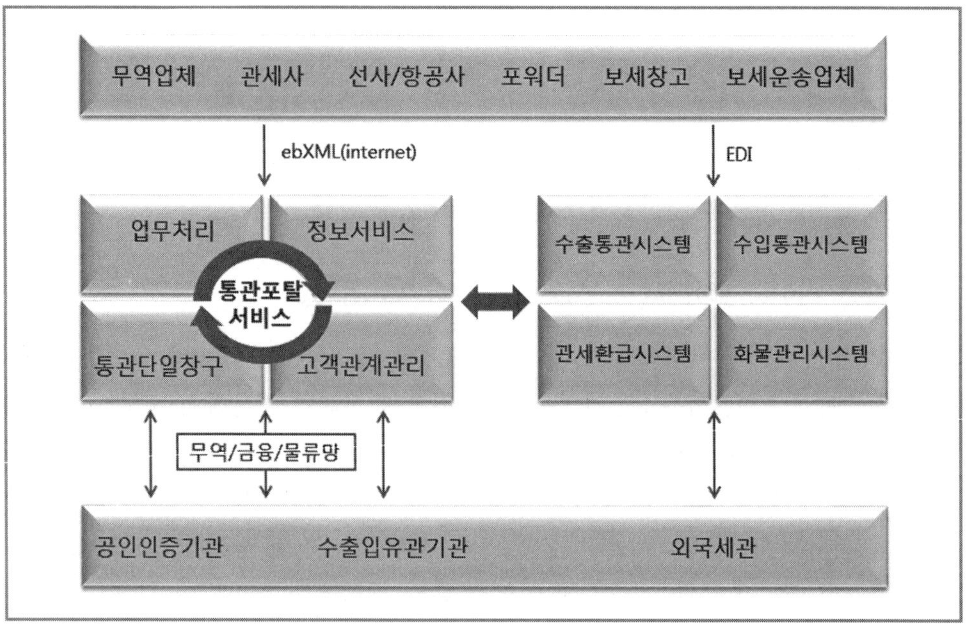

부 록

무역/무역업 신청 및 계약서류

무역업고유번호신청서
(APPLICATION OF TRADE BUSINESS CODE)

처리기간(Handling Time)
즉 시(Immediate)

① 상 호 (Name of Firm)		② 무역업고유번호 (Trade Business Code)	
③ 주 소 (Address)			
⑤ 전화번호 (Phone Number)		⑥ 이메일주소 (Email Address)	
⑤ 팩스번호 (Fax Number)		⑦ 사업자등록번호 (Business Restry Number)	
⑧ 대표자 성명 (Name of Rep.)			

「대외무역법 시행령」 제21조 제1항 및 대외무역관리규정 제24조에 따라 무역업고유번호를 위와 같이 신청합니다.

I hereby apply for the above-mentioned trade business code in accordance with Article 24 of the Foreign Trade Management Regulation.

신청일 : 년 월 일
Date of Application Year Month Day

신청인 : (서명)
Applicant Signature

사단법인 **한국무역협회장**
Chairman of Korea International Trade Association

• 유의사항 : 상호, 대표자, 주소, 전화번호 등 변동사항이 발생하는 경우 변동일로부터 20일 이내에 통보하거나 무역업데이타베이스에 수정입력하여야 함.

무역업고유번호신청사항 변경통보서
(NOTIFICATION OF AMENDMENTS TO TRADE BUSINESS CODE)

처리기간(Handling Time)
즉 시(Immediate)

① 상 호 (Name of Firm)			② 무역업고유번호 (Trade Business Code)	
③ 주 소 (Address)				
⑤	전 화 번 호 (Phone Number)		⑥ 전자우편주소 (Email Address)	
	팩 스 번 호 (Fax Number)		⑦ 사업자등록번호 (Business Registry Number)	
⑧ 대표자 성명 (Name of Rep.)				

변경내용(Contents of Amendment)	
변 경 전(Before Amendment)	변 경 후(After Amendment)

대외무역관리규정 제24조에 따라 무역업고유번호 신청사항의 변경내용을 위와 같이 통보합니다.

I hereby notify the above-mentioned amendment(s) to the trade business code in accordance with Article 24 of the Foreign Trade Management Regulation.

신 청 일 : 년 월 일
Date of Application Year Month Day

신 청 인 : (서명)
Applicant Signature

사단법인 **한국무역협회장**
Chairman of Korea International Trade Association

※ 첨부서류 : 변경사항 증빙서류

물품매도 확약서

(업 체 명)

Address

Phone: Fax: E-mail:

Messrs. Our Ref.

Seoul

OFFER SHEET

We are pleased to offer the under-mentioned article(s) as per conditions and details described as follows:

Items No.	① Commodity & ② Specification	Unit	Quantity	Unit price	Amount

③ Origin :

④ Packing :

⑤ Shipment :

⑥ Validity :

⑦ Payment :

⑧ Remarks :

Looking forward to your valued order for the above offer Yours faithfully

수 출 신 고 서

제출번호	⑤신고번호	⑥신고일자	⑦신고구분	⑧C/S구분
①신 고 자				

②수 출 대 행 자 (통관고유부호) 수출자구분 수 출 화 주 (통관고유부호) (주소) (대표자) (소재지) (사업자등록번호)	⑨거래구분	⑩종류	⑪결제방법
	⑫목적국	⑬적재항	⑭선박회사/항공사
	⑮선박명(항공편명)	⑯출항예정일자	⑰적재예정보세구역
	⑱운송형태	⑲검사희망일	
	⑳물품소재지		
③제 조 자 (통관고유부호) 제조장소 산업단지부호	㉑L/C번호	㉒물품상태	
	㉓사전임시개청통보여부	㉔반송 사유	
④구 매 자 (구매자부호)	㉕환급신청인 (1:수출대행자/수출화주, 2:제조자) 간이환급		

• 품명 • 규격 (란번호/총란수: 999/999)

㉖품 명 ㉗거래품명	㉘상표명

㉙모델·규격	㉚성분	㉛수량	㉜단가	㉝금액

㉞세번부호		㉟순중량		㊱수 량		㊲신고가격(FOB)	
㊳송품장번호		㊴수입신고번호			㊵원산지	㊶포장갯수(종류)	
㊷수출요건확인 (발급서류명)							
㊸총중량		㊹총포장갯수			㊺총신고가격(FOB)		
㊻운임(₩)		㊼보험료(₩)			㊽결제금액		
㊾수입화물관리번호					㊿컨테이너번호		

※신고인기재란	51세관기재란

52운송(신고)인 53기간 부터 까지	54적재의무 기한		55담당자		56신고수리일자	

중재신청서

1. 당사자의 성명 및 주소

(가) 신 청 인

법 인	법인명칭	①	법인주소 전화번호	②
	대 표 자 성 명	③	대 표 자 주 소	⑤
개 인	성 명	①	주 소 전화번호	②
대리인	성 명	④	주 소 전화번호	⑤

(나) 피신청인

법 인	법인명칭	⑥	법인주소 전화번호	⑦
	대 표 자 성 명	⑧	대 표 자 주 소	⑧
개 인	성 명	⑥	주 소 전화번호	⑦

2. 중재신청의 취지(별지기재): ⑨

3. 중재신청의 이유 및 입증방법(별지기재): ⑩

20 년 월 일⑫

위 신청인 인 ⑪

(구비서류): 가. 중재신청서 5부.
나. 중재합의를 인증하는 서면의 원본 또는 사본 5부.
다. 중재신청에 주장하는 청구의 근거를 증명하는 서증의 원본 또는 사본 5부.
라. 법인등기등본(개인인 경우 주민등록등본) 1부.
마. 대리인 신청시는 위임장 및 인감증명서 1부.
바. 소정의 중재비용

사단법인 대 한 상 사 중 재 원 귀 중

신용장 양도신청서

담 당	검토자		결재권자

APPLICATION FOR ☐ Total ☐ Partial Transfer

To : CHOSUN BANK

⑦ Date :

Re : ① L/C No.:
② Dated:
③ Issuing Bank :
④ Amount:
⑤ Beneficiary:
⑥ Accountee:

Gentlemen :

We hereby request you to transfer irrevocably all of our rights of the above mentioned credit to the transferee under the same terms and conditions of the original credit with exceptions indicated hereunder :

⑧ Amount to be transferred :
⑨ Lastest shipping date :
⑩ Expiry date :
⑪ Description of commodities and other conditions :

Any amendment to the credit hereafter made is to be advised to ☐ the first beneficiary
☐ the second beneficiary

The original credit(including amendments to this date, if any) is attached herewith for your endorsement.

We agree to indemnify and hold you harmless against any and all losses, damages and expenses arising from your actions on this transfer.

This application is subject to the Uniform Customs and Practice for Documentary Credit. 1993 Revision. International Chamber of Commerce Publication No. 500.

⑫ Accepted by

Name and Signature
of Second Beneficiary

⑬ Your very truly

Name and Signature
of First Beneficiary

인감 및 원본확인

취소불능화환신용장조건변경신청서

고 객 용 (Application for Amendment to Irrevocable Documentary Credit)

(□취소인 경우 ✔표시)

TO :

Date :

① Documentary Credit Number : ⑤ EDI-NO :
② Currency : ⑥ Amount :
③ Beneficiary : ⑦ Expiry date :
④Advising Bank :

We request you to amend by (□TELECOMMUNICATION □ AIRMAIL) the captioned Documentary Credit

□ ⑧ New date of expiry :
□ ⑨ Amount increased By 10% TO
□ ⑩ Amount decreased By ________________ TO ________________
□ ⑪ All banking charges ________________
□ Credit is cancelled subject to beneficiary's concent
□ ⑫ Latest date for shipment to until
□ ⑬ Other amendments

All other terms and conditions remain unchanged

위 기재사항이 틀림없음을 확인하고
신용장조건변경을 의뢰합니다.

년 월 일

지급보증 확 인	담당	결재

주 소

신청인

인감 및 원본확인

취소불능화환신용장발행신청서

(APPLICATION FOR IRREVOCABLE DOCUMENTARY CREDIT)

COMMERCIAL BANK OF KOREA

Cable Address:
Mailing Address:
Telex Number:

AT SIGHT L/C 및 내국수입 USANCE
지 급 보 증 용

To :
Dear Sirs :
We request you to establish by ☐ cable ☐ air mail an Irrevocable Credit on the following terms and conditions.

Advising Bank
Cable Address　　　　Date
Credit Number
① Applicant
② Beneficiary
③ Amount US$
④ Expiry Date
⑤ Tenor of Draft　　At　　Sight　　For　　15% of Invoice Value

Documents (Please indicate by placing X Mark in applicable box)

⑥ ☐ **Full set of clean on board ocean bills of lading,** made out to the order of the Commercial Bank of Korea Ltd., marked "**Freight** ____prepaid______" and "Notify accountee"

⑦ ☐ **Marine Insurance Policy or certificate in duplicate**, endorsed in blank for 110% of the invoice value. Insurance policies or certificates must expressly stipulate that claims are payable in the currency of the drafts and policies or certificates must also indicate a claim settling agent in Korea. Insurance must include:

Institute Cargo Clauses :_Insurance to be covered by buyer

⑧ ☐ **Signed commercial invoice in 5**
⑨ ☐ **Packing list in 3**
⑩ ☐ **Other document(s) (if any)**
⑪ Commodity Description

Name of Commodity	Quantity	Unit Price	Amount
Country of Origin			

⑫ Shipment From Korea port of registry To Mexico port of registry Latest 1th Nov, 2014.

Partial Shipments are　　　　Transhipment is

Documents must be presented within _______ days after the date of issuance of B/L or other transportation documents.

Special Condition(s) : ⑬ All banking charges including postage, advising and payment commission outside Korea are for account of ________________ shipment by Hong Gil-Dong

위와 같이 신용장 발행을 신청함에 있어서 위 기재사항이 수입허가(승인)사항과 틀림없음을 확인하고 따로 제출한 수입거래약정서의 각 조항에 따르를 것을 확약하며 아울러 위 수입화물에 관한 모든 권리를 귀행에 양도하겠습니다.

Except: so far as otherwise expressly stated, this credit is subject to the "Uniform Customs and Practice for Documentary Credits"(1983 Revision) International Chamber of Commerce, Publication N. 400

신청인 : 홍길동 홍길동

주 소 :

인감대조

지급보증확인	Checked By	Approved By

계	대 리	차 장	부점장

내국신용장 물품수령증명서

(업 체 명)

<table>
<tr><td colspan="6">내국신용장 물품수령증명서
(발급번호 :)</td></tr>
<tr><td>①물 품 공 급 자</td><td colspan="5"></td></tr>
<tr><td>②물품인수일자</td><td colspan="2"></td><td>③물 품 인 수 금 액</td><td colspan="2"></td></tr>
<tr><td rowspan="2">④인수물품명세</td><td>(품 명)</td><td>(수 량)</td><td>(단 가)</td><td colspan="2">(금 액)</td></tr>
<tr><td></td><td></td><td></td><td colspan="2"></td></tr>
<tr><td colspan="6">⑤관련내국신용장내용</td></tr>
<tr><td>개 설 은 행</td><td>신용장번호</td><td>금 액</td><td>인 도 기 일</td><td colspan="2">유 효 기 일</td></tr>
<tr><td></td><td></td><td></td><td></td><td colspan="2"></td></tr>
<tr><td>기 타</td><td colspan="5"></td></tr>
<tr><td colspan="6">위 물품을 틀림없이 수령하였음을 증명함.

발급일자 : 년 월 일

물품수령인 :</td></tr>
<tr><td colspan="6">※ 유의사항
1. 물품수령증명서는 관련세금계산서 건별로 대응하여 발급하여야 함.
다만, 내국신용장 조건에 따라 수출용원자재 또는 완제품을 분할공급 받는 경우에는 매반월 또는 동일 역월을 단위로 하는 경우에 한하여 동 기간 중 분할공급시마다 교부된 세금계산서상의 공급가액을 일괄하여 물품수령증명서를 발급할 수 있음.
2. 물품수령증명서는 공급자발행 세금계산서상의 발급일로부터 10일 이내에 발급하여야 함.
3. 물품수령증명서의 물품명세는 관련내국신용장의 물품명세와 일치하여야 함.
4. 물품수령증명서상의 물품수령인의 서명 또는 인감은 관련내국신용장의 개설의뢰시 신고한 서명 또는 인감(물품매도확약서상의 서명 또는 인감을 기준으로 함)과 일치하여야 함.
5. 물품수령증명서상의 물품인수일자는 관련세금계산서상의 공급일자를 모두 기재하여야 함.</td></tr>
</table>

환어음

BILL OF EXCHANGE

① No. __________ BILL OF EXCHANGE, ② __________ ③ __________

④ FOR __________

⑤ AT __________ SIGHT OF THIS FIRST BILL OF EXCHANGE(SECOND OF THE SAME TENOR AND DATE BEING UNPAID) PAY TO

⑥ __________ OR ORDER THE SUM OF

⑦ __________

VALUE RECEIVED AND CHARGE THE SAME TO ACCOUNT

⑧ __________

⑨ DRAWN UNDER __________

⑩ LETTER OF CREDIT NO. __________ ⑪ DATED __________

⑫ TO __________

____

⑬ __________

수출환어음매입신청서

매 입 신 청 서

①매입번호	
CMF번호	

계		대리		차장		부점장	

(1) L/C 및 운송서류내용(DESCRIPTION)

(2) 매입대금처리내역

	(1) L/C 및 운송서류내용		(2) 매입대금처리내역			확인인	
②	BENEFICIARY:		⑪ USD 처 리 내 역			계	대리
	ASSIGNED FROM		⑫ NEGO AMOUNT				
	L/C NO.		외화 계정대체				
③	COMMODITY		⑬무역어음 대 출	A			
④	ADVICE NO.			B			
⑤	EXPORT LICENCE NO.			C			
⑥	ISSUING BANK			D			
⑦	ACCOUNTEE		수입보증금				
⑧	INVOICE VALUE		우 편 료				
⑨	SHIPPING EXPIRY		환 가 료				
⑩	CREDIT EXPIRY		대 체 료				
	B/L DATE		대체지정 계좌입금				

위 내용의 수출화환어음(또는 운송서류)을 기 약정한바에 의하여 매입하여 주시고 동 수출어음 대금을 위와 같이 처리하여 주시기 바랍니다.

⑭ 년 월 일

⑮ (인)

대표이사

인감대조

⑯	
⑰	
⑱	년 월 일

⑲확 인 서

수입 인지

_______________ 은행 앞 년 월 일

위 신용장(계약서에 의한 수출환어음 또는 선적서류 매입과 관련하여 본인은 귀행에 아래와 같은 신용장(계약서)조건과의 불일치 또는 기타 사유로 인한 하자사항을 확인하며 이로 말미암은 비용 및 손해는 수출거래약정서에 따라 부담하겠습니다.

(운송서류 매입일부터 Nego대금이 귀행 내규 소정일수를 경과하여 입금되는 경우에는 그 초과 일수에 대한 소정이자를 지급하겠습니다.)

※ DISCREPANCIES

1) ____________________

2) ____________________

3) ____________________ 상호 (인)

4) ____________________ 대표이사

인감대조

※은행사용란

1	CMF.NO			9	우편요금	*		16	자사실적	*		23	기산기준일		
2	재매입여부	*		10	기타공제			17	타사실적	*		24	확정일코드		
3	매입통화	*		11	가격조건	*		18	선물환율			25	확인구분		
4	매입금액	*		12	우대요율			19	선물환금액			26	COMM.율		
5	하자여부	*		13	수출상대국	*		20	기 산 일	*		27	COMMISSON		
6	외화대체			14	수출형태	*		21	추심수수료	*		28	INTEREST율		
7	TENOR	*		15	HS. NO.	*		22	USANCE기간	*		29	INTEREST		
8	본지사구분														

상 업 송 장

COMMERCIAL INVOICE

① Shipper/Seller	⑦ Invoice No. and date ⑧ L/C No. and date
② Consignee(or For account & risk of Messrs)	⑨ Buyer(if other than consignee)
③ Departure date	⑩ Other references
④ Vessel/flight ⑤From	⑪ Terms of delivery and payment
⑥ To	

⑫ Shipping Marks	⑬ No.&kind of packages	⑭ Goods description	⑮ Quantity	⑯ Unit price	⑰ Amount

Signed by
⑱

포 장 명 세 서

PACKING LIST

① Seller	⑧ Invoice No. and date
② Consignee(or For account & risk of Messrs.) ③ Notify Party	⑨ Buyer(if other than consignee)
④ Departure date	⑩ Other references
⑤ Vessel/flight ⑥ From	
⑦ To	

⑪ Shipping Marks	⑫ No.&kind of packages	⑬ Goods description	⑭ Quantity or net weight	⑮ Gross Weight	⑯ Measurement

Signed by
⑰

수입화물선취보증서
LETTER OF GUARANTEE

Date :

① Shipping Co.		⑥ (L/C NO.)	⑦ (L/G NO.)
		⑧ (B/L NO.)	
② Shipper		⑨ Vessel Name	
		⑩ Arrival Date	
		⑪ Voyage No.	
③ Invoice Value		⑫ Port of Loading	
		⑬ Port of Discharge	
④ Nos. & Marks	⑤ Packages	⑭ Description of Goods	

Whereas you have issued a Bill of Lading covering the above shipment and the above cargo has been arrived at the above port of discharge(or the above place of dilivery), we hereby request you to give dilivery of the said cargo to the above mentioned party without production of the original Bill of Lading.

In consideraion of your complying with our above request, we hereby agree as follows :

1. To indemnify you, your servants and agents and to hold all of you harmless in respect of liability, loss, damage or expenses which you may sustain by reason of delivering the cargo in accordance with our request, provided that the undersigned Bank shall be exempt from liability for freight, demurrage or expenses in respect of the contract of carriage.
2. As soon as the original Bill of Lading corresponding to the above cargo comes into our posession, we shall surrender the same to you, whereupon our liability hereunder shall cease.
3. The liability of each and every person under this guarantee shall be joint and several and shall not be conditional upon your proceeding first against any person, whether or not such person is party to or liable under this guarantee.
4. This guarantee shall be governed by and construed in accordance with Korean law and the jurisdiction of the competent court in Korea.
   Should the Bill of Lading holder file a claim or bring a lawsuit against you, you shall notify the undersigned Bank as soon as possible.

Yours faithfully
For and on behalf of
[Name of Requestor]

Authorized Signature

For and on behalf of
[Name of Bank]

Authorized Signature

선하증권

Bill of Lading

① Shipper/Exporter		⑪ B/L No.
② Consignee		
③ Notify Party		
Pre-Carrage by	⑥ Place of Receipt	
④ Ocean Vessel	⑦ Voyage No.	⑫ Flag

⑤ Port of Loading	⑧ Port of Discharge	⑨ Place of Delivery	⑩ Final Destination(For the Merchant Ref.)

⑬ Container No. ⑭ Seal No.	⑮ No. & Kinds of Containers or Packages	⑯ Description of Goods	⑰ Gross Weight	Measurement

⑱ Freight and Charges	⑲ Revenue tons	⑳ Rate	㉑ Per	㉒ Prepaid	㉒-1 Collect

㉓ Freight prepaid at	㉔ Freight payable at	㉖ Place and Date of Issue
Total prepaid in	㉕ No. of original B/L	
㉗		㉘

수출실적의 확인 및 증명발급(신청)서

처리기간
즉 시

① 신청인(상호, 주소, 성명) (서명 또는 인)			② 발급용도	
③ 수출(입금)일자	④ 매입번호	⑤ 품 명	⑥ 수출실적	⑦ 비 고
⑧ 증명발급번호				
⑨ 대외무역관리규정 제29조의 규정에 의거하여 위 사실을 확인합니다. 년 월 일 증명권자 인				

수출입 확인신청서

당사는 대외무역법시행령 제23조에 의거 다음과 같이 전자적 형태의 무체물에 대한 수출입 사실의 확인을 신청합니다.

① 회사 현황

회사개요	회 사 명		대표자명	
	주 소		사업자등록번호	

기업형태	□개인 □법인	□대기업 □중소기업	□상장 □비상장	□S/W전업 □기타전업

담당자명			전화번호		E-mail		

② 수출입확인 사항

구 분 (수출입)	품 목 명	거래형태 (L/C, T/T)	확인금액 (외화표시)	대상국가	계약일자	거래외국환은행

※확인 대상품목이 초과시 [별지]의 자료를 이용하시기 바랍니다.

상기 수출입 확인은 틀림이 없으며 가격조작 등 부정사유가 발생하면 대외무역법에 의거 처벌을 받을 것을 서약합니다.

년 월 일

신청인 (인)

한국무역협회회장 귀하

첨부서류 : 1. 수출입계약서 사본 1부.
2. 사업자등록증사본 1부.
3. 기타 거래 및 인수·인도사실 증명서류

인 수 도 사 실 증 명 서

당사는 대외무역법 시행령 제23조에 의거 아래와 같이 전자적 형태의 무체물에 대한 수출입 확인을 받기 위해 인수·도 사실을 증명합니다.

1. 회사명 :
2. 소재지 :
3. 대표자 :

4. 인수·도 사실 증명

일　　자	인수·도 물	전송형태	서버위치	사이즈(Mb)

년　　월　　일

신청인 ____________________ (인)

한국무역협회 회장 귀하

수 출 입 확 인 서

대외무역법시행령 제23조에 의거 아래와 같이 전자적 형태의 무체물에 대한 수출입을 확인합니다.

1. 회사 개요

회사개요	회 사 명		대표자명	
	주 소		사업자등록번호	

2. 확인사항

구 분 (수출입)	품 목 명	확인금액 (외화표시)	대상국가	거래외국환은행

년 월 일

확인권자 (인)

특정거래인정신고서

처리기간
1일

① 신고인(상호, 주소, 전화번호) 무역업고유번호 사업자등록번호 (서명 또는 인)					② 신용장 또는 계약서번호	
					③ 특정거래인정 유효기간 : 신고수리(인정)일로부터 1년	
수 출 명 세						
④ 수 출 물 품			⑤ 결 제 내 용		⑥ 물 품 이 동	
품 명	HS No		결제금액		원 산 지	
	규 격		결제기간		선 적 항	
	단 위		가격조건		도 착 항	
	수 량		결제방법		송수하인	
수 입 명 세						
⑦ 수 입 물 품			⑧ 결 제 내 용		⑨ 물 품 이 동	
품 명	HS No		결제금액		원 산 지	
	규 격		결제기간		선 적 항	
	단 위		가격조건		도 착 항	
	수 량		결제방법		송수하인	

대외무역관리규정 제22조에 따라 위와 같이 특정거래인정 사항을 신고합니다. 년 월 일 신고인 (서명 또는 인)	위의 사항을 신고수리(인정)합니다. 년 월 일 지식경제부장관 (인)

자율준수무역거래자 지정 신청서

처리기간 : 40일

<table>
<tr><td colspan="4">1. 대표자</td></tr>
<tr><td>성 명</td><td colspan="3"></td></tr>
<tr><td>상 호</td><td></td><td>사업자등록번호</td><td></td></tr>
<tr><td>주 소</td><td colspan="3"></td></tr>
<tr><td>전 화 번 호</td><td colspan="3"></td></tr>
<tr><td colspan="4">2. 담당자</td></tr>
<tr><td>소 속</td><td colspan="3"></td></tr>
<tr><td>성 명</td><td colspan="3"></td></tr>
<tr><td>전 화 번 호</td><td></td><td>휴 대 전 화</td><td></td></tr>
<tr><td>팩 스</td><td></td><td>전자우편주소</td><td></td></tr>
<tr><td colspan="4">「전략물자수출입고시」 제60조의 규정에 의하여 위와 같이 자율준수무역거래자로 지정해 줄 것을 신청합니다. 향후 모든 수출거래에 대해 「대외무역법」 등을 준수하도록 노력할 것이며, 자율준수체제의 중요사항 변경이나 의심스러운 거래에 대해서는 지식경제부장관에게 우선적으로 보고하겠습니다.

20 . . .
대표자 (서명 또는 인)</td></tr>
<tr><td colspan="4">첨부서류 : 1. 자율수출관리규정
2. 회사소개서(별지 제14호 서식참조)
3. 자율수출관리기구의 조직도</td></tr>
</table>

해외사무소 설치(변경) 신고서

<table>
<tr><td colspan="4">해외사무소 설치(변경) 신고서</td><td>처리기간
</td></tr>
<tr><td rowspan="5">신청인</td><td>상 호</td><td>(인)</td><td>대 표 자</td><td></td></tr>
<tr><td>사업자(주민)번호</td><td></td><td>법인등록번호</td><td></td></tr>
<tr><td>주 소(소재지)</td><td colspan="3">(주소)
(전화번호) (e-mail)</td></tr>
<tr><td>업 종</td><td></td><td>담 당 자</td><td></td></tr>
<tr><td>기 업 규 모</td><td colspan="3">□ 대기업 □ 중소기업 □ 개인사업자</td></tr>
<tr><td rowspan="10">신청내역</td><td>신 고 구 분</td><td colspan="3">□ 설치 □ 변경</td></tr>
<tr><td>사 무 소 명</td><td colspan="3">(국문)
(영문)</td></tr>
<tr><td>소 재 지</td><td colspan="3">(국가명)
(세부주소)</td></tr>
<tr><td>업 종 코 드</td><td colspan="3">(표준산업분류표 5자리)</td></tr>
<tr><td>설 치 비</td><td colspan="3"></td></tr>
<tr><td>유 지 활 동 비</td><td colspan="3"></td></tr>
<tr><td>주 재 원 수</td><td colspan="3">본국파견 : 명, 현지채용 :</td></tr>
<tr><td>설 치 사 유</td><td colspan="3"></td></tr>
<tr><td>변경사항 내용</td><td colspan="3"></td></tr>
<tr><td>변경사항 사유</td><td colspan="3"></td></tr>
<tr><td colspan="5">외국환거래법 제18조의 규정에 의하여 위와 같이 신고합니다. 년 월 일
지정거래외국환은행의 장 귀하</td></tr>
<tr><td colspan="2" rowspan="2">신청인 귀하
위의 신청을 다음과 같이 신고필함.</td><td>신고번호</td><td colspan="2"></td></tr>
<tr><td>유효기간</td><td colspan="2"></td></tr>
<tr><td colspan="5">년 월 일
신고기관 : (인)</td></tr>
</table>

판 매 계 약 서

ABC CO., LTD

Address:

Tel: Contract Date:

Fax: Contract No.:

E-mail:

SALES CONTRACT

ABC CO., LTD., as Seller, hereby confirms having concluded the sales contract with you(your company), as Buyer, to sell following goods on the date and on the terms and conditions hereinafter set forth. The Buyer is hereby requested to sign and return the original attached.

COMMODITY DESCRIPTION	QUANTITY	UNIT PRICE	AMOUNT

Time of Shipment :

Port of Shipment :

Port of Destination :

Payment :

Insurance :

Packing :

Special Terms & Conditions :

Subject to the general terms and conditions set forth on back hereof :

Accepted by
(Buyer)

(Signature)

(Name & Title)

Date

ABC CO., LTD.
(Seller)

(Signature)

(Name & Title)

Date

은행용

취소불능화환신용장발행신청서
(Application for Irrevocable Documentary Credit)

담 당	검토자	결재권자

TO : **WOORI BANK**　　　　1. DATE :

*1. Credit no :　　　용도구분 : (예시: NS, ES, NU 등)
*2. Advising Bank :　　　(SWIFT CODE : ICBCTWTP206
3. Applicant :
4. Beneficiary :

5. Amount : 통 화 USD　　금 액　　Tolerance 10 10
6. Expiry Date : 11-Apr-11　☐ in the Beneficiary Country ☐ at the counters of ourseleves　7. Latest date of shipment : BEFORE MAR.31. 2011
8. Tenor of Draft　☐ At Sight (☐ Reimbursement ☐ Remittance)
☐ Usance (☐ Banker's ☐ Shipper's)　days ☐ After sight
☐ From B/L date
☐ Other :

9. For　　% of the invoice value

DOCUMENTS REQUIRED (46A:)

10. ☐ Full set of Clean (☐ on Board Ocean Bills of Lading ☐ Multimodal Transport Document)　made out to the order of WOORI BANK marked "Freight ☐ Collect ☐ Prepaid ☐ Payable as per charter party"　and notify (☐ Applicant ☐ Other :
☐ Air Waybills　consigned to WOORI BANK marked "Freight ☐ Collect ☐ Prepaid"　and notify (☐ Applicant ☐ Other :
11. ☐ Insurance Policy or certificate in duplicate endorsed in blank for 110% of the invoice value, stipulating that claims are payable in the currency of the draft and also indicating a claim settling agent in Korea. Insurance must include : the institute Cargo Clause : ☐ All Risks ☐ Other :
12. ☐ Signed commercial invoice in　　13. ☐ Certificate of analysis in
14. ☐ Packing list in　　15. ☐ Certificate of weight in
16. ☐ Certificate of origin in　　issued by
17. ☐ Inspection certificate in　　issued by
18. ☐ Other documents (if any)

19. Description of goods and/or services (45A:)　(H.S CODE :)　Price Term

Commodity Description	Quantity	Unit Price	Amount
Country of Origin		Total	

20. 해상/항공　Port of loading / Airport of Departure :　　Port of Discharge / Airport of Destination :
복합운송　Place of Taking in Charge / Dispatch from…/ Place of Receipt :
Place of Final Destination / For Transportation to… / Place of Delivery :
21. Partial Shipment : ☐ Allowed ☐ Prohibited　22. Transhipment : ☐ Allowed ☐ Prohibited
23. Confirmation (☐ Without ☐ May add ☐ With)
Confirmation Charges : ☐ Beneficiary ☐ Applicant
24. Transfer : ☐ Allowed (Transferring Bank :)
25. Documents must be presented within　　days after the date of shipment of B/L or other transportation documents.

Additional Conditions (47A:)

☐ All banking charges (including postage, advising and payment commission, negotiation and reimbursement commission) outside Korea are for account of ☐ Beneficiary ☐ Applicant
☐ Stale B/L AWB acceptable　☐ Charter Party B/L is acceptable　☐ Third party B/L acceptable
☐ Third party document acceptable
☐ T/T Reimbursement : ☐ Allowed ☐ Prohibited
☐ Bills of lading should be issued by
☐ (House) Air Waybills should be issued by
☐ (10) % More or less in quantity and amount to be acceptable.
☐ The number of this credit must be indicated in all documents.
☑ Other conditions :　Usance drafts must be negotiated on at sight basis and Acceptance Commission and discount charges are for buyer's account

* Drawee Bank (42A:) :
* Reimbursement Bank (53A:)

Except so far as otherwise expressly stated, This Documentary credit is subject to the Uniform Customs and Practice for Documentary Credits (2007 Revision) International Chamber of Commerce Publication No. 600

위와 같이 신용장 발행을 신청함에 있어서 따로 제출한 외국환거래약정서의 해당 조항을 따를 것을 확약하며, 아울러 위 수입물품에 관한 모든 권리를 귀행에 양도하겠습니다. 중국 위안화에 의한 거래시에는 현지 정책에 따라 거래제한이 될 수 있음을 인지하였으며, 거래상대방이 위안화 결제 가능 기업에 포함되는지의 여부를 당사에서 사전에 확인하였고 이로 말미암은 문제에 대해서는 당사에 책임이 있음을 확약합니다.

승인신청번호	
고 객 번 호	

주 소
신 청 인　　(인)

인감 및 원본 확인

수입 (4040031, 210×297) 수입신용장발행신청서 NCR지 2매 1조 (2010.06 개정)

담 당	검토자	결재권자

취소불능내국신용장개설신청서

취 소 불 능 내 국 신 용 장	신용장번호
1 고객번호 [ ] 개설신청인(상호, 주소, 대표자, 전화)	2 결제통화 및 금액 □① 원 화₩ □② 외 화(통화표시) □③ 원 화₩\\ (외화금액 @) 다만, 환어음 매입시 매매기준율이 개설시와 다를 경우 원화금액은 동 매매기준율로 환산한 금액으로 함.
4 수 혜 자(상호, 주소, 대표자, 전화)	3 어음대금 결제조건 □일람불(개설의뢰인이 자체자금으로 결제) □기한부(개설은행이 융자하여 결제) 5 물품인도기일 / 6 유효기일

형식 : 수익자가 신용장 금액을 한도로 하여 송장금액 전액을 어음금액으로 하고 본인(당사)을 지급인, 귀행을 지급장소로 하는 일람출급환어음을 발행함을 허용하는 신용장

제 출 서 류

7 물품수령증명서 통 8 물품명세가 기재된 송장 통 9 공급자발행 세금계산사본 통

10 기 타

공 급 물 품 명 세

HS부호	품명 및 규격	단위 및 수량	단 가	금 액
2922.11-1000	Mono-Ethanolamine	2,000 M/T	@US$28,161	US$563,200

11 분할인도 □①허용함 □②불허함	12 서류제시기간 물품수령증명서발급일로부터 영업일이내
13 기 타	14 용 도

원 수 출 신 용 장 등 의 내 용

15 종류 : □ 수출L/C □ D/A □ D/P □ 내국신용장 □ 외화표시물품 공급계약서 □ 외화표시건설·용역 공급계약서 □ 기타 수출 관련계약서

16 신용장(계약서)번호	17 결제통화 18 금 액	19 선적(인도)기일	20 유효기일
21 수출(공급)상대방	22 발행은행	23 대금결제조건	24 수출지역
25 HS부호	26 품명 및 규격	27 단위 및 수량	금 액

귀행이 개설하는 내국신용장은 상기 원신용장과는 독립된 별개의 것임을 서약하고 따로 제출한 외국환거래약정서의 각 조항에 따를 것을 확약하며 위와 같이 내국신용장 발행을 신청합니다.

주 소 :

년 월 일 신 청 인 : (인)

주식회사 은행 귀하 Tel.

이 신용장에 관한 사항은 다른 특별한 규정이 없는 한 국제상공회의소 제정(2007년 개정) 화환신용장 통일규칙에 따릅니다.

* 수 입 보 증 금	
승인신청번호	

취소불능내국신용장조건변경신청서

담 당	검토자	결재권자

취소불능내국신용장조건변경신청서	신 용 장 번 호
조건변경신청인	금 액
수 익 자	이 내국신용장 조건변경신청서는 원신용장의 제 차 변경신청입니다.

조건 변경 사항

원수출(내국)신용장 조건변경 사항

위와 같이 내국신용장 조건변경을 신청합니다.

주 소 :

신청인 : (인)

TEL :

년 월 일

귀하

이 신용자에 관한 사항은 다른 특별한 규정이 없는한 국제상공회의소제정(2007년 개정)화환신용장 통일규칙에 따릅니다.

수입보증금	

인감 및 원본확인

내국신용장 물품수령증명서

(발급번호 :)

<table>
<tr><td>①물 품 공 급 자</td><td colspan="4"></td></tr>
<tr><td>②물품인수일자</td><td colspan="2"></td><td>③물품인수금액</td><td></td></tr>
<tr><td rowspan="2">④인수물품명세</td><td>(품 명)</td><td>(수 량)</td><td>(단 가)</td><td>(금 액)</td></tr>
<tr><td></td><td></td><td></td><td></td></tr>
<tr><td colspan="5">⑤관련내국신용장내용</td></tr>
<tr><td>개 설 은 행</td><td>신용장번호</td><td>금 액</td><td>인 도 기 일</td><td>유 효 기 일</td></tr>
<tr><td></td><td></td><td></td><td></td><td></td></tr>
<tr><td>기 타</td><td colspan="4"></td></tr>
<tr><td colspan="5">위 물품을 틀림없이 수령하였음을 증명함.
발급일자 : 년 월 일
물품수령인 ㊞</td></tr>
<tr><td colspan="5">※ 유의사항
1. 물품수령증명서는 관련세금계산서 건별로 대응하여 발급하여야 함. 다만, 내국신용장 조건에 따라 수출용원자재 또는 완제품을 분할공급 받는 경우에는 매반월 또는 동일 역월을 단위로 하는 경우에 한하여 동 기간 중 분할공급시마다 교부된 세금계산서상의 공급가액을 일괄하여 물품수령증명서를 발급할 수 있음.
2. 물품수령증명서는 공급자발행 세금계산서상의 발급일로부터 10일 이내에 발급하여야 함.
3. 물품수령증명서의 물품명세는 관련내국신용장의 물품명세와 일치하여야 함.
4. 물품수령증명서상의 물품수령인의 서명 또는 인감은 관련내국신용장의 개설의뢰시 신고한 서명 또는 인감(물품매도확약서상의 서명 또는 인감을 기준으로 함)과 일치하여야 함.
5. 물품수령증명서상의 물품인수일자는 관련세금계산서상의 공급일자를 모두 기재하여야 함.</td></tr>
</table>

수입화물선취보증신청서

(Application For Letter of Guarantee)

계	결재

(□ 수입물품대도(T/R) 신청 □ EDI형 서비스 신청)

① 선박회사명 (Shipping Co)		⑥ 신용장(계약서)번호(L/C NO.) :	⑦ L/G번호(L/G NO.)
		⑧ 선하증권번호 (B/L NO.)	
② 송하인(Shipper)		⑨ 선박명 (Vessel Name)	
		⑩ 도착(예정)일 (Arrival Date)	
		⑪ 항해번호 (Voyage No.)	
③ 상업송장금액(Invoice Value)		⑫ 선적항 (Port of Loading)	
		⑬ 도착항 (Port of Discharge)	
④ 화물표시 및 번호 (Nos. & Marks)	⑤ 포장수(Packages)	⑭ 상품명세(Description of Goods)	

□ 본인은 위 신용장의 수입물품을 대도(T/R) 신청함에 있어 따로 제출한 외국환거래약정서 및 양도담보계약서의 모든 조항에 따를 것을 확약합니다.

□ 본인은 EDI 방식에 의한 수입물품선취보증서(L/G) 발급의 경우 소정의 서비스 이용료를 납부하고 본건이 발급된 후에는 변경 또는 취소가 불가능 함을 확약합니다.

본인은 위 신용장등에 의한 관계 선적서류가 귀행에 도착하기 전에 수입화물을 인도받기 위해 수입화물 선취보증을 신청하며 본인이 따로 제출한 수입화물 선취보증서(LETTER OF GUARANTEE)에 귀행이 서명함에 있어 다음 사항에 따를 것을 확약합니다.

1. 귀행이 수입화물 선취보증서에 서명함으로써 발생하는 위험과 책임 및 비용은 모두 본인이 부담하겠습니다.
2. 본인은 위 수입화물에 대하여는 귀행이 소유권이 있음을 확인하며 귀행이 수입화물선취보증서에 따른 보증채무를 이행하여야 할 것이 예상될 경우 또는 본인에 대하여 은행여신거래 기본약관 제7조의 사유가 발생할 경우에는 귀행의 청구를 받는 즉시 위 수입화물을 귀행에 인도하겠으며, 수입화물의 인도가 불가능할 경우에는 위 수입물품에 상당하는 대금으로 상환하겠습니다.
3. 본인은 위 수입화물에 관한 관계 선적서류를 제3자에게 담보로 제공하지 않았음을 확인하며, 또한 귀행의 서면 동의없이 이를 담보로 제공하지 않겠습니다.
4. 본인은 위 수입화물에 관한 관계 선적서류가 도착할 때에는 신용장 조건과의 불일치 등 어떠한 흠에도 불구하고 이들 서류를 반드시 인수하겠습니다.

20 년 월 일

신청인 ㊞

주 소

TEL.

인감 및 원본확인	

항공운송장(Air Waybill)

Shipper's Name and Address	Shipper's Account Number	Not negotiable Air Waybill *issued by* KOREAN AIR
		Copies 1, 2 and 3 of this Air Waybil are originals and have the same validity.
Consignee's Name and Address	Consignee's Account Number	It is agreed that the goods described herein are accepted in apparent good order and condition (except as noted) for carriage SUBJECT TO THE CONDITIONS OF CONTRACT ON THE REVERSE HEREOF. THE SHIPPER's ATTENTION IS DRAWN TO THE NOTICE CONCERNING CARRIER's LIMITATION OF LIABILITY. Shipper may increase such limitation of liability by declaring a higher value for carriage and paying a supplemental charge if required.
Telephone :		
Issuing Carrier's Agent Name and City		Accounting Information
Agent's IATA Code	Account No.	
Airport of Departure(Addr. of First Carrier) and Requested Routing		

TO	By First Carrier	Routing and Destination	to	by	to	by	Currency	CHGS Code	WT/VAL PPD	WT/VAL COLL	Other PPD	Other COLL	Declared Value for Carriage	Declared Value for Customs

Airport of Destination	Flight/Date	For Carrier Use Only	Flight/Date	Amount of Insurance	INSURANCE-If Carrier offers Insurance, and such insurance is requested in accordance with conditions on reverse hereof, indicate amount to be insured in figures in box marked 'amount of Insurance'.

Handling Information

No. of Pieces RCP	Gross Weight	kg lb	Rate Class / Commodity item No.	Chargeable Weight	Rate / Charge	Total	Nature and Quantity of Goods (incl. Dimensions or Volume)

Prepaid	Weight Charge	Collect	Other Charges
	Valuation Charge		
	Tax		
	Total Other Charges Due Agent		Shipper certifies that the particulars on the face hereof are correct and that insofar as any part of the consignment contalns dangerous goods, such part is properly described by name and is in proper condition for carriage by air according to the applicable Dangerous Goods Regulations.
	Total Other Charges Due Carrier		Signature of Shipper or his Agent
Total Prepaid		Total Collect	
Currency Conversion Rates		CC Charges In Dest. Currency	Executed on(date) at(place) Signature of Issuing Carrier or its Agent
For Carrier's Use Only at Destination		Charges at Destination	Total Collect Charges

ORIGINAL 3(FOR SHIPPER)

수 입 신 고 서

※ 처리기간 : 3일

①신고번호	②신고일	③세관.과	⑥입항일	⑦전자인보이스 제출번호
④B/L(AWB)번호	⑤화물관리번호		⑧반입일	⑨징수형태

⑩신 고 자 ⑪수 입 자 ⑫납세의무자 / (주소) (상호) (전화번호) (이메일주소) (성명) ⑬운송주선인 ⑭해외거래처	⑮통관계획	⑲원산지증명서 유무	㉑총중량
	⑯신고구분	⑳가격신고서 유무 X	㉒총포장갯수
	⑰거래구분	㉓국내도착항	㉔운송형태
	⑱종류	㉕적출국	
		㉖선기명	
	㉗MASTER B/L 번호		㉘운수기관부호

㉙검사(반입)장소

● 품명·규격

㉚품 명 ㉛거래품명	㉜상 표			
㉝모델·규격	㉞성분	㉟수량	㊱단가	㊲금액

㊳세번 부호		㊵순중량		㊸C/S 검사		㊺사후확인기관
㊴과세가격(CIF)		㊶수 량		㊹검사변경		
		㊷환급물량		㊻원산지	㊼특수세액	
㊽수입요건확인 (발급서류명)						

㊾세종	㊿세율(구분)	51감면율	52세액	53감면분납부호	감면액	* 내국세종부호

54결제금액(인도조건-통화종류-금액-결제방법)				56환 율	
55총과세가격		57운임		59가산금액		64납부서번호	
		58보험료		60공제금액		65총부가가치세과표	

61세 종	62세 액	※관세사기재란	66세관기재란
관 세		• 전화번호 • 이메일주소	
특 소 세			
교 통 세			
주 세			
교 육 세			
농 특 세			
부 가 세			
신고지연가산세			
미신고가산세			
63총세액합계		67담당자	68접수일시	69수리일자

분 할 증 명 서

① 양도자 주 소 상 호 성 명	통관고유번호
	사업자등록번호

⑤※접수번호 처리기간 : 즉시

기관부호	년도	일련번호

② 신청관세사 [ ]

⑥※ 접수일자 [ ]

③ 제출번호 [ ]

⑦ 증명구분 [ ]

(1 : 기납증, 2 : 평세증, 3 : 수입필증, 4 : 분할증명서)

④ 양수자 주 소 상 호 성 명	통관고유번호
	사업자등록번호

⑧※증명일자 [ ]

⑨ 근거서류번호 [ ]

무역용어정리

A

- **Abandonment(위부)** : 추정전손이 발생한 경우 피보험자가 보험금을 타기위하여 보험자에게 보험목적물에 대한 일체의 모든 권리를 포기하고 양도하는 행위. 남아있는 물건의 소유권 및 제3자에 대한 구상권을 보험자에게 양도하는 것을 의미.
- **Acceptance(승낙)** : 피청약자가 청약자에게 청약의 내용에 대하여 무조건 수락하고 계약을 성립시키겠다는 의사표시.
- **Accepting Bank(인수은행)** : 기한부신용장(usance L/C)에 의거하여 발행된 기한부 어음을 인수하는 은행.
- **Acceptance L/C(인수신용장)** : 신용장에 의해 발행된 어음이 기한부인, 기한부신용장(usance L/C)을 의미. 수출상은 기한부어음을 운송서류 매입은행으로부터 어음할인을 받아 수출대금을 회수.
- **Accountee(대금결제인)** : Accountee라는 말은 대금을 최종적으로 결제 하는 자, 즉 환어음을 최종적으로 결제하는 사람으로 수입상을 뜻한다. Applicant와 수화인(consignee)과 같이 사용.
- **Acknowledging(주문승낙)** : 수입업자가 주문(order) 하고 수출업자가 승낙하는 것(sales note-sales contract)
- **Actual Total Loss(현실전손)** : 보험목적물의 전부가 멸실되거나 손상을 입었을 경우의 손실.
- **Ad Valorem Duties(종가세)** : 수출입물품의 가격이 관세의 과세표준이 되는 관세이며, 우리나라의 세율결정방법은 종가세가 거의 대부분을 차지.
- **Additional Clause(부보위험담보조건)**
  - TPND : Theft, Pilferage, Non-Delivery(도난, 발화, 불착손위험담보)
  - RFWD : Rain and/or Fresh Water(우·담수위험담보)
  - COOC : (Contact with Oil and /or Other cargo(유류나 기타 화물접촉위험담보)
  - JWOB : Jettison &washing Over-Board(투하 갑판위 파도위험조건)
  - Denting & Bending(구손, 곡손 위험담보)
  - S & H : Sweat & Heating(간습손, 열손위험담보)
  - Leakage/Shortage(누손, 중량부족위험담보) 등
- **ADR(Alternative Dispute Resolution ; 소송외 분쟁해결제도)** : 분쟁당사자들이 자신들의

분쟁을 자체적으로 해결함으로써 쌍방 모두 승리하는 win-win outcome에 그 목표를 두는 분쟁해결제도.

- **Advising Bank(통지은행)** : 발행은행의 요청으로 신용장을 통지하는 은행.
- **Airway Bills(항공화물운송장)** : 항공회사가 화주로부터 물건을 정히 인수받았다는 영수증으로 Master AWB(항공사 발행 화물상환증)와 House AWB(혼재화물운송장)가 있다.
- **All Risks〈A/R〉(전위험담보조건)→ICC(A)** : 런던보험자협회 구약관에 의하여 보험자의 면책위험을 제외하고는 해상에서 발생하는 모든 위험에 대하여 보험자가 담보해주는 보상조건.
- **Applicant(발행신청인)** : 신용장에 발행신청인으로 명시된 당사자(party)
- **Applicant for the Credit(신용장발행신청인 ; 개설의뢰인)** : 당사자의 매매계약에 근거하여 자신의 거래은행에 신용장을 발행해줄 것을 요청한 당사자로서 수입상이 이에 해당한다.
- **Apron(안벽)** : 선석에 접한 부분에 일정한 폭으로 나란히 있는 하역작업을 위한 공간.
- **Arbitration Clause(중재조항)** : 계약 성립 후 발생할지도 모르는 분쟁을 소송에 의하여 해결하기보다는 Arbitration(중재)에 의하여 해결하고자 계약서의 한 조항으로 삽입하는 중재계약방식.
- **Automatic Approval Item〈A/A Item〉(자동승인품목)** : 수출입공고에 열거되어 있지 않는 품목으로 수출입이 자유로운 품목.

B

- **B2B(기업간 거래)** : VAN이나 네트워크 상에서 주로 EDI를 사용하여 기업간의 거래를 하는 것이며, 기업의 활동 중 구매, 판매, 금융, 물류, 무역 등의 기업간의 업무처리를 인터넷을 통해 기술을 지원하며 구매자와 판매자가 모두 기업인 경우를 의미.
- **B2C(기업 대 소비자 간 거래)** : B2C는 웹기술의 보급과 함께 급성장하는 분야이며 인터넷 상에서 공급자와 실소비자 간에 행해지는 전자소매를 일컫는 말이다.
- **Back to Back Credit(구상무역신용장 또는 동시개설신용장)** : 구상무역, 특히 물물교환무역방식에서 이용되는 신용장으로 수출상과 수입상이 동시에 신용장을 발행하는 신용장. 구상무역에 이용되는 신용장은 Escrow Credit(기탁신용장)와 Tomas Credit가 있다.
- **Banker's Usance** : 기한부신용장에서 수출상이 발행한 기한부어음금액을 은행이 할인 매입하고, 기한부어음 만기일까지 수입상이 대금결제를 유예하는 것을 말한다. 이때 이자는 은행에 귀속된다.
- **Bareboat Charter(나용선계약)** : 선박만을 빌려 운송하는 용선운송형태로 용선자가 선

박 이외에 선장, 선원, 장비 및 소모품에 대한 모든 책임을 진다. 재용선(subcharter)이 가능한 용선운송형태.

- **Banking Day(은행영업일)** : UCP 600에 따라 업무가 이행되어지는 장소에서 은행이 정상적으로 영업을 하는 일자.
- **Beneficiary(수익자)** : 신용장이 발행되어 수혜받은 자.
- **Berth(선석)** : 선박이 접안하여 화물 하역작업을 할 수 있게 만들어진 접안장소로서 보통 선박 한 척을 직접 정박시키는 설비가 있다.
- **Berth Term(정기선조건 : Liner Term)** : 화물을 선박에 적재할 때나 양륙할 때나 모두 선주가 부담하는 조건이다. 이것은 정기선에 의해 개품운송의 경우에는 이 조건을 원칙으로 한다.
- **Bill of Exchange or Draft(환어음)** : 채권자(수출상)가 채무자(수입상 또는 신용장 발행신청인)를 지급인으로 하여 환어음소지자에게 무조건 지급을 위탁하는 위탁증권을 의미.
- **Blank Endorsed(백지배서)** : 유통성 있는 선화증권과 보험증권 이면에 양도할 목적으로 무기명 배서하는 것. 피배서인이 누구라고 기재하지 않고 배서인이 서명만 한다.
- **Bill of Lading(선화증권)** : 선박회사가 물건을 정히 인수받았다는 영수증임과 동시에 도착지에서 선화증권과 교환으로 화물을 내주겠다는 화물상환증이다.
- **Bona Fide Holder(정당한 혹은 선의의 소지자)** : 실제 유통되고 있는 증권 자체에 하자가 있는 것을 모르는 표면상 완전하고 정상적인 증권으로 간주하고 취득한 소지인을 말한다. 수취인(payee) 이 이에 해당한다.
- **Bonded Area(보세구역)** : 수입품을 관세의 부과가 미루어진 상태로 놓아둘 수 있는 지역으로서, 세관장이 지정하거나 특허한다.
- **Bonded Shed(보세장치장)** : 통관절차를 밟기까시 임시로 물품을 보관하여 두는 보세구역으로서 Bonded Storage라고도 한다.
- **Bonded Transportation(보세운송)** : 보세운송에 놓여있는 외국화물을 국내에서 운송하는 제도.
- **Bulk Cargo(살화물)** : 포장을 하지 않은 상태로 운송하는 화물로서 주로 원자재가 이에 해당되며, 부정기선 화물의 대부분이 이에 속한다. 이의 반대개념은 일반화물(general cargo)이다.
- **Buyer's Market(매입주시장)** : 상품의 공급과잉으로 인해 물품의 매매가 비교적 Buyer의 의도대로 할 수 있는 시황을 말한다. 이와 상대되는 말은 판매주시장(seller's market)이다.
- **Buying Office(물류무역대리업)** : 외국수입업자의 위임을 받아 국내에서 수출물품 구매행위를 업으로 하는 자(한국외국기업협회에서 신고)

C

- **Cable Credit(전신신용장)** : 신용장의 발행통지를 전신으로 하는 신용장(Full Cable Credit와 Shot Cable Credit)
- **Carnet Temporary Admission(ATA 까르넷제도)** : ATA협약 가입국 간에 일시적으로 물품을 수입·수출 또는 보세운송하는데 있어 필요로 하는 복잡한 통관서류(예 : 면장, 송장, 승인서 등)나 담보금 대신으로 이행하는 증서로서 이를 이용하여 통관절차를 간소화하고 서로 편리하게 하는 제도.
- **Cargo Insurance(적화보험)** : 선박에 적재된 화물을 대상으로 보험에 부보한 보험.
- **CAD(Cash Against Documents ; 서류인도결제방식)** : 선화증권(Bill of Landing)등의 운송서류 및 기타 부속서류를 수입상에게 직접 또는 수입상의 대리점이나 거래은행에 제시하여 서류와 상환으로 현금이 지급되는 방식.
- **COD(Cash on Delivery ; 상품인도결제방식)** : 수입물품이 목적지에 도착하면 수입상이 직접 상품과 상환으로 현금이 지급되는 방식.
- **C/O(Certificate of Origin ; 원산지 증명서)** : 물품이 제조된 나라를 증명하는 서류로서 우리나라의 경우에는 상공회의소에서 발급하는 원산지증명서와 시·도지사가 발급하는 UNCTAD의 일반특혜관세 원산지증명서가 있다.
- **CFS(Container Freight Station)** : 컨테이너 한 개를 채울 수 없는 LCL화물을 건네주거나 받아 보관하고, 컨테이너에 넣거나(적입, stuffing) 끄집어내는(unstuffing, devanning) 작업을 하는 장소.
- **Charter(용선)** : 선원이 승선한 선박을 빌리는 것을 말한다. 용선은 부정기적으로 운항하므로 부정기선(tramper)이라고도 부른다.
- **Charter Party B/L(용선계약선화증권)** : 화주가 대량화물을 운송하기 위해 특정 항로 또는 일정기간동안 부정기선을 용선하는 경우, 화주와 선박회사 사이에 체결된 용선계약(charter party) 에 의하여 발행되는 선화증권을 말한다. 이는 신용장상에 별도의 명시가 없는 한 은행에서 수리가 거절된다.
- **Check Price** : 우리나라의 경우는 수출가격이 너무 낮은 것을 막기 위한 Floor Price와 수입가격이 너무 높은 것을 막기 위한 Ceiling Price를 총칭하여 Check Price라고 한다.
- **CIF(Cost, Insurance and Freignt ; 운임·보험료 포함 인도조건)** : CFR조건에 적화보험료만을 추가한 것 이외에는 본질적으로 CFR조건과 같다. 따라서 매도인이 목적항까지 보험부보 의무와 보험료 부담을 진다.
- **CIF & C(CIF and Commission ; 운임·보험료 및 수수료 포함 인도조건)** : CIF 가격조건은 CIF계약을 기본으로 하여 수수료(commission), 외환비용(exchange), 이자(interest) 등을

포함하여 가격을 제시하는 변형 등이 있는데, 이들 중 수수료가 포함된 가격조건을 말한다.

• CIP(Carriage and Insurance Paid to ; **운송비·보험료 지급인도 조건**) : 매도인이 목적지까지 운송비와 보험료를 지급해야 하며 적화보험에 부보할 의무가 있다.

• Circular Letter(**거래권유장**) : 거래개시를 희망하고 미지의 거래처로 보내서 자사를 소개하거나 거래관계를 맺자고 권유하는 서한이다.

• CISG(United Nations Convention Contracts for the International Sales or Goods 1980 ; **국제물품매매에 관한 UN협약**) : 유엔의 국제무역법위원회에 의하여 성안되고, 1980년 3월 비엔나에서 개최된 유엔 외교회의에서 만장일치 통과되어 1988년 1월 1일 부로 발효된 국제물품 매매법의 통일을 위한 국제협약을 말한다. 일명 Vienna협약.

• Claim(**클레임**)
  - 무역거래에서 클레임이란, 당사자 간의 매매계약에서 일방이 그 계약을 위반함으로써 계약의 다른 당사자가 그것으로 인하여 입는 손해의 배상을 청구하는 것을 말한다. 이 경우 피해자를 「Claimant」라고 하며 가해자를 「Claimee」라고 한다.
  - 보험용어로는 보험금을 말한다.

• Clean B/L(**무결함선화증권**) : Clean B/L의 FoulB/L 반대용어, 선화증권 상에 포장이나 물품 또는 수량 등에 대하여 특정의 단서, 부기조항, 유보사항 등과 같은 하자사항이 기재되지 않은 선화증권.

• Clean Credit(**무담보신용장**) : 신용장에 의하여 발행되는 환어음에 운송서류가 첨부되지 아니하고 대금지급을 확약하는 신용장. 일반적으로 보증신용장이 여기에 해당한다.

• Clean Nego : 매입은행이 수출상이 발행한 화환어음을 신용장조건과 일치하여 어음대금을 결제하는 것을 말한다.

• Client/Serve(**클라이언트/서버**) : 클라이언트/서버는 두 개의 컴퓨터 프로그램 사이에 이루어지는 역할 관계를 나타내는 것으로 클라이언트는 다른 프로그램에게 서비스를 요청하는 프로그램이며, 서버는 그 용청에 대해 응답을 해주는 프로그램이다.

• Collecting Bank(**추심은행**) : D/P, D/A 거래에서 수출지의 추심의뢰은행(remitting bank)으로부터 선적서류와 환어음을 최초로 받은 수입지의 은행.

• Combined Transport(**복합운송**) : 특정 화물을 육상·해상·항공운송 중에서 두 가지 이상의 상이한 운송수단을 이용하여 출발지에서 최종목적지까지 일관적으로 운반되는 운송형태.

• CTD(Combined Transport Documents ; **복합운송증권**) : 화물의 인수지로부터 목적지까지 해상·육상·항공 중 적어도 둘 이상의 다른 운송수단을 이용하여 행해지는 운송인수에 대하여 복합운송인(Combined Transport Operator ; CTO)이 전구간의 운송에 대하여 책임을 지고 발행되는 서류.

• Commercial Credit(**상업신용장**) : 무역거래에 따라 대금결제를 목적으로 발행되는 신

용장을 포괄하여 상업신용장이라 하며, 운송서류와 교환으로 대금을 지급하는 화환 신용장(documentary credit)이 대부분이다.

- **Commercial Invoice(상업송장)** : 수출상이 수입상 앞으로 보내는 선적화물명세서, 물품가격계산서 및 물품대금청구서.
- **Compensation Trade(구상무역)** : 연계무역(counter trade)방식 중 하나로, 수출업 물품대금의 전부 또는 일부를 그에 상응하는 수입 또는 수출로 상계하는 무역.
- **Compensatory Duty(상계관세)** : 탄력관세의 일종으로 자국에서 수출품에 대하여 보조금이나 장려금을 지원하여 주거나, 특별하게 정부로부터 보너스식으로 혜택을 부여받은 상품을 수입할 경우, 수입국에서 자국의 당해 국내 산업을 보호할 목적으로 부과하는 관세.
- **Conciliation(조정)** : 무역거래에서 발생하는 클레임의 해결 방법 중의 하나로서 당사자 간의 원만한 합의가 이루어지지 않을 경우 공정하고 전문적인 지식이 있는 제3자를 조정인으로 하여 이를 개입시켜 분쟁을 해결하는 방식.
- **Conditional Offer(조건부청약)** : 청약자의 오퍼 내용에 조건이 달려 있는 오퍼. 즉, 이는 피청약자가 수락할 경우에도 청약자의 단서(예 : offer subject to our final confirmation 등)에 의해서 계약이 성립되기 때문에 엄격한 의미에서 청약의 유인에 해당된다고 볼 수 있다.
- **Confirmation(확인)** : 신용장조건과 일치하는 제시에 대하여 인수·지급 또는 매입하기 위한 확인은행의 취소불능확약을 말한다.
- **Confirmed Credit(확인신용장)** : 신용장 발행은행 이외의 제 3자의 은행이 수익자가 발행하는 어음의 지급·인수 또는 매입을 확인한 신용장.
- **Congestion Surcharge(체선할증료)** : 해상 할증운임 중의 하나로, 특정 항구가 항만시설, 대량유입화물, 정세불안 등의 이유로 정박기간이 장시간 소요될 경우, 이러한 체선상태를 대비하여 당해 항구로 선적되는 화물에 임시로 징수하는 할증료.
- **Consideration(약인)** : 영·미법 상 계약의 중요한 요인으로서, 계약에 따른 약속에 대하여 교환되는 현재의 대가로서 제공되는 행위를 말한다. 즉, 금전·재산권의 양도, 행위의 금지 또는 행위 및 행위의 금지에 관한 법률관계의 변동 등을 말한다. 이는 해당 계약문서 상에 「In consideration of…」로 시작된다.
- **Consignee(수화인)** : 「… made out to order of…」와 같이 신용장 문면 상에 지시식 선화증권의 발행을 요구하는 문구에서 order of 다음에 수화인의 이름이 명기되는데, 그가 곧 운송화물을 받아보는 사람 또는 신용장 발행은행이 되며 선화증권 상의 실질적인 소유권자.
- **Consignment Sale ; Sale on Consignment(위탁판매)** : 위탁자(수출상 또는 제조업체)가 위탁판매계약에 근거하여, 수탁자에게 상품의 판매를 위탁하는 것.

- Consolidation(**혼재**) : 화물을 수송하는 과정에서 수송의 한 단위를 채우지 못하는 소량화물을 모아 혼합적재함으로써 하나의 수송단위를 만드는 것을 의미.
- Consolidator(**혼재업자**)
  - 화물혼재업자 : 혼재화물에 대해서 LCL화물의 경우보다 저렴한 운임을 적용하고 그것을 메리트로 하여 집하와 운송취급업무를 영위하는 업자.
  - 국제항공화물 혼재업자 : 항공화물의 운임률은 화물의 중량이 많을수록 저율이 되기 때문에 혼재업자는 개개의 송화인에 대해서는 항공회사가 공시하는 운임보다 싼 운임으로 운송을 청부하고, 항공회사에는 종합한 화물의 총중량에 따라 운임을 지급하고서 그 차액을 자기의 수익으로 삼는다.

    혼재업자는 스스로 송화인(수화인은 목적지의 혼재업자)으로서 항공회사와 운송계약을 체결하고 또 한편으로는 개개의 송화인에 대해서 자기 명의로 운송을 청부맡아 항공화물 운송장을 발행한다.
- CTL(Constructive Total Loss ; **추정전손**) : 해상손해 중 물적 손해에 해당되는 용어로서, 보험 목적물이 현실적으로는 전손되지는 않았으나 그 손해 정도가 심하여 원래 그 목적물이 가진 용도에 사용할 수 없게 되었을 때와 갖는 시가보다 클 때를 추정전손이라 한다. 한편, 추정전손으로 처리하기 위해서는 위부행위가 따라야 한다.
- Consular Invoice(**영사송장**) : 통상 작성되는 상업송장 상에 수출국에 주재하는 수입국의 영사가 수출가격을 확인함으로써 관세포탈이나 외화도피를 방지할 목적으로 송장 상에 확인을 해주거나 사증(Visa)을 받은 송장을 말한다.
- Container(**컨테이너**) : 물적 유통 부문에서의 포장 운송·하역·보관 등 육로·해로·공로 상의 모든 과정에서 경제성·신속성 및 안전성을 최대한 충족시키고 화물의 수송도중 이적없이 일관수송을 실현시키는 운송용기.
- CLP(Container Load Plan ; **컨테이너 적입도**) : 컨테이너에 적입된 화물의 명세서. 화물이 화주, 점수인 또는 CFS operator에 의해 container에 적입되어, 이들에 의해 CLP가 작성되면 CY operator에 전해진다. 이는 유일하게 매 컨테이너마다 화물의 명세를 밝힌 중요한 서류이다.
- CY(Container Yard ; **컨테이너 야적장**) : 선박회사나 그 대리점이 화주에 의해 화물이 적입된 컨테이너를 선적하기 위하여 화주로부터 인수하거나 양륙된 컨테이너를 화물이 적입된 채로 화주에게 인도해 주기 위한 컨테이너 장치 및 수도장소.
- Contract of Affreightment(**운송계약**) : 무역거래에 있어서 운송계약이란, 수출·입상인 화주가 선주로부터 선복(ship's space)을 빌리고 그 대가로 운임(freight)을 지급하기로 합의한 계약.
- Contract Rate System(**계약운임제**) : 운임동맹이 화주들의 비동맹 이용 억제를 목적으로 만든 제도로서 일명 이중운임제라고 한다. 동맹선에 모든 화물을 싣기로 서명한 소위 contract shipper/contractor에게는 일정액 또는 일정률로 할인된 계약운임을, 그리

고 동맹과 계약치 않은 비계약 화주에게는 할인되지 않은 운임을 적용하는 제도.

- **Conventional Tariff(협정관세)** : 외국과의 통상조약 또는 관세조약에 의하여 부과하는 관세를 말한다. 협정관세는 두 나라사이에 맺어지는 쌍무협정이 있고 EC지역의 공동관세와 같이 다수국 간에 맺어지는 협정도 있다.
- **COOC(Contact with Oil and/or Other Cargo ; 기름 및 타화물 접촉위험)** : 협회적화약관(institute cargo clause)에 부보시, 부가적인 위험담보조건 중의 하나로서, 연료 또는 기름 등이나 타화물에 접촉되어 입게 되는 유손(oil damage)이나 파손 또는 오손되는 위험을 담보하는 추가약관.
- **Corres Charge(환거래수수료)** : 발생은행이 신용장의 발행 등 해외에 있는 거래은행으로부터 각종 서비스를 제공받을 경우 그 대가로 지급하는 수수료를 말한다. 여기에는 통지수수료, 확인수수료, 상환수수료, 지급수수료 등이 있다.
- **Correspondent Agreement(환거래계약)** : 외국환은행이 외국에 있는 타은행과 환거래의 서비스를 상호 교환하기로 한 약정을 말하며, 그러한 약정을 체결한 은행을 correspondent bank라 한다.
- **Counter Offer(반대오퍼 ; 반대청약)** : 청약자의 청약에 대하여 피청약자가 오퍼의 조건 중에서 일부를 변경하는 등 새로운 조건을 요구해 오는 청약.
- **Counter Purchase(대응구매)** : 연계무역의 한 형태로서, 두 개의 별도의 계약에 이해서 수출액의 일정비율에 상응하는 물품을 대응수입하는 방식의 거래이다. 대응구매도 구상무역과 마찬가지로 환거래가 발생하며, 대응수입의무가 제3국으로 전가될 수 있다.
- **Counter Sample(역견품)** : 당사자 사이에 최초로 제시되는 견품을 원견품이라 하며, 원견품에 대하여 수정을 요구하게 되면, 이를 역견품이라 한다. 역견품은 원견품에 대한 새로운 견품이 되며 상대방이 이를 수락하면, 승인견품이 된다.
- **Counter Trade(연계무역)** : 특정물품의 수출과 수입이 연계된 무역거래를 포괄적으로 총칭하여 연계무역이라 한다. 여기에는 물물교환, 구상무역, 대응구매, 산업협력 등 네 가지 형태로 구분된다.
- **Courier Receipt(쿠리어 수령증)** : 서류 및 소형 또는 경량물품을 항공기를 이용해 문전에서 문전까지(door to door) 수취배달하여 주는 송배달업자의 수령증을 말한다. 이는 송배달업자가 수취에서 인도까지 총괄하여 책임을 진다.
- **Cover Note(보험 승낙서)** : 보험계약자가 보험자(보험회사)를 통하지 않고 보험중개업자를 상대로 보험에 부보하였을 경우 중개업자가 증명하는 일종의 보험 부보각서.
- **CPT(Carriage Paid to ; 운송비지급 인도조건)** : 이 조건은 매도인이 목적지까지 운송비를 지급해야 한다. 물품에 대한 위험부담은 수출국에서 운송의 관리하에 물품이 인도된 때 매도인으로부터 매수인에게 이전된다.

- **CQD(Customary Quick Dispatch ; 관습적 조속하역)** : 정박기간(laydays)을 산정하는 조건이다. CQD는 당해 항구의 관습적 하역방법 및 하역능력에 따라 가능한 한 빨리 하역을 하는 것을 약정하는 조건으로 일정한 기한을 정하지 않는다.
- **Credit(신용장)** : 신용장조건과 일치하는 제시에 대하여 인수·지급하는 발행은행의 취소불능 확약을 말한다.
- **CAF(Currency Adjustment Factor)** : 통화의 가치변동에 따른 선사의 환차손을 보전하기 위해 화주에게 부담되는 할증료.
- **Current Account(장부결제)** : 거래관계가 많은 거래선들 간에 매거래시마다 대금결제를 하려면 복잡하고 비용이 많이 들게 되므로, 물품대금을 결제하지 않고 이것을 장부상에 상쇄함으로써 일정기간에 한 번씩 그 차액만을 결제하는 방식을 말하며, 청산계정(open account)이라고도 불린다.
- **Customs Invoice(세관송장)** : 수입지의 세관이 수입화물에 대한 과세가격의 기준결정, 외국수출상의 덤핑유무판정, 수입통계 등을 위하여 사용되는 송장.
- **CWO(Cash With Order : 주문불)** : 수입상이 수출상에게 물품을 주문하면서 미리 대금으로 현금을 지급하는 선지급 결제방식.
- **Cypher Credit(전신약어신용장)** : Cypher는 전신약어를 말한다. 신용장을 전신으로 발행할 경우 full cable 로 발행하면 시간과비용이 많이 소요되므로 환거래은행과 미리 교환한 전보암호를 통해 타전함으로써 통지은행은 이를 보통문으로 풀어서 수출상에게 통지하게 된다.
- **Cyber space(가상공간)** : 컴퓨터를 중심으로 해서 통신망으로 연결되어 형성된 공간을 의미하며, 특히 인터넷이나 Pc통신 등과 같이 네트워크 통신망을 통해 정보를 공유하고 교환하는 컴퓨터 세계를 나타내는 용어로 사용된다.

D

- **D/A(Documents against Acceptance : 인수인도조건)** : 수출상이 수입상과의 매매계약에 따라 물품을 자신의 책임 하에 선적하고, D/A 계약서에서 요구하는 운송서류에 기한부환어음(usance bill)을 첨부하여 자신의 거래은행인 추심의뢰은행(remitting bank)에 추심을 의뢰하여 수입상의 거래은행인 추심은행(collecting bank)에 추심을 요청함으로써, 환어음의 지급인인 수입상으로 하여금 기한부어음의 인수를 맡아 만기에 대금결제를 약속받고 선적서류를 인도하는 조건의 결제방식.
- **DAP(Delivered at Place : 도착장소인도)** : 매도인의 비용 : DAT + 지정목적지에서 물건을 내리지 않은 채로 매수인의 임의처분하에 둘 때 매도인의 위험과 비용의 분기점은 종료되며, 도착한 운송수단은 선박이 될 수도 있고, 지정목적지는 항구가 될

수도 있다. “도착장소인도”란 물품이 지정목적지에서 도착운송수단에 실린 채 양화준비 된 상태로 매수인의 처분 하에 놓이는 때에 매도인이 인도한 것으로 되는 것을 말한다. 매도인은 그러한 지정장소까지 물품을 운송하는 데 수반하는 모든 위험을 부담한다. 당사자들은 합의된 목적지 내의 지점을 가급적 명확하게 명시하는 것이 바람직하다. 그러한 지점까지의 위험은 매도인이 부담하기 때문이다. 매도인은 이러한 선택을 정확하게 만족하는 내용으로 운송계약을 체결하는 것이 좋다. 매도인이 그의 운송계약에 따라 목적지에서 양화에 관한 비용을 지출한 경우에, 당사자간에 달리 합의되지 않았다면 매도인은 이를 매수인에게 구상할 수 없다. DAP에서 매도인은 해당되는 경우에 물품의 수출통관을 하여야 한다. 그러나 매도인은 물품을 수입통관하거나 수입관세를 부담하거나 수입통관절차를 수행할 의무가 없다. 당사자간에 매도인이 물품을 수입통관하고 수입관세를 부담하며 수입통관절차를 수행하도록 원하는 때에는, DDP가 사용되어야 함.

- DAT(Delivered at Terminal : **도착터미널인도**) : 위험과 비용의 분기점이 같으며, 수출지의 터미널에서 물건을 내린 뒤 매수인의 임의처분상태로 두면 매도인의 위험과 비용의 분기점이 종료된다. 유일하게 매도인이 물건을 내리기(양하)까지 해야 할 의무가 있는 조건이며, DAT에서도 매도인은 자국을 출발할 때 수출통관을 하여야 하지만, 수출지에서 수입통관이나 관세를 부담하는 수입통관절차를 진행 할 의무는 없다. “도착터미널인도”란 물품이 도착운송수단으로부터 양화된 상태로 지정목적항이나 지정목적지의 지정터미널에서 매수인의 처분하에 놓이는 때에 매도인이 인도한 것으로 되는 것을 말한다. “터미널”은 부두, 창고, 컨테이너장치장(CY) 또는 도로·철도·항공화물의 터미널과 같은 장소를 포함하며, 지붕의 유무를 불문한다. 매도인은 지정목적항이나 지정목적지까지 물품을 운송하고 거기서 양화하는 데 수반하는 모든 위험을 부담 한다. 당사자들은 터미널 및, 가능하다면, 합의된 목적항이나 목적지의 터미널 내의 지점을 가급적 명확하게 명시하는 것이 바람직하다. 그러한 지점까지의 위험은 매도인이 부담하기 때문이다. 매도인은 이러한 선택을 정확하게 만족하는 내용으로 운송계약을 체결하는 것이 좋다. 더구나, 당사자들이 터미널에서 다른 장소까지 물품을 운송하고 취급하는 데 수반하는 위험과 비용을 매도인이 부담하도록 의도하는 때에는, DAP 또는 DDP가 사용되어야 한다. DAT에서 매도인은 해당되는 경우에 물품의 수출통관을 하여야 한다. 그러나 매도인은 물품을 수입통관하거나 수입관세를 부담하거나 수입통관절차를 수행할 의무가 없음.
- DDP(Delivered Duty Paid : **관세지급인도조건**) : DDP조건은 매도인이 수입통관절차까지 모두 마치고 수입국 내의 지정장소에서 계약물품을 매수인으로 하여금 임의 처분할 수 있도록 해 줄 때에 매도인의 인도책임이 종결되는 반입인도이다.
- Dead Freight[**공적(부적)운임**] : 부정기선tramper) 운임 중의 하나로, 화물이 실제 적재량이 선적하기로 계약했던 화물량보다 미달할 경우 그 부족분에 대하여 용선인 또는 화주가 책임지고 지급하는 운임.

• **Debit Note(차변표)** : 차변표란 수출과 관련된 유료·견품비 등 비정산대금이나 누락금액의 청구시에 이용되는 서식을 말한다. 이는 상대방에 대한 채권이 발생하였을 경우에, 이 전표를 이용하여 그 금액만큼 상대방의 차변계정에 기재한다 하여 차변표라 부른다.

• **Deferred Payment(연지급 : 후지급)** : 물품의 선적 또는 선적서류를 인도 후 일정기간이 경과한 다음에 대금의 지급이 이루어지는 신용판매방식을 말한다. 일반적으로 기한부신용장(usance L/C)이나 D/A거래가 대표적인 경우이며 1년 이상의 중장기 연지급 방식으로 이루어지기도 한다.

• **Deferred Payment Credit(연지급신용장)** : 신용장조건과 일치한 서류를 신용장에서 지정한 연지급 확약은행에 제시하면 신용장의 규정에 따라 결정되는 만기일에 지급한다고 약정 된 신용장.

• **Del Credere Agent(Factor)(대리인)** : factor란, 일반 대리인과는 달리 매도인의 물품판매를 위탁받아 판매알선과 더불어 매수인의 지급보증업무까지 수행하는 대리인.

• **D/O(Delivery Order : 화물인도지시서)** : 선사가 수화인으로부터 선화증권(B/L)이나 수입화물선취보증장(L/G)을 받고 본선 또는 터미널(CY 또는 CFS)에 화물인도를 지시하는 서류.

• **D/D(Demand Draft : 송금환)** : 외국환의 일종으로 송금수표에 의한 일람급 송금환을 말한다.

• **Demurrage(체선료)** : 용선계약서상에 화주는 계약물품의 전량을 완전히 선적 또는 양륙하기 위하여 본선을 항구에 정박시킬 수 있는 정박기간을 정하고 있는데, 화주가 약정기일 내에 하역을 끝내지 못해 초과된 정박기간에 대하여 선주에게 지급하는 penalty.

• **Digital Signature(전자서명)** : 전자서명은 문서나 메시지를 보낸 사람의 신원이 진짜임을 증명하기 위해 사용되는 서명으로, 전달된 메시지나 문서의 원래 내용이 변조되지 않았다는 것을 보증하기 위해 사용될 수 있다.

• **Dirty B/L ; Foul B/L(고장부선화증권)** : 선적 당시 화물의 포장상태나 수량 등에 어떤 결함이나 또는 이상이 있는 경우, 이러한 결함 내용이 본선수취증(mate's receipt)의 비고란에 기재되어 그 내용이 선화증권 여백의 비고(remarks)란에 그내로 기재되어 발행되는 선화증권.

• **Dispatch Money(조출료)** : 용선계약서 상에 정해진 정박기간 이전에 화주가 하역을 종료시킬 경우에는 체선료(demurrage)와는 반대로 선주가 화주(용선인)에게 단축기간에 대해 지급하는 일종의 상여금을 말한다. 통상 조출료는 체선료의 1/2이다.

• **DNS(Domain Name System)** : DNS는 인터넷 도메인 이름들의 위치를 알아내기 위한 IP주소로 바꾸어 주는 시스템.

- **Documentary Credit(화환신용장)** : 신용장 발행은행이 수익자가 발행한 환어음(draft)에 신용장 조건과 일치하는 제반 운송서류 등을 첨부할 것을 조건으로 하여 지급·인수·매입할 것을 확약하는 신용장.
- **Domain** : 일반적으로 도메인이라고 하면 통제구역이나 지식의 범위를 나타내는 용어이나, 인터넷상에서는 어떤 이름에 의해 인식되는 지식의 범위를 의미 하는 네트워크 주소 집합체.
- **Down Payment(다운페이먼트)** : 선박이나 플랜트 등의 거래인 경우 거래금액이 큼으로 지급이 분할로 이루어지는 일이 많다. 이 분할지급의 최초에 지급되는 금액.
- **D/P(Document against Payment : 지급인도조건)** : 수출상이 수입상과의 매매계약에 따라 물품을 선적하고 구비된 서류에 일람출급 환어음(sight draft)을 첨부하여 자기거래은행(추심의뢰은행 : remitting bank)을 통하여 수입상거래은행인 수입국의 은행 앞으로 그 어음대금을 추심의뢰하면, 추심의뢰를 받은 수입국측 은행(추심은행 : collecting bank)은 수입상에게 어음을 제시하여 그 어음대금의 일람지급을 받고 서류를 인도하는 거래방식.
- **D/R(Dock Receipt : 부두수취증)** : Container Yard(CY)에 반입된 화물에 대해서 CY에 상주하는 선사직원 또는 위임받은 CY operator가 화물의 수령증으로 발행하는 것을 말하며, 선사는 D/R을 근거로 선화증권을 발행하여 준다.(Mate's Receipt : M/R)
- **Draft ; Bill of Exchange(환어음)** : 어음발행인(drawer)이 지급인(drawee)인 제3자로 하여금 일정금액을 수취인(payee) 또는 그 지시인(orderer) 또는 소지 인(bearer)에게 지급일에 일정한 장소에서 무조건 지급할 것을 위탁하는 요식 유가증권이자 유통증권(negotiable instrument).
- **DSS(Decision Support System : 의사결정지원시스템)** : DSS란 사용자들이 기업의 의사결정을 보다 쉽게 할 수 있도록 하기 위해 사업 자료를 분석해주는 컴퓨터 응용프로그램.
- **Dual Rate System(이중운임제)** : 동맹선(Conference line)에만 선적하겠다는 협정을 당해 동맹선사와 체결한 화주에게는 비계약운임보다 저렴한 계약운임(contract rate)을 적용하여 화주를 구속하는 제도이다.(Contract Rate System)

E

- **e-business(electronic business : 전자상거래)** : e-business는 인터넷 상에서 사업을 경영하는 것으로, 여기에는 구매와 판매뿐 아니라, 고객지원과 사업 파트너들과의 공동작업 까지를 포함하는 개념.
- **EDI(Electronic Data Interchange : 전자문서교환방식)** : 이는 기존의 상거래 문서를 없

애는 대신 표준형식을 정하고 이를 이용하여 각 기업간의 상거래를 컴퓨터 대 컴퓨터 방식으로 하는 제도.

- e-mail(electronic mail : **전자우편**) : 통신에 의해 메시지를 주고받는 것.
- Embargo(**출항금지 또는 수출금지**) : 상대국이 전쟁을 비롯한 국제질서를 문란하게 했다고 생각될 때 취하는 조치이다. 경제적인 봉쇄를 통해 상대국에 타격을 주어 쌍무적인 문제를 해결하자는 의도로서 자국 영토에 있는 항구로부터의 출항을 금지하는 정부의 명령.
- Endorsement(**배서**) : 배서란 일반적으로 어음, 수표, 선화증권, 창고증권 등 지시증권에 있어서 증권상의 권리를 양도하는 것을 목적으로 행해지는 행위를 말하다. 보통 증권의 이면에 기재되므로 배서라 한다.
- Escrow Credit(**기탁신용장**) : 수출과 수입을 균형 시키고자 하는 구상무역거래에 사용되는 신용장을 말한다. 수출국 A가 수입국 B에게 수출하였을 때 결제대금은 특정 은행에 기탁하였다가 대응수입 시 이 계정에서 대금결제를 하도록 한 특수조건이 명시된 신용장.
- ETA(Estimated Time of Arrival : **입항예정일, 도착예정일**) : 선박이 목적지에 도착하는 예정일.
- ETD(Estimated Time of Departure : **출항예정일**) : 선박이 목적지로 출항하는 예정일.
- eUCP600 : 국제상업회의소 은행위원회가 2007년 7월 1일부터 적용하기로 한 전자적 제시를 위한 회환신용장 통일규칙 및 관례의 추록으로서 종이서류에 상응하는 서류를 전자적으로 제시하는 거래를 규율한다.
- Euro-money(**유러머니**) : 각국 간의 금리차, 환율의 변동에 의한 환차익을 목적으로 유럽변동에 의한 환차이익을 목적으로 유럽의 금융시장을 중심으로 세계의 금융시장을 움직이는 단기자금.
- Exchange Rate(**환율**) : 일국과 타국의 통화가치 비율, 즉 양국통화의 교환비율을 말하며, 일국통화의 대외가치를 나타낸다.
- Exclusive Buying Agent(**독점매입대리점**) : 위탁매입이 계속적으로 이어질 때 일정의 지역 내에서는 수탁자인 당해 매입대리점 이외에는 매입대리점을 설치하지 않는다는 계약을 체결하고 계속적인 거래관계를 유지하게 되는데, 이와 같은 계약관계에 있는 매입대리점.
- Excusive Contract(**독점계약**) : 수출상은 약정된 물품을 수입국의 특정 수입상 이외에는 판매하지 않으며, 수입상 역시 동일 물품을 수출국의 다른 상사들과는 거래하지 않겠다는 조건으로 이루어지는 계약.
- Exclusive Distributor(**독점특약점**) : Exclusive Selling Agent(독점판매대리점)와 같이 일정지역 내의 판매에 대해서 독점권을 가지고 있을 뿐 아니라 외국의 수출상과는 본

인 대 본인(principal to principal)의 거래로서 단순히 대리인(agent)관계가 아닌 수입하는 당해 상품에 대해 본인이 비용과 위험을 부담하게 된다.

- **Exclusive Selling Agent(독점판매대리점)** : 외국판매대리점(foreign selling agent)을 통하여 수취하는 경우에 당해 상품에 대해 일정지역 내에서는 본인이 판매하지 않겠다는 계약관계에 있는 대리점.
- **Exclusive(Sole) Agency(독점 대리권)** : 대리점의 영업활동을 적극적으로 하게 하는 목적에서 대리점을 일정지역에 대해서 한 회사로 한정하고 그 회사로 하여금 해당 지역 내의 영업활동을 독점적으로 위임하는 경우, 그 독점적 대리권.
- **Ex-Dock(부두인도조건)** : 「개정 미국무역정의」에 규정된 조건으로 Incoterms 2000의 DEQ와 동일하다.
- **Ex Godown(매도인창고인도)** : 계약물품을 매도인의 창고에서 인도하는 현장인도가격(Ex Works)의 하나이다. 한편 매수인소재지의 창고인도조건일 경우에는 Free Warehouse 또는 Free Godown으로 표시.
- **Expected Profit(희망이익)** : Anticipated Profit라고도 표시하며 이는 수입상이 상풍을 수입하여 국내에서 판매함으로써 얻을 수 있는 이익을 말한다. 수입상이 상품을 수입시 송장금액만 보험에 부보하면 희망이익을 잃어버리므로 통상 송장금액의 10%를 희망이익으로 하여 보험에 부보.
- **Expiry Date(E/D, 유효기일)** : 신용장에는 선적일자(Shipping Date : S/D) 및 유효기일이 명시되는데 유효기일이란 수출상이 명시된 날까지 수출지의 거래은행에 운송서류를 매입해야하는 일자로서 유효기일의 마지막 날이 공휴일일 경우 그 다음날까지 거래은행에 매입의뢰를 하면 된다.
- **Expiry Date of L/C(신용장의 유효기간)** : 신용장 상의 확실한 보증을 기초로 수익자가 어음의 인수·지급·매입 등을 해야 하는 기한을 말한다. 수익자가 있는 국가에서 이 기간이 도래하는 곳(negotiation의 경우), 어음의 인수지(acceptance credit의 경우)에서 도래하는 경우도 있다.
- **Export Bounty(수출장려금)** : 특정 상품을 수출할 때 국제시장에서 경쟁력을 확보하기 위해 정부나 단체가 교부하는 조성금.
- **Export by Licensing Arrangement(라이선싱수출)** : 외국기업과의 기술제휴에 의하여 해외 현지에 있는 사업에 자사의 특허권, 상표, 노하우 등의 사용을 조건부로 허가해 주는 수출협정.
- **Export Clearance(수출통관)** : 상품을 외국에 수출할 경우 정해진 절차에 따라 신고하고 선적확인을 얻을 때까지의 일련의 세관수속.
- **Export Duties(수출세)** : 수출품에 대해 부과하는 관세이며 세계 대부분 국가들은 수출을 장려하는 관점에서 수출세를 부과하지 않고 반대로 수입세를 부과하고 있다. 수출세의 목적은 정부가 특정 상품의 수출을 억제하기 위해서 부과한다.

- **Export-Import Link System** : (수출입 링크제) 수출입의 균형, 장려 또는 억제를 위하여 수출과 수입을 연결시켜 수출입을 허용하는 제도.
- **Export License(E/L, 수출승인)** : 수출을 효율적으로 관리하기 위하여 수출승인품목에 대해서는 해당승인기관을 통하여 수출에 따른 승인을 받도록 하고 있다. 수입시에도 수입승인품목에 대하여는 수입승인(Import License : I/L)을 당해 승인기관에서 얻어야 한다.
- **Export Market Research(수출시장조사)** : 상품수출을 하려면 먼저 목적하는 수출시장을 조사해야 한다. 조사내용으로는 수출시장의 수요동향, 기호, 경쟁업자, 가격수준, 이용하는 판매업자, 광고매개체 기타 다양하다.
- **Export Subsidv(수출보조금)** : 수출상품의 가격 인하를 통하여 수출을 확대시키기 위한수출장려책의 대표적 수단으로 국가 또는 공공단체가 수출산업과 수출거래에 대한 금융적 지원.
- **Ex Store(매장인도)** : 매도인이 자신의 매장에서 상품을 매수인에게 인도하는 현장인도가격(EX Works)의 하나이다.
- **Ex Warehouse(창고인도조건)** : 매도인이 소유하는 자사 창고 또는 매도인이 지정하는 영업창고를 물품인도의 장소로 해서 그 창고의 물품장치장에서 또는 물품이 놓여진 상태에서 건네주는 현장인도거래조건.
- **Ex Works(공장인도조건)** : 공장인도조건은 매도인의 국내(공장·창고 등)에서 계약물품을 인수 가능한 상태로 둘 때 매도인의 인도의무를 이행하는 것으로 간주하는 조건.

F

- **Factoring(팩도링)** : 팩토링이란 수출상이 수입상에게 물품이나 서비스를 제공함에 따라 발생하는 외상매출금과 관련 팩토링회사(factor)가 수출상을 대신하여 수입상에 관한 신용조사, 신용위험의 인수, 금융의 제공, 대금의 회수 등의 업무를 대행하는 금융서비스.
- **FAQ(Fair Average Quality : 평균중등품질조건)** : 곡물이나 과실류 등 매매에 사용되는 품질조건으로, 인도물품의 품질이 당해 계절의 출하품의 평균중등품질조건으로 하는 것을 의미.(→ GMQ)
- **FIATA(Federation Internationaled Asso-ciations de Transitaires Assimiles : 국제운송주선업자협회)** : 1926년 3월 31일 스위스 취리히에 설립된 세계 forwarder agent 연맹을 말하며, 우리나라도 1977년 9월에 가입했다. 정회원은 각국의 포워더 단체에 한하며 준회원은 개개의 운송주선업체, 통관사, 선사, 수송관계매체로 구성되어 있다.
- **FEU(forty footer equivalent unit)** : 40피트 컨테이너(40 feet container)한 개를 말하며,

가장 많이 사용하고 있는 것 중의 하나이다. 40피트 컨테이너의 규격은 내부의 길이 × 폭 × 높이가 각각 40' × 8' × 8' 또는 40' × 8' × 8' 6‘’ 등이 일반적으로 사용된다. 보통 1 FEU 또는 40' × 1로 표시한다.

- FIATA FBL(Int' l Federation of Freight Forwarders Association FBL : **국제운송주선인협회연맹 발행 선화증권**) : 국제운송주선인협회에서 선화증권의 형식을 만들어 주선업자 명의로 선화증권을 발행하는 것으로 UCP 500에서는 수리를 거절하도록 되어 있다.
- Fidelity Rebate System(**성실운임 환불제**) : 화주가 일정기간 동안 동맹선 이용을 하였을 경우, 그 기간 동안 화주로부터 받은 운임일부를 환불해 줌으로써 화주를 구속시키는 제도.
- FIOST(Free In, Free Out, Trimmed) : 선내 하역비부담조건으로 선적·양륙, 본선내의 적부·선창 내의 화물정리비까지 모두 화주가 부담하는 조건.
- Firm Offer(**확정청약**) : 청약자가 승낙기간을 지정하고, 그 기간 내에 승낙, 회답할 것을 조건으로 하는 오퍼를 말한다. 피청약자가 기간 내에 청약자의 오퍼를 승낙하면 이를 이행해야 한다.
- Fixture Note(**선복 확약서 또는 성약각서**) : 선박회사 제시한 선복신청서의 유효기간 내에 화주가 수락하면 용선계약이 성립 되는데 이때 증빙서류이다. 성약각서를 통해 용선계약서(charter party)가 작성된다.
- FOB Vessel : 이는 매도인과 매수인에 대한 물품인도의비용과 위험의 분기점이 매수인이 지정한 본선의 현측난간을 통과한 때(such time as they have passed the ship's rail)에 매도인으로부터 매수인에게 이전 된다는Incoterms 2000의 FOB조건과 근본적으로 상충되는 「개정 미국무역정의」의 FOB조건 중 5번째에 규정되어 있는 조건.
- Forwarder(**운송주선 업자**) : 운송의뢰자(화주)를 위하여 물품의 운송에 참여하여 화물을 집화·분배하는 무선박복합운송인(Non-vessel carrier)을 말한다.
- Forwarder's Certificate of Receipt(FCR, **운송 주선인 화물 수령증**) : 해상화물주선업자가 발행하는 화물인수증으로서, 수출상과 수입상이 편의상 신용장상에 FCR을 인정할 때 양 당사자 사이에서만 유통 가능한 운송서류로서 그 효력이 발생된다.
- Forwarding Agent(**운송 대리인**) : 화주나 선박회사 및 운송인을 대신하여 화물의 인수, 위탁업무를 대행하는 자를 말하며, 운송주선업자(forwarder) 와 같은 개념.
- Force Majeure(**불가항력**) : 매도인이나 매수인이 통제할 수 없는 천재지변이나 국가정책의 변화, 전쟁 등으로 인하여 계약내용을 이행하지 못하는 사항으로서 매도인은 매수인과 매매계약시 불가항력조항(force majeure clause)을 삽입해야한다.
- Forward Exchange Contract(**선물환 계약**) : 외국환거래에 있어서 장래의 특정일에 또는 계약일 2, 3일 이후 일정기간 이내에 이행되는 외화표시 환거래에 적용되는 외환시세를 미리 약속하는 것.
- Foul B/L(**사고부 선화증권**) : Dirty B/L이라고도 하며, 이는 선적시의 화물이 포장이나

수량 등 외관상 결함이 있을 경우 선화증권 비고란에 사고 문언표시가 기재되는데 이러한 선화증권을 말한다. 무사고선화증권(clean B/L)을 발급받고자 할 때에는 파손화물보상장(Letter of Indemnity : L/I)을 선사에 제시하면 된다.

• Franchise(**면책비율**)
- 적화보험 부보시 WA 3% 조건일 경우보험금액 3% 미만의 손해는 보험자가 면책된다. 이러한 비율을 면책비율이라 한다. 한편, 유럽거래선의 경우 독점권을 요구시 프랜차이즈란 말을 쓰기도 한다.
- 운송도중 일정량의 화물감량에 대해 매도인의 책임이 면책된다는 조항이다.

• FAS(Free Alongside Ship : **선측 인도조건**) : 선측인도조건은 물품을 해상운송 또는 내수로 운송에 의하여 운송할 경우에만 쓰이는 조건으로, 특히 원목이나 원면 등과 같이 운송비가 많이 드는 대량의 살화물 거래에 주로 이용된다.

• FCA(Free Carrier : **운송인 인도조건**) : 매도인이 지정된 장소 또는 지점에서 매수인이 지정한 운송인의 책임하에 수출통관된 물품을 인도했을 때 매도인의 의무가 이행되는 가격조건.

• Free Delivered : Franco(**반입 인도조건**) : 수출상은 약정된 상품을 수입상이 지정한 장소까지 모든 위험과 비용을 부담하고 공급해야 하는 가격조건이다. INCOTERMS 2000의 DDP조건과 유사하다.

• FI(Free In : **적화비 선주무책임조건**) : 해상운송계약에 있어서 선적시의 선내 하역임을 화주가 부담하고 양화시의 선내 하역임을 선주가 부담하는 조건을 말하며, 주로 재래선박을 이용하는 Bulk Cargo에 이용되는 조건.

• FIO(Free In and Out : **적·양화비용선주무책임조건**) : 화물의 본선 적재와 화물양륙 등의 비용은선주의 비용부담에서 제외되고 화주가 부담하는 조건.

• FOB(Free on Board : **본선인도조건**) : 무역조건의 하나로, 매도인은 선적항에서 물품이 본선의 현측 난간(Ship' s rail)을 통과함으로써 매도인의 물품인도 의무가 완료.

• FO(Free Out ; **적화비선주책임조건**) : 해상운송계약에 있어서 선적시의 선내 하역임을 선주가 부담하고 양화시의 선내 하역임을 화주가 부담하는 조건.

• Freight(**운임**) : 운송서비스의 대가를 말한다. 따라서 운송서비스가 완료될 때에 운임을 지급하는 것이 원칙이다. 미국(육상 + 해상운임), 영국(해상 : freight, 육싱 : carriagc)

• Freight Amount(**운임액**) : 운임은 운임률(freight rate)과 운임액(freight amount)으로 표시된다. 운임은 선불일 경우 선화증권 작성 당일의 환율로 환산되며, 후급일 경우 본선 입항일의 환율로 환산된다.

• Freight Collect(**운임후불**) : FAS, FOB, FCR 등의 수출계약일 경우 수입상이 운임을 부담하므로 화물이 수입지에 도착한 후 수입상(수화인) 또는 그 대리인이 지급한다.

• Freight Conference(**해운동맹**) : 정기선항로의 선박회사들이 일정한 항로에 있어서 운

임 등 불필요한 경쟁을 방지하기 위해 결성하는 일종의 카르텔이다. 가장기본적인 협정이 운임이므로 운임동맹이라고 부른다.

해운동맹은 그 가입이 자유로운 개방형동맹(open conference)과 폐쇄형동맹(closed conference)이 있다.

- **Freight Prepaid(운임선불)** : CFR, CIF, CPT 그리고 CIP 등의 수출계약일 경우 수출상이 운임을 부담하므로 통상 운임을 선적지에서 선급된다.
- **Freight Rebate(운임감액)** : 선사와 하주가 약정을 맺어 화주가 일정기간 동안 동맹선사에 선적을 할 경우, 그 기간이 지나면 운임의 일정률을 환불해 주는 제도.
- **FHEX(Fridays and Holidays Excepted : 금요일과 공휴일은 정박기간에서 제외)** : 용선계약시 정박시간을 산출할 때 금요일과 공휴일은 계산에서 제외된다는 조건으로, 주로 중동 및 이슬람 국가들 중 금요일을 휴일로 정한 곳에서 적용되고 있다.
- **Frustration(후발적 이행불능)** : 계약체결 후 후발적 원인으로 계약내용을 이행할 수 없는 사유로 계약이 좌절 또는 해지된 경우를 말한다.
- **FCL(Full Container Load : 만적화물)** : 한 개의 컨테이너에 만재될 수 있는 양의 화물을 말한다. 실무상 일본의 경우 LCL 화물도 FCL화물로 처리해 달라는 경우가 많다.
- **Full set(전통)** : 선화증권은 주로 3통(original, duplicate, triplicate)구성되며, 이 3장 모두가 원본으로 간주.
- **Future Market(선물시장)** : 외국환시장에서 선물거래가 이루어지는 시장으로서 외화로 표시된 계약에 있어 환율의 변동(특히 환차손)을 회피하기 위해 선물환거래가 이루어진다.

G

- **G/C(Gantry Crane : 겐트리 크레인)** : 일반적으로 컨테이너 전용부두에 설치되어, 컨테이너 선박으로부터 컨테이너를 싣거나 내리는 작업을 하는 대형 크레인.
- **GA(General Average : 공동해손)** : 공동해손은 해상에서 선박이 조난당하였을 때에, 선장이 공동의 위험을 면하기 위하여 선박 또는 적화의 일부를 희생시킴으로써 생기는 손해 및 비용을 말한다. 그리고 손해와 비용은 이때에 구조를 입은 이해관계자, 즉 선주 및 화주와 공동해손 채권자가 공동으로 부담하게 된다.
- **General L/C or Open Credit(보통신용장)** : 수출상이 발행한 환어음의 매입은행이 지정되어 있지 않은 신용장, 자유매입신용장(freely negotiable credit) 이라고 한다.
- **Generalized System of Preferences C/O〈GSP C/O〉** : 특혜관세 원산지증명서
- **GIS(geographical information : 지리정보시스템)** : 컴퓨터에 지도를 입력하여 지도에 토지현황, 수자원, 시설물, 환경, 사회통제 등 국가가 소유한 모든 자원 및 공간정보

를 체계적으로 입력시켜 시설물 관리와 국토개발계획 등에 효과적으로 사용하기 위하여 만들어진 시스템.

- GMQ(Good Merchantable Quality : **판매적격품질조건**) : 목재나 냉동어류 등과 같이 견품 이용이 곤란하고 그 내부의 품질을 외관상으로 알 수 없는 거래에 이용되는 품질조건으로, 매도인이 인도한 물품은 판매 적격성을 지닌 것임을 보증하는 조건.(→ FAQ)
- Governing Law(**준거법**) : 무역계약체결시 그 계약의 성립과 이행 그리고 해석에 관하여 어느 나라 법을 적용할 것인가를 명시하게 되는데 이를 준거법이라 한다.
- GPS(Global Positioning System : **인공위성 위치추적시스템**) : GPS는 GPS위성을 이용해 지구상의 모든 이동체의 위치를 거리 및 거리변동 속도계산에 의해 측정하는 시스템.
- Gross Weight(**총중량**) : 포장을 포함한 중량을 총중량이라 하며, 포장을 제외한 중량을 순중량(net weight).

H

- HACCP : HACCP란 "위해요소 중점 관리기준(Hazard Analysis Critical Control Point)"의 약어로서 식품위생법의 정의에 따르자면 "식품의 원료, 제조, 가공 및 유통의 전 과정에서 위해물질이 해당 식품에 혼합되거나 오염되는 것을 사전에 막기 위해 각 과정을 중점적으로 관리하는 기준"이다 HACCP는 HA와 CCP의 두 부분으로 나뉜다.
- Hague Rules(**헤이그규칙**) : 1921년 Hague에서 전 해운국의 선주, 화주, 은행 및 보험회사 대표자가 참석한 회의에서 채택된 규칙을 말한다. 이 규칙을 기초로 1924년 8월 25일 Brussels에서 열린 제5차 해상법에 관한 국제 외교회의에서 소위 선화증권에 관한 통일조약이 채택되어 오늘에 이르고 있다.
- Hague Rules(1924) : 해상운송에 관한 통일 조약
- Hague－Visby Rules(1968) : 1968년 2월에 헤이그규칙의 개정내용이 Brussels에서 서명되어 Hague Rules의 개정의정서(Protocol to Amend International Convention for the Unification of Certain Rules of Law Relating to Bills of Lading)를 말한다.
- Hamburg Rules(1978 : **함부르크규칙**) : 1924년에 제정된 선화증권에 관한 통일조약이 개도국측의 요구로 1978년 3월에 독일Hamburg에서 container 조항 등에 대한 대폭적인 개정이 이루어 졌는데 이것을 UN 해상운송법 또는 Hamburg Rules 이라한다.
- HS(Harmonized Commodity Description and Coding System : **신국제통일상품분류**) : HS란 국가별·산업별로 통일된 상품분류체계를 사용하도록 관세협력이사회가 주관이 되어 제정한 것으로, 21 sections, 97chapters, 1,241 headings로 분류되어 무역통계의 수집·비교·분석과 국제간 자료 수집을 용이하게 하고 있다.

• **Hatch(창구)** : 선박으로부터 선창으로 들어가는 출입구, 화물이 드나드는 장소.

• **Hold(선창)** : 선박 내부에 화물을 넣어두는 장소.

• **Hold Cargo(선창내 적재화물)** : 선창 내에 적재하는 일반 화물을 말하며, 이에 반해 갑판에 적재하는 화물은 갑판적재화물(deck cargo) 이라고 한다.

• **Honour(인수/지급)** : 신용장에서 일람지급으로 이용이 가능한 경우 일람지급, 연지급 이용이 가능한 경우 연지급을 확약하거나 만기일에 지급, 인수가 가능한 경우 수익자가 발행한 환어음을 인수하고 만기일에 지급.

• **Hook & Hole(갈고리에 의한 손해)** : 하역작업 중 갈고리를 사용함으로써 생기는 손해로서 주로 직물이나 잡화 등을 마대 등으로 포장한 경우에는 이러한 위험을 추가로 담보할 필요가 있다.

• **House Bill of Lading〈House B/L〉** : 화물운송 주선업자가 실화주에게 발행하는 선화증권을 말한다(Master B/L).

• **IATA(International Air Transport Association : 국제항공운송협회)** : 항공운송의 제조건을 규정하고 그 통일을 도모하기 위해 1945년 4월 세계의 주요 항공사에 의해 설립된 순수 민간단체로 그 본부는 몬트리올에 두고 있다. 주요 업무는 항공권의 약관, 운임 협정, 기술분야의 협력, 통신 약호의통일, 수출입 절차의 간소화 및 대리점 자격의 인정 등을 행하고 있다.

• **ICD(Inland Container Depot : 내륙 컨테이너 통관기지)** : 항만이나 공항 아닌 내륙시설로를 고정설비를 갖추고, 보내어진 컨테이너 화물을 일시적 저장과 취급, 공로운송 및 통관을 하기 위한 장소.

• **IMF(International Monetary Fund : 국제통화기금)** : 1944년 7월 미국 뉴햄프셔주 브레튼 우즈(Bretton woods) 회의에서 채택된 국제통화기금 설립 협정안에 의거 1945년 12월 27일 설립된 비정치적인 정부간 통화금융기구로서 설립 이후 현재까지 국제통화제도의 운영에 있어서 중추적인 역할을 담당하고 있는 국제기구.

• **Immediate shipment(즉시선적)** : 빠른 선적을 요구시 Immediate Shipment 또는 Prompt Shipment 등의 용어를 사용하고 있는데, 개정된 제5차 신용장통일규칙에서는 이러한 용어를 사용치 말도록 권하고 있다.

• **Import Bill(수입어음)** : 수출상은 상품을 선적한 다음 수출대금을 회수하기 위하여 신용장상에 명시된 지급은행 앞으로 어음을 발행하게 되는데, 이 어음을 수출상의 입장에서는 Export Bill이라 하고 수입상의 입장에서는 Import Bill이라 한다.

• **Import Clearance(수입통관)** : 상품 수입시 세관에 수입신고를 하고 현품검사를 받은

다음 관세를 납부하면 수입신고필증을 받는다. 이러한 절차를 수입통관이라 한다.

- Import Licence(I/L, **수입승인**) : 수입을 효율적으로 관리하기 위하여 수입승인품목에 대하여는 해당 수입승인기관을 통하여 수입에 따른 승인을 받도록 하고 있다. 승인대상물품은 수출입공고, 수출입별도공고상의 제한품목.
- Import Usance(**수입유잔스**) : 수입금융의 한 방법으로서, 기한부어음인 경우 수입상은 거래은행으로부터 일정기간 지급유예금융을 받을 수 있도록 한 제도.
- Incoterms(International Rules for the Interpretation of Trade Terms)2010 : 무역조건 해석에 관한 국제규칙, 무역조건에 대한 매수인과 매도인의 의무(위험이전, 비용이전 등)를 규정한 국제규칙으로 현재는 2010년에 개정된 제7차 개정을 사용.
- Indent(**위탁매입**) : 수입상이 직접 상품을 매입하지 않고 일정 한 수수료를 지급하고 외국에 있는 특정인에게 매입을 위탁하는 것.
- Infringement Clause(**권리침해조항**) : 공업소유권 등에 관한 Infringement(권리침해)에 대해서는 면책문언을 넣어 둔다. 특히 미국이나 선진국 등에 수출할 경우 필히 계약서에 삽입해야 한다.
- Inland Charge(**내륙운송비**) : FOB조건일 경우에는 선적항까지의 운송비용을 견적에 반드시 포함시켜야 하지만, 공장도 가격인 경우에는 상관없다.
- Inland storage Extension(ISE, **내륙장치 위험 담보조건**) : 원목이나 석탄 등과 같은 상품에 대하여 보세지역에 장기간 보관시 화재 등의 위험을 방지하기 위해 담보하는 조건으로 30일, 60일 및 90일 등으로 기일에 따라 요율이 다르다.
- Inland Transit Extension(ITE, **내륙운송확장 담보조건**) : 첨단기자재 등 내륙운송시 위험을 방지하기위해 담보되는 조건으로 우리나라의 경우 수입화물은 ITE약관으로 부보하여도 수화인의소유가 아닌 보세창고나 보세장치장 입고 후10일이 보험자 책임의 최고한도이다(10일 운송약관).
- Inquiry(**조회**) : 상품매매에 관련된 제반 사항에 대하여 조회하는 서신이며, 대부분의 무역거래가 조회에서 시작된다.
- I/C(Inspection Certificate : **검사증명서**) : 수출상품의 품질, 포장, 소재 등을 공인된 검정기관이나 수입상이 지정한 자를 통하여 발급토록 하는 증명서.
- Instalment Payment(**분할지급**) : 상품대금을 일정 기간 동안 몇 번에 나누어지급하는 결제방법으로, 주로 선박 또는 플랜트 등과 같이 수입대금이 거액일 경우 수입상의 자금 경감을 위한 방편으로 이용 됨.
- Instalment Shipment(**할부선적**) : 수출상이 정해진 할부선적 기간 내에 약정된 수량의 선적의무를 이행하지 못하면 수입상 및 발행은행이 당해 선적분을 포함하여 그이후 분까지 모두 취소되는 선적조건을 말한다(Partial Shipment).
- ICC(Institute Cargo Clause : **협회적화물약관**) : 런던보험업자협회에서 제정한 화물해

상보험 특별약관으로서, 구약관에는 FPA, WA 및A/R이 있으며 신약관은 ICC(A), ICC(B) 및ICC(A) 등으로 구분되어 있음.

- **Insurable Interest(피보험이익)** : 적화품이 해상위험에 기인하여 멸실되면 화주 또는 수화인은 그것에 기인한 손해를 입는데, 이들 특정인은 그 보험계약에 의거하여 보험자에 의해서 보호 받는 이익.
- **Insurable Value(보험가액)** : 보험사고가 발생한 경우에 피보험이익의 평가액.
- **Insurance Policy(보험증권)** : 보험계약의 성립과 그 내용을 증명하기 위하여 보험회사가 작성하여 기명날인 후 보험계약자에게 교부되는 서류.
- **Insurance Premium(보험료)** : 보험계약자가 보험자에게 지급하는 일정한 금액.
- **Insurance Terms(보험조건)** : 운송도중에 발생할지도 모르는 화물의 멸실, 손상 등에 대비하여 보험에 부보하도록 하는 조건으로서 통상 해상보험을 의미한다.
- **Insured(피보험자)** : Assured라고도 하며 피보험 이익을 갖는다. 즉, 손해배상을 받을 권리가 있는 자.
- **Insurer(보험자)** : Assurer 또는 Under Writer라고도 하며 이는 보험계약의 당사자로서 보험사고가 발생한 경우 보험금을 지급할 의무를 지는 자로, 보험계약을 인수하는 주체, 즉 보험 회사.
- **Intermediary Trade(중개무역)** : 제3국의 무역업자가 거래의 주체가 되어, 물품을 외국에서 외국으로 이동하는 무역형태.
- **Intermediation(알선)** : 무역거래에서 당사자간에 분쟁이 발생했을 때에는 화해하여 자주적으로 해결하는 일이 가장 이상적이다. 그러나 상호 화해가 이루어지지 않을 경우 제3자가 당사자 간에 개재하여 상호 화해하도록 노력하는데 우리나라의 경우 대한상사중재원에서 알선업무를 맡고 있다.
- **ICC(International Chamber of Commerce : 국제상업회의소)** : 세계의 경제인들에 의해서 결성된 국제기구로서, 각국 상공회의소의 연락·제휴·무역의 원활화 등을 목적으로 하고 있으며, 그 본부는 파리에 두고 있다. ICC가 행한 중요한 활동으로는 Incoterms 및 신용장통일규칙(UCP) 제정 등을 들 수 있다.
- **Irrevocable L/C(취소불능신용장), Revocable L/C(취소가능신용장)** : 신용장이 발행되면 발행신청인, 발행은행, 수익자 모두의 동의 없이는 조건 변경이나 취소할 수 없는 신용장을 취소불능신용장이라 하며, 어느 당사자 일방이 임의적으로 신용장을 취소하거나 조건을 변경할 수 있는 신용장을 취소가능신용장이라 한다.
- **Invoice(송장)** : 수출업자가 무역계약을 정당하게 이행할 것을 해외의 수입업자 앞으로 증명하는 화물의 명세서를 말한다.
- **Invoice Amount(송장금액)** : 송장에는 수출품의 명세·수량·단가·금액 등이 상세하게 기재되는데 송장상의 총액을 가리킨다. 이 총액이 매도인이 매수인에게 상품을 선적

하고 청구하는 청구액이며 또한 화환어음의 금액·보험가액·관세액 등을 결정하는 기초가 된다.

- ISBP(International Standard Banking Practice ; **국제은행표준관행**) : 국제상업회의소 은행위원회가 2002년 10월 30일 새로 제정한 신용장거래에서 서류를 작성하고 심사하는데 기준에 관한 규정.
- ISO 14000 : ISO에서 제정된 기업의 환경경영체제에 관한 국제규격(ISO 14000)이 1996년 10월부터 발효됨에 따라 우리나라도 동년 12월부터 환경경영체제 인증제도가 시행되고 있으며, 인증기업의 확산을 통해 지구환경보호에 기여하고 선진국의 무역장벽에 대비하는 한편 산업계의 환경친화적 경영을 유도하기 위하여 제정되었다.
- Issuing Bank(**발행은행**) : 발생신청인의 요청에 따라 또는 자기 자신을 대신하여 신용장을 발행하는 은행.

J

- JIS(Japanese Industrial Standard : **일본공업규격**) : JIS는 영국의 BSS 및 미국의 ASTM 규격과 같이 세계적으로 공인된 규격으로서, 일본공업용품의 규격, 광공업 제품의 종류, 형상, 재질, 생산방법 등에 일정한 표준을 주기위해 제정된 국가규격.
- JWOB(Jettison and Washing Overboard : **투하, 갑판유실위험담보조건**) : 갑판상에 적재된 화물의 투하 및 풍랑에 의한 화물의 유실위험에 대해 담보되는 조건.
- Joint Venture(**합작투자**) : 외국기업과 자본이나 기술 등을 투자해서 회사를 설립하는 것.
- Jurisdiction Clause(**재판관할조항**) : 무역계약체결시 분쟁해결장소를 어느 특정국가의 중재기관이나 관할 법원으로 정하고자할 때 삽입되는 조항.

K

- Keep Sample(**비치견품**) : 무역거래 시 견품에 의해 품질을 결정할 경우, 매도인이 매수인에게 보내는 견품을 Sample(원견품)이라 하고 보관되는 견품을 Keep Sample 또는 Duplicate Sample이 라고 한다. 통상 비치 견품은 본사와 공장에 각각 보관하는 것이 바람직하다.
- Kelly's Dictionary(**켈리사 상공인명부**) : 런던에 있는 켈리사가 편찬한 세계적 인 상공인 명록으로서, 각국의 주요상공인의 업태가 수록되어 있다. 새로운 거래선을 찾기 위해서는 이와 같은 상공인명부들을 활용하면 된다.
- Knock Down Export(**녹다운수출**) : 조립능력이 있는 거래선에게 부품이나 반제품으로

수출하면, 수입지에서 수입상이 제품을 조립하여 완성시키는 방식.

• Knot : 시간당1해리(1,852m)를 항해하는 속력단위.

• Korean Foreign Exchange〈KFX〉 : 정부가 보유하고 있는 외환.

• Label(표찰) : 제품에 상품명, 상표, 제조원, 품질, 용도 등이 표시 된 것.

• Landed Cargo(양륙화물) : 무역거래 시 선화증권에 명시된 양륙지에서 규정된 절차를 마친 후 양륙이 되는 화물.

• Landed Quality Terms(양륙지품질조건) : 대부분의 선적 제품에 대한 품질조건은 선적지품질을 최종적으로 하나 석탄이나 곡물등과 같은 제품은 도착지에서 품질검사의 결과를 약정품질로 말한다.

• Landed Weight(Quantity) Terms : (양륙중량(수량)조건) : 화물을 양륙할 때의 중량을 대금 계산의 기준으로 하는 것을 말한다. 곡물류나 철광석과 같은 살화물의 경우 수송도중 감량, 누손이 발생하기 쉬운 상품은 이 조건이 적용된다.

• Laydays ; Laytimes(정박기간) : 선주와 화주 간 용선계약시 화물의 선적과 하역을 위하여 허용된 일수에 관한 용어를 말한다. 정박기간은 며칠 또는 몇 시간으로도 표시하기도하며, 또 하루 몇 톤이라고도 표시한다.

• Laytime Saved : 조출료를 계산하는 방법으로 허용된 정박기간에서 사용한 정박기간을 공제하고 남은 시간이 있을 경우 용선자는 선주로부터 조출료를 받게 된다.

• LCL(Less than Container Load) : 한 개의 컨테이너와 화차 내에 여러 회사의 화물이 혼재되는 것을 말한다.

• Leakage(누손) : 해상 및 운송보험에서 면책으로 규정되어 있는 누출에 포함된 것으로서, 일반적으로 액체화물, 반액체화물이 용기에서 누출되어 있는 손해.

• Lengthy Charge(장척물할증) : 정기선 운임에서 길이가 일정기준을 넘을 경우에 대해 할증하는 것으로서, 선사는 화물의 선적 및 양화시 발생되는 제반비용으로 할증료를 받는다.

• LCL(Less than Container Load Cargo) 〈LCL Cargo〉 : 컨테이너 1개의 양에 부족한 소화물을 말하며, 이에 반대되는 화물을 FCL화물이라 한다.

• L/C(Letter of Credit : 신용장) : 수입상의 요청으로 수입상의 거래은행이 수출상에게 일정한 조건하에서 대금을 대신 지급하여 주겠다는 조건부지급확약서.

• Letter of Instruction(어음매입지시서) : 수입지의 은행이 수출지에 있는 자기의 본지점 앞으로 수출상이 이러한 조건으로 이 금액 이내의 환어음을 발행하였을 경우 그 시점에서 그 환어음을 매입하여 주기 바란다고 지시하는 것으로 기능면에서 어음매입

수권서와 같지만 동일은행의 본지점 간에만 사용되는 것에 차이가 있다.

• **L/G(Letter of Gurantee : 수입화물선취보증장)**
  - 수입화물선취보증서 : 수입물품은 이미 도착하였으나 운송서류가 도착하지 않았을 경우 운송서류 내도 이전에 수입상과 발행은행이 연대 보증한 보증서를 선박회사에 선화증권의 원본 대신 제출하고 수입화물을 인도받는 보증서.
  - 은행지급보증서 : 수입상이 대금결제를 하지 않았을 경우 은행이 대신 지급 하겠다는 일종의 대금지급보증서로서 수출상은 수출채권확보를 위해, 수입상에게 대금의 일부 또는 전액에 대한 L/G를 발행하도록 한다.

• **L/I(Letter of Indemnity : 파손화물보상장)** : 고장부선화증권을 발급받은 수출상이 무고장선화증권을 발급받기 위하여 선박회사에 제출하는 책임각서.

• **Lien(유치권)** : 해상운송의 경우 'Maritime Lien'이라고 하며 운송계약에 의해 화주가 운임 및 기타 부대비용을 지급하지 않을 경우 선주가 그 적재화물을 유치할 수 있는 권리를 가진다.

• **Lightening ; Shifting with Lighters** : 수심이 얕아 본선의 화물을 적재한 대로 정박장소에 도착할 수 없는 경우 화물의 일부를 부선에 옮겨 실어 선체를 가볍게 하는 것을 말한다. 용선계약 시에는 이러한 비용은 누가 부담하는가를 명시해야 한다.

• **Liner(정기선)** : 개품운송의 화물을 정기적으로 취항시키는 운송 방식.

• **Liner Terms(정기선조건)** : 이는 Berth Term이라며, 일단 화주가 선박회사에게 운임을 지급하면 선박회사가 적재화물을 목적지까지 해상운송을 하는 운임률의 한 조건.

• **Litigation(소송)** : 당사자 간 무역분쟁이 발생할 경우 중재에 의해 해결한다는 약정이 없는 경우 국가공권력에 의존하는 방법인 소송에 의해 해결할 수밖에 없다.

• **Lloyd's Surveyor(로이즈감정인)** : 런던의 로이즈협회 소속의 감정인. 주로 선박에 관련된 감정 업무를 하며, 경우에 따라서는 일반 상품거래에 대한 검사 및 감정을 하는 세계적으로 공인된 감정전문가이다.

• **Local L/C(내국신용장)** : 신용장을 수취한 수출상이 완제품 구매나 해당제품 제조에 필요한 원·부자재 공급을 받기 위해 원신용장을 견질담보로 자기 거래은행을 발행은행으로 하여 국내의 제조업체를 수혜자로 발행하는 신용장.

• **Lost or Not Lost Clause(소급약관)** : '멸실한 것과 멸실하지 않은 것에 불구하고'를 의미하는 용어로서 선화증권 약관으로서는 화물의 멸실 유무에 불구하고 이미 지급한 운임은 반환하지 않는다는 특약조항을 표시.

• **Lump-sum Charter(선복용선)** : 한 선박의 선복(ship's space) 전부를 한번선적(one Shipment)으로 간주하여 운임액을 정하는 용선계약을 말한다. 선·복용선계약에서는 운임을 적재 수량과 관계없이 한 항해당 운임총액 얼마라고 포괄적으로 약정.

M

- **Mail Credit(우편신용장)** : 우편신용장은 발행은행이 자행의 신용장양식에 의거 직접 발행한 신용장을 우편을 이용하여 통지은행을 통해 수출상(beneficiary)에게 전달하는 것.
- **M/T(Mail Transfer : 우편환)** : 송금을 할 때, 우편을 이용하는 지급지시서(payment order)를 말한다.
- **M/F(Manifest : 적화목록)** : 선적을 완료한 후 선화증권의 사본을 기초로 하여 선박회사 혹은 대리점이 작성하는 적화의 명세서이며, 하역 상 양륙지의 지점 또는 대리점에서 필요한 서류이다. 이 서류는 수입화물에 대하여 세관에 제출되어야한다.
- **Marine B/L(Ocean B/L)(해양선화증권)** : 부산에서 동경 또는 인천에서 뉴욕 등과같이 외국의 해상운송에 대하여 발행하는 선화증권.
- **MIA(Marine Insurance Act, 1906 : 영국 해상보험법)** : 영국의 해상보험법은 오랫동안 판례법으로 되어 있던 것을 정리, 정정, 취사선택을 하여 체계화하여 1906년 법전화한 성문법을 말한다. 해상보험법의 원리원칙을 거의 망라하여 완성도가 높은 것으로 평가되고 있다.
- **Market Claim** : 매수인에게 거의 손해를 입히지 않는 정도이거나 또는 그 손상이 경미하여 평소 같으면 클레임이 되지 않을 정도의 적은 과실을 감가의 구실로 하는 클레임을 말한다.
- **Marshalling Yard** : Apron에서 이웃하여 막 하역했거나 곧 적재할 컨테이너를 정렬 및 보관하는 장소.
- **Master Air Waybill(항공사발행 화물운송장)** : 여러 화주들로부터 포장의 화물을 기탁받은 혼재업자(consolidator)가 자신이 화주(shipper)가 되어 화물들을 운송규격 단위로 재포장하여, 항공회사와 운송약관에 따라 계약을 체결하고 항공회사로부터 운송증거서류로써 발급받는 것.
- **Master Credit(원신용장)** : 내국신용장(Local L/C)의 발급근거가 되는 신용장을 말한다. 즉, 내국신용장의 발행을 위해 견질담보로 제공된 해외에서 수취한 수출신용장을 말하며,「Original Credit」 또는「Prime Credit」 등으로 불린다.
- **Mate's Receipt(M/R, 본선수령증)** : 본선의 일등항해사가 재래선박에 적재된 화물과 선적지시서를 대조하여 화물 수령에 관한 증거로서 발급하는 서류. 본선수령증과 선화증권을 교부해준다.
- **Measurement Cargo(용적화물)** : 선박회사가 운임계산의 기준을 설정할 때 적용시키는 화물 중에서 용적을 기준으로 하는 화물을 말한다. 선사는 일반적으로 용적화물과 중량화물(weight cargo)로 나누어 자기네가 유리한 쪽으로 운임을 결정.(Revenue

Ton)

- **Memorandum of Agreement ; Agreement on the General Terms and Conditions of Business(일반거래조건협정서)** : 무역거래는 국가 간에 이루어지기 때문에 서로 다른 상관행에 대한 분쟁을 예방하여야한다. 이를 위하여 세부계약에 앞서 양자간 무역거래의 일반적 기준이 될 제반조건을 협정하고 이를 문서화하는 것.
- **Merchanting Trade(중개무역)** : 수출국(A)과 수입국(G)의 중간에서 제3국(C)의 상인이 개입하여 이루어지는 거래.
- **Minimum Freight(최저운임)** : 정기선의 경우 1톤 미만의 화물에 대해서는 최저 1톤에 해당하는 운임을 부과.
- **M/V(Motor Vessel : 기선)** : 바람에 의해 운항하는 범선이 아닌 기계장치로 운항하는 선박.

N

- **Negotiation(매입)** : 지정은행이 수익자에게 대금을 미리 지급 또는 지급하기로(대가를 지급) 약정한 환어음 및 또는 서류를 구매(Purchase) 하는 것.
- **Negotiating Bank(매입은행)** : 신용장의 조건과 일치하는 서류가 첨부된 환어음이 제시 될 때 환어음을 매입 해주는 은행.
- **Negative List System** : 수출입 품목을 제한 내지 금지되는 품목만 나열하는 수출입 공고에 의한 관리방식.
- **Net Weight(순중량)** : 포장의 무게를 제외한 물품 자체의 무게만을 말한다.
- **Nominated Bank(지정은행)** : 신용장에서 인수/지급 또는 매입이 수권된 은행 또는 자유매입신용장의 경우 모든 은행.
- **Non Tariff Barrier〈NTB〉(비관세 장벽)** : 간접무역 규제인 관세 이외의 무역규제수단(수량제한, 외환관리 등).
- **Notify Party(착화통지처)** : 선적화물이 수입지에 도착한 후 운송인이화물이 도착하였다고 통지를 하는 사람.

O

- **Ocean or Marine B/L(해양선화증권)과 Local B/L(국내선화증권)** : 해양선화증권은 인천과 런던 또는 뉴욕과 같이 한 나라의 영해를 벗어나는 해외운송에 대하여 발행되는 선화증권을 말하며, 현재 우리나라의 무역거래에서 사용되는 선화증권은 거의가 모두 이 선화증권이며, 한편 내국 선화증권은 인천과 부산 또는 군산 사이와 같이 국

내해상운송에서 발행되는 선화증권.

- **Off-dock CY(ODCY)** : 컨테이너 전용 터미널과 떨어져 있는 사설CY, LCL화물인 경우 대부분 ODCY를 먼저 거친 다음 On-dock CY로 보내진다.
- **Offer Agent(갑류무역 대리업)** : 외국의 수출업자를 대리하여 국내에서 물품매도확약서 발행을 업으로 하는 자.
- **Offer subject to Prior Sale(선착순 판매조건오퍼)** : 이것은 주로 재고품판매오퍼 시 거래선들에게 오퍼를 발행하는 것으로, 해당물품이 판매되지 않고 재고가 있어야만 계약이 성립된다는 것을 조건으로 한다. 이는 Offer subject to being Unsold(재고잔류조건오퍼)로도 표시할 수 있다.
- **Official Invoice(공용송장)**
  - Custom Invoice(세관송장) : 수입지 세관이 수입화물에 대한 관세가격의 기준을 결정, 덤핑 유무의 확인, 쿼터관리, 수입통제의 목적으로 일부 국가에서 이를 요구한다.
  - Consulor Invoice(영사송장) : 수입지의 국내 영사관에서 발급하는 것으로 수입시 외화도피(over value) 및 관세포탈(under Value)등을 방지하기 위해 요구한다.
- **On-dock CY** : 부산항의 경우 컨테이너 전용 터미널인 5, 6부두의 BCTOC(Busan Container Operating Company)내에 있는 부두.
- **Open Account or Account Current or Running Account(장부결제, 상호계산, 청산계정)** : 수출입 거래가 빈번한 경우 대금결제를 장부상 상쇄·정리한 다음 일정기간(6개월 또는 1년마다)말에 그 차액만을 청산하는 결제방법(대형 상사의 본·지사 사이에 거래).

P

- **P/A(Particular Average : 단독해손)** : 해상손해가 부분손해(Partial loss)로 발생했을 경우, 그 피보험이익(insurable interest)의 일부가 멸실 또는 손상된 손해 중에서 공동해손(general average)을 제외한 손해(general average).
- **Packing Credit(전대신용장)** : 수출상이 수출을 이행하기 위해 계약물품의 생산·가공·집화·선적 등에 필요한 자금을 수입상(신용장 발행의뢰인)을 통해 미리 전대받는 신용장을 말한다. 이는 그러한 조건이 신용장 상에 적색으로 명기된다고 하여 「Red Clause credit」라고 하며, 자금을 선급 받는다하여 「Advance Payment credit」라고도 불린다.
- **Packing List(포장명세서)** : 선적화물의 포장 및 포장단위별 명세와 단위별 순중량·총중량·용적·화인 및 포장의 일련번호 등을 기재한 상업송장의 보조서류.
- **Pallet(팔레트)** : 화물을 일정 수량단위로 모아 하역·보관·수송하기 위해 사용되는 하역받침으로, fork lift를 이용하여 하역하기 때문에 받침에는 fork가 들어갈 수 있는

공간이 있다. pallet도 종류가 여러 가지인데, 평팔레트, box pallet 그리고 post pallet 등이 있다.

- **Panel Arbitrator(등록중재인)** : 중재인 명부에 등록되어 있는 중재인.
- **Parcel Post Receipt(우편소포수령증)** : 우편수령증(post receipt)이라고도 하며, 유상의 견품이나 소화물을 소포우편으로 외국에 발송하는 경우 우체국에서 발행하는 화물수령증.
- **Patent(특허권)** : 새로운 공업적 가치의 발명을 해낸 사람이발명품이나 혹은 그 원리에 따라 생산한 물품을 법정기간 동안 독점하여 제작, 사용, 판매할 수 있는 권리.
- **Partial Loss(분손)** : 전손(total loss)에 반대되는 용어로서, 보험에 부보된 선박 또는 화물 등의 일부가 멸실되거나 또는 이들의 전부 혹은 일부가 훼손되거나 또는 일부가 상실되어 발생하는 손해를 말한다. 여기에는 단독해손(particular average)과 공동해손(general average)이 있다.
- **Partial Shipment(분할선적)** : 수입상측의 요구에 의하여 계약물품을 몇 차례로 분할하여 선적하는 것. 신용장거래에서는 이에 대한 언급이 없을 경우 허용되는 것으로 간주한다(Instalment Shipment).
- **Partial Transfer(분할양도)** : 원신용장(master L/C)의 최초의 수익자 first beneficiary가 받은 신용장 금액을 제2수익자(second beneficiary)인 여러 사람에게 분할로 양도하여 주는 것을 말한다.(Total Transfer)
- **Payee(수취인)** : 환어음(draft) 금액을 지급받을 자로, 일반적으로 환어음을 매입(negotiation)한 은행이나 수출상을 지칭.
- **Paying Bank(지급은행)** : 신용장에 의거 수익자가 발행한 환어음에 대해서 직접 대금을 지급하여 주는 은행으로서 그 어음금액을 지급하도록 권한을 받은 은행.
- **Payment in Advance(선지급)** : 계약물품이 선적 또는 인도되기 전에 미리대금을 지급하는 조건으로, CWO, Packing Credit 및 주문과 함께 송금수표(demand draft)나 우편환(mail transfer) 또는 전신환(telegraphic transfer)등에 의해 송금되는 사전송금방식(remittance basis) 등이 있다.
- **Performance Bond(계약이행보증)** : 플랜트수출이나 해외건설공사에 수반하여 발행되는 본드로서 계약체결시 약정된 계약을 이행하지 않을 경우에 지급토록 되어 있는 은행이나 보험사가 발행한 보증서를 말한다. 일반적으로 본드금액은 계약금액의 10% 전후이다(Bid Bond).
- **Peril of the Seas(해상고유의 위험)** : 구보험증권의 위험약관 중 가장 먼저 표시되는 위험이다. 풍파에 의한 파손, 난파, 침몰, 좌초, 충돌 등이 대표적인 해상고유의 위험들이다.
- **Personal Check(P/C, 개인수표)** : 무역대금결제를 송금수표(demand draft)로 할 경우에

그 발행인이 일반회사나 개인자격으로 발행한 수표.

- **Physical Distribution ; Logistics(물적 유통)** : 생산자로부터 소비자까지의 물건의 흐름을 가리킨다. 물적 유통은 수송 기초시설, 통신기초시설 등 국가 기간산업활동과 관련된 부분과 기업이 자체적으로 관리할 수 있는 수송·보관·하역·포장·유통가공·정보 기능을 총체적으로 나타내는 말.
- **Physical Loss(물적 손해)** : 해상보험 용어로서, 실체적 손해라고도 한다. 이는 보험의 목적물인 선박이나 화물에 위험이 작용하여 멸실 또는 손상이 발생한 손해. 전손(total loss), 분손(partial loss).
- **Pier to Pier** : 컨테이너 선사에 의해 제공되는 서비스나 운임을 말하는 것으로, 수출국 항구 터미널에서 선사의 책임 하에 화물이 선적되거나 화물도착지의 터미널까지 화물이 배송되는 경우에 해당된다.
- **Piggy-back System** : 컨테이너 운송방식을 말하는 용어. 컨테이너를 적재한 트레일러(trailer)를 철도 의무개화차에 실어 수송하는 방식. 이것은 일종의 TOFC(trailer on flat car)의 수송방식이며, 컨테이너를 배에 싣고 운송하면 「fish-back」, 항공기에 싣고 운송하면 「Birdy-back」.
- **Pilferage(발화)** : 해상보험에서 사용되는 용어로서, 선적 또는 양륙과정에서 화물 전체가 아니고 그 내용물의 일부분을 빼내어 훔치는 등의 절도 행위.(TPND)
- **Pilot(도선사)** : 선박들의 입출항을 안내하기 위해 도선 구내에서 선박에 승선하여 수로를 인도하는 사람을 말하며, 여기 드는 비용을 도선료(Pilotage)라고 한다.
- **Pirates(해적)** : 해상보험에서 해적의 뜻은 약탈자가 약탈·방화·파괴·폭행을 함으로써 초래시킨 손해를 말하며, 그러한 행위를 담보하는 보험약관을 해적행위약관(piracy clause)이라고 한다.
- **Plant Export(플랜트수출)** : 플랜트를 구성하는 요소인 기계기구, 자재제작 및 판매와 병행하여 기술지식, 공업소유권, Know-how, 기술자용역을 포함하는 유형·무형의 물품수출이나 소요인원의 조달, 외국에서의 플랜트 공사의 도급업무 등을 포함하는 수출.
- **PL(Product Liability : 제조물책임)** : 제품의 품질이나 기능 및 효용에 관한 책임은 물론이고 당해 제품의 사용 중이나 사용 후의 환경에 미치는 영향에까지 책임을 지는 기업의 이념이나 자세.
- **PLI(Product Liability Insurance : 제조물책임보험)** : 제조된 물품의 하자로 인하여 그 물품의 사용자 또는 제3자가 인적 손상이나 재산 상의손해를 입은 경우 제조자가 부담하는 배상책임을 제조물책임(Product liability)이라고 하며, 이러한 위험이 있는 물품에 대하여 보험회사에 담보시키는 보험.
- **Point of Discharge(양륙지)** : 화물의 양륙지를 지정하여 양륙되는 장소를 말한다. 해운화물의 경우 양륙항을 말하는데, 양륙지와 목적지(destination)가 동일지가 아닐 경

우도 있다. 양륙지는 본선화물을 양륙할 항구이며 목적지는 화물의 최종 도착지.

- Policy Holder(**보험계약자**) : 보험자와 보험계약을 체결하는 자를 말한다. 보험계약자는 보험자, 즉 보험회사와 보험계약을 체결하고 보험료를 납입하는 자로 보험자에 대하여 고지의무, 위험의 변경 증가의 통지의무를 지게 된다.
- Port B/L(**항만선화증권**) : 수취선화증권(received B/L)의 일종으로, 화물이 운송인의 보관하에 있으며 또한 선화증권에 지정된 선박이 본선 상에 적재되어 있지 않을 때 발행되는 선화증권.
- Port Dues ; Harbour Dues(**항만사용료**) : 항만을 사용한 대가로 항만당국이 선주나 선박운항업자에게 부과하는 요금.
- Port Mark(**포트마크**) : 화물의 행선지를 포장에 표시하는 일종의화인(shipping marks)을 구성하는 내용 중 일부를 말한다. 통상 메인마크 바로 밑에 도착항 이름으로 표시.
- Positive List System : 수출입공고에 수출 또는 수입이 허용되는 품목만을 표시하고 여기에 표시되지 않은 기타의 품목은 원칙적으로 수출/입이 제한 또는 금지되도록 하는 품목 표시방법<→Negative List system).
- Preferential Tariff(**특혜관세**) : 특정 국가에 대해 특히 관세율을 낮추거나 관세 그 자체를 폐지해서 타국가보다도 교역상 유리한 대우를 부여하는 관세제도를 말한다. 이것은 가트(GATT)의 일반적 최혜국대우의 원칙에 어긋나지만 세계무역의 현실에 비춰 봐서 예외적으로 인정하고 있다.
- PSI(Pre-shipment Inspection : **선적전 검사**) : Incoterms 2000에서 규정하고 있는 용어로서, 매수인 자신이 수출국 등에서 행한 검사나, 매수인의 요청에 의한 특정 기관이 미리 행한 검사를 말하며, 이러한 검사비용을 선적 전 검사비용(costs of Pre-shipment inspection) 이라 하여 매수인이 부담하는 것을 원칙으로 한다.
- Presentation(**제시**) : 신용장 상의 서류를 인도하는 행위 또는 발행은행 또는 지정은행에게 인도된 서류를 인도하는 행위.
- Presenter(**제시자**) : 제시를 행하는 수익자
- Prima Facie(**추정적 증거**) : 특정 사실의 증명에 있어서 일단 충분하다라고 하는 증거이며 상대방의 반증에 의해 뒤집히지 않는 한 진실이라고 추정되는 증거.
- Principal(**본인**) : 물품계약을 체결할 당시 매매당사자를 확정짓는 용어로 사용되는데, 당사자가 자기의 계정(account)과 위험(risk)을 갖고 거래하는 당사자를 지칭한다. 반대 용어는 대리인(agent).
- Progressive Payment or Installment Payment(**누진불 또는 분할지급**) : 매수인이 주문과 동시에 대금의 1/3, 선적이 끝난 후에 1/3, 잔액은 화물이 도착한 후에 지급하는 방식의 결제조건.
- Protection & Indemnity Club(P&I Club, **선주책임 상호보험조합**) : 일반적인 선체보험으

로 대비할 수 없는 손해나 배상문제에 대해 선박소유나 운항에 관련 제3자 배상책임을 나누어 맡는 선주 상호간의 보험, 즉 선박보험의 보완적 부속보험으로서 선주의 배상책임 일체를 담보하는 장치.

- **Protective Tariff(보호관세)** : 국내 유치산업(infant industry)의 보호육성과 기존산업의 유지를 주목적으로 부과하는 관세.
- **Protest(거절증서 또는 해난증명)**
  - 추심결제방식에 의한 거래의 경우 어음의 발행인(drawer)이 발행한 어음에 대해 지급인이 인수를 거절하거나 지급을 거절할 경우 어음의 소구권 행사를 위하여 이러한 사실을 증명하는 공증인에 의하여 작성되어지는 공증증서를 말한다.
  - 해난증명은 해상보험에서 사용되는 용어로, 조난선의 선장으로부터 조난 후 첫 입항지의 감독관청 앞으로 해난의 사정을 보고하는데, 통상 이러한 손해는 불가항력적이며 선장의 책임이 아니라는 것을 주장 또는 항의한다는 의미에서 Protest라 한다.(Captain's Protest)
- **P/O(Purchase Order : 매입서)** : Order Sheet와 같은 듯으로 사용되는 용어로서 일종의 개별계약서이다. 매매계약이 성립된 후에 계약내용을 확인하기 위하여 수입상이 작성하여 수출상에게 송부.

Q

- **Quality Certificate(품질증명서)** : 수출상으로 하여금 약정된 품질의 제품을 선적하도록 하기 위해 수입상은 공인된 검정기관의 품질증명서를 요구하기도 하며, 경우에 따라서는 제조업체가 발행하는 품질증명서를 요구하기도 한다.
- **Quality Claim(품질클레임)** : 약속된 제품의 품질불량, 품질상위, 파손 및 불완전포장 등으로 인해 발생되는 클레임.
- **Quality Terms(품질조건)** : 품질조건에는 상품명, 규격, 색상, 모델 등이 포함되며 품질을 결정하는 방법으로는 견품매매, 상품매매, 설명매매, 표준품 매매 및 규격 매매 등으로 구분.
- **Quantity Discount(수량할인)** : 일정량 이상 구입할 때 매도인이 매수인에게 주어지는 가격 인하.
- **Quantity Terms(수량조건)** : 수량을 표시하는 조건은 제품에 따라 개수, 포장단위, 용적, 중량 및 길이 등으로 표시.
- **Quay(부두)** : 선박이 화물이나 승객의 승선이나 하선을 적절히 하기 위해 옆으로 댈 수 있도록 육지와 평행하게 만들어진 평행담벽 형태의 부두.
- **Quota(할당제)** : 수출입되는 상품의 일정금액 또는 제한하는 제도를 말한다. 수출입을

제한하는데 이용되는 비관세장벽(NTB)제도 중에서 가장 효율적인 수단으로 이용(Voluntary Export Restraint).

- **Qurantine Certificate(검역증명서)** : 위생증명서의 일종으로, 특히 식물이나 동물 또는 동물의 부산물 등을 수출하는 경우, 전염병 등 세균의 침입을 예방하기 위하여 수출국에서 소독 등 방역·검역을 실시하고 발급하여주는 서류.

R

- **Railway Consignment Note(철도화물수탁서)** : 육상운송에 탁송한 화물의 청구권을 표시한 비유가증권.
- **Received B/L(수취선화증권)** : 화물을 선적할 선박이 항내에 정박 중이거나 아직 입항되지는 아니하였으나, 선박이 지정된 경우에는 선박회사가 화물을 수령하고 선적 전에 발행하는 선화증권을 말한다. 여기에는 Port B/L(항만선화증권)인 지정된 선박은 입항되어 있으나, 화물이 선박에 적재되어있지 않은 경우와 Custody B/L(보관선화증권)이 있다.
- **Red B/L(적색선화증권)** : 선화증권과 보험증권을 결합시킨 것으로 전체가 적색으로 인쇄된 증권이다. 이 증권에 기재된 화물이 운송 중 사고가 발생하면 당해화물에 대하여 선사가 보상해 주는 선화증권.
- **Red Clause L/C or Packing L/C(전대신용장)** : 수출상이 물품을 선적하기 전에 상품을 제조하거나, 조달하는 데 필요한 자금을 은행이 미리 공여해주도록 하는 신용장.
- **Reefer Container(냉동컨테이너)** : 냉동화물 및 과실 등 부패되기 쉬운 화물을 수용하기 위해 컨테이너 내에 방열장치 및 냉동기를 설치해 −28℃에서 +260℃까지의 온도를 임의로 조절할 수 있도록 고안된 컨테이너를 말한다.
- **Re-Export(재수출)** : 자국에 수입된 화물을 재수출하는 것을 말한다. 가공된 화물 또는 수출입화물의 용기라든가, 수선된 화물에 있어 수입허가일로부터 일정기간 이내에 수출되는 경우에는 관세가 감면된다.
- **Restricted Item(제한승인품목)** : 수출입공고에 열거되어 있어 정부, 기관, 협회로부터 허가, 추천을 받아야만 수출입을 할 수 있는 품목.
- **Revenue Ton or Freight Ton(운임톤)** : 정기선(liner)의 운임료(freight tariff)상의 운임률에는 용적톤(measurement ton)과 중량톤(weight ton)을 기준으로 운임을 징수하게 되는데 이중 정기선에서 유리한 더 높은 운임 에 해당되는 Ton을 말한다.
- **Reimbursing Bank(상환은행)** : 결제은행(settling bank)이라고도 한다.(Settling Bank).
- **Reimbursement Credit(상환신용장)** : 신용장거래에서 선적서류 매입은행이 발행은행의 무예치환 거래은행(non-depositary correspondent bank)인 경우에는 발행은행이 결제계

정을 가지고 있는 예치환 거래은행 앞으로 대금상환을 청구하게 되는데, 이처럼 매입은행이 별도로 상환청구를 하는 신용장.

- **Re-Import(재수입)** : 해외에 수출된 화물을 다시 자국에 수입하는 것이다. 재수입된 화물이 보세공장의 제품이고 그의 수입이 관세법에 정한 재수입면세의 요건에 해당할 때는 관세가 경감된다.
- **Reinsurance(재보험)** : 보험자가 인수하는 보험계약 상의 책임을 일부 또는 전부 다른 보험자에 이전할 목적으로 체결하는 보험을 재보험 이라고 한다.
- **Remittance(송금환)** : 외국환에 의한 결제방법 중의 하나로, 무역거래에서 이용되는 송금환방식은 물품 선적 전에 외화·수표 등 대외지급수단에 의하여 미리 대금을 영수하고 일정기일 내에 상응하는 물품을 선적하는 결제방식.
- **Remitting Bank(추심의뢰은행)** : 추심어음거래(D/P, D/A)의 경우추심의뢰인, 즉, 수출상의 추심요구에 따라 금융서류(환어음)와 상업서류(운송서류)를 수입지의 은행으로 송부하여 추심을 의뢰하는 수출지의 수출상거래은행(일반적으로)을 말한다.(Collecting Bank)
- **Renegotiation(재매입)** : 매입제한신용장을 수출신용장으로 받은 수출상은 일단은 매입은행의 선택권을 유보하기 때문에 1차적으로는 수출상의 거래은행에 1차 매입이 이루어지고 그 다음에 신용장에서 매입은행으로 지정된 은행에 재매입(renegotiation)을 하는 것.
- **Restricted Credit(매입제한신용장)** : 신용장 발행은행이 당해 신용장을 근거로 발행되어지는 환어음의 매입을 특정은행으로 제한시키는 경우의 신용장을 말한다. 이를 특정신용장(special credit)이라고도 한다.
- **Retaliatory Tariff(보복관세)** : 타국이 자국의 수출품에 대하여 또는 자국의 선박 또는 항공기에 대하여 불리한 대우를 하는 경우 그 차별이 관세에 의한 것이든, 다른 방법에 의한 것이든, 또는 직·간접이든 자국의 산업에 불이익의 영행을 미치는 경우에 그 불리한 대우를 관세의 부과로써 제거하기 위하여 부과되는 관세.
- **Revenue Tariff(재정관세)** : 국가의 재정수입을 주목적으로 부과하는 관세를 말한다. 재정관세는 일반적으로 국내생산이 거의 불가능하여 수입에 의존할 수밖에 없거나, 수입을 권장하거나 더 이상 보호할 가치가 없을 때 부과한다.
- **R/T(Revenue Ton : 운임톤)** : 선박의 화물 적재능력은 중량과 용적의 양면에서 제한되므로 중량화물(weight cargo)은 중량기준으로 운임이 부과되고, 경량화물(light cargo)은 용적 기준으로 운임 이 부과된다. 이 경우운임 산정기준에서 중량화물과 용적화물의 구별이 모호하거나 경합될 때에 용적과 중량에서 계산된 운임 중 더 많은 쪽에서 선사가 부과하는 것. 「Freight Ton」
- **Revised American Foreign Trade Definition, 1941 개정 미국무역정의** : 1919년 제정된 India House Rule을 1941년 개정하여 현행 미국무역정의로 채택하고, 이를 원산지인

도조건(ex point of origin), 선측인도조건(FAS), FOB, C&F, CIF 그리고 부두인도조건(ex dock)등의 6종으로 구분하고 있다. 특히 FOB 조건은 미국적인 운송 특성으로 해석기준을 6가지로 세분하고 있다.

- FOB(named inland carrier at named point of departure)
  ⇒ 지정국 내 적출지에서 지정국내 운송인에의 인도.
- FOB(named inland Carrier at named point of departure)
  Freight Prepaid to(named point of exportation)
  ⇒ 지정국 내 적출지에서 지정국내 운송에의 인도 단, 지정수출지까지의 운임지급.
- FOB(named inland carrier at named point of departure) Freight Allowed to(named point)
  ⇒ 지정국 내 적출지에서 지정국내 운송인에의 인도. 단, 지정지점까지의 운임공제.
- FOB(named inland carrier at named of point of exportation)
  ⇒ 지정국 내 수출지에서 지정국 내 운송인에의 인도.
- FOB Vessel(named port of shipment)
  ⇒ 지정 선적항에서 본선적재인도.
- FOB(named inland point of in the country of importation)
  ⇒ 수입국 지정 내륙지점까지의 반입 인도.

• **Revocable Credit(취소가능신용장)** : 신용장 발행은행이 신용장을 발행한 후 수익자에게 사전에 통고함이 없이 언제라도 그 조건을 변경하거나 취소할 수 있는 신용장으로서 신용장 문면상에 '취소가능"(revocable)이란 표시가 있는 신용장.

• **Revolving Credit(회전신용장)** : 동일한 거래처와 동종의 물품을 장기간에 거쳐 거래할 경우 매 건별로 신용장을 발행하는 번거로움을 피하기 위해 처음 1회 신용장을 발행한 후 일정기간이 지나면 동일한 내용의 효력으로 신용장금액이 자동적으로 갱신될 수 있도록 발행되는 신용장.

• **RFWD(Rain and/or Fresh Water Damage : 우수 및 담수에 의한 손해)** : 바닷물 이외의 민물에 젖어 발생한 손해로서, 해상보험의 부가조건을 말한다. 하역 작업 중 비나 눈이 와서 젖거나 선박 내에서 음료수가 선창에 침투하여 화물에 손해가 발생하는 경우를 의미한다.

• **Right of Subrogation(대위권)** : 추정전손이 발생한 경우 보험자가 피보험자에게 보험금을 지급하면서 보험목적물에 대한일체의 모든 권한을 양도받는 행위.

• **RT(Rye Term)** : RT란 원래 Rye(호밀)거래에 사용되었다고 해서 RT조건이라 하는데, 곡물류거래에 있어서 물품이 도착시 손상되어 있는 경우에 그 손해에 대해 매도인이 책임지게 되는 양륙품질조건(landed quality term).(TQ, SD Term)

• **Running Laydays(연속정박 24시간)** : 용선계약(charter party)시 정박기간을 산정할 때 정박이 하역기간의 개시로부터 하역이 끝날 때까지 소요된 모든 경과일수를 휴일이나 기후, 불가항력 등에 관계없이 정박기간(laydays/ laytimes)으로 산입하는 방법.

S

- **Sailing Schedule ; Shipping Schedule(배선 예정표)** : 정기선 운항선사가 선박의 현재 및 미래 운항계획을 공표한 것으로 여기에는 선박의 이름과 각 기항 항구에서의 화물선적일, 입항일, 출항일 등이 기록되어 있다.
- **Safe Berth(안전정박지)** : 항구 내에서 안전하게 선적하고 하역작업을 할 수 있는 장소.
- **SGA(Sale of Goods Act : 영국물품매매법)** : 무역관습의 대표적인 성문법을 말한다. 이는 1893년에 제정된 동산매매 및 그에 부수되는 사항에 관한 성문법인데 계약법의 일부분을 규정하는 것이므로 불완전한 내용에 관하여는 계약에 관한 관습법과 판례에 의해 보충되고 있다.
- **Sales by Sample or Pattern(견품매매)** : 실제 매매될 상품의 품질(quality)을 매매당사자가 제시한 견품에 의하여 인도할 것을 약정하는 품질결정방법을 말한다. 무역계약 체결시에 일반적인 개품들은 대부분이 견품에 의해서 품질을 결정.
- **Sales by Specification or Description(규격 또는 설명매매)** : 품질을 결정하는 방법 중의 하나로 거래대상물품의 소재·구조·성능 등에 대하여 상세한 설명서(Specifications)나 설계도면(drawing /plan)등을 근거로 품질을 결정하는 방식.
- **Sales by Standard(표준품매매)** : 주로 1차산품처럼 획일적으로 품질을 정할 수 없는 경우에 이용되는 방식이다. 예로서 농수산물과 같이 당해 연도 수확이 예상되는 물품과 목재 등과 같이 정확한 견품의 제공이 곤란한 물품에 이용된다.(FAQ, GMQ, USQ).
- **Sales by Trade Mark or Brand(상표 또는 품명에 의한 매매)** : 상표에 의해 품질을 결정하는 매매로서 국제적으로 인정된 물품에 대해서는 품질을 그 회사의 상표나 품명(brand) 에 의하는 거래에 이용.
- **Sales by Type or Grade(규격매매)** : 품질결정시 물품의 규격이 국제적으로 통일되어 있거나 수출국의 공적인 규격으로 특정되어 있는 경우에 이용되는 매매방식이다. 예를 들면, 국제표준화기구의 ISO, 영국의 BSS, 일본의 JIS, 그리고 미국의 ASTM 등과 같은 규격.
- **Sales of Future Goods(선물매매)** : 장래의 일정기일에 약정품의 품질, 수량, 가격의 현품인도를 약속하는 기한부매매.
- **Salvage Charge(구조비)** : 해상보험의 비용손해로서 제3자가 해상에서 해난구조계약을 체결함이 없이 선박이나 화물을 해상위험에서 임의로 구출해 주는 행위 또는 서비스에 대한 해상법(maritime law)상의 보수.
- **Sanitary Certificate(위생증명서)** : 식료품, 약품, 동물의 가축류(도살한상태의육류) 등을 수출하는 경우에 수입국 보건기준에 합치된 것을 수입할 수 있도록 관리하기 위

하여 수입상의 요구에 의해 수출국에서 위생검사 당국이 발행하여 제공하는 서류를 말한다. 특히 식품류 등을 미국으로 수출하는 경우에는 FDA(Food and Drug Administration)의 기준에 합치되는 보건·안전기준에 관한서류를 제공하여야 수출이 가능하다. 「Health Certificate 또는 Veterinary certificate」.

- Sea Damaged Terms(SD Terms) : 곡물류의 품질결정시기를 정하는 방법으로 기본적으로는 선적조건에 따르되, 해상운송중에 발생한 바닷물과의 접촉 또는 응고(condensation)등에 기인하는 품질손해에 대하여 매도인이 추가로 부담하는 조건(TQ or RT Terms).
- SWB(Sea Way bill : **해상화물운송장**) : 해상운송 수단의 발달로 운송기간이 단축됨에 따라 발행과 제도가 번거로운 해상선화증권 대신에 이용되는 비유통성 화물운송장.
- Second Beneficiary(**신용장양수인**) : 양도가능신용장(transferable credit)이 발행된 경우, 원수익자(original beneficiary) 로부터 원신용장(master credit)을 양도받은 양수인.
- Seller's Market(**판매자 시장**) : 판매자 위주의 시장, 즉 판매자 의사에 의해 지배 되는 시장.
- Seller's Usance : 기한부신용장(usance credit)에서 수입상에 대하여 일정기간의 여신(환어음상의 결제 유예기간)을 수출상(seller)이 허용하게 되면 이것을 「Seller's Usance」 또는 「Shipper's Usance」라고 한다.(Banker's Usance).
- Selling Offer(**판매오퍼**) : 무역거래에서 매도인이 매수인에게 가격, 수량, 결제 등의 거래조건을 제시하여 계약을 체결하려고 하는 의사표시를 말한다. 국제무역거래에서 오퍼라고 하면 대부분이 이 판매오퍼를 지칭하는 것.
- Service Trade(**서비스무역**) : 상품무역에 대한 용어로, 서비스의 국제거래시, 광의로는 무형무역을 가리키나 통상 협의로 사용된대 구체적으로 해상운임, 해상보험료, 여행경비, 대리점수수료, consultant, 의료, 회계처리 등의 수취 및 지급은 여기에 속한다.
- Settling Bank(**상환은행 또는 결제은행**) : 신용장 상의 통화가 수출국이나 수입국의 통화가 아닌 제3국의 통화일 경우나 또는 발행은행과 예치환거래계약(depositary correspond arrangement)이 체결되지 않았을 경우에는 제3국에 있는 발행은행의 예치환거래은행이 그 신용장의 결제은행이 되는 경우가 있다. 이럴 때에는 서류를 매입한 매입은행은 운송서류를 발행은행으로 송부하고 환어음은 상환은행(결제은행)으로 송부하여 대금결제를 받게 된다.(Reimbursement Bank).
- SGS(Societe Generale De Surveillance) : 수입상이 수출상의 부정을 방지할 목적으로 또는 제품단가를 줄이거나 높여서 관세를 포탈하거나 외화도피를 방지하기 위해 선적 전에 물품을 검사한 후 선적하도록 요구하는 세계적으로 공인된 검사증명서 발급기관.
- SHEX(Sunday and Holidays Excepted) : 하역이 가능한 좋은 일기 상태의 날일 경우에만 정박기간(Laydays)에 산입하는 약정방법(WWD)에서 일요일과 공휴일의 작업은

정박기간에서 제외하는 방법.

- **Shipment(선적)** : 신용장통일규칙에 의하면, 선적이란 의미는 「본선적재(loading on board)」, 「발송(dispatch)」, 「운송을 위한 인수(accepted for carriage)」, 「우편수령일(date of post receipt)」, 「접수일(date of pick-up)」, 그리고 복합운송의 경우에는 「수탁(taking in charge)」의 의미를 포함.
- **Shipped B/L(선적선화증권)** : 운송화물을 본선에 적재한 후에 발행한 선화증권으로서 그 증권 전면에 약관상에shipped in apparent good order and condition …"이라는 문언이 명기되어 있다.
- **Shipping Invoice(선적송장)** : 선적송장이란, 실제로 선적된 화물의 내용과 가격을 명시한 송장을 말한다. 위탁계약이 성립되어 그 약정품을 발송할 때 작성되는 선적품 선적시의 명세서이므로 선적송장이라 불린다.
- **Shipping Marks ; Cargo Marks(화인)** : 화인이란, 선적화물 각각의 포장물 외장에 특정의 기호, 문자, 포장번호, 목적항, 원산지 등의 표시를 함으로써 상호 간에 화물에 대한 식별을 용이하게 하는 것을 말한다.
- **S/O(Shipping order : 선적지시서)** : 화주의 선적신청에 따라서 선사가 현품을 확인한 다음 본선의 선장 앞으로 기재된 화물을 선적하도록 지시한 문서.
- **S/R(Shipping Request : 선복요청서)** : 화주가 선사에 제출하는 물품 운송신청서로서 이를 근거로 선화증권과 적화목록(manifest) 등이 작성되며, 2통 이상을 작성하여 한 통은 선사의 확인서명을 받아 선복요청의 증거서류로 보관하게 된다.
- **Short Form B/L(약식선화증권)** : 선화증권(long form B/L) 앞면에 법적 기재사항만을 기재하여 놓고 이면 약관은 생략한 채 발행한 선화증권.
- **Sight Credit(일람출급신용장)** : 신용장에서 수익자가 일람출급환어음(sight draft)을 발행하거나 선적서류를 직접 발행은행, 확인은행 또는 지정은행(매입은행)에 제시하면 이를 일람(at sight)한 즉시 지급한다고 약정 된 신용장.
- **Simple Credit(단순신용장)** : 지급신용장처럼 지급/인수 또는 매입은행에게 발행은행의 환예금계정(depositary account)이 발행되어 있어 서류매입시 그 환계정에서 직접 인출하여 수익자에게 지급할 수 있도록 약정된 신용장을 말한다. (Straight L/C)
- **Special Credit(특정신용장)** : 특정신용장은 매입제한신용장이라고도 한다. (Restricted Credit).
- **Specific Duties(종량세)** : 물품의 수량, 즉 개수·용적·중량·길이 등을 과세표준으로 하는 조세를 말한다. 우리나라에서는 대부분이 종가세(advalorem duties)를 적용하고 있으며, 영화필름과 주정 등 일부 품목만이 종량세를 적용하고 있다.
- **Spot Exchange Rate(현물환율)** : 현물환거래(매매계약시 부터 그 영업일 이내)에 적용되는 환율을 말한다. 현물환거래(spot exchange transaction)란 환의 결제일자(spot value

date)를 매매계약 후 외국환은행의 그 영업일로 정하는 외환거래.

- **Stale B/L(기간경과선화증권)** : 신용장상에 서류제시기간이 정해져 있는 경우에는 그 기간 내에, 제시기한이 없는 경우에는 운송일자 후 21일 이내에 서류가 제시되어야 하는데 이들 기간이 지나 운송서류와 금융서류가 지정된 은행이나 매입은행에 제시된 선화증권.
- **Stand-by Credit(보증신용장)** : 국제보증업무 등에 사용되는 신용장. 보증신용장은 고객이 현지은행으로부터 금융서비스를 받거나 화환신용장을 발행받고자 할 때, 자신이 거래은행에 요청하여 그 거래은행이 현지은행(수익자) 앞으로 고객의 채무보증을 확약한다는 뜻으로 발행하는 신용장.
- **Statement of General Average(공동해손 정산서)** : 공동해손(general average)의 정산이 끝났을 때 작성·제출되는 계산보고서를 말한다. 이의 작성에는 일반적으로 전문적인 지식이 필요하므로 선주의 위촉을 받은 해손정산인이 작성하는 것이 보통이다.(YAR : York- Rules).
- **Stevedorage(선내작업비)** : 화물을 적재하는 데 발생하는 제반비용으로 선주의 입장에서 선내 작업비용.
- **Stock Sale(재고매매)** : 재고품을 매매의 대상으로 하여 자기 창고 또는 영업창고 내에 보관, 재고로 되어 있는 상태로 인도되고 일정한 가격이 설정되는 매매.
- **Straight B/L(기명식선화증권)** : 선화증권 수화인(consignee)란에 화물의수취인, 즉 수입상의 주소와 상호가 기재된 것을 말한다.(Order B/L)
- **Straight Credit(지급신용장)** : 신용장약정문면에 환어음의 배서인(nego bank)이나 선의의 소지인(reimbursing bank)에 대한 지급약정이 없고, 단지 수익자(drawer)가 발행은행이나 그 지정은행에 직접 환어음을 제시하면 지급하겠다는 약정만 있는 신용장.
- **Super301 Article(슈퍼301조)** : 미국의 1988년 포괄 통상법으로 무역자유화 우선순위(trade liberalization priority)를 지정하는 것을 골자로 하는 법안으로 매년 미국무역대표부(USTR) 로 하여금 각국의 무역관행을 의무적으로 검토하게 하고 그 결과에 따라 무역 보복을 하게 하였는데 이를 슈퍼 301조라 한다.
- **Surcharge Additional Freight(할증운임, 추가요금 또는 할증료)** : 해운동맹의 어떤 항로에서는 기본운임을 개정하기 위해 일정의 예고기간을 설정하지 않으면 안 되는데, 운임인상에 시급을 요하는 사태가 발생할 때, 응급조치로 송화인에게 부과하는 할증료.
- **Surrender B/L** : 물품이 B/L보다 먼저 도착한 경우, 바이어 요청으로 수출상이 선박회사에 의뢰하여 B/L사본에 'surrender'라는 도장을 찍어 팩스 등으로 바이어에게 송부해주는 선화증권. 이 surrender B/L을 제시하면 B/L원본 없이도 물건을 찾을 수 있다.
- **Swap Transaction(스왑거래)** : 환위험을 방지하고 환 position을 조정하기위하여 서로 반대되는 현물환(spot exchange)과 선물환(forward exchange)이 동시에 매매되거나, 선

물환 매도와 선물환 매입이 동시에 일어나는 외화거래.

- **Sweat Damage(가습손)** : 선창내와 선박의 외부와의 기온 차이로 천장 및 내벽에 응결하는 수분에 의해서 화물이 젖거나 화물자체의 표면에 땀처럼 수분이 배어 생기는 손해.
- **SWIFT(Society for 「Worldwide Interbank Financial Telecommunications : 국제은행간 금융정보전송연합)** : 국제은행간 서류의 교환절차 및 교환양식의 비표준화로 야기되는 문제점을 제거하기위하여 1973년 벨기에 법에 의해 설립된 은행간 비 영리조합으로 국제은행 업무의 자동화, 계정조회의 용이화, 통신의 효율화, 표준메시지 개발 등의 업무를 수행하고 있으며, 세계대부분의 은행이 가입하고 있다. 우리나라도 1992년 3월부터 SWIFT system을 설치 운영하고 있으며 SWIFT에 의한 신용장 발행도 이루어지고 있다.

T

- **Tale Quale 〈TQ〉** : 「Such as it is」 또는 「Just as they come」의 뜻으로 곡물류거래에 있어서 선적품질조건을 말한다. 선적시 양호한 상태로 선적되었을 경우에는 그 이후의 선적품에 대한 모든 책임은 매수인이 부담한다. (RT·SD)
- **Tally Sheet(검수표)** : 화물을 선적하거나 양륙할 때 화물의 수량 및 화물의 외형상의 사고 유무를 검사하는 것을 Tally라고 하며 검사인을 Tally Man, 검사결과의 기록을 Tally sheet라 한다.
- **Tariff Barriers(관세장벽)** : 국내 산업을 보호하기 위해 관세 조작에 의해 타국상품의 유입을 제한하는 것.
- **Tariffs(관세율, 운임표)**
  - 관세영역을 출입하는 물품에 대하여 법률이나 조역에 의거하여 부과되는 조세.
  - 정기선이나 동맹선에서 사용되는 화물의임요율을 표로 작성한 것.
- **Tariff Quota(관세할당제)** : 정부가 지정한 특정 제품의 수입에 대하여일정한 할당 수량까지는 무관세 또는 저율의 관세를 부과하나 이를 초과 시에는 고율의 관세를 적용하는 이중세율제도.
- **T/T(Telegraphic Transfer : 전신환송금)** : 외국환은행이 고객의 의뢰에 따라 해외의 본·지점 또는 거래선 은행으로 하여금 일정금액을 특정 수취인에게 지급하도록 전신으로 지시 하는 송금방식.
- **T/T Buying Rate(Telegraphic Buying Rate : 전신환매입률)** : 전신을 이용하여 내도된 전신환을 은행이 매입할 때 적용되는 환율을 의미한다.
- **T/T Selling Rate(Telegraphic Selling Rate : 전신환매도율)** : 전신을 이용하여 송금하

는 경우에 적용되는 환율. 전신환 경우에는 수취인이 대금을 수취하는데, 1일 정도 기간이 필요하므로 이자문제가 개재하지 않는 순수한 의미의 환율.

- **Tender(국제입찰)** : 영국이나 영연방국들이 국제입찰을 실시할 때 International Bidding 대신에 Tender란 말을 쓰고 있다. 또한 해운 용어로는 비중이 높은 화물의 과적으로 선박의 무게중심이 높아져서 복원력이 떨어진 상태의 선박을 말한다.
- **TEU(twenty footer equivalent unit)** : 20 피트 컨테이너(2O feet container) 한 개를 말하며, 가장 많이 사용하고 있는 것 중의 하나이다. 보통 1 TEU 또는 20'×1로 표시한다.
- **TPND(Theft, Pilferage and Non delivery : 도난, 발화, 불착손위험담보조건)** : 도난은 물건이 포장채로 없어지는 것이고, 발화는 포장된 내용물의 일부를 빼내는 것을 말한다. 불착손은 포장단위의 화물이 전부 목적지에 도착하지 않는 경우를 말한다. 한편, ICC(A)나 All Risks하에서는 이러한 위험은 담보된다.
- **Through B/L(통선화증권)** : 최초의 운송인이 전구간을 책임지고 발행하는 것을 통선화증권이라고 한다.
- **Time Charter(정기용선)** : 선박의 전부 또는 일부를 일정기간 동안 용선하는 것.
- **Tomas Credit(토마스신용장)** : 수익자가 발행신청인 등 상대방을 수익자로 하는 수입신용장의 개설을 약속하는 보증서 또는 보증신용장을 발행하는 것을 조건으로 하는 신용장으로 구상무역에 이용된다.
- **Total Loss(전손)** : 해상보험에 부보된 화물이 위험에 의해서전부가 멸실되어 그 시장가격을 상실한 경우.
- **Trade Terms(무역조건)** : 정형화된 물품매매 거래조건은 무역 당사자간 책임관계를 규정한 것으로 현재 Incoterms 2000으로 전면 개정되어 13가지 용어로 무역조건을 정의하고 있다.
- **Tramper(부정기선)** : 화물을 따라 수시로 항로를 변경하면서 운항되는 선박을 말한다. 부정기선은 정기선과는 달리 특정 화주의 화물만을 수송.
- **Transferable L/C(양도가능신용장)** : 신용장을 수취한 수익자가 자신의 권리 중 일부 또는 전부를 제3자에게 양도할 수 있도록 허용된 신용장을 말한다. 이는 원신용장상에 「Transferable」이란 문구가 있어야 하며 양도는 1회에 한하나 분할선적이 허용되어 있으면 몇 사람에게 양도가 가능.
- **TSR(Transportation Siberian Railroad ; 시베리아 횡단철도운송)** : 극동에서 유럽·중동행 화물을 집화하여 일본을 거치거나 Eurasia Trans 사와 한국, 일본, 유럽의 NVOCC (Non-Vessel Operating Common Carrier) 들과 제휴하여 철도로 시베리아를 횡단, 중동 근접지역이나 동구제국의 국경 지역까지 수송하는 국제복합수송.
- **Transit Trade(통과무역)** : 수출국 화물이 수입국으로 직송되지 않고 제3국을 경유해서 수송될 때 제3국의 입장에서 이것을 통과무역 이라 한다.

• **Transhipment(환적)** : 일단 선적된 화물이 다른 선박 또는 다른 운송수단에 적재될 때를 말한다.

• **Transport Document(운송서류)** : 수출상이 수입상에게 보낼 물품을 운송인에게 인도하고 받는 서류. UCP 600에서는 운송서류 개념을 물품의 선적, 발송, 인수를 명시하는 인도 증거서류로서 포괄적으로 부르고 있다.

• **Trip Charter(항해용선)** : 일정한 항로에 한하여 계약하는 용선계약으로서, 원칙적으로 1회의 항해를 단위로 한다. 「Voyage charter」라고도 한다.

• **Trimming(트리밍)** : 곡물이나 석탄 등 살화물을 선적할 경우 선창의 각 칸마다 고루 실을 수 있도록 일정한 방법으로 고루는 것.

• **TRS(trunked radio system : 주파수 공용통신)** : 중계국에서 할당된 여러 개의 채널을 공동으로 사용하는 무전기시스템으로서 이동차량이나 선박 등 운송수단에 탑재하여 이동 간에 정보를 리얼타임으로 송수신할 수 있는 시스템.

• **T/R(Trust Receipt : 대도)** : 일람불 신용장조건이나 D/P조건으로 수입시, 결제자금이 없을 경우 수입상은 수입화물을 일정한 신탁적 목적에 한해 처분할 것을 명기한 수입담보물보관증을 수입대금 결제은행에 차입하고, 선적서류를 교부받아 화물을 통관 후 판매하여 어음대전을 결제하게 되는 것을 대도라 한다.

• **T/T(Telegraphic Transfer : 전신환)** : 수출대금 전액을 외화로 수취하는 결제방식으로 고객의 의뢰에 의해 외국환은행이 해외의 본·지점 또는 거래은행으로 하여금 일정한 금액을 특정 수취인에게 지급하도록 전신으로 지시하는 송금방식.

U

• **UCC(Uniform Commercial Code : 미국통일상법전)** : 1952년 미국에서 제정한 성문법. 무역관습 및 조건 등에 관한매매규정. 이는 영국의 물품매매법(SGA) 및 미국 통일매매법(USA)과 함께 오늘날의 무역관습에 대표적인 상관습법들이다.

• **UCP(화환신용장통일규칙 및 관행)** : Uniform Customs and Practice for Documentary credit의 약어로, 화환신용장통일규칙이라고 한다. UCP는 인코텀즈(INCOTERMS 2000)와 같이 임의규정이므로, 개개의 신용장거래에 적용시키기 위해서는 통일규칙에 준거하는 취지의 문언을 당해신용장에 명시하여야 한다.

• **UNCITRAL(United Nations Commission International Trade : 유엔국제무역법위원회)** : 1966년 제21차 유엔총회에서 국제무역법의점진적인 조화와 통일을 추진하기 위하여 이 위원회의 설립이 결의되었다. 유엔 국제무역법위원회에서는 국제물품매매에 관한 통일법의 제정을 우선과제로 선정하고 국제결제 및 국제상사중재에 관한 통일법을 검토하는 일이 본 위원회의 과제였다.

- **Unconfirmed Credit(미확인신용장)** : 확인은행의 확인이 필요 없는 일반적인 신용장(Confirmed Credit).
- **URC(Uniform Rules for the Collection : 추심에 관한통일규칙)** : 국제상업회의소(ICC)가 1955년 제정, 1957, 1978년에 개정을 거쳐 1995년 세계 각국에서 시행토록 한 추심에 관한 통일규칙은 신용장 거래시 준거규칙에서 삼고 있는 신용장 통일규칙(UCP)과 같이 추심어음결제거래(D/P, D/A)에서 어음이나 서류의 추심사무를 통일화시킴으로써 무역대금결제를 원활히 하고자 마련한 국제규칙.
- **Unitary Packing(단일포장)** : Carton 이나 Wooden Case 등 한 개의 포장 용기 속에 들어갈 각각의 물품을 보호하기 위하여, 여기에 적절한 용도로 용기 또는 재료를 이용하여 포장하는 개개포장.
- **United Nations Convention on the Carriage of Goods by Sea(1978)** : 국제해상물품운송에 관한 통일 조약으로서 현재 발효하고 있는 것은 1924년 헤이그규칙과 1965년의 헤이그 비스비규칙이 있으며 이외에도 개발도상국들의 주도 아래 국제연합에서 작성되고 채택된 것이 '1978년 해상물품운송에 관한 국제연합' 이다. 이는 1975년 함부르크규칙 또는 헤이그규칙이라고도 한다.
- **Unknown B/L(부지약관선화증권)** : 선화증권상의 Remark 란에 "Shipper's Load and Count"라고 부지약관(Unknown clause)을 표시하게 되는데 이러한 선화증권도 은행이 수리한다.
- **Usance Credit(기한부신용장)** : 신용장에서 수익자가 선적서류와 함께 기한부환어음(usance bill)을 지급인에게 제시하면, 이 환어음을 인수(accept)하고 일정기간이 경과한 후(만기일 : at maturity)에 지급한다고 약정 된 신용장. 기한부신용장에서는 어음의 지급기일에 따라
  - 일람 후 정기출급환어유(at 60days after sight)
  - 일부 후 정기출급(at 60days after date of draft)
  - 확정일 후 정기출급(at 60days after date of B/L)

  등으로 환어음을 발행할 수 있도록 하고 있다.

V

- **Vanning ; Stuffing** : 화물을 컨테이너 안에 적입하는 것을 말하며 packing이라고도 한다. 이와 반대로 컨테이너로부터 화물을 꺼내는 것을 devanning, un-packing, unstuffing 등으로 부른다.
- **VAT(Value Added Tax : 부가가치세)** : 재화 또는 용역의 생산 및 유통의 각 단계에서 부가된 가치를 과제대상으로 하여 부과하는 조세이며 최종 소비자가 부담하는 간접세이기 때문에 특별한 경우를 제외하고는 사업자는 부담하지 않는다.

• VER(Voluntary Export Restrict : **수출자율규제**) : VER이란 수출 Quota의 일종으로, 상대국으로부터 미리 예상되는 수입할당 적용을 피하기 위하여 수출국과 수입국업계의 자율규제를 통해서 수출량을 제한하는 제도.

• Voyage Charter(**항해용선계약**) : Trip Charter라고도 한다.(Lump-sum Charter, Dally Charter)

W

• WA(With Average ; **단독해손 또는 분손담보조건**) : ICC(institute cargo clause : 협회적화약관)의 구약관 중 기본약관의 하나로 신약관인ICC(B)에 해당된다. 이는 특정 해난 이외의 해난에 기인하는 손해 및 비용(전손, 단독해손, 공동해손, 구조비등의 해난)에서 발생하는 일체의 손해를 보험자가 전보하는 조건.

• WAIOP(With Average Irrespective of Percentage : **면책률 비적용조건**) : 해상보험 조건이 WA 3%라고 보험자가 담보하였을 경우에는 만약 손해가 5%라면 3%를 공제하는 것이 아니라, 5% 전액을 보상하게 된다. 그러나 WAIOP조건으로 부보할 경우에는 보험자의 면책비율이 전혀 적용되지 아니하고 적은 분손이라도 보험자가 보상해야 하는 조건.

W/S RCC(War/Strike, Riots and Commotions : 협회전쟁 및 협회 동맹파업·소요·폭동·담보조건)이 조건은 특약으로 A/R이나 ICC (A)에 있어서도 담보되지 않으므로 특약조건을 부가적으로 부보하여야 한다.

• Warranty(**담보/보증**) : 피보험자가 지켜야 할 약속으로서 피보험자가 담보를 위반할 때에는 보험계약을 무효화할 권리를 보험자가 갖는다. 매매용어로는 하자보증을 말한다. 즉, 매도인이 매도한 상품의 품질, 특성, 성능 등에 대한 보증 책임을 의미한다.

• Weather Working Days(WWD)(**청천하역일**) : 용선의 하역에 쓰이는 용어인데 정박기간 의조건 중 가장 널리 사용되는 것으로 WWD는 일기가 좋은(good weather) 하역기능의 작업일(working days)을 의미한다.

• Wharf(**부두**) : 선박이 안전하게 계류하여 화물 하역이 충분히 이루어질 수 있도록 해항에 만들어진 계선 안벽을 의미한다.

• With Recourse Credit(**상환청구가능신용장**) : 신용장에 의거하여 발행된 신용장이 부도(unpaid)났을 경우, 자신에게 어음을 양도한 사람에게 어음대금상환을 청구할 수 있는 신용장이다. 환어음 발행인이 상환의무를 부담하지 않는 신용장을 상환청구불능신용장이라고 한다. 우리나라의 경우에는 상환청구 가능 또는 불능에 관계없이 상환청구권을 인정하고 있다.

• WTO(World Trade Organization : **세계무역기구**) : 세계무역기구는 1986년 9월부터 1994년 4월까지 진행된 우루과이 라운드(Uruguay Round)에서 신설하기로 합의하여

1995년 1월부터 정식 출범한 국제무역기구이다. 세계무역기구는 그동안 국제무역환경을 개선하고 무역자유화를 추진해오던 GATT체제의 한계를 극복하고 보다 효율적으로 국제무역문제에 대처하기 위하여 설립되었다.

• YAR(York-Antwerp Rules of General Average : **요크 앤트워프 공동해손규칙**) : 공동해손 및 배상금에 대한 이자, 입체비용에 대한 수수료, 공탁금의 취급방법 등에 관한 각국 간의 법률상 상이에 기인된 분쟁을 방지하기 위하여 1864년 각국 관계자가 네덜란드의 York와 Antwerp의 양쪽 시에서 회합을 열어 제정한 규칙.

◌ 저자 약력 ....

■ 정 분 도

- 경영학박사(무역상무 전공)
- 現) 조선대학교 무역학과 교수
  (사)한국FTA협회 자문위원
  국가지역혁신인력양성사업 현장실태조사 평가위원
  한국연구재단 등재학술지 평가위원
  광주광역시 사회적기업 육성위원회 위원
  광주광역시 그린액션 특수시책 평가위원
  광주광역시 SSM 인허가 평가위원
  한국생산성학회 이사
  국제지역학회 이사
  국제e-비즈니스학회 이사
  한국무역학회 평생회원
  한국정보통신학회 정회원
  한국상품학회 정회원
  한국물류학회 정회원
  한국동북아학회 정회원
  한국수출보험학회 정회원
  한국SCM학회 정회원
  한국항만경제학회 정회원
  아시아·유럽미래학회 정회원
  한국무역연구원 정회원
- 前) 한국통상정보학회 부회장
  한국산업경제학회 부회장
  한국국제상학회 사무국장
  지역사회발전연구원 전임연구원
  경영경제연구소 전임연구원

● 글로벌 무역학개론

초 판 1쇄 발행 —— 2015년 3월 6일
초 판 2쇄 발행 —— 2017년 2월 10일
초 판 3쇄 발행 —— 2018년 2월 20일
초 판 4쇄 발행 —— 2019년 2월 20일
지은이 —— 정 분 도
펴낸이 —— 전 두 표
펴낸곳 —— 도서출판 두남
서울시 강동구 성내로6길 34-16 두남빌딩
신 고: 제25100-1988-9호
TEL: 02) 478-2065~7, 2311
FAX: 02) 478-2068
E-mail: dunam1@unitel.co.kr
http://www.dunam.co.kr

● 정가 29,000원

ISBN 978-89-6414-587-6 93320